JN309464

国際法講義

[I]

国家・国際社会

[第2版]

藤田久一

東京大学出版会

INTERNATIONAL LAW, VOL. 1
The State and the International Community
[2nd Edition]
Hisakazu FUJITA
University of Tokyo Press, 2010
ISBN 978-4-13-032358-1

第 2 版はしがき

　本書の初版から18年を経てようやく第2版を出す運びになった．1992年の初版は，半世紀におよぶ冷戦期から抜け出た直後の国際社会における国際法の展開と機能を概説したものであった．21世紀に入りすでに10年を経た現在，グローバリゼーションの進行と9・11後のテロリズムが波及する時代に突入した感がある．他方で，国際社会は主権国家と並んで国際機構，NGO，企業など多様な非国家アクターが活動する市民社会化の様相を呈してきている．

　本書は，このような変貌しつつある国際社会を基盤として生成し機能するダイナミックな「生きた」国際法の展開方向を的確に叙述することを目指している．そのためには，ひるがえって国際法の歴史的発展とその理論の展開を見ていくことが不可欠である．第2版においても，この歴史的観点から現代の国際法を見ていく構成を貫いている．目次の章立ても初版のそれと変わらない．つまり，国際法の歴史と理論の展開という基本問題を論じる序章に続き，現代国際法体系の各分野を概説する11の章から構成される（なお，第6章以後は，本書に引き続き出版予定の「国際法講義 II 人権・平和」（第2版）に割当てている）．

　以上の方針から，本書のモットーは，「考える国際法」である．「国際法を考える」学生や幅広い読者の便宜のために，巻末の参考文献・資料（最新のものを含む）をできるだけ充実させたつもりである．

　出版にあたっては，このような本書のねらいを聞き入れていただき，校正をはじめ，面倒な索引や参考文献等の作成に労を惜しまず助力していただいた東京大学出版会編集部の斉藤美潮氏に厚くお礼を申し上げたい．本書は約1年という短い時間で追加・補正したため叙述の不十分な箇所も多々あると思われる．読者諸賢の忌憚のないご批評をいただければ幸いである．

2010年4月

藤田　久一

はしがき

　本書は，変貌する国際社会において生成し，それを規律する国際法およびそれをめぐる法現象を概説したものである．そのため，本書の構成については，「国際法講義Ⅰ」「国際法講義Ⅱ」(続刊)に分けたことを含め，一方で講学上の便宜を考慮しつつ，他方では国際法の歴史的展開および現代国際法の性格や構造，さらにその発展方向に留意して章節を配列し，一応の体系的叙述を試みている．

　17世紀以来数百年に及ぶ近代（伝統的）国際法の歴史の中で，現代の国際法は国家（国内）社会の激動と国際社会の変容を反映して，まさに壮大な転換期に入っている．今日「なにが国際法であるか」とならんで「なぜ国際法となるか」が問われている．したがって，国際法の確立した原則や規則を静（スタティック）的に固定化して叙述するよりも，国際法現象の展開や変動状況を動（ダイナミック）的に叙述することによって，その本質をより的確に把握することができるように思われる．本書は，このような視座を基礎にもちつつ，個々の問題点に留意するよう心がけた．もっとも，そのためには各分野における国際法現象の詳細な分析と検討の積み重ねを必要とすることはいうまでもない．しかし，このような検討は，大学での講義に使う本書の目的や範囲を超えており，巻末にあげた「参考文献」や国際判例などに委ねざるをえなかった．

　本書は，講義の必要上かなり短い期間で執筆したため，叙述上不備な点が多多あると思われる．読者諸氏の批評を得られれば幸いである．

　出版にあたっては，東京大学出版会編集部の羽鳥和芳氏にいろいろ御世話になった．深く感謝の意を表したい．

　1992年10月

藤田　久一

目　次

第 2 版はしがき
はしがき
略語・略称一覧

序章　国際社会と国際法の機能

第 1 節　国際法の概念と機能 …………………………………………………… 3

1　国際法学の対象 ……………………………………………………………… 3
2　国際法の概念 ………………………………………………………………… 3
3　国際法の社会基盤としての国際社会 …………………………………… 4

第 2 節　国際法（および学説）の歴史的展開 ………………………………… 7

1　時代（時期）区分の意義 ………………………………………………… 7
2　近代以前（古代・中世）の国際法 ……………………………………… 8
　(1)　古　代 ………………………………………………………………… 8
　(2)　中　世 ………………………………………………………………… 9
3　近代国際社会の形成期——伝統的（近代）国際法の成立と展開 ……… 11
　(1)　黎明期——ウェストファリア会議以前 ……………………………… 11
　(2)　伝統的国際法の形成——ウェストファリア会議からウィーン会議まで … 12
　(3)　伝統的国際法の展開——ウィーン会議から第一次世界大戦まで …… 14
4　現代国際社会——現代国際法の形成と展開 …………………………… 17
　(1)　国際連盟時代——戦間期国際法 ……………………………………… 17
　(2)　国際連合時代——現代国際法（国連法）の展開（20 世紀後半）……… 19
　(3)　ポスト冷戦時代——21 世紀国際法の展望 …………………………… 23

第 3 節　国際法の生成過程と成立形式 ………………………………………… 27

1　国際法の定立方法——法源をめぐる問題 ……………………………… 27

2　国際法の義務的性質——法源の成立要素 …………………… *29*
　　3　慣習法 ……………………………………………………………… *36*
　　　(1)　慣習法の成立要素 ………………………………………… *36*
　　　(2)　慣習法の妥当範囲——「一貫した反対国」の原則と新独立国への適用問題 …………………………………………………… *41*
　　4　条　約 ……………………………………………………………… *45*
　　　(1)　条約の成立要件 …………………………………………… *45*
　　　(2)　条約の妥当範囲 …………………………………………… *46*
　　5　法の一般原則 …………………………………………………… *48*
　　6　補助手段——判例・学説・衡平・類推 …………………… *50*
　　7　一方行為 ………………………………………………………… *53*
　　8　国際機構の決議——とくに国連総会決議 ……………… *55*
　　9　非法律的合意（政治的約束）………………………………… *60*

第4節　国際法の性格と構造 ……………………………………………… *62*
　　1　伝統的国際法の性格と構造 …………………………………… *62*
　　2　現代国際法の性格と構造 ……………………………………… *63*
　　　(1)　強行規範（jus cogens）と対世的（erga omnes）規範 …… *63*
　　　(2)　ハード・ローとソフト・ロー ……………………………… *65*
　　3　国際法の法典化と国際立法 …………………………………… *66*
　　4　国際法のフラグメンテーションと統合をめぐる議論 ……… *69*

第5節　条約に関する規則 ………………………………………………… *72*
　　1　条約に関する規則の性格 ……………………………………… *72*
　　2　条約の分類 ……………………………………………………… *72*
　　　(1)　正式の条約と簡略形式の条約 …………………………… *73*
　　　(2)　契約条約と立法条約 ……………………………………… *74*
　　　(3)　2国間条約と多数国間条約 ……………………………… *75*
　　　(4)　国際機構間条約 …………………………………………… *76*
　　　(5)　閉鎖条約と開放条約 ……………………………………… *76*
　　3　条約の締結手続 ………………………………………………… *77*

　　　　(1) 交渉と署名 ……………………………………………… *77*
　　　　(2) 批　准 ………………………………………………… *79*
　　　　(3) 効力発生 ……………………………………………… *80*
　　　　(4) 登録と公表 …………………………………………… *81*
　　　　(5) 多数国間条約に特殊な手続 ………………………… *82*
　　4　条約の効力 …………………………………………………… *88*
　　　　(1) 条約の無効原因 ……………………………………… *88*
　　　　(2) 第三国に対する条約の効力 ………………………… *96*
　　5　条約の終了・運用停止 ……………………………………… *104*
　　　　(1) 当事国の合意による条約の終了・運用停止 ……… *104*
　　　　(2) 当事国の合意によらない条約の終了・運用停止 … *105*
　　6　条約の無効・終了に関する手続 …………………………… *110*
　　　　(1) 手　続 ………………………………………………… *110*
　　　　(2) 条約の無効，終了の効果の問題 …………………… *111*
　　7　国際機構間条約に関する規則 ……………………………… *112*

第6節　国際法と国内法の関係 ………………………………………… *117*
　　1　国際法と国内法の関係をめぐる議論 ……………………… *117*
　　2　国際法と国内法の相互作用 ………………………………… *119*
　　3　国際法の国内的効力——変型と一般的受容 ……………… *120*
　　4　一般的受容と条約の種類——非自動執行的条約の問題 … *122*
　　5　国内法秩序における国際法（条約）の位置 ……………… *123*
　　6　ヨーロッパ共同体（EC）／連合（EU）法の国内的効力 ……… *125*

第1章　国際社会の構成員

第1節　国際社会のアクター——国際法主体の意味とその変遷 …… *129*

第2節　国　家 …………………………………………………………… *133*
　　1　国家の性質・種類と法主体性 ……………………………… *133*
　　2　国家結合の場合——身上連合，物上連合，国家連合 …… *135*
　　3　連　邦 ………………………………………………………… *136*

4　コモンウェルス ……………………………………………… *138*
　　　5　ヨーロッパ共同体（EC）／ヨーロッパ連合 …………… *140*
　　　6　一般国際法上の法主体 …………………………………… *141*
　第3節　交戦団体 ……………………………………………………… *142*
　第4節　人民（民族）………………………………………………… *144*
　第5節　個　人 ………………………………………………………… *149*
　第6節　国際機構 ……………………………………………………… *155*
　　　1　国際機構の発達とその法主体性をめぐる議論 ………… *155*
　　　2　国際機構の法主体性の基礎と性格 ……………………… *156*
　　　3　国際機構の条約締結権能 ………………………………… *158*
　第7節　国際企業体・非政府団体（NGO）…………………………… *160*

第2章　国家の成立と基本的地位

　第1節　国家の要件と継続性 ………………………………………… *167*
　　　1　国家の要件 ………………………………………………… *167*
　　　2　国家の継続性と同一性 …………………………………… *173*
　　　3　国家の消滅 ………………………………………………… *177*
　第2節　国家承認 ……………………………………………………… *179*
　　　1　国際法における承認の意義 ……………………………… *179*
　　　2　国家の成立と承認の関係 ………………………………… *179*
　　　3　承認をめぐる学説の対立 ………………………………… *182*
　　　4　事実上の承認と法律上の承認 …………………………… *184*
　　　5　承認の方式──明示の承認と黙示の承認 ……………… *185*
　　　6　政府承認 …………………………………………………… *186*
　　　7　交戦団体承認 ……………………………………………… *189*
　　　8　国際機構への加盟と承認 ………………………………… *191*
　　　9　承認の効果 ………………………………………………… *194*
　　　10　承認と国内裁判 …………………………………………… *195*

第3節 国家承継 …… *198*

1. 国家の主権変更と承継問題 …… *198*
2. 条約の承継 …… *200*
3. 国家財産・公文書の承継 …… *205*
4. 国家債務の承継 …… *209*
5. 既得権の承継問題 …… *210*
6. 国籍の承継問題 …… *212*

第4節 国家の基本的権利義務 …… *214*

1. 基本的権利義務の意味 …… *214*
2. 国家主権の尊重——国家の主権平等の原則 …… *216*
3. 不干渉原則 …… *221*

第3章 国家領域

第1節 国家領域の本質 …… *233*

1. 国家領域の概念 …… *233*
2. 国家領域の性質 …… *234*

第2節 領域の得喪 …… *238*

1. 領域取得の原則と方法 …… *238*
2. 領域取得の諸権原 …… *241*
   - (1) 先占の問題 …… *241*
   - (2) 併合 …… *243*
   - (3) 割譲 …… *245*
   - (4) 時効の問題 …… *249*
   - (5) 添付 …… *250*
3. 領域紛争の平和的処理（裁判）基準 …… *251*
4. 極地の帰属 …… *253*
   - (1) 北極地域 …… *253*
   - (2) 南極地域 …… *254*

第3節 国家領域の構成と国家管轄権 …… *257*

1　領域に対する国家管轄権（領域主権）……………………… 257
2　領　土 ……………………………………………………… 259
3　領　水 ……………………………………………………… 260
　(1)　領水の構成，湾，群島水域 ……………………………… 260
　(2)　内水の国家管轄権 ……………………………………… 262
　(3)　群島水域の通航 ………………………………………… 263
　(4)　領　海 …………………………………………………… 264
　(5)　国際海峡 ………………………………………………… 272
　(6)　接続水域 ………………………………………………… 276
4　領　空 ……………………………………………………… 277
　(1)　領空の法的地位 ………………………………………… 277
　(2)　航空制度 ………………………………………………… 279
　(3)　領空侵犯 ………………………………………………… 281
　(4)　航空の安全──航空犯罪の防止 ……………………… 282

第4章　国際公域

第1節　国際化地域 ……………………………………………… 287

1　国際化地域 ………………………………………………… 287
2　信託統治地域・非自治地域 ……………………………… 287
　(1)　委任統治地域 …………………………………………… 287
　(2)　信託統治地域 …………………………………………… 288
　(3)　非自治地域 ……………………………………………… 290
　(4)　ナミビアの国際統治 …………………………………… 292
3　国際河川 …………………………………………………… 294
4　国際運河 …………………………………………………… 297
　(1)　国際運河の定義 ………………………………………… 297
　(2)　スエズ運河 ……………………………………………… 298
　(3)　パナマ運河 ……………………………………………… 300

第2節　国際化海域──海の国際制度 ……………………………… 304

1　公　海 ……………………………………………………… 304

(1) 公海の性質と範囲 …………………………………… *304*
　　(2) 公海自由の原則 ……………………………………… *305*
　　(3) 船舶の地位——旗国主義 …………………………… *307*
　　(4) 海上衝突事故の刑事裁判権 ………………………… *309*
　　(5) 海上警察権（海上犯罪の取締り） ………………… *310*
　　(6) 沿岸国の追跡権 ……………………………………… *314*
　　(7) 海底電線・海底パイプラインの保護 ……………… *316*
　2　排他的経済水域 …………………………………………… *316*
　　(1) 排他的経済水域の形成 ……………………………… *316*
　　(2) 排他的経済水域の制度 ……………………………… *318*
　　(3) 生物資源の保存・利用 ……………………………… *319*
　　(4) 排他的経済水域の境界確定 ………………………… *320*
　3　大陸棚 ……………………………………………………… *320*
　　(1) 大陸棚制度の形成 …………………………………… *320*
　　(2) 大陸棚の定義 ………………………………………… *321*
　　(3) 沿岸国の権利 ………………………………………… *322*
　　(4) 境界画定 ……………………………………………… *324*
　4　深海底 ……………………………………………………… *325*
　　(1) 深海底制度の形成 …………………………………… *325*
　　(2) 深海底制度を律する原則 …………………………… *326*
　　(3) 国際海底機構 ………………………………………… *327*
　　(4) 深海底資源の探査・開発方式 ……………………… *329*
　　(5) 先行投資の保護 ……………………………………… *329*
　　(6) 機構の活動 …………………………………………… *330*
　5　海洋環境の保護・保全 …………………………………… *331*
　　(1) 海水の汚染防止 ……………………………………… *331*
　　(2) 船舶起因汚染の防止 ………………………………… *333*
　6　海洋の科学的調査 ………………………………………… *334*
　　(1) 科学的調査の権利 …………………………………… *334*
　　(2) 科学的調査の規制 …………………………………… *335*

第3節　宇宙空間と天体 …………………………………… *337*
　　1　宇宙空間の基本的法制度 ………………………… *337*
　　　(1)　規制経緯 ……………………………………… *337*
　　　(2)　基本原則 ……………………………………… *337*
　　　(3)　軍事利用 ……………………………………… *338*
　　　(4)　国際協力 ……………………………………… *340*
　　　(5)　宇宙活動に関する責任 ……………………… *340*
　　2　宇宙法の展開 …………………………………… *341*
　　　(1)　救助・損害責任・登録 ……………………… *341*
　　　(2)　直接放送衛星・地球資源探査衛星 ………… *343*

第5章　国家機関

第1節　在外国家機関 …………………………………… *347*
　　1　在外国家機関の種類 …………………………… *347*
　　2　国家元首 ………………………………………… *347*
　　3　政府の長・外務大臣 …………………………… *350*

第2節　外交使節 ………………………………………… *352*
　　1　外交使節制度の沿革 …………………………… *352*
　　2　外交使節の種類・階級・席次 ………………… *353*
　　3　外交使節の派遣・接受 ………………………… *355*
　　4　外交使節の任務 ………………………………… *356*
　　5　外交特権 ………………………………………… *358*
　　　(1)　外交特権の意味 ……………………………… *358*
　　　(2)　外交特権の根拠 ……………………………… *358*
　　　(3)　外交使節団の特権免除 ……………………… *359*
　　　(4)　外交官の特権免除 …………………………… *363*
　　　(5)　国際機構・国際会議への国家代表 ………… *368*

第3節　領　事 …………………………………………… *370*
　　1　領事制度の沿革 ………………………………… *370*

2　領事官の種類・階級 …………………………………… *372*

　　3　領事官の派遣・接受 …………………………………… *373*

　　4　領事官の任務 …………………………………………… *374*

　　5　領事特権 ………………………………………………… *376*

　　　(1)　領事特権の根拠 …………………………………… *376*

　　　(2)　領事機関の特権免除 ……………………………… *376*

　　　(3)　領事官の特権免除 ………………………………… *377*

　　　(4)　名誉領事の特権免除 ……………………………… *379*

第4節　軍事的国家機関 …………………………………………… *381*

　　1　軍事的国家機関の種類 ………………………………… *381*

　　2　軍艦・軍用航空機 ……………………………………… *381*

　　3　軍隊・軍事基地 ………………………………………… *383*

第5節　国家免除 …………………………………………………… *387*

　　1　国家免除原則の沿革 …………………………………… *387*

　　2　国家免除の対象——免除基準 ………………………… *389*

　　3　国家免除の享有主体 …………………………………… *393*

　　4　強制執行の免除 ………………………………………… *394*

参考文献 ……………………………………………………………… *397*

事項索引 ……………………………………………………………… *411*

人名索引 ……………………………………………………………… *423*

判例索引 ……………………………………………………………… *425*

目次──国際法講義 II

第6章　個人・外国人
- 第1節　国　籍
- 第2節　外国人の地位
- 第3節　難民の保護
- 第4節　犯罪人引渡し

第7章　人　権
- 第1節　人権の国際的取扱いの展開
- 第2節　国際人権法の性質と構造
- 第3節　国際人権法の展開
- 第4節　人権の国際的実施措置

第8章　国際協力
- 第1節　国際協力の原則
- 第2節　経済的国際協力
- 第3節　資源利用における協力と援助
- 第4節　環境の国際規制

第9章　国際責任
- 第1節　国際責任の概念と性質
- 第2節　国際責任の成立要件(1)──国際違法行為
- 第3節　国際責任の成立要件(2)──国家への帰属
- 第4節　過失責任と無過失責任
- 第5節　国際請求の要件
- 第6節　国家責任の解除
- 第7節　国際犯罪

第10章　国際紛争の平和的処理

第1節　国際紛争の平和的処理の基本構造
第2節　交　渉
第3節　第三者による外交的処理方法
第4節　国際裁判Ⅰ——仲裁裁判
第5節　国際裁判Ⅱ——司法的解決
第6節　国連による紛争処理

第11章　国際の平和と安全

第1節　戦争の違法化
第2節　集団安全保障と平和維持活動
第3節　軍　縮
第4節　武力紛争の規制——人道法と中立法

略語・略称一覧

1 組織・機関

CIS	Commonwealth of Independent States, 独立国家共同体
CSCE	Conference on Security and Co-operation in Europe, ヨーロッパ安全保障協力会議
EC	European Community, ヨーロッパ共同体
EU	European Union, ヨーロッパ連合
ICAO	International Civil Aviation Organization, 国際民間航空機関
ICJ	International Court of Justice, 国際司法裁判所
ILC	International Law Commission, 国際法委員会
ILA	International Law Association, 国際法協会
ILO	International Labour Organization, 国際労働機関
IMO	Intergovernmental Maritime Organization, 国際海事機構, 以前は IMCO, 政府間海事協議機関
IMF	International Monetary Fund, 国際通貨基金
Institut	Institut de Droit International, 万国国際法学会
NATO	North Atlantic Treaty Organization, 北大西洋条約機構
NGO	Non-Governmental Organization, 非政府組織
PCIJ	Permanent Court of International Justice, 常設国際司法裁判所
PLO	Palestine Liberation Organization, パレスチナ解放機構
SFDI	Société Française pour le Droit International, フランス国際法学会
SWAPO	South West African People's Organization, 南西アフリカ人民機構
UNCTAD	United Nations Conference on Trade and Development, 国連貿易開発会議
UNEF	United Nations Emergency Force, 国連緊急軍
UNEP	United Nations Enviromental Programme, 国連環境計画
UNESCO	United Nations Educational, Scientific and Cultural Organization, 国連教育科学文化機関
UNTAC	United Nations Transitional Authorities in Cambodia, 国連カンボジア暫定統治機構
WTO	Warsaw Treaty Organization, ワルシャワ条約機構

2 雑誌・文献

AF	Annuaire Français de Droit International
AJIL	American Journal of International Law
Ann. Digest	Annual Digest and Reports of Public International Law Cases

BYIL	British Yearbook of International Law
EJIL	European Journal of International Law
ICJ Reports	International Court of Justice, Reports of Judgments, Advisory Opinions and Orders
ICLQ	International and Comparative Law Quarterly
ILA, *Report*	Report of the Conference, International Law Association
ILC, *Yearbook*	Yearbook of the International Law Commission
ILM	International Legal Materials
ILR	International Law Reports
Institut, *Annuaire*	Annuaire de l'Institut de Droit International
RCADI	Recueil des Cours de l'Académie de Droit International
RDILC	Revue de droit international et de législation comparée
RGDIP	Revue Générale de Droit International Public
RAI	Recueil des Arbitrages Internationaux
RIAA	Reports of International Arbitral Awards, United Nations
ZAORV	Zeitschrift für ausländisches, öffentliches Recht und Völkerrecht
リステイトメント	合衆国対外関係法第三リステイトメント（1986），*Restatement of the Law Third, The Foreign Relations Law of the United States*, The American Law Institute, 1987

序章　国際社会と国際法の機能

第1節　国際法の概念と機能

1　国際法学の対象

　法は人びとのつくる社会における諸関係を規律する規範であるが，主に国家社会を基本的単位として構成される国際社会における諸関係を規律する規範の一種が国際法[1]と呼ばれるものである．（国際社会には非法的規範も存在しうる——序章4節2(2)）

　国際法学は，国際法およびその法をめぐる諸現象を研究対象とするものである．この対象を研究する方法，態度のいかんを問わず，研究上共通の対象である国際法そのものの観念について，予め把握しておくことが研究の前進のためにその第一歩として必要である．

2　国際法の概念

　国際法は，国際社会をその社会基盤とする1つの社会現象であるから，歴史，政治，法など，どの観点から考察するかによって，それに与えられる観念は異なりうる．また，法的観点からみても，時代によってその概念は必ずしも同じ

---

[1] 国際法の語源は，ラテン語の jus gentium, jus inter gentes に由来するが，その意味するところは時代により異なっていた．現代の諸言語で，それらに相当する用語は，英語の law of nations, international law（ベンタムが初めて用いた用語：Jeremy Bentham, *An Introduction to the Principles of Morals and Legislation*, First Edition 1780, first published, 1789, chap. XVII, §.25），フランス語の droit des gens, droit international，ドイツ語の Völkerrecht, Internationales Recht であるが，上のラテン語と必ずしも同じ意味ではない．日本語の「国際法」は，これら現代用語の邦訳である．幕末には「萬国公法」と訳されたが，1873（明治6）年に箕作麟祥が「國際法——一名萬国公法」と題したのが「国際法」の名称が使われた始まりとされる．

ではなく，さらに，現代の国際法研究者の間においても，国際法の定義は細部にわたっては統一されているわけではない．しかし，今日の国際法について，常識的な法意識と法科学から一定の枠を示す概念を与えることは可能である．最も広いまたは一般的な枠づけとして，例えば国際法は「国際社会の法である」とか「国際関係を規律する規範の全体である」として概括的に定義されることがある．より枠をしぼって，規律対象（主体）の観点からみれば，国際法は「主に国家間の関係を規律し，ときには国家とその他の非国家団体ないし個人との関係，さらに，国家と国際機構間または国際機構相互間の関係を規律する法規範の全体である」とも定義しうるであろう．

また，妥当根拠や法的性質の観点からみれば，国際法は「国際社会を基盤とし，条約や慣習法という法成立形式（法源）に示された諸国家（または国際機構）の合意によって形成され，なんらかの強要性ないし強制によって維持される行為規範の全体である」ともいいうるであろう．もっとも，これらの定義に含まれている諸属性，例えば法成立形式の種類，国家以外の法主体，国家の合意の意味やその必要性，強制の存否などについて，学説上必ずしも一致はみられない．（後述する国際法の法的（義務的）性質（序章3節2），ソフト・ローや非法律的規範の概念（序章4節2）参照．）ここではとりあえず，上のいくつかの属性を勘案して，つぎのような一応の定義を与えておきたい．すなわち，国際法とは，国際社会を基盤とし，一般に条約や慣習法などの法成立形式によって示された諸国家（や政府間国際機構）の合意を中心に形成され，諸国家間の関係を規律するほか，国際機構やその他の団体，個人の関係を規律することもあり，かつ強要性（さらにその体系の基底部分についてのなんらかの強制）を伴う規範の総体である．

3　国際法の社会基盤としての国際社会

国際法は不変のものではなく，時代とともに発達（その意味は序章2節1）するが，その発展は基本的にはその社会基盤の展開に依存する．そのため，国際法の社会基盤たる国際社会の性質および構造の展開についてまず触れておかねばならない．

一般に法の社会的基盤は，自己固有の意思により法を生み出しまたは承認し，その存立と作用を与え保障する社会である．国家（国内）法の社会的（妥当）基盤は国家社会であり，そこに，その発展段階に従って階級，階層，利害の対立や支配が存在する．このことと対比させる意味で，国際法の社会的（妥当）基盤は国際社会であるといわれる．

ところで，国際社会と呼ばれるものの性質・構造は，国家社会のそれとは異なるし，また，歴史的に見れば，時代・時期によりそれは同一ではなく変わりうる．国際社会の性質・構造，そこに妥当する国際法の性質をみるために，とくに現代の国際社会は国際法を（国内法と比肩しうるような）法秩序ないし法体系として成立せしめうるような国際共同体（international community）ないし全体社会（コミュニティ）を形成しているかという問題が提起される．ここでいう国際共同体ないしコミュニティとは，階級・利害対立や分離にもかかわらず，その根底に利害関心の共同・共属感情により結ばれた社会集団を指す．

この問題を超歴史的に見ることはできない．世界史のなかでの国際社会の展開により，その性格は一様とはいえないからである．ここでは主に，近代国家の成立を契機として形成された近代国際社会（ヨーロッパ国家系システム）と，2度の世界大戦を契機に展開しはじめる現代国際社会の性格・構造を比較しながら，それらを基盤として生成・発展する国際法および学説の特徴を簡単にみておきたい．

近代国際社会がヨーロッパにおいてキリスト教文明国間の水平的秩序構造をもっていたのに対して，現代国際社会は地理的には世界中に及びかつなお主権国家併存の構造をもっているが，両世界大戦後に政治的な世界機構ともいわれる政府間国際機構（国際連盟および国際連合）が設立され，その機構（とくに国連）を介して（東西冷戦下においてさえ）コミュニティ化が意識され，国際公益概念が認められ，世界大に拡大された垂直的秩序をめざすものである．さらにいわゆる冷戦終結後にはグローバリゼーションの進行するなかで，主権国家や政府間国際機構のみならず多数の非国家アクター（非政府組織（NGO），企業，個人（自然人や法人），テロ集団など）が国際社会において活動し，「市民社会」も登場しつつある．このような現象を捉えて，今日ポストモダン国際社会を迎えていると見る見解もある．いずれにしても，このような現代国際社会ないし

ポストモダン国際社会の基盤の上に生成し発展する国際法についても,法主体の多様化,法規範の階層化(任意規範と強行規範),国連法,フラグメンテーションや統合といった国際法の性質や構造をめぐる議論を惹起するようになっている.

第2節　国際法（および学説）の歴史的展開

1　時代（時期）区分の意義

1. われわれの認識する国際法を永遠に不変の（かつ普遍的に妥当する）一般規範とみなしうるならば，国際法を歴史的に遡って検討する必要はないであろう．しかし，前節で述べたように，所与の国際社会を基盤として生成され展開（発達）する社会現象としての「生きた」規範とみる限り，国際法（の諸規範）はその生成，適用，展開さらには終了（消滅）――「万物は流転する」――という歴史を不可避的に刻むものである．このようにみるならば，世界史のなかで国際法の生成および展開の事実（プラクティス）や学説[2]を探り，その評価を踏まえて，現代国際社会において生成・適用される現代国際法の特徴（意義および限界を含む）を明らかにすることが必要になる．

　国際法・学説の展開の歴史は，その基盤である国際社会の歴史的展開の影響を受けることは避けがたい．つまり，国際社会としての世界の歴史の（歴史家による）時代・時期区分が国際法・学説の時代・時期区分にも当てはまるのではないかとも思われる．もっとも世界史の時代区分――例えば古代・中世・近世・近代・現代ないし奴隷制・封建制・資本主義・社会主義・グローバリゼーション――は（地縁団体としての）国家（組織）の社会・経済制度の展開をメルクマールとしているが，ここでいう国際社会の時代区分は，世界史の時代区分にそのまま当てはめることは必ずしも適切とはいえないであろう．前述のよう

---

[2] ここでいう「学説」は teaching(s) を指しているが，その意味は広く，doctrine や theory をも含むものである．なお，過去の学説は国際法史の一部をなすものである．M. Lachs, *The Teacher in International Law*, Second Revised Edition, 1987, pp. 1-2, 7 参照．また，国際司法裁判所規程38条 d の「学説」（teachings（英），doctrine（仏））の意味について51頁脚注9）参照．

に近代国際社会を 1648 年ウェストファリア講和以後のヨーロッパの近代主権国家の形成によるかかる国家の併存社会とみなす限り，それ以前の時代には，ヨーロッパにおいても国際社会は存在していなかったことになり，また，それ以後においても，ヨーロッパ（および北アメリカ）外の世界は長い間（国際法がそこに妥当し適用される）国際社会（の一部）とはみなされていなかった．（この問題は，万国国際法学会において「東洋諸国に対する国際法の適用」というテーマの下に議論されたことがある．）

2. しかし，ここでは，国際法の生成・適用の基盤としての国際社会を念頭においているのであり，そのために古代ないし奴隷制の時代および中世ないし封建制度の時代においてもなお（近代国家の概念と必ずしも合致しないとはいえ）古代国家や封建領主のような権力体の間の関係を作り出す（国際）社会が存在していたし，その関係を規律する規範（法）が存在したことは事実である．かかる規範（法）は，前節で示した国際法の概念の構成要素を必ずしも満たすものではないが，国際法の前駆（先駆）的なものとして，国際法の歴史のなかに位置づけることは可能であり，かつ，必要であろう．

以上から，国際法の時代・時期区分は，大きく分けて，古代・中世（近代以前），近代国際社会，現代国際社会（さらに，現代（史）および未来史の観点から，ポスト現代国際社会）の時代・時期に分けて，各時代・時期の国際社会の特徴とその下での国際法および学説の展開を要約的に位置づけておきたい．

2 近代以前（古代・中世）の国際法

(1) 古　代

1. 国際法の基盤が特定地域の複数の国家（または類似の地縁的権力団体）間の社会ないし接触や関係，国際社会の存在を前提とするとすれば，国際法の起源は近代（ヨーロッパ）国際社会の成立よりはるか以前に世界の諸地域に発祥した諸文明の時代にまで遡ることもできる．すでに古代において，中国，インド，メソポタミア，エジプト，その後ギリシャ，ローマといった比較的狭い地理的範囲での国家社会の出現とともに，その地域内において主に近接する国家間の一定の関係を取り決めたもの（この実行は，後に学説により「条約」に分類さ

れる）が存在していた．それを示すものとして最も有名なのは，紀元前1292-69年頃エジプトのラミゼス2世（Rameses II）とヒッタイトのハッシリ3世（Hattusili III）の間に結ばれた永久平和・友好関係樹立のための条約で，そこには相互不可侵，防衛同盟，反徒に対抗するための援助，逃亡犯罪人の引渡しなどが約束されていた[3]．

2. もっともこうした条約は特定事項を断片的に規定するもので，（学説により）体系化されたものではなく，それぞれの妥当する地域をこえた普遍性をもつものでもなかった．また，古代の国際法に関連する実行は当時の奴隷制国家の利益とその維持をめざすものであり，そのうえ宗教的色彩も強かった．例えば，古代ローマでは，フェチアーレス（fetiales）と称する神官の一団が宣戦や講和など対外問題の決定のための宗教的儀式を司り，そこで定められたフェチアーレ法（jus fetiale）によって，外国がローマ人に対する義務を犯したかどうかが裁決された．当時，ローマと異民族間における戦争は，通常の現象とみられ，その場合の戦争慣習は一般に残酷なもので，都市の破壊，敵国民の所有財産の没収，捕虜を奴隷とすることなどが認められていた．また，スパルタクスの乱など奴隷の反乱に対する鎮圧は異民族との戦争以上に残虐をきわめ，いかなる法の適用も論外であった．

(2) 中 世

1. 中世においては，その封建社会の生産関係の基礎は領主の土地所有と農奴関係の設定にあった．したがって，「すべての諸侯（バロン）はその領土内において主権者」であり，封建諸侯相互間になされる贈与，交換，相続，結婚，約束などは国際法関係の性格をもっていた．こうして中世ヨーロッパは，そこに妥当するいわば自己の国際法を生み出し，これが神聖ローマ皇帝とローマ法王を頂点とする当時の国際関係の規範化を促した．その中心はやはり戦争の問題におかれた．

---

3) 国際法史の包括（全体）的概観は全く記録に基づくもので，記録された事実は大部分世界の特定の地域や文明のものに限られており，とくにヨーロッパにおけるものが主である．しかし，例えばアフリカ（大ジンバブウェ，サハラ）やポリネシア（サモア，トンガ，タヒチなど）においても，（国際）社会の痕跡や事実が明らかにされつつあり，将来の国際法史に刻まれることになるであろう．

封建領主が領土拡大と繁栄のために行う戦争はいわば「決闘裁判」(神の審判) として説かれた. 国際法上戦争を規制する理由は戦争の「正当原因」を見出し, 一定の戦争遂行方法を確立するためであった. 例えば, 一定期間戦闘を禁止する「神の平和 (Pax Dei)」や「神の休戦 (Treuga Dei)」の制度が設けられたり, 1139年のラテラノ宗教会議では, 火器, 弓, 石弓などの使用禁止が定められたりした. もっともこれらの戦闘手段の規制は封建領主間の戦争にのみ妥当し, 農民戦争 (農奴の反乱) には適用のないものとみなされた.

2. 中世ヨーロッパにおける最大の領主でもあったローマ・カトリック教会は, 同時にこの時代の国際法学説の形成に大きな影響を及ぼした. まずアウグスチヌス (Augustinus, 354-430) の『神の国 (De Civitas Dei)』が教会の見地に立つ正戦論を主張し, この教義がスコラ哲学に取り入れられ, 12世紀のグラチアヌス教会法 (Decretum Magistri Gratiani) を経て, トマス・アクィナス (Thomas Aquinas, 1224-74) の『神学大全 (Summa Theorogica)』において展開された. トマスの正当戦争論によれば, (a)君主が戦争を許可し, (b)戦争原因は正当でなければならず, (c)戦争は正しい意図で行われなければならない. この正当戦争論は, 単に理論にとどまらず, 法王がその権威を支持し, 諸君主もこれを受け入れる (フランス王サン・ルイは『神学大全』の原則によりその行動を律したといわれる) というように, 実践的役割をも担っていた.

3. 中世における国際法の形成は, イスラーム世界でもみられた. ムハンマド (マホメット) の死 (632年) 直後のコーランに基づくイスラーム法理論でも, 戦争問題がその中心を占め, イスラーム教国と異教徒間には戦争状態が存在し, 異教徒に対する戦争は聖戦 (jihad) であると説かれた. ムハンマドの最初の後継者 (カリフ) アブー・バクル (Abu Bekr) の宣言は, 勝利した兵士に対して, 婦女子を免除し, 果樹園の破壊や家屋の消失を禁じ, 必要以上に敵の糧食を奪わず, さらに捕虜を哀れみをもって取り扱うことを要求した. 当時, 一般にヨーロッパよりもイスラーム世界の方が国際法 (戦争法) に関する実践も理論も一層寛大であったといわれている.

中世末のヨーロッパにおける都市国家の形成と通商関係の拡大が農奴関係の崩壊へと導き, それに伴う近代国家形成への始動が中世の国際法理論, とくにスコラ哲学の正当戦争論を新しい領域へと向かわせることになった.

3 近代国際社会の形成期——伝統的（近代）国際法の成立と展開

(1) 黎明期——ウェストファリア会議以前

1. 1492年の「アメリカ発見」と，それに続く宗教改革によってヨーロッパにおける近代の幕が切って落とされ，そこから伝統的国際法（古典的または近代国際法ともいう）が芽生えてくるが，その具体的形成は1648年ウェストファリア会議以後のヨーロッパ国家系すなわち近代国際社会の成立を待たねばならない．しかし，これより前，他国に先駆けて世界征服に乗りだしたスペインにおいて，この新現象をスコラ哲学の正当戦争論から論じようとする神学者や哲学者が現われていた．

新大陸の「発見」に伴い，そこに先住していたインディオの伝道に力をいれたドミニカ派は，アメリカ征服の問題に関心を寄せた．同派のビトリア (Francisco Vitoria, 1480-1546) は，トマス・アクィナスの影響のもとに，スペインのインディオに対する戦争は正当か否かを体系的に検討した．彼は，一方でインディオの基本的権利の保護を論じつつ，他方で自然法上すべての人に交際と交通の権利が認められるとして，もしインディオがこれを拒めば，権利侵害として戦争の正当原因になると説いた．こうしてビトリアの説は，スペインによる植民の合法化の論拠を提供し，時代の要求にそうイデオロギーとしても機能したといえる．また，彼は万民法 (jus gentium) をすべての人に適用される超越的普遍人類法とみなし，この発想がスアレス (Francisco Suàrez, 1548-1617) の人定的実定法としての万民法の理論をはじめ，グロティウス (Hugo Grotius, 1583-1645) にいたる国際法学説に多大の影響を及ぼした．また，イタリアのゲンチリ (Alberico Gentili, 1552-1608) は，自然法の妥当と人類社会の観念を根底にもちつつ，条約と慣習法による実定国際法に重要な地位を与えた．

2. しかし，ビトリアを含むこれまでの諸理論を集大成すると同時に，スコラ哲学からの脱却を示す自然法論を展開し，国際法（万民法）に独自の地位を与え，後に「国際法の父」と呼ばれるようになったのは，オランダのグロティウスであった．彼が三十年戦争中に著わした『戦争と平和の法 (De Jure Belli

Ac Pacis)』(1625年)は，人の社会的性向に妥当根拠をもつ正しい理性の命令である自然法を，人定法のみならず意思法たる神法とも区別した．そしてこの自然法を，「すべての国民または多数の国民の意思に基づいて拘束力を有する」(第1巻第1章14節1)意思法としての万民法とともに，普遍人類社会の法として認めた．彼の普遍人類社会の概念や正戦・不正戦の区別(第1巻第2章以下)は，なお中世的残滓をとどめているが，後者については，いわゆる「克服しえない無知（ignorantia invincibilis）」理論によって，正当戦争論からの脱却と当時の諸君主間の戦争という現実への妥協が試みられている点も見逃せない．また，彼の海洋自由の主張（『自由海論（Mare Liberum）』1609年）も，オランダ東インド会社のため，ポルトガルの東インド貿易独占を排除する現実的要請に合致したものであった．このように，グロティウスの主張のなかには当時の戦争や国際貿易の要求にそう進歩的要素も含まれていたが，同時に，その時代的制約により，つぎに登場する主権国家を基礎とする原子論的国際法の発想はそこには見出せない．

(2) 伝統的国際法の形成——ウェストファリア会議からウィーン会議まで

1. 1648年のいわゆるウェストファリア講和は，三十年戦争を終結させ，同時に大小の主権国家から構成され，勢力均衡に支えられたヨーロッパ国家系 (State System) を生み出した．そこにおいては，当初，絶対君主とその側近が全権力を握る絶対主義国家は征服戦争を繰り返し覇権を競い合ったが，商業資本主義関係の発展に伴い，その胎内から新興市民階級が形成され，種々の革命を経て近代国民国家へと移行した．アメリカの独立宣言（1776年）は新大陸に，1789年フランス革命はヨーロッパに新興階級の支配する近代国家の勝利を決定づけた．なかでも，フランス革命における「人および市民の権利宣言」(1789年) は，人権と国民主権の原理をうたい，その国際版ともいえるグレゴワール神父（Abbé Grégoire）の「国際法宣言案」(1795年国民公会に付託)は，諸国民（peuples）の主権，独立，平等に基づいた新しい国際法関係を表明した．また，革命議会による征服戦争の放棄，宣戦の必要性と立法権の同意などは絶対王政の慣行を否定し，以後の国際法の展開を先取りする面さえもっていた．

2. このような実践は，当時の啓蒙期自然法思想に理論的基礎を負うもので

あった．国際法理論の面では，グロティウス以後，ズーチ (Richard Zouche, 1590-1660)，プーフェンドルフ (Samuel Pufendorf, 1632-94)，バインケルスフーク (Cornelius von Bynkershoek, 1673-1748)，ヴォルフ (Christian Wolff, 1676-1756)，ヴァッテル (Emer de Vattel, 1714-67) など一連の学者や思想家が輩出した．彼らは「国際法の創始者」ともいわれ（またこの時代を「国際法学の英雄時代」と呼ぶ人もある），それらの理論が近代国家の実践を通じて伝統的国際法の形成に多大の寄与をなした．

なかでも，プーフェンドルフの自然法思想は，グロティウスのそれと異なり，人間が理性の光によって見出す合理的自然法，国際法を自然状態たる国際社会に妥当する自然法とみなすことによって，伝統的（近代）国際法観の基礎を提供した．この自然法論はヴォルフ，ヴァッテルによって受け継がれたが，とくにヴァッテルの『国際法 (Droit des Gens)』(1758年) は，自然状態にある諸国家を自由，平等，独立のものとみなし，そこから国家の基本権や不干渉の原則を引き出した．市民的自由を基調とする国民主権の思想を背景にもつヴァッテルは，家産国家思想を批判し，絶対主義国家に抵抗する中小国民国家の地位を主権平等の上に基礎づけた．このため彼の著書は，アメリカ独立戦争において自由独立を求める移住民の側から歓迎され，フランス革命においては前述の「国際法宣言案」に反映された．他方，彼の先占論は，耕作のために効果的に使用されていない土地を合法的に先占し，それによる植民地建設を認めることになり，つぎの時代の植民地獲得を正当化する理論にも転化しうる面をもっていた．なお，彼は自然法のみならず，実定法の妥当をも認め，戦争の正当性について独立国家は互いに相手国に対する判定者たりえないから，疑わしい場合交戦国双方とも実定法上合法と認められねばならないとして，19世紀に一般化する無差別戦争観への転換を示唆した．

3. このように，国家の主権平等を基礎とする原子論的国際法は，啓蒙期自然法思想の影響のもとに理論化されたが，その社会的基盤は，勢力均衡によるヨーロッパ国家系の確立と勃興する市民階級の政治的自由の要求にあったとみなすことができよう．もっとも，例えば1794年の英・米間の「友好，通商及び航海条約」(ジェイ (Jay) 条約) にいたるまで，諸国家間に仲裁裁判がほとんど利用されなかった事実が示すように，当時の重商政策の要請から結ばれた通

商（航海）条約のほかは，条約による実定国際法の形成はまだ限られていた．

また，伝統的国際法は，理論的には1つの普遍的法体系として構成されたが，現実にはヨーロッパの国際社会（Famille des Nations）の構成員たるキリスト教文明国のみを法主体として想定するもので，この時代には「ヨーロッパ公法（Droit public d'Europe）」とも呼ばれた．したがって，それ以外の地域をヨーロッパ諸国の支配の対象（植民地）とみなして，それを合理化する側面を伝統的国際法は同時に持ち合わせていたといえよう．

(3) 伝統的国際法の展開――ウィーン会議から第一次世界大戦まで

1. 19世紀に入ると諸国間の条約や慣習は増加し，それにつれて伝統的国際法の特質もよりはっきり現われるようになった．もっとも，フランス革命に引き続くナポレオン戦争を処理したウィーン会議（1815年）は，正統主義と革命以前の諸制度の一時的復活をもたらした．これと対照的に，同じ時期にスペイン，ポルトガルの植民地であった南米諸国は独立を達成していった．

19世紀後半になると，国際法は量的にも内容上も飛躍的展開を遂げることになった．その原因として，産業革命によって機械制大工業が出現し，資本主義が非常な発達を遂げたこと，交通・通信技術の飛躍的進歩に伴い，国際貿易と国家間の経済の相互依存関係が深まるとともに国際競争が激化し，その合理的調整が一層必要となったことがあげられる．これを反映して，「文明」諸国間に結ばれる条約数も急激に増加し，その数は1815年のウィーン会議から1924年まで，約1万とも1万6千に及ぶともいわれる．多数国間条約も1856年パリ宣言をはじめ，1899年と1907年の2度のハーグ平和会議で採択されたものを含めて，とくに戦争（中立）法分野を中心にかなりみられるようになった．

また，国際機構も1865年の国際電信連合，1874年の一般郵便連合（これは1878年に万国郵便連合となり，「文明世界」全体に拡大された），1883年の工業所有権保護同盟といった行政的・技術的事項に関するもの（いわゆる国際行政連合）があいついで設立された．

さらに，仲裁裁判もジェイ条約をモデルに，混合委員会を設置する条項を挿入した条約の増加も手伝って，数多く行われるようになり（なかでも，1872年

の英・米間のアラバマ号事件の仲裁裁判（9章6節4参照）による解決が最も有名である），1899年ハーグ平和会議では，常設仲裁裁判所の設置も定められた．

　2.　このような伝統的国際法の内容上の充実化，国際機構の出現や国際裁判の一般化，さらに外交・領事関係の増大などは，19世紀のヨーロッパを中心とする国際関係の展開つまりヨーロッパ国家系からなる近代国際社会を基盤として引き出されてきたものであった．同時に，この時代の国際法の本質的特徴は，主にヨーロッパ外への国際法の地理的範囲の拡大を通じて示された．つまり，産業革命後の資本主義の展開は，アジア・アフリカなど非ヨーロッパ地域への市場拡大を必要とし，これに門戸を開いた国や地域は，「文明国」とのいわゆる不平等条約によって半独立の地位を甘受することになった．中国は1842年にイギリスと締結した南京条約をはじめ，欧米諸国との諸条約で外国貿易に門戸を開放したが，いずれの条約においても不平等な地位を強いられた．日本も1854年のアメリカとの神奈川条約による開国後，他の諸国との条約で領事裁判権をそれらの国に一方的に認め，また関税自主権のない状態におかれた．

　また，ヨーロッパに隣接するトルコは，1856年のパリ条約で「ヨーロッパの公法と協調」の利益に参加することを認められたが，西欧諸国とただちに平等の地位におかれたわけではなかった．「ヨーロッパ公法」の適用範囲に組み込まれ，「国際団体」への加入を認められたこれら非キリスト教「東洋」諸国も「文明国」とならないかぎり，「文明国」に対して法的に不平等な関係のもとに立つことを伝統的国際法は容認したのである．つまり「文明国」間の主権平等と「文明国」とそれ以外の国の間の力関係を背景とした合意による実質的不平等が，ともに伝統的国際法における形式的平等の枠のなかで認められた．

　アジア・アフリカの多くの地域（社会の住民）は，いわゆる「無主地」に対する先占という伝統的国際法の基本原則の適用により，あるいは無差別戦争観に由来する征服や併合の制度の適用によって，その法主体性さえ否定される植民地従属地域（被保護国，付傭国といった法形式がとられることもあった）として，国際法の単なる対象として組み込まれていった．1885年のコンゴ条約——英，米，独，ベルギーなど15カ国によって結ばれたベルリン一般議定書（3章2節1参照）——は，奴隷売買の禁止，植民地原住民の保護と門戸開放を規定した

が，これは，むしろ本国間の植民地争奪競争を調整し，原住民の人口と生産力を保つことによって植民地体制の維持をはかるものであった．このように「文明国」以外の諸国や地域の実質的不平等と植民地体制の法的維持という点に伝統的国際法の果たした本質的役割の一面が現われていた．

3. このように，伝統的国際法が国際実践を通じて展開していった19世紀の国際法学は，自然法論や正戦論と訣別し，国家の意思に国際法を基礎づけようとする実証主義（とくに意思主義）に依拠した．実証主義の国際法への適用は，主にドイツの学者によって法の一般理論の構成部分として試みられた．なかでも，諸国家の共同意思に国際法の根拠を見出すトリーペル（Heinrich Triepel, 1868-1946）の説（序章3節**2**）は，他国（英，米を含む）の学説にも大きな影響を及ぼした．この共同意思説は，国家の同意が条約では明示的に，慣習では黙示的に表明されるとし，それを国際法の基礎とみる同意理論を推進させた．また，実証主義とともに，国際法の実定的法源を確立するための国際法規則の法典化（codification）への動きもはじまった．学者の間でも，国際法典編纂をめざして万国国際法学会（Institut de Droit International）がゲント（ベルギー）で，国際法協会（International Law Association, この名称は1895年以来）がロンドンで，共に1873年に創設された．

たしかに実証主義は「事実」のみに基づく「法の科学」をめざすものであったが，その弱点は国家意思の表明のみに注目し，法形成の基礎となりうる倫理的，政治的，社会的諸要素をわざと視野の外においた点にあった．国家意思の合意から引き出しえないすべてのものを国際法から排除するその基本的立場は，国際法に強度の固定性と保守性への傾向をもたらした．もっとも，実証主義のこの態度は，それを生んだ時代の一般的精神，資本主義の発達と植民地獲得に支えられた「文明国」間の相対的平穏と繁栄に対応するものではあった．

なお後世の学者は，キリスト教文明国間の「ヨーロッパ公法」の基盤としての近代国際社会について，コミュニティ化あるいは秩序の観点から，いくつかの異なった評価を行っている．例えばシュワルツェンバーガー（Georg Schwarzenberger）は，1914年以前の状態を非組織的または部分的に組織化された国際社会とみなして，その国際社会の背後に秩序を認めることは困難であるとし，第一次世界大戦以前の国際法を「準秩序」と題して説明している．また，フォ

ーク（Richard A. Falk）は 1648 年講和から名をとった「ウェストファリア概念」が諸主権国家による高度に分権化された世界を規制するために要求される法強制の伝統的枠組みを構成するものとみなし，これが主権国家間に権限の配分問題に重点をおく任意的意思主義的法システムをもたらしたとみている．

4 現代国際社会——現代国際法の形成と展開

(1) 国際連盟時代——戦間期国際法

1. 第一次世界大戦の勃発は，「文明国」間の従来の勢力均衡による平和維持方式を崩壊させ，無差別戦争観に依拠してきた伝統的国際法の限界を露呈した．また，大戦中の 1917 年，ロシア革命による新しい社会主義体制国家の出現は，西欧のキリスト教文明国家をモデルとする同質的国家から構成されてきた国際社会の構造に異質の要素を注ぎ込んだ．戦争はもはや戦後の繁栄を約束するものではなく，むしろ資本主義世界に構造的破綻をもたらすことが懸念された．このような状況を背景に登場した普遍的政治機構をめざす国際連盟は，国際社会の構造や国際法の展開に新たな性格を与える契機を提供した．

国際法の新たな展開において最も重要なことは，無差別戦争観から違法戦争観への転換が始まったことである．戦後のヴェルサイユ体制の一翼を担うことになる国連連盟規約は，前文で「締約国ハ戦争ニ訴ヘサルノ義務ヲ受諾シ」と述べ，本文でも一定の場合，戦争に訴えることを制限禁止した．国際法の長い歴史のなかでの画期的変革を示すこのような戦争違法化への歩みは，第一次世界大戦を契機に強力になった国際世論の圧力に負うところが大きかった．これは，1928 年の不戦条約において，国家の政策の手段としての戦争の放棄という，より一般的な戦争禁止の表現へと進んだ．さらに，戦争を違法のみならず犯罪とみなそうとする動きも 1917 年のソビエトの「平和の布告」や 1924 年のジュネーブ議定書（批准されず）などに現われた．このように，戦争が国際紛争解決のための合理的手段から除去されたことは，それを規定する国際法そのものの質的変化を意味することになり，ここに伝統的国際法から現代国際法への転換の第一歩が踏み出されたといえよう．

また，戦争禁止という規範的要請を現実に保障するため，国際連盟は勢力均

衡にかわって集団安全保障の体制の導入を試みた．この体制は，対立国を含む関係諸国（連盟国）全体の集団の力で平和破壊を防止し，万一，戦争に訴えた国に対して集合的制裁を加えることを予定するものである．しかし，連盟が採用したこの体制は，違法な戦争に訴えたか否かの判断，さらに，制裁を行うか否かの決定を各連盟国に委ねるという不完全なもので，現実にはほとんど機能を果たさなかった．また，不戦条約はこの種の制裁手段を予定していなかった．

戦争違法化は，各国の軍備制限，軍縮の要請を含むもので，1920年代には連盟の軍縮会議の準備が続けられた．しかし，1932年にようやく開催された軍縮会議も，すでに始まっていた不穏な国際情勢のなかで，結局成果を生まずに閉じられざるをえなかった．連盟時代に，伝統的国際法からの構造的転換はそれほど容易ではなかった．連盟規約が「文明ノ神聖ナル使命」として認めた委任統治制度は，従来の植民地従属地域に国際監督の体制を加えたにすぎず，実際には戦勝国による植民地再分割の意図を覆い隠すものでしかなかった．

2. 他方，国際紛争の平和的処理の面では，常設国際司法裁判所（PCIJ）（10章5節2）がハーグに設立され，これによって仲裁裁判のほか司法的解決の形態が国際社会においても一般的に認められることになった．もっとも裁判付託の点では，紛争当事国の同意を必要とするという制約はあったが，選択条項受諾宣言制度の採用など国内裁判と似た義務的裁判への方向がある程度示された．

そのほか，国際社会の組織化の現象も顕著にみられ，政治的国際機構としての国際連盟や司法機関としてのPCIJのほかにも，国際労働機関（ILO）が国際労働立法統一のための常設機関としてジュネーブに設立されるなど，連盟時代には重要な国際機構がいくつも登場し活動を始めた．

このような第一次世界大戦後の国際社会の組織化を背景に戦争違法化を契機とする現代国際法の形成は，基本的にはヴェルサイユ体制・連盟体制のもたらしたものであったが，この体制を支えていた諸国間の摩擦・対立は，やがてその体制そのものの崩壊を招来することとなった．1929年の大恐慌以後，資本主義諸国の対立に加え，後発資本主義国であったドイツや日本におけるナチズム，ファシズムの台頭に伴い，国際連盟は無力化し，第二次世界大戦の勃発を阻止しえなかった．このような状況のなかで形成の緒についたばかりの現代国際法は，その役割を果たせず，その機能の多くを停止せざるをえなかった．

3. 戦間期の国際法学は，19世紀の主流であった国家主権を中心にすえ国家意思に法の根拠を求める実証主義をのりこえ，主権制限論や国際連盟の設立に依拠する「新しい法」の根拠を求めて模索された．その代表的一般理論を提供したのは，デュギー（Léon Duguit, 1859-1928）の社会学的実証主義とケルゼン（Hans Kelsen, 1881-1973）の純粋法学であった．両者はそのアプローチの相違にもかかわらず，法の基礎についての意思主義を批判し，客観主義にたつ点では共通していた．しかし，このような国際法学は当時の現実主義学派（モーゲンソー，カー，アロン等）により批判を受けた．

他方，新しい社会体制を築いたソ連の学者は，一国社会主義のこの時期に国際法にあまり積極的意義を与えなかった．とくに社会体制の異なる国家間における国際法の妥当性の説明は困難で，その最初の理論化を企てたコローヴィン（E. A. Korovin）の『過渡期国際法』（1923年）は，敵対する階級体制間に法共同体（思想連帯）を認めえないことから，経済的必要上そこに適用されるものを世界革命までの過渡期の妥協の法として，ブルジョア国際法とならんで位置づけた．しかし，ソ連の国際連盟加盟後に出版されたパシュカーニス（E. B. Paskkanis）の『国際法概論』（1935年）は，一般に承認された国際法規則の存在を認めるとともに，それを階級闘争の道具として使いうることを強調した．さらに，1936年のソ連憲法制定後，国際法は両体制間の政治・経済闘争と協力の過程における国家間関係を規律する法とみなされるようになった．

(2) 国際連合時代——現代国際法（国連法）の展開（20世紀後半）

1. 国際連盟の弱点を修正する形で，しかもより普遍的な機構として，1945年に国際連合が創設された．国連憲章は，連盟規約のなかに萌芽的に現われていた現代国際法の特徴をさらに前進させる規定をおいた．すなわち，戦争違法化は，国際関係における「武力による威嚇，武力行使」の禁止という，より完全な言葉で表現され，集団安全保障体制も，連盟の轍を踏まず5大国（米，英，仏，ソ連，中国）中心の安全保障理事会が国際の平和と安全に主要な責任を負い，また，その認定と決定によって集団行動を行うという制度を採用した．なお，軍縮について，国連憲章は明瞭な規定をおかなかったが，国連は創設以来，核兵器をはじめ軍備の管理や規制について検討をはじめた．しかし，第二次世

界大戦後の米ソ冷戦状況のなかで核抑止論に依拠した核兵器体系の開発が行われ，軍縮交渉の進展はなく，また，国連の集団安全保障の機能の多くも事実上麻痺した．このような状況のなかで結成された北大西洋条約機構（NATO）やワルシャワ条約機構（WTO）など東西軍事ブロックは，国連憲章上の集団的自衛権を援用して，その正当化をはかったが，この軍事同盟体制の維持は，逆に国連の集団安全保障体制をますます骨抜きにした．このような政治・軍事状況のなかで，1960年代以来，憲章には直接規定のない平和維持活動（PKO）により紛争地域へ国連軍が派遣されてきた．

1980年代末以来，ソ連のゴルバチョフによるペレストロイカ政策の遂行とドイツの再統一や東欧諸国の変革，1991年末のソ連解体と独立国家連合体（CIS）の結成という大きな政治体制変更の過程で，WTOは消滅し，また依然アメリカなどの核抑止政策は維持されているものの，核軍縮の進展の兆しが見えはじめている．

2. 他方，第二次世界大戦後の国際社会は，連盟時代にはなお保持されていた植民地体制の崩壊によって巨大な構造的変動を引き起こすことになった．同大戦直後，社会主義体制は東欧諸国にも拡大し，アジアでも1949年に新中国として中華人民共和国成立の結果，国際社会において1つの勢力に成長した．また，1960年代には，アジア・アフリカ（A・A）の植民地従属地域がつぎつぎに独立を達成し，多数の新興国として国連に加盟したことによって，一大勢力を形成するにいたった．これら新独立国は，必ずしも社会経済構造や政治体制を同じくするものではないが，反植民地主義という立場では一致しており，また，東西軍事ブロックには属さない非同盟の立場を生み出す下地ともなった．さらに，これらのA・A諸国は例外なく発展途上国であり，経済的自立，「発展」を求めて1970年代に入ると，新国際経済秩序を提唱し，推進する母体となった．

このように，新勢力の登場の前に，かつての「文明国」が少数派に転落した国際社会の構造変動は，現代国際法の形成発展に不可避的な影響を及ぼしてきた．社会主義諸国も新興諸国も植民地主義的要素を含む，あるいは植民地体制を合理化する傾向をもつ伝統的国際法の最も特徴的な原則や規則を糾弾し，現代におけるその有効性を争ってきた．そのなかには，前にみた先占の法理や戦

争終結方式としての征服のほか，国有化の際の補償原則など外国における私的投資保護に関する諸原則，外交的保護権などがあげられる．これらの諸国，なかでもA・A諸国は，自らがその形成に参加していない既存の国際法規になぜ拘束されねばならないかに疑問を提示しつつ，同時に，国家主権や不干渉原則など従来の国際法でも現代的意味をもちうる諸原則の有効性を確認し（1954年の周・ネルーの平和5原則，1955年のアジア・アフリカ会議のバンドン10原則），さらに，天然の富と資源に対する永久的主権，民族自決権，深海底の「人類の共同財産」としての位置づけなど，新しい原則や法概念の形成についても積極的な態度を示してきた．なかでも，民族（人民）自決権の登場は，これまでの国際法構造に重大な修正をもたらす可能性をはらみ，戦争違法化とともに現代国際法の特徴を示す基本的要素となった．

また，第二次世界大戦におけるナチズム・ファシズム体制の人権無視の実行を直接の契機として，従来国内法上の問題とみなされていた人の基本的権利を国際的に保障する必要が認識されるようになり，国連憲章前文，1948年の世界人権宣言，1966年の国際人権規約をはじめ，種々の人権に関する多数の国際文書として結実した．国際法における人権観念の導入は，自決権観念とともに，国家主権の内実やその担い手についての探究をうながす糸口となっている．

3. このように，新たな国際法の範囲や内容の拡大ないし変容とともに，国際法の性質や構造についても，国際社会の一般法益の観念が次第に認識されてくるにつれ，伝統的国際法の時代には実証主義のもとでほとんど意識されていなかった強行規範（jus cogens）や国際犯罪といった概念を介して規範の序列化が徐々に進行しつつあり，他方，国連総会決議の性質をめぐる議論を通じてソフト・ロー（soft law），さらに非法的規範の概念や意義が論じられてきている．

上にみたような現代国際法の展開を可能にしてきた基本的条件は，第二次世界大戦後の国際社会の構造変化，「文明国」という同質性の喪失と社会経済体制を異にするのみならず，規模の上でも大きな隔たりのある多数の多様な国家——米，ソ連，中国といった超大国から太平洋諸島などのミニ国家まで，キリスト教文明の諸国からイスラーム，仏教など諸地域の固有の文化をもつ諸国まで——の併存という特殊な構造にある．これを基盤とする現代国際法の展開方

向は全体としてみるならば，国際社会のこれらすべての構成員の間に「力」の関係を相対化しつつより実質的な平等を実現し保障しようとする動き，いいかえれば国際社会の民主化の動向に依存し，かつ，それを志向しているともいえるであろう．

4. 第二次世界大戦後の国際法学は，国連の創設と活動，東西冷戦，平和共存，非植民地化と多数の新興国の登場，南北問題，さらに最近の東欧の変革とソ連解体という国際政治・経済関係の急激な展開と変貌のなかで，それらに対応するための国際法規則や理論の構築をめざし，またそれらに基づく体系化をも企ててきた．国連国際法委員会（ILC）における国際法の漸進的発達と法典化の作業はその一端を示すものである．

また，学説も，例えば米ソの対立と共存を背景に，それぞれの国家政策や世界観を念頭においた法理論を展開してきた．代表的な学説の例として，マクドゥーガル（Myres S. McDougal）は，国家の意思決定過程による国際法規範の創造を主張するが，現実にはアメリカの価値に従った外交政策による意思決定が国際法をつくるとみなした．また，トゥンキン（G. I. Tunkin）は，現代国際法をソ連が主に推進する「平和共存の国際法」と規定し，体制を異にする国家間の協力と闘争の両面を認めながら協力を強調するフルシチョフ時代からゴルバチョフ時代にいたる平和共存路線にそう形で展開した．また第三世界の学者は，非植民地化現象の正当化と途上国の「発展」を志向した新しい国際法の形成と展開を根拠づけるため，必ずしも従来の学説にとらわれない理論の構築を試みてきた．

さらに，国際社会の組織化ないしコミュニティ化，さらには現在あるいは未来の世界秩序の観点から国際法をとらえなおす作業も行われている．例えば，フォーク（Richard A. Falk）は，国際法秩序を強制メカニズムの支持を欠く水平秩序体系とみなし，歴史的にみてウェストファリア秩序体系と今日も構造上基本的には同じであるが，国連憲章の成立以来憲章秩序観念が成立したという．そして，現実にはかかる憲章秩序の実現からはほど遠いとしても，ウェストファリア秩序体系を補完し修正するコミュニティ志向手続が生まれているとみる．

国際社会のコミュニティ化を否定する学者（例えば，シュワルツェンバーガ

ー，ド・ヴィッシェ（Charles De Visscher））は今日でも皆無ではないと思われるが，前述のようにコミュニティは対立を含みながらも利害関心の共同・共属をもつという所与の国際社会構成員の意識（単なる観念的意識ではなく現実に支えられた意識）に求められるとすれば，とくに第二次世界大戦を経た国連体制のもとで少なくともその萌芽は認めることができよう．政治経済体制が異なるのみならず，習慣，宗教，文化等の多様性をもつ諸国家から構成される国際社会にも，そこにはつぎのような共通の利害関心が，強弱の差はあれ現われてきている．諸国家間の戦争とくに2度の世界大戦に対する否定的な反応と国際紛争の平和的処理の必要性の認識，核兵器をはじめとする大量破壊兵器による人類破滅の恐怖感とその裏返しとしての完全（核）軍縮の必要性の認識，また大小諸国の実質的平等を志向する意識，より具体的には南北関係のなかでとくに途上国の発展を促進させる共通感情，宇宙天体や深海底に対する人類の共通財産観念の発生，地球環境保全の必要性についての共通認識，人権や人道に対する基本的な点でのある程度の共通意識等である．また，イデオロギー対立が国際社会に現存するにもかかわらず，またそれに基づく人権観念の必然的相違があるにもかかわらず，例えばナチズムのような人権の完全否定，資本主義的であれ社会主義的であれデモクラシーの完全な否定の体制に対抗するという意味での，デモクラシーの共通観念が国際社会に芽生えてきたことも事実である．これらの意識にみられる利害関心の共属性という現象は今日広範に現われており，次第に強化される傾向にある．この現象は例えばヨーロッパという地域的なものに限定されず，世界大の広がりをもつこと，またそれが従来の文明国のみならず，むしろ社会主義国やアジア・アフリカ・ラテンアメリカの諸国の主張を強く反映し，それらの国により支えられ，しかも国連という組織的枠組みを介して現われつつあるという点に，現代国際社会のコミュニティとしての性格と特徴（弱点を含めて）が認められよう．

(3) ポスト冷戦時代——21世紀国際法の展望

1. ポスト冷戦時代（期）とも称される20世紀末以来の国際社会を1つの時代（時期）区分とみなして，そこにおける国際法の展開——構造や性格——を20世紀後半の国連時代の現代国際法のそれと大きく異なるものとして分類

しうるかどうかは今日まだ定かではない．ただ，20世紀後半の国連体制下での主権国家間の関係——冷戦構造も平和共存もその一つの現われ——を機軸に展開した国際社会の基本的構造が冷戦終結後から今日の数十年間にかなり変化しつつあることは事実である．政治的には東西対立構造ではなく，一超大国（米国）の出現，さらには中国やインドといった近い将来の超大国になる可能性の高い潜在的超大国が出現しつつあること，新国際経済秩序の理念に代わってグローバリゼーションが経済の市場原理の分野のみならず——最近の米国から始まり世界中に拡散した財政危機（むしろ「恐慌」とさえいわれる資本主義の限界の露呈もその1つ）——あらゆる分野（政治，情報，人権，環境など）において見られること，逆にそれに対抗するものとして，国家間の武力紛争よりむしろ地域紛争，破綻国家の登場，テロリズムの横行などグローバリゼーションの負の側面が強く現われていることなどの現象は，20世紀国際社会の基本的構造を揺り動かしつつある．

　しかし，今日の国際社会においても，主権国家（体制）は存続する——国家の「終焉」はなお予見されない——一方で，「市民社会（civil society）」が形成されつつある．この市民社会は，国家社会にとって代わるものではないが，国内においてあるいはトランスナショナルな関係において登場しており，（NGOのような非国家アクターとして）国際社会における発言権を得てきている．このような国際社会の構造変動を背景に，そこに機能すべき現代国際法の展開方向も動揺を免れない．

　2．ポスト冷戦期における国際法の展開の特徴は，国家実行（プラクティス）の面からみれば，一方で，唯一の（とくに軍事面での）超大国となった米国の「帝国」（主義）化を示すいわゆる単独行動主義（unilateralism）に基づく行動に現われている．その結果，国連憲章に具現されている現代国際法の基本原則とされているもの，とくに武力行使禁止原則や不干渉原則を無視する傾向が見られる．2001年9月11日の米国における大規模テロ事件（以下，「9・11」という）以後の「テロとの闘い」（「反テロ戦争」）の名目の下で，米国はアフガニスタン攻撃，さらにはイラク攻撃を主導してきた．その際，国際武力紛争に適用される国際人道法の違反ないし無視が目立ち，代わって米国内法の域外適用とも見られる行動（例えばテロ集団やテロリストの認定）さえ取られている．このような

行動は，国際法の展開方向にも影響を与えつつあり，例えば人道的干渉（介入）を合法化する議論，これをより洗練された表現で理論化する「保護責任」論が展開されている．この議論は現代国際法の基本原則と抵触しかねないものであるが，破綻国家やジェノサイドのような基本的人権否定国家体制に対応しようとするポスト冷戦期の国際法の特徴を示す1つの動向である．

　他方で，この時期には，国際社会における人権・人道法，あるいは環境の分野において，多数国間条約が作成されてきた．例えば対人地雷禁止条約，ローマ国際刑事裁判所（ICC）規程，京都議定書の発効やその後の環境規制の動向などである．これらは，国連の支援（支持）のもとで，あるいは，市民社会ないしは関連 NGO の要求を取り込む形で起草され，「国際社会の共通利益（国際法益）」（言い換えれば，市民社会の法益）を実現することをめざす条約であり，かつ多くの諸国の参加を得ているものである．（ただし，これらの条約には超大国，また近い将来超大国となると見られる国は参加していない．）このような条約起草の形が目立つポスト冷戦後の国際法の展開は，内容的には国連の目的にも適合する 20 世紀後半の現代国際法の特徴を表わしているが，その起草過程で市民社会など非国家主体（アクター）の声を反映している点で，国家（代表）のみに限定されていた国際法生成過程に新しい要素を取り込むにいたっている．このことは従来の国家間法としての国際法構造に変容をもたらすことになるかも知れない．

　3.　このような実行を評価する法理論の面では，さまざまの分野（法分野を含む）においてグローバル化の進行する国際社会で，そのパラドックスともとれる国際法ないし国際制度（例えば国際裁判制度）のフラグメンテーション化とそれに対抗する統合化の問題が提起されている．国連国際法委員会（ILC）はこの問題（トピック）を研究して，「国際法のフラグメンテーション：国際法の多様性と拡大から生ずる困難」と題する報告書（2006 年）を提出している．この問題の研究は，現代国際法の階層化（構造）や性質の変容（ユース・コゲーンスや対世的（erga omnes）な義務，国家犯罪概念や国際刑法——国際刑事裁判所（ICC）規程——の登場）を取り扱うものである．

　他方，このような現代国際法の展開（統合化）に対して，1970 年代頃から批判法学（Critical Legal Studies）運動（ジェンダー法学もその潮流の1つといえよう）

が展開されてきた．批判法学からの国際法へのアプローチは一様ではないが，一般的にいえることは，国際法の概念（定義）を古典的実証主義者のように必ずしも規範の集合体つまり法システムとして把握せず，そのため，国際法のフラグメンテーション現象を克服されるべき病理現象とみなさない一方，国際法の統合化ないし階層化を国際法の発展として肯定的に評価するわけでもないのである．批判法学運動のリーダーの一人ともいえるコスケニエミ（M. Koskenniemi）によれば，教義（ディシプリン）としての国際法は政治的闘争の対象であり道具であるという観点から，国際法の統合は覇権的企画（ヘゲモニー・プロジェクト）であるとしている．つまり，この統合――「帝国主義」国際法とも呼ばれる――は周辺に対する中心支配を正当化し，再生産しかつ永続化させる西欧国際法のヘゲモニーとみなされる．（批判法学に造詣の深いジュアンネ（E. Jouannet）は，すべての国に適用される抽象的規範，法の形式的平等性と普遍的適用という現代国際法の普遍主義は西欧的価値によるものであり，例えば国際法における人権（人間的価値）も自由主義的デモクラシーの価値であるとして，西欧ヘゲモニーの成果とみなす．）アロット（Philip Allott）は，法分野のグローバリゼーションの結果，世界の社会秩序は根本的挑戦を受けているとし，世界的無秩序から脱却するために，「ユーノミア（eunomia）」と称する全人類から構成される理想の国際社会（国際市民社会）を想定する．ユーノミアにおける国際法は全人類の共通利益について定めるもので，条約の締約者は国ではなく人である．このような国際法観は，多様な非国家アクターの国際法形成への参加，さらには法主体化を促すもので，主権国家のみから構成される従来の国際法構造や性質に本質的変容（世界法化）をもたらしかねないものである．

第3節　国際法の生成過程と成立形式

1　国際法の定立方法──法源をめぐる問題

1.　国際法はいかにして，どのような形式で生成され，変更され，また消滅するのか．近代国家権力に支えられた秩序のもとで生成・適用・展開する国内法とは異なり，国際法は統一した権力構造──立法権，立法機関および立法手続──を欠く国際社会において生成・適用・修正・廃止されるという宿命のもとにある．いいかえると，主権国家の併存する国際社会においてどのように法・規範秩序を形成し維持していくかという問題，つまり，主権と国際秩序の相関関係につねに遭遇するからである．ここにこの問題の核心がある．しかし，この問題は国際法理論上一致を得にくいいくつかの争点を含んでいる．争点の中心は国際法の法源（fontes juris）をめぐるものである．そもそも法源という言葉自体多義的であり，必ずしも統一した意味で用いられていない．法源という用語は国際法の拘束性の要素と混同されやすいとして，あるいは現代国際社会の法現象を的確に分類または根拠づけえないとして，その使用に反対し，また「証拠（evidence）」という表現を用いることを勧める学説もある[4]．法源

---

4)　コーベット（Corbett）は，源（source）の用語の背後に大変な混同の歴史があるから，この用語は放棄されてよいとし，パリー（Parry）は，source の語は国際法の拘束性に関して用いられてはならないとし，そのかわりに「証拠（evidence）」という表現を勧めた．evidence という用語の方が国際法の体系により適合するという見解もあるが，この用語にも有形の資料（physical documents）の意味と概念的意味（国家実行に言及するとき）の両方において混乱が見られ，また，慣習の「証拠」が実質的要素で，証拠づけられるものが心理的要素（opinio juris）であるという結論にまで飛躍する点でも混乱が生ずる．最近ビンチェン（Bin Cheng）はこれを極端に進めて，国際慣習法の定立における慣行（usage）の役割は純粋に証拠的であり，その結果慣習法はただ1つの構成要素つまり opinio juris をもつとみる．要するに証拠の役割は本質的ではないなにものかであり，不可欠のものではなくなっている．なお，ダマト（D'Amato）は source と evidence のどちらの用語の使用にも批判的である．

論の混迷はなお続いているともいえる．

　一般にはよく，国際法規の生成にかかわるものとして実質的法源と形式的法源があげられる．実質的法源は法規の実体が引き出される源を意味し，形式的法源はそれを介して法規が国際社会でかたちをとる外的形式を指す．

　2.　形式的法源（以下，単に「法源」という）をめぐっていくつかの問題点がある．1つ（第一の問題点）は，法源の種類（および数）についてである．条約と国際慣習が法源であることについては異論がない．この2種類は，伝統的国際法の時代から，自然法のみを認める論者は別として，自然法と実定法の双方または実定法のみの存在を認めた論者によってつねに法源として認められてきた．国際法の法源はこれら2種類に限られるか，あるいはほかに（新たな）法源はありうるかが問題である（なお，国際司法裁判所規程38条参照）．

　17-18世紀に遡る伝統的国際法論の展開のなかで，また当時の国家実行にてらして，法源は条約と慣習で十分とみられていた．当時の慣習と条約は，論者によっては自然法を補うものであり（なお，ヴァッテルの意思法（droit volontaire）は諸国家の推定的同意に基づくもので，実際には自然法に近いと思われるが，実定法に分類された），とくに条約はまだ数も少なく形成途上の法源とさえみられた．19世紀から20世紀初頭にかけてのヨーロッパ国際社会の比較的安定した平穏な時期における伝統的国際法の展開のなかで，条約と慣習はただ2つの法源とみなされ，これに対する深刻な疑問や批判はなかった．

　ところが，変動期の現代国際社会では，従来の国際法の成立形式が問い直され，新しい法源を要求する動きがはじまった．連盟時代には，国際裁判に付託された紛争に適用可能な条約や慣習法のないとき，「法の一般原則」といったものが裁判準則として適用されうるかという問題が出され（序章3節**5**），また，国際機構の発達に伴い，とくに世界のほとんどの国が参加する国連の「総会決議」が法的性質をもちえないかという疑問が提起されてきた（序章3節**8**）．さらに国家の一定の「一方的行為」に法的拘束性が与えられるという見解も現われている（序章3節**7**）．

　そもそも法源が条約と慣習に限定されねばならない理由はなく，現実の国際実行のなかから新しい法源が現われうることは否定できない．現在の法源の数は変更可能であり，国際社会の必要が国際法の新法源を生み出し，逆に古い法

源を廃止させることも可能である．しかし，このことは上にあげた法の一般原則，国連総会決議，国家の一方行為といった種類のものがただちに新法源となることを意味するわけではない．

3. このことはつぎの点（第二の問題点），すなわち国際法の法源としての成立要件はなにかという問題を提起する．この成立要件は法源の種類によってその現われ方（形式）が同じではない．しかし，すべての種類の法源に共通の要素が見出されねばならないはずである．ところが，この点が国際法の拘束性ないし義務的性質の議論と結び付けられてきた．しかし，この議論がいずれも完全な説得性をもたない状況において，法源の共通要素をめぐる議論は主に慣習法の成立要件をめぐって展開されてきた．新しい法源の成立要件も実は慣習法の成立要件とみられるものを基準として検討されてきたといえる．それゆえ，法源をめぐる論争も慣習法の問題が中心を占めてきた．国際社会の要請にしたがって，既存の法源を活性化し，また新しい法源の出現を促進させるため，法源の共通の要素とくに慣習法の成立要件を柔軟に解釈しようとする見解も現われている．例えば「インスタント慣習法」のための単一要素理論は国連総会決議の法源化に有利に働くことになろう．

第三の問題点として，種々の法源間の関係ないし序列の（存否の）問題があるが，これは各々の法源を論じた後に検討する（序章4節）．

2　国際法の義務的性質——法源の成立要素

1.　国際法の成立形式をめぐる議論はつきつめていくと，各種の形式的法源のそれぞれの成立要件を検討する前提として，国際法の義務的性質ないし法的拘束力の根拠をどのように把握するかという難問に直面する．この問題が自覚的に問われるようになったのは，国際法の歴史のなかでも比較的新しい．伝統的国際法の形成期の学説，なかでも啓蒙期自然法論において，この問題はそれほど深刻に受け止められ議論されたわけではない．そこでは自然法たる国際法の妥当根拠は，人の社会的性向（グロティウス）や理性（プーフェンドルフ），あるいは仮設の自然状態という超経験的契機に求められたため，その妥当根拠のつきつめた追求はなされなかったし，またその必要もなかった．当時，自然法

とならんで実定法の存在を認める論者（ヴォルフ，ヴァッテル）も，実定法の妥当根拠を諸国の明示的，黙示的，あるいは推定的同意に求めたが，それは結局同意への忠誠を課す自然法に基礎づけられるものであった．

2. この問題が自覚的に提起されるのは19世紀（とくに後半）に支配的となった実定法の妥当根拠を求めて（意思）実証主義が登場してからである．法実証主義は，自然法を学者の恣意的主観的産物として拒否するにとどまらず，法科学をその外にある一切の要素から解放しようと試み，法規則定立のための一定の行為からつくられた実定法（jus positivum）以外のいかなる形式の法の存在をも認めなかった．こうして，形式的法源によりつくられた規則に法的，義務的性格を与える問題，すなわち一定の行為（手続）の産物がなぜ法を構成せねばならないかを証明する問題を生ぜしめた．

固有の法を主権者の従属者への命令と定義し，国際法は固有の法ではなく実定道徳であるとしたオースチン（J. Austin, 1790-1859）や国際法の拘束力を国家の自己制限行為（Selbstbeschränkung）に基礎づけようとしたイェリネック（G. Jellinek, 1851-1911）をのぞき，19世紀の主たる潮流は，実定国際法の妥当性を国家の意思に基礎づけるものであった．つまり，主権国家に対して拘束力をもつ規範定立（変更・廃止）のために，個別国家の意思——ヘーゲルとその学派，ヴェンツェル（Max Wenzel）——または国家間の共同意思（合意）が国際法全体の法的基礎であるとみなされた．そして，国家の個別的意思または合意は，条約と慣習法という成立形式により具体化されるとみられた．しかし，この潮流は，法規範形成過程やその本質について詳しい検討を加えず，純粋にドグマティークなアプローチにとどまった．

なかでも国家意思の合致すなわち合意（共同意思）により国際法を基礎づけようとする説はトリーペルの合同行為（Vereinbarung）理論により展開された．この理論によると，合同行為は契約（Vertrag）とは異なるもので，同一または共通の目的を追求する不特定数の意思が融合し，そこから個別意思とは別の，かつそれより上位の共同意思（Gemeinwille）が生ずる．国際法はこの合同行為に表明された諸国の共同意思に基礎をおく，とされる．これは意思主義概念を放棄せずに，国際法の客観的基礎を求めようとしたものであるが，これにより意思実証主義の難点が克服されたわけではない．この理論は，条約はともかく，

慣習法を黙示の合意に依拠させるにひとしく，まして，一般国際法（3節3(2)4)）の根拠を与えること，あるいは異なった種類の法源を唯一の法体系（ないし法秩序）に結合させることが困難である．特定国家の意思——その合致が共同意思を生み出すのに必要である——をその国家が任意でなぜ変更しえないかという，意思主義に向けられる批判に対する解答を，トリーペルの理論も与えていない．

3. 上の実証主義の理論からみて，国家の意思が国際法を創造（定立）するとしても，それ自体では拘束力ある規則としての妥当性を基礎づけえないことを認めれば，意思表明に拘束力をもたせるためにはその前提になるもの（原則）が存在しなければならない．これ（原則）にあたるものとして，一連の学者は pacta sunt servanda（「合意は守られなければならない」）をあげた．アンジロッチ（Dionisio Anzilotti）は合意のなかに「一致した（共同の）意思（concorda volontà)」があり，それはさまざまの意思の融合によるとみるが（この点はトリーペルと同じ），トリーペルと異なり，この（法）規則の源をその（国際条約の）遵守を国家に義務づける根本規範すなわち pacta sunt servanda に求めた．アンジロッチによれば，合意のなかに表明された一致した（共同の）意思は合意を定義づけるだけであり，国際法規則の創造を基礎づけるものではない．これを基礎づける pacta sunt servanda は法的に分解しえない公準（axiome）であり，そのなかにアプリオリな原則，絶対的な価値が見出される．この拘束力の特殊性こそ国内法とは別の自立した体系の形成を国際法に許すことになる，というのである．

4. 他方，法実証主義を極端にまでおしすすめたケルゼンの純粋法学（または規範主義理論）でも，法の拘束性を説明するのに合意理論は退けられる．そこでは法規範（実定法）の妥当性は仮説としての（したがって非実定的）根本規範（Grundnorm）に論理的に還元されていく．すなわち，実定法は超法的要素（とくにイデオロギー）から解放されねばならず，規範のみが規範の拘束力の根拠たりうるのであり，ある規範の有効性は上位の一般規範から引き出される．したがって，一般規範（一般国際法）が特別規範（特別国際法）の定立の基礎を提供する．この一般規範の頂点にたつ根本規範は pacta sunt servanda の公準である．ところで，一般国際法は慣習的起源のものとみられるから，慣習こ

そこの公準を基礎づけることになる.

5. ケルゼンらとは対照的に,規範ではなく事実の観点から国際法の妥当性を基礎づけようとしたのはデュギーやセルの社会学的実証主義の立場である.デュギュイによると,法の基礎は人びとの連帯性(solidarité)の相互依存という事実にある.この事実から共同生活を不可避とする人びとの必要性により遵守される社会規則が生じ,これが法規則となる.

デュギーのこの理論を国際法に適用しようとしたセルは,社会的事実,永続性,発展を決定する「因果」法則または自然法則の全体によって形成される客観法の存在を認める.実定法は,社会連帯によって命じられたこの客観法の多少とも正確な言い換えにすぎない.それゆえ,実定法の有効性は客観法との一致にある.ところで,国家は連帯性に由来する集団の大きな連鎖の輪にすぎず,国際社会は国家間社会の外のすべての個人社会のようなものである.したがって,個人は法の唯一の主体であり(法人格はフィクションである),すべての社会的団体その存在そのものから固有の法規範を,その基礎となる連帯性の維持・発展のために,分泌する.ポリティス(N. Politis)も,国際法を諸人民の法意識に基礎づけ,この法意識が連帯性に由来する経済的,道義的規則に義務的性質を付与するとみた.

6. 以上のように,国際法の拘束性をもとめて,国家の意思や合意に訴える意思実証主義を中心とする古典理論,それに対する批判から生まれた規範主義や社会的事実に訴える社会学的実証主義(客観主義)がいずれも十分には説得性のある論拠を示さず,乗り越ええない限界に遭遇した.この困難さを認め,国際法の基礎,妥当根拠の問題は法的説明の埒外にあるとして,その検討を放棄する学者も近年には現われている.シュトルップ(Karl Strupp)は,法に従う義務は必然的かつ論理的に法そのものの定立以前に存在しなければならないとして,国際法の根拠(基礎)を法に先行するものとみなした.ルソー(Charles Rousseau)もこれを本質的に超法的な問題とみなし,実定法とは無縁の道義的・社会学的考慮によってのみ明らかにされるものであるという.いわゆる合理的実証主義はこの問題に無関心たりうるとする.しかし,この問題を無視することは,科学としての国際法学の範囲を狭く自己限定することとなり,また,国際法の理論構築にとっても根本的抜け穴を残したまま放置するこ

とになるとともに，国際法の諸規則の定立の認定（法源の種類の決定）といった実践面でも不明確な点を残し――ソフト・ローをめぐる議論はこれを示している――，ひいては諸国の恣意に委ねられることにもなろう．最近でも，国際法の拘束性や妥当根拠を求めて，新たな探究が行われている．

7. 合意理論に立脚しながら，合意の形成過程を重視してそれに新しい意義を付与する試みは，ソビエト国際法理論なかでもトゥンキン（G. I. Tunkin）によってなされた．ソビエト理論はよく合意理論の復活であると評されるが，トゥンキンは従来の「ブルジョア合意理論」を形式的教条主義的アプローチを特徴とし合意の本質を明らかにしていないと批判しつつ，新しい合意理論を提唱する．この理論は国際法における規範の形成過程の現象分析にとどまらず，その過程の本質を明らかにしようとする．彼によれば，国際法規範（条約）の定立過程における国家意思の一致は諸国の闘争と協力のなかにある．国際慣習法形成過程の本質も特定規則の国際法規範としての承認についての国家意思の一致による．このような国家意思の一致は（行為）規則の内容にもその法規範としての承認にも関係する．これらが規範形成過程の二側面である．

第一の側面は，行為規則の内容について国家意思の一致が生ずる．それは条約の場合は交渉や討議の後の条約文の採択によって，慣習の場合は慣行によって示される．ただこの一致はその規則を国家にとって拘束力をもつものとはしない．第二の側面は，行為規則の国際法規範としての承認についての国家意思の一致である．もっとも，合意に加わる諸国の意思が同一であるわけではなく，また唯一の意思に融合する必要もない．現代の一般国際法定立過程で，社会主義国と資本主義国の異なった相対立する階級的意思が衝突する．この場合両者の意思の共通性は，それらの意思が同じように一定の国際法規範の定立を目的としていること，つまり，それらの意思は一定規則の内容についても，また法規範を生み出す合意を構成する一定規則の承認についても一致していることである．このように，一般国際法定立についての合意に参加する諸国の意思が同一ではないにもかかわらず，それらの意思が1つに融合しないにもかかわらず，合意が行われて国際法規範が成立する．したがって，意思の同一も意思の融合も国際法規範定立の方法としての合意の不可欠の要素ではない．

以上のようなトゥンキンの新合意理論は，資本主義諸国と社会主義諸国に

「分裂した」国際社会における諸国間のイデオロギー対立のなかでの，国際法規範定立の合意のもつ意味を分析するものとして，ただ漠然と意思の合致や融合を意味した従来の意思主義の理論を脱却し，合意の実体をより的確に説明しようとしたものといえる．しかし，トゥンキンの意味する合意，とくにある規則の国際法規範としての承認についての諸国の意思の一致がなぜ拘束性をもつにいたるかについては——これは従来の合意理論にも向けられていた疑問点である——，十分に明らかにされてはいない．

8. 国際法の義務的性質の究極の正当化の問題への形而上的アプローチを避け，それを社会学的レベルに位置づけ，その経験的探究を行おうとしたのがマクドゥーガルである．彼は，法の義務的性質に論理的基礎を与えるための，「伝統的」理論の唯一の結果ともいえる無限の後戻りを批判し，法の義務的性質は効果的管理（effective control）と権威（authority）という 2 要素によってのみ分析されるという．つまり，所与の決定の実施を保障しうる効果的管理の存在を経験的に確認することができ，またこの決定がそれに関する法主体の期待にそう一定の関係を維持するという意味において権威をもつので，法の義務的性質についてのあらゆる思索の探究は無益となる．要するに，決定者が直接の事実的強制状態の下にあるからではなくて，他の決定者の期待を強め，組織的社会生活を確保するのに貢献しうるから拘束されるかのように振る舞うという決定者の長期的利益があるからこそ，その決定を尊重する「義務」が存在するとされる．それによって，人の尊厳の目的，すなわちすべての人が共有する理想的仮定の実現に導く進歩を助長することのできる状態をつくり出すことに貢献する．

しかし，法の義務的性質が法主体の利益に基づくということは，結局はその義務的性質が法秩序に対する法主体の同意に基づくということに帰着するものであり，それに対する批判はすでにみてきたとおりである（とくにイェリネックの自己制限理論について）．長期の（短期の場合も同様である）利益は，固有の意味の義務を基礎づけるわけではない．

9. さらに，合意理論では説明困難なものとして，最近の国家実行によくみられる非法律的合意（政治的約束）や国家の一方的行為（一方的約束）の拘束性の問題があげられる．前者（政治的合意）は，法律的合意（広義の条約）との対

比で使われる表現であるが，法的性質を有しないとされながら，なお一定の（政治的）拘束性をもつことを認めようとする議論があり，それによれば，この拘束性は信義則（「誠実の原則（good faiths）」）の一般的義務に由来するとされる（序章4節2(2)）．また，一方的約束については，それが法的性質を有しうるか，つまり，法源となりうるかについて議論があるが，これを肯定する場合，その根拠は諸国家の合意ではありえず，これまた信義則に求められることが多い（序章3節7）．

これに対しては，信義則という概念は，拘束性の適切な基礎とはみなしえないとか，それは義務的ではないものを義務的にするわけではないという批判もある．しかし信義則の概念には忠誠義務のみならず，国際関係の安全に不可欠な正当な信頼の保護を認めるという意味があるとして，これによる根拠づけを肯定する説もある．いずれにしても，（政治的約束や）一方行為の拘束性の根拠を合意理論で説明できないことは，この理論の1つの限界を示すとともに，かかる現象の出現は現代国際社会における多様な形式の行為が義務的性質ないしなんらかの拘束性をもつことを要求される状況になりつつあることを示唆している．

以上にみたように，国際法の義務的性質をめぐる諸見解は，それぞれの時代の国際社会の諸条件とそこで妥当する国際法の展開のなかで模索されてきたが，あらゆる形式（法源の種類とみなされうる可能性のあるもの）の場合に（国際司法裁判所規程38条参照），それらの義務的性質ないし拘束性の根拠を説明するために完全な説得性をもつ統一的見解はいまだ存在しない．そのなかでこれまで長い時期にわたり有力であった意思主義を中心とする合意理論が，さまざまの批判を受け修正を経つつも，現代の国際法現象のなかでその多くの場合（とくに条約の形式の場合）になお維持されている．同時に，法源が条約と慣習法のみでなければならないという見方（また新法源は既存の法源の要件をみたすものでなければならないという見方）が必ずしも適切でないことも，明らかになったといえよう．

3 慣習法

(1) 慣習法の成立要素

1. 国際慣習が,国際法の法源の1つであり,しかも他の法源(条約)の基礎さえ提供しうるものである.条約の拘束力の根拠を pacta sunt servanda に求める説のなかに,これを慣習法とみなすものがある.このことについては,国際社会に自然法のみの存在を認める自然法論者は別として,伝統的国際法の時代からほとんど一致して認められてきた.そして,国際慣習法は一般に,国家の一定行為(作為・不作為)の長期にわたる継続的反復からなる慣行(consuetude)(事実的要素)とその行為が法的義務の履行に対応するものであるとみる法的信念(確信)または必要信念(opinio juris seu necessitatis)(心理的要素)の2要素が認められる場合に,成立する,または存在しているとみられる.しかし,慣習法の成立要素ないし生成過程(慣習的移行)については,「スフィンクスの謎」ともいわれるほど今日でも議論が多い[5].

歴史的に遡れば,慣習法の成立要素をめぐる議論(学説)は,ヨーロッパの法学界において19世紀に展開された.18世紀中葉のヴァッテルは,国際慣習法を「相互間でそれを遵守する諸国民の黙示の同意,またはいわば黙示の協定に基づいている」(『国際法』序論25節)と述べるにとどまっていた.19世紀に入って,ドイツの歴史学派なかでもプフタ(Puchta)やサヴィニー(Savigny)の影響のもとに慣習法の理論化が企てられ,単に事実の繰り返しが慣習法の唯一の構成要素なのではなく,法的信念も必要とみる考え方が生まれた.もっともプフタやサヴィニーにとり,法的信念は「民族精神(Volksgeist)」のなかに基礎づけられるものであったが,ジェニー(François Gény)はサヴィ

---

5) 慣習法と紛らわしいものに,国際礼譲(comitas gentium)がある.これは単なる儀礼としてまたは実際上の便宜のために国際社会で行われている慣行であるが,諸国が法的義務として守らなければならないという法的信念(opinio juris)を欠くものである.したがって,国際礼譲の不遵守は非友好的行為とみなされ,社会的非難や政治的不利益を受けるとしても,それによって法的責任を問われ,賠償を義務づけられるといった性質のものではない.しかし,国際法(慣習法)と国際礼譲の間には相互浸透性があり,当初単なる儀礼にすぎなかったものが慣習法上の制度となったり(例えば外交特権免除),逆にかつては法規則であったものが今日国際礼譲にすぎないとみなされる(例えば海上での軍艦の儀礼行為)こともある.

ニー以前の事実要素（先例）とサヴィニーの心理的要素を統合し，慣行と法的（または必要）信念という慣習法の2要素をあげた．この見解が当時の国際法学にも採り入れられ，リヴィエ（A. Rivier）は，「諸国の慣習または慣行はその必要性の意識とともに継続的に繰り返される行為から生ずる国際的法意識の表明である」と述べて，私法理論に対応するかたちで国際法上の慣習法の定義を試みた．以来，一般的慣行と法的信念の2要素が慣習法の成立要素とされ，また国家の「黙示の同意」（「明示の同意」の条約と対比して）を法的信念に置き換える説も現われた．いずれにしても，古典的実証主義によるこれら2要素論は，ヨーロッパ国家系の同質国家（キリスト教文明国）からなる近代国際社会における慣習法成立の要件としては，おおむね適切なものであったといえよう．

2. ところで，構造変動期の現代国際社会において，慣習法の成立要素を見直す動きがあり，なかには1要素のみ存在すれば慣習法の成立を認めうるとする単一構成要素理論，あるいはこれらの要素を慣習法の成立要件としてではなく，その証拠とみなそうとする考え方も現われている．いずれにしても，「慣習法の再生（ルネサンス）」とか「慣習の新しい波（ヌーベルバーグ）」とも呼ばれる法源をめぐる最近の議論は慣習法の成立要素および生成過程の問題を中心に展開している．

まず，事実的要素としての一般的慣行についていえば，一般に国家の一定行為の反復または継続が必要であるとされる（ただし，1回の先例からも，また行為の中断にもかかわらず，慣習規範が生ずることはありうる）．慣行の形成に要する期間については，一律ではなく特定化はできないが，普通長期にわたるとされる．また，積極的行為のみならず，消極的行為（不作為ないし差し控えること）からも慣習規範は生まれうる（例えば，主権尊重の原則や不干渉原則）．反復，継続，時間といった要素は慣行の存在を証明しうる．慣行の確立は慣習規範形成過程における決定的段階を構成する．この過程は，その慣行を法的に義務的とみなす諸国の意識ないし受諾（心理的要素としての法的信念）を伴うことによって完成する，つまり慣習法規範となる．

ところで，慣行の確立のために，このような（長期の）時間的要素が必要とすれば，現代のような国際社会の変動期には一般的慣行の形成がきわめて困難なことは確かである．もっとも以前から，慣習法の成立要件として一般的慣行

というこの事実的要素のみで足りるとする説がある一方——ケルゼンやグッゲンハイム，しかし，後に彼らは心理的要素の必要性を認めた——，事実的要素を不必要とみる説（シュトルップ）も存在していた．この見解をとる者も，心理的要素の証拠として事実的要素の存在を必要とした．後者を引き継ぎ，さらに進めるかたちで，時間的要素を削除しようとする説が最近現われた．

いわゆるインスタント慣習法理論がそれであり，これを提唱したビンチェン（Bin Cheng）によれば，国際慣習法は単一構成要素すなわち国家の法的信念のみを必要とし，慣行は慣習規則の内容および関係国の法的信念の証拠を提供するだけである．この発想から，国際慣習法の新しい規則または不文の国際法規則がただちに存在するように，国家間に新しい法的信念が生じえないとする理由はない，というのである．この理論は，国連総会決議を新しい法的信念の存在と内容を識別する手段として使うことをめざしたものである．それは時間的要素，さらに慣行を慣習法成立要件から取り除くことによって，現代国際社会における慣習法の形成やその内容変更を容易にする利点をもつ．最近の国際判例中にも，慣習法（一般国際法としての）の存在を証明するのに，時間的要素を柔軟に解釈していると思われるものがある（北海大陸棚事件判決 *I.C.J. Reports 1969*, p. 43）．いずれにしても，慣行が慣習法成立の証拠にすぎないとすれば，慣習法の成立要件を不問にするか，その証明の負担をすべて法的信念の心理的要素にかぶせることになる．

3. つぎに，慣習法生成の心理的要素とされる法的信念についても，学説上争いがある．法的信念（opinio juris）という用語は前述のように 19 世紀の歴史学派の学説から借用したものであるが，その意味については意思主義（合意理論）と客観主義とではとらえ方が異なる．

意思主義にとって，法的信念とは，自ら同意または受諾する規範によって拘束されるという意識（感情）とみなされる．したがって，法的信念は法的義務（拘束性）を生み出す直接的原因である．意思主義にとって，法規を創造するのは諸国の行為によって表明された意思の合致だからである．常設国際司法裁判所はロチュース号事件判決（1927 年）において，法的信念を黙示の同意とみる説をとった．意思主義の論理によれば，慣習規則の規律しようとすることにつき国家間に意思の一致がみられるとき，つまり同意した国家間でのみその慣習

法規則は妥当するものとみなされる．この理論では，国家意思が条約規則と同じく慣習規則にもかかわることになるので，条約規則にとって一般に有効な「合意は第三者を害しも益しもせず (pacta tertiisa nec nocent nec prosunt)」の原則に慣習規則も従わざるをえない（序章5節3(2)）．これを厳格に解釈すると，すべての国に妥当する一般（または普遍的）慣習規則の生成はほとんど不可能になる．そのため，多数国による慣習規則の一般的受諾がすべての国による普遍的受諾の推定に値するとみなそうとする．シュトルップは，国際人格を有する国家の半数以上にとり有効である規範は一般法とみなされるとして，法的推定 (praesumptio juris) に訴えたのである．トゥンキンも，慣習規範はそれを生み出す黙示的合意に加わる国の間の関係のみを規律するとしながら，国際法の原則または慣習規範の妥当範囲は漸時拡大され，この仕方で慣習規範は一般に認められるとして，法的推定を否定していない．この推定を拒みえないような一定の慣習規則——例えば，国家の基本的権利義務（2章4節）——も存在する．この推定をすべての慣習規則について認めようとする見解は，客観主義の見方に接近する．

4. 客観主義の観点からは，法的信念とは，国際社会の集団的法意識の表現として必要上課せられた規則により拘束されるという意識とみなされる．かかる規則に拘束されるという意識は，学説により異なるが，それは例えば自然法との一致，社会集団の命令との合致，あるいは社会的必要に依拠する．ここで注意すべきは，客観主義によれば，法的信念は事前の必要から由来する法的義務（拘束性）の効果にすぎないということである．法的信念こそが，自然法，客観法，社会的必要といった各理論の用いる特殊概念中に化身された国際社会の一般利益に合致する規則を表わす．

客観主義の立場からは，慣習規則が存在するためには（普遍的ではなくても）一般的法的信念があれば十分であるとみなされる．この見方は，すべての国に妥当する一般慣習法の存在，また，その生成に参加しなかった国家（とくに慣習法の成立後に樹立された新国家）への慣習規則の適用を認めるには適しているといえる．しかし，このアプローチにも論理的矛盾がある．客観主義の論理に従えば，慣習規則は慣習をつくりだす主体の「錯誤」によってのみ生み出されることになる．なぜなら，その主体は法規則に従うという確信（信念）をもっ

て行動するのであるが，その規則はいわば成立過程にある潜在状態の法規則として存在するにすぎないからである．あるいはまた，主体は道徳や正義に従うという確信のもとで行動するが，それらの規則は実定法の意味での法規範ではないから実定法上義務づけられるという意識をもつことは誤りである．

5. なお，意思主義の論理の行き着くところが各国の主権の保障の確保であるのに対して，客観主義理論は，国家の意思より上位になにかをおくことにより，国際法秩序の確保をめざす．しかし，この理論は，かかる客観的秩序が現実には諸国家の意思によって決められるのをおおいかくす機能さえ果たしうる．多数国または少数の主要国がかかる秩序の客観的必要性を事実上決定しているのである．この理論はこれを神秘化し，慣習規則をつくりだす基盤にある真の関係，すなわち国際社会の現実の機能を無視することがある．もっとも社会的必要に言及する論者——例えばバドヴァン（Jules Basdevant）は「国際生活の要請」をあげる——は，それによって慣習と諸国間の国際関係状況の間の直接の結びつきを認めようとする．

伝統的国際法の基盤であった「文明国」からなる同質的な国際社会においては，法的信念がすべての文明国の受諾を表わし，しかも主権を尊重するという確率が高かったとはいえよう．しかし，異質な多数の国家から構成される現代の「分裂した」国際社会において，法的信念がほとんどすべての国の受諾を表わすとみられる場合は多くはない．ド・ヴィッシェ（Charles De Visscher）は，1970年の著書で，かかる国際社会における「慣習国際法の相対的凋落」を指摘し，その原因の1つに多数の新国家の登場をあげた．

しかし，その後，とくにポスト冷戦期の国際社会において，慣習法は活性化し，その生成は加速される傾向にさえある．そこでは，慣習法の成立要件の再検討がなされ，実質法源に由来する事実を法に変える慣習の謎すなわち錬金術が問い直されてきた．この慣習法の「新しい波」は，前述の単一要素理論のほか，一貫した反対国理論，国連総会決議の法的性質（序章3節**8**），さらに，条約と慣習法の融合理論（法典化・国際立法）（序章4節**3**）において表明されている．

(2) 慣習法の妥当範囲——「一貫した反対国」の原則と新独立国への適用問題

1. 慣習法の妥当範囲については，後述するように条約が「第三国」の権利義務を創設せずその締約国にのみ適用が及ぶのとは異なり，一般にすべての国（ないし国際社会全体）に及ぶとされる．もっとも，18世紀のヴァッテルなどでは，慣習法はいわば「歴史」に属するもので，国際社会全般に及ぶ普遍的なものとは考えられていなかった．また，すでにみた従来の慣習法理論は，（条約との対比を念頭におきながら）必ずしも国家の個別的受諾を要せず，一般的受諾による慣習規則の生成を許す一方で——例えば，海洋に関するある慣習規則の生成は，それに非沿岸国が参加していなかったにもかかわらず，沿岸国間で行われる慣行（一般的受諾）に基づいて認められる——，（とくに意思主義に基づく古典理論では）その妥当範囲は必ずしもすべての国ないし国際社会の全体に及ばない場合のあることをも認めていた．慣習規則の生成時にその受諾をはっきり拒んだ国を拘束しないことを認める見解も存在する．このような理論は慣習法の生成を容易にするものではあった．

2. このような慣習法形成の方式とその妥当範囲が，とくに第二次世界大戦後の国際実行を通じて，2つの問題のなかで問い直されてきた．1つはいわゆる「一貫した反対国（persistent objector）」理論であり，2つは新独立国家に対する既存の慣習規則の妥当性の問題である．

「一貫した反対国」理論とは，ある慣行が多数の国により支持されていれば，たとえ1または若干の国がそれに反対しても，慣習法規則として生成されうるが，その慣行の生成以前から継続的にはっきりとそれに反対を表明してきた国は，その慣習法規則に拘束されないとするものである．この理論は意思主義の帰結であるともみられ，自国の同意しない（反対する）ものに拘束されないという国家主権（と多数決原理の排除）に基づいているともいえる．

この問題は，現実には国際司法裁判所の漁業事件判決（1951年）[6]で付随的に

---

6) この事件では領海の基線の確定に適用される国際法原則がなにか——具体的には，1935年ノルウェーの勅令の採用した漁業水域（領海）を確定するための基線が国際法上有効であるかどうか——をめぐって争われた．イギリスが湾口の最大幅は10海里が国際法の一般規則であるとしたのに対して，ノルウェーは，湾口の最大幅に関する慣習国際法は成立していないとしつつ，たとえある慣習国際法規則の成立が認められても，その規則が自国を拘束するような形で確立する

述べられた「一貫した反対国」原則を契機に議論され，これはアメリカ合衆国対外関係法第三リステイトメント（1986年）（102節コメントd）でも取り入れられている．この理論の問題点として，まず，漁業事件でのノルウェーとイギリスの主張にも示されているように，たとえこの原則が適用されうるとしても，国際法の基本原則とみられる慣習法原則には妥当しないということである．したがって，慣習法のなかで基本原則と技術的規則の区別が要求される．また，この原則の適用を受ける場合，一貫した反対国は，ある（技術的）慣習規則の生成過程において，それが慣習法として生成するより前からたえず明瞭にそれに対して，かつその規則とは異なる見解（確立した権利）を主張しつつ，反対していなければならないことである．したがって，この原則は，一方では，反対があるにもかかわらずかかる慣習規則の生成を認め，他方では，かかる反対国のみがその慣習法に対抗しうるとみなすのである．そのため，慣習法の生成「後」に反対してもそれに拘束されるのである．

3. ところで，第二次世界大戦後，とくに非植民地化の波にのり多数の新独立国が誕生するなかで，それらの国は従来の慣習法に当然拘束されるかどうかという議論がなされた．客観主義からは，新国家も既存の慣習法に当然拘束されることになるが，意思主義からはそれについては疑問が生ずる．もっとも意思主義から引き出される前述の一貫した反対国理論からは，ひとたび確立した慣習法規則に後から反対する国にもそれは適用されるのであるから，慣習法規則の生成後に誕生した新独立国も当然その規則に拘束されることになろう．しかし，新独立国や社会主義国の学者のなかには，この点について一定の留保を行ったものもある．例えば，トゥンキンは，新国家に対して既存の法が義務的性格をもつことは国家の権利平等の原則に反するといい，新国家は一般国際法

前に，明示的にまたはたえず曖昧さのない態度でその規則に従わない意思を表明した場合には，自国はその適用を受けないとした．なお，ノルウェーは，国際社会がいかなる国に対してもそれから免れる権利を認めない基本原則とその上部構造でしかない技術的規則を区別し，領海の確定に関する慣習規則は後者であり，（ノルウェーが領海3海里規則に服せず，4海里の放棄を拒んできたのと同じく）湾口10海里はノルウェーに対抗しえないとした．なお，イギリスもノルウェーと同じく「一貫した反対国」原則は少なくとも基本原則には適用されないとする一方，海域に対する確立した権利に基づく反対には適用されうることを認めた．判決は，10海里規則は国際法の一般規則の権威を確立していないとしつつ，かりにそれが慣習国際法規則であるとしても，ノルウェーには対抗しえないと述べた．なぜなら，ノルウェーは自国海岸にその規則を適用しようとするあらゆる試みに対してつねに反対してきたからである．

の個々の慣習規範を認めない権能を有するとみる．もっとも，新国家がなんらの留保もなしに他の諸国と公的関係に入れば，国家関係の基礎にある国際法の原則および諸規範（それらは一般に慣習法である）を受諾したことを意味する．さらに一般論として，このような一般的受諾は普遍的受諾の推定を受けるとみなされる．この推定の利用は，一般的受諾の新しい意味，つまり異なった社会体制を代表する多数の受諾を盛り込むことにより，正当化が図られる．

　また，これに関する新国家（なかんずく途上国）の態度は必ずしも一貫していないが，概していえば，その登場の初期の段階では，既存の慣習法について一致した法的信念の存在を要求していたといえる．それによって，植民地主義を許容する性格をもつ慣習規則——例えば，領域取得についての先占の法理——の新国家への適用を拒もうとした．しかし，新独立国が国連において多数派になるにつれ，新しい慣習法の生成は一般的法的信念でよい——しかも，それは国連決議に基づいてでも表明されうる——とする態度もとられはじめた．他方，西側諸国の方が，一般に新慣習法の生成には古典的な意思主義に基づく一致した法的信念の必要を主張する傾向にあるともみられる．

　4.　今日，古典的意思主義の帰結とされる慣習法の妥当範囲の相対性に対して，多数派の実行から生成された慣習規範が一般的または普遍的に妥当する（erga omnes な）効果をもつことを認める傾向が生まれている．この傾向を裏付けるように，条約規定が特別利害関係国を含む十分な数の国によって受け入れられるときから，慣習規則として他の諸国にも課せられるとする国際判例（北海大陸棚事件判決）も現われている．この事件で，国際司法裁判所は，条約規定の一般国際法（慣習法）への変容について，「長期間が経過せずとも，条約へのきわめて広範かつ代表的な参加で，そこに特別利害関係国が含まれているなら，十分である」と断定した（I.C.J. Reports 1969, p. 42）．この考えを押し進めるならば，たとえ条約が発効していなくとも，また，条約の代わりに国連総会決議の形式をとっても，それが特別利害関係国を含む十分な数の国家によって受け入れられたものであるなら，そこから新しい一般慣習規則の生成は可能とみなされよう．もっとも，広範かつ特別利害関係国の参加とはどの程度のものを指すのかは必ずしも明確ではなく，また予めそれを決めておくことはできないともみられよう．さらに，新慣習規則がそれを受け入れない，またはそれ

に反対する諸国にも課せられる理由は示されていない．諸国家の受諾の推定をこえた受諾の強制と解するなら，国家の「自由な同意」に依拠する古典理論は破産することになろう．

　しかし，この傾向は（インスタント慣習法理論以上の）刷新的意味をもちうる．それは，上述のような過程から生成された慣習法規則の規範的効果の一般性（erga omnes），つまり「一般慣習国際法規則」という概念が生ずる点にある．（なお，後述（序章5節3(vii)）する条約法条約53条の「一般国際法（の強行規範）」という表現も，普遍的範囲に及ぶ規則に適するものとして解釈されている．）その背後にあるものは，反対国にも対抗しうる，すべての国に区別なく適用される慣習規則の存在を認めることである．かかる慣習規則の一般性から，反対を理由とする個別的逸脱は許されない．（例えば，前述した北海大陸棚事件において，大陸棚の境界画定について大陸棚条約6条の定めるいわゆる等距離方式が一般慣習規則とみなされるなら，それに反対し同条約の批准を拒否してきた国（西ドイツ）にも，その規則は課せられることになったであろう．もっとも判決は，6条のかかる方式が慣習規則を表わすものではないと結論づけた．）しかも，慣習法については，条約の場合のように特定規定の自国への適用上その法的効果を排除しまたは変更する留保は認められず，また事情変更の原則（rebus sic stantibus）も援用しえない．

　5.　このような傾向は，多数の異質な国家から構成される現代国際社会における慣習法の生成を容易にし，促進させる結果をもたらしうる．もっとも，慣習法生成のこのような現代的変容は，非民主的であるという批判もなされる．この点については，慣習法の成立要件とくに法的信念をめぐる理論のイデオロギー性に留意しなければならない．つまり，所与の国際社会における強国ないし多数国の意思を慣習法とくにその要素としての法的信念を介して普遍化する作用がなされてきたといえる．これは国際社会のいわば支配的イデオロギーを反映している．まして，今日のように異質な社会・政治制度をもつ多様な国家からなる国際社会（コミュニティ）において，一般的な法的信念がすべての国家の利益に合致するものとして，普遍的受諾を表わすとみなしうる場合は多くはない．法的信念をめぐる諸国の態度にも一貫性があるとはいえない．法的信念の説明は国際関係やその構造の分析と不可分であるにもかかわらず，従来の理論は国家構造の多様性を考慮に入れずに，それと切り離して包括的に法的信

念を説明していたのである．

　erga omnes な一般慣習法の生成は，伝統的国際法から現代国際法への規範構造の転換（序章4節）にとっても必要である．この構造転換をもたらした武力行使禁止の基本原則や強行規範などは，一般慣習国際法として生成されてこそ，現代国際法の確固たる基礎を形成しうるのである．

　上にみたような慣習法の成立要件をめぐる議論のかなり混乱した状態と比べて，法源としての条約については従来からさほど議論の対象とはならなかった．条約という法成立形式は古典的意思主義が最も説得力をもつと考えてきた分野である．しかし，ここにもつぎにみるように問題が生じている．

4　条　約

(1) 条約の成立要件

1. 条約という形式法源の存在は，論理的には「合意は守られなければならない（pacta sunt servanda）」という慣習法（または根本規範）にその拘束性の根拠を依拠してきたといえる．歴史的には条約の起源は古くまで遡りうるが，とくに19世紀以降今日にいたるまで，条約は量的・数的観点からみて最も重要な法源であることは間違いない．広義の条約とは一般に，国際法主体，主に国家間に締結され，一定の法的効果を生み出すあらゆる合意を指し，その名称のいかんを問わず（条約という呼称をもつものは「狭義の条約」といわれる），また文書によるものでも口頭でもよい．なお，1969年条約法に関するウィーン条約（以下「条約法条約」という）は，文書形式により締結された条約についてのものである（序章5節参照）．いずれにしても条約は国際法主体とくに国家間の合意（国の同意）を要素としている．したがって，国家契約など国家と企業（私人）の間の合意はここでいう条約とはみなされない．

2. 条約成立のためには，合意内容（条約文）の確定とその認証，手続に従う約束，最終的に拘束される意思の表明，最終的拘束といった一連の作業（国内手続も含まれる）が必要である．その作業のいくつかは同時に行われることもある．条約に拘束されることについての国の同意は，署名，条約を構成する文書の交換，批准，受諾，承認もしくは加入により，また合意がある場合には他

の方法により，表明されうる（条約法条約11条）．つまり，同意の表明方法については，「形式自由の原則」が確立している．かかる合意（同意）は，条約法条約によれば，「国際法によって規律される」もの，すなわち，国際法上義務をつくりだす意図の要素を含むものでなければならない．いわゆる非法律的合意（序章3節**9**）は，国際法により規律されない意図に基づく以上，条約ではない．

3. 合意の形式が自由であるのに対して，合意の内容や状況については今日全く自由というわけではない．しかるに，条約については，従来からその締結手続（署名，批准など）の問題に議論が集中し，合意の状況や性質についてはあまり注目されなかった．

伝統的国際法のもとでは，国家間のすべての合意は条約として法的拘束力を有するのであり，あえてこれを論ずる必要は感じられなかったともいえよう．そこでは，トリーペルの合同行為（Vereinbarung）と契約（Vertrag）の区別に従って立法条約と契約条約を区別し，後者に法源性を否定する見解はみられたものの，条約の締約手続さえ備えれば，国家間のあらゆる合意は有効であり，条約の成立要件たりえたのである．

ところが，現代国際法のもとでは，「自由意思による同意の原則」（条約法条約前文）が普遍的に認められている．条約が成立するためには，国に対して外からの，少なくとも違法な武力による強制のないその国の自由意思に基づいた同意の存在が要件とされる．これは法源としての条約の成立要件としての同意を，現代国際法の基本原則ともいえる一種の上位概念（武力行使禁止，国家の主権平等の原則など）を設定することによって，それに抵触しないかぎりで認めようとするものである．したがって，たとえ形式的に手続が整っても，締約国の自由意思に基づかない（他国の強制により締結された）場合には，たとえ合意があったとしても，それは有効な条約とはならない（序章5節**3**(1)(iv)）．また，自由意思による同意に基づいて，条約形式の文書の法的拘束性を否定することもできる（序章4節**2**(2)）．

(2) 条約の妥当範囲

1. 条約は，その当事国のみを拘束し，それ以外の国（第三国）には妥当し

ない．そこには，「合意は第三者を害しも益しもせず（pacta tertiis nec nocent nec prosunt)」の原則が適用される．これは（古典的）合意主義の帰結である．つまり，第三国の負担となる義務または権利を当該第三国の同意なくしてつくり出さないという原則は，条約が国家の合意に基づいて成立するということの必然的帰結である．第一次世界大戦以前の戦争法に関する条約によく挿入された総加入条項（si omnes）——つまり，条約の非当事国が1国でも参戦すれば，当事国たる交戦国間にもその条約規定は適用されなくなること——は，この原則のとくに当事国間の契約的性質の厳格な適用を示すものであった．この点に，条約規則の慣習規則に対する法源としての独自性がある．条約法条約もこの原則を認めている（序章5節**3**(2)).

2. しかし，このような条約の相対的効力ないし第三者効力否定を動揺させる（例外的）現象がとくに最近現われている．この現象は，法源としての条約と慣習法の境界を不明瞭にするとともに，第三国にも拘束力をもつ条約をつくりだす方向に作用することになる．条約規則が慣習法を法典化したものであるとき，あるいは条約規則が生成途上の慣習規則を結晶させ慣習法化する場合，当事国以外の第三国をも拘束することとなる（条約法条約38条)．かかる条約は，条約規則と慣習規則の二重の価値をもつといわれる．

例えば，ニュルンベルク国際軍事裁判所判決（1946年）は，総加入条項さえ挿入されていた1907年「陸戦の法規慣例に関する条約」(附属書）が1939年までにすべての文明国により認められた宣言的なものとなったと断定した．

また，一般的利益を表わす条約で，その当事国が国際社会を十分代表し，かつ条約規定の一定の有効性を確保する能力をもつとき，それは第三国の立場のいかんを問わずすべての国を拘束するとみる見解や国際判例——例えばバルセロナ・トラクション事件に関する国際司法裁判所判決（1970年）——が現われている．これは，条約の妥当範囲について条約当事国と非当事国との間の差を無意味化するだけでなく，発効条約と未発効条約の差をなくし，条約に対する留保や条約の廃棄をも意味をもたなくさせる．もっとも，かかる条約が第三国を含むすべての国を拘束するとしても，それは条約の効力に基づくものではなく，前述した一般慣習法とみなされるからである（序章4節**3**参照)．

5 法の一般原則

1. 法の一般原則の意味や範囲、そして、それが慣習法と条約につぐ独自の(第三の)法源であるか否かをめぐって、従来から論争が絶えない。なぜなら、この問題は、国際法の性質や構成要素をどのように把握するかというアプローチの仕方いかんに係わるからである。この論争は、常設国際司法裁判所規程38条1項(c)に「文明国が認めた法の一般原則」という表現が、裁判の基準の1つとして入れられて以来のことである[7]。

しかし、国際法に構造上欠缺があるかどうか、また、38条1項は一般に国際法の法源の承認された列挙またはその序列を示すものか、または単に裁判所に限定されるものかどうかをめぐって、以後見解が対立してきた。一般に、自然法論者は、法の一般原則を第三の法源、しかも条約や慣習法よりも上位の法源として認め、その機能を国際法の欠缺を埋めるために重要とみる。フェアドロス (A. Verdross) は、法の一般原則を「文明国民」の法体系の基礎にある原則と類似の原則であるとし、国際法全体の基礎をなすと同時にその構成部分であり、実定国際法が所与の事件に適用される原則および規則を含まないときに適用されるという。ルヒュール (Le Fur) は、法の一般原則は自然法または客観法から直接引き出されるとしつつ、それが客観的国際法とみなされるためには、すべての文明国の実定国内法中に見出されねばならないという。

また、自然法論に近いラウターパハト (H. Lauterpacht) は、国際社会(コミュニティ)の存在と国際法の完結性を肯定する立場から、条約または慣習法に欠缺があると思われるとき、国際実行は潜在的法源を認め、国際社会の存在自体がそれを必要とするとして、つぎのように説明する。すなわち、法の一般原則は道徳的正義や倫理的意味での「衡平 (equity)」の規則ではなく、文明諸

---

7) なお、それ以前にも法の一般原則という表現は、いくつかの条約(例えば1899年ハーグ第一条約48条)や仲裁裁判(例えば1910年8月の特定協定による英米請求仲裁裁判所)で用いられていた。38条の制定過程でのこの句の挿入は、同項にあげられた条約と慣習法だけでは国家間のすべての法律的紛争を解決するのに十分ではないとの理由に基づくものであった。つまり、その目的は上の裁判所が所与の事件への適用法規の欠如を理由に判決を下すのを拒否する状況(いわゆる non-liquet の状況)を避けるためであった。また、裁判所の判決(理由)のなかでも、法の一般原則への言及がなされている。

国の法経験の考察から一般的かつ基本的性格の明白な裁判準則とみなされる私法および公法の原則である．例えば，何人も自らの訴訟において裁判官たりえないという原則，法義務の違反は原状回復の義務を伴うという原則，人は自らの不正を法義務を免れる根拠として援用しえないという原則，法義務は履行されねばならず権利は誠実に行使されねばならないという原則がこれに当たる．結局，法の一般原則は，国内法体系に共通のさまざまの分野——私法，公法，行政法，手続法——において，法規則の比較，一般化および総合により到達された原則であり，それは広い意味における現代の jus gentium である．その意味で，国際法の形成期に決定的役割を果たし，それに引き続く多くの発展の基礎を築いた自然法の現代的定式化にすぎないとさえいう．

2. 他方，これと対照的に実証主義者（とくに規範主義者）は，法の一般原則の独自の法源性を否定し，あるいはその意味内容や機能を最小限に限定しようとする．ケルゼンは，国家間の本質的なイデオロギー対立が事実上存在する状況のもとで，すべての文明国に共通の原則が存在しうるかどうかを疑い，さらに国際法における欠缺理論を否定して，常設国際司法裁判所規程38条の「国際法に従って」の文言から，すべての国際紛争は条約または慣習法に基づき解決されうるという．したがって，法の一般原則は，38条1項(a)（条約）または(b)（慣習法）の規定する法規則となる場合にのみ適用されることになる．また，サルヴィオリ（Salvioli）は，法の一般原則を条約または慣習法規則を解釈するためにのみ使いうるものとみる．

3. それでも，ほとんどすべての国内法体系に共通の基礎をもつ一定数の原則（例えば信義則）が存在していることは認められよう．ただ，この場合の共通の基礎の決定は機械的にすべきではないが，例えば西ヨーロッパ諸国のような限定された国の枠内ではより容易であろう．最近，主要国の法体系中に認められる人権と基本的自由の尊重・促進の原則（選挙権，平等，差別禁止，身体不可侵，裁判を受ける権利など）を法の一般原則とみなそうとする見解が見受けられる．そのさい，世界人権宣言以来，国連総会決議で人権と基本的自由が宣言されてきていることを法の一般原則の証拠とみなす．これは，人権に関する一

般原則が国際面で一定の価値を認められているという見方に基づいている[8]．

6 補助手段——判例・学説・衡平・類推

1. すでにみた法源としての条約と慣習法，さらに，それらに欠缺があれば法の一般原則の適用によって，とくに国際裁判上法律的紛争をすべて処理しうるならば問題はないが，そうでない場合，つまり国際法における欠缺がある場合，条約や慣習法（さらに法の一般原則）以外になんらかの裁判基準が認められうるかどうかが問われよう．なお，国際法の欠缺を認めない実証主義理論とくに厳格な意思主義に立てば，国家意思が明示の規則をつくり出さないならば，国家の行動の自由の原則が妥当し，それが国際法の基本原則とみなされるのであるから，条約と慣習法以外にいかなる裁判基準も認める必要はないことになる．（なお，常設国際司法裁判所のロチュース号事件判決（1927年）参照．）

2. 国際司法裁判所規程38条1項(d)は，裁判の基準として，すでに述べた条約，国際慣習，法の一般原則のほか，「裁判上の判決及び諸国の最も優秀な国際法学者の学説」をあげている．ただし，これらは法源ではなく，「法則決定の補助手段として」とくに同規程によって認められたものにすぎない．

国内裁判所の判決はその国の見解（国家行為）以上のものではなく，それは国内的価値をもつにすぎず，ただちに国際的価値をもつわけではない．しかし，とくに，憲法上国内裁判所が国際法を受容し適用しうる諸国における国内裁判

---

[8] 国内法の一般原則とは異なる「国際法の（一般）原則」にとくに言及されることがある．後者は，不文の，しかし国際法上固有の原則で，（独自の法源というより）慣習規則でもあるが，部分的（内容的）にはそれと異なっているともいえる．例えば，国家の領域主権，国家はその同意なしに（仲裁）裁判にかけられないという原則（国際司法裁判所のアンバティエロス事件判決（1953年）），公海自由の原則，人道の基本的考慮のような一般原則，他国の権利を侵害する行為のために自国領域を使わせない義務（同裁判所のコルフ海峡事件判決（1949年））などである．これらの一般原則が慣習規則と異なる点は，前者がきわめて一般的な法規則でしかなく，慣習法の与える具体的内容によって規則を構成するとみられること，それにもかかわらず，たびたび絶対的な性格を有する不可欠の規則（ユース・コゲーンス的性格の規則）とみられることである．

近年，「均衡性（または比例性）（proportionality）の原則」なるものが，法の一般原則，ないし国際法の一般原則であると主張されてきている．ただし，均衡性の統一された定義を与えることは困難で，均衡性原則自身が国際法の独自の原則として存在するかどうかは確かではなく，曖昧性を残している．もっとも，国家の実行上，とくに武力行使の分野で主張されたり，ICJやWTOパネルでも，均衡性という言葉は使われてきた．均衡性（原則）はとくに先行違法行為に対する対抗措置の脈絡で主張されることが多い．

の判決（における国際法の解釈・適用）が一致すれば，それは国際裁判上も考慮に入れうる権威を有することになる．

「裁判上の判決」には，国際司法裁判所の判決，勧告的意見，命令，ならびに，国際仲裁裁判所の判決（裁定）も含まれる，とも解釈されている．しかし，国際司法裁判所規程は裁判官に（準）立法機能を与えておらず，裁判所の判決は当事者間においてかつその特定の事件に関してのみ拘束力をもつにすぎない（規程59条）．もっとも59条は，国際司法裁判所がその判決のなかでそれ以前の判決や勧告的意見を考慮に入れることを妨げない．また，その判決が後の判決や国家実行に指針を提供することもありうる．しかしあくまで「裁判上の判決」は現行法（慣習法や条約）を発見する助けとして用いられる意図のものであることは明らかである．もっとも，法を発見する活動は法をつくる機能と同じく創造的機能であるとして，裁判官の立法機能を肯定しようとする説（ラウターパハト）もある．近年，このような司法積極主義に注意が向けられてきた．

3.「国際法学者の学説」は，国内裁判機関の決定とは異なり，所与の国の見解としての公式の価値さえもちえない．しかし，学説[9]は国際裁判所がそこから引き出しうる要素を提供することができる．実際に，（仲裁）裁判官はたびたび法律家の学説を引用してきた．

4.「衡平」も法源ではなく，裁判における法則決定の補助手段とみなされうる．衡平は法の厳格さを緩和しあるいは実定法の欠缺を埋めるために，裁判においてよく援用されてきた．衡平は実定法に対置され，上位の正義の観念を構成する（所与の場合への正義原則の適用）と思われるが，柔軟さをもった観念であり，厳格な仕方で解釈されてはならない．仲裁裁判の付託合意（コンプロミー）が仲裁裁判官に衡平に基づいて決定する権利を与えたり，あるいは仲裁裁判官が自発的にかかる権利を行使することがある．

常設国際司法裁判所（および国際司法裁判所）は，仲裁裁判の場合とは異なり，例外的にのみ衡平に基づいて決定する可能性を認めた．つまり，当事者の合意

---

[9] 学説（teachings, la doctrine）については，ここでは広義に用いられており，「諸国の最も優秀な国際法学者」の（国際法）理論（teachings, doctrine, thinking（thought）and ideas）なども含まれる．なお，人の思想（thoughts and ideas）は歴史の一部であり，歴史発展に大きなインパクトを与えてきた．国際法学者の学説（思想）は国際法の歴史の一部を構成するものであり，また，国際法学説史は全体としての社会科学の歴史と切り離せない．

のある場合であり，かつ，裁判所は衡平に基づいて決定する資格をもつにすぎない（義務づけられない）ことである．なお，ここでいう衡平は国際司法裁判所規程38条2項の「衡平及び善（ex aequo et bono)」と混同されてはならない．衡平は裁判官がその決定を法に基づかせることから免れしめないのに対して，「衡平及び善」は法をこえて決定を下す権利を裁判所に認めるものである．このように区別することはかなり争いのあるものであるが，実際には裁判所はこれまでいかなる事件においても「衡平と善」に基づいて決定した事例はない．
(『国際法講義Ⅱ　人権・平和』10章5節(4)参照．)

5. 上にみた法則決定の補助手段とは異なり，「類推（アナロジー）」という手段は裁判所規程38条において黙示的に認められているにすぎない．類推とは，類似の場合にすでに使われた規則を新しい事実に適用する論理的手法である．これは裁判官が創意工夫して法の適用分野を拡大することを許す貴重な手法である．この手法は，国内法でもよく使われるが，国際法の欠缺のために，国際裁判官にとっては不可欠であるともいえる．しかし，これはつねに慎重に用いられねばならない．類推の正しい使用は，典型的事実としての先例と適用事実の間の類似性を必要とする．その場合重要なのは，事実の本質的要素の間の類似性である．

　常設国際司法裁判所は類推を認めることに慎重であり，ロチュース号事件（1927年）や独墺関税同盟事件（1931年）では，類推の使用を避けた．しかし，キール運河に関するウィンブルドン号事件（1923年）では，裁判所はヴェルサイユ条約380条以下の解釈をすでに国際化されていたスエズ運河およびパナマ運河の法的条件の検討から得た類推の議論に基づいて支持した．国際司法裁判所（1950年7月11日「南西アフリカの国際的地位」勧告的意見）は，例えば南西アフリカの法的地位について類推に依拠した．裁判所は，この地域に対する国際連盟の委任統治がつねに南ア連邦のために存続すると決定し，委任統治制度と国連の信託統治制度の間の類推から，国連総会が以前連盟に与えられていた権限を行使することが認められるとみなしたのである．

7 一方行為

1. 国家の行う一方行為，とくに一方的約束はそれ自体で国際法上法的拘束力をもちうるかどうか．もしこれが肯定されるなら，一方行為も形式的法源の1つにあげられねばならない．国家の一方行為は，例えば国内立法や行政行為を含めさまざまの場合が考えられるが，ここでは国際法上対抗可能な法的効果を生み出すことを意図した国家の一方行為が念頭におかれているのであり，それ以外の行為すなわち国家の政治行為は対象外である．国家の形式的一方行為の多くは条約関係の分野に入る——署名，批准，加入，留保，廃棄など手続的一方行為は条約規則の一部と考えられている——が，一方行為法の分野に入ることもありうる．最も重要とみられるのは対外関係における国家の一方的約束（宣言）であり，この約束が宣言国を拘束する義務源たりうることは，以前から国際判例でも認められてきた．しかし，それが法的効果をもたらす根拠については必ずしも一致せず，一方的約束は約束（申込）－受諾（代償）の論法から，むしろ条約的性格の1要素（同意）とみなされることが多かった．

常設国際司法裁判所の東部グリーンランドの法的地位事件判決（1933年）（*PCIJ, Ser. A/B*, No. 53, p. 71）は，一方的宣言としてよく引用されるイレーン・ノルウェー外相の口頭宣言について約束（engagement）があったとし，ノルウェーは法的に拘束されるとした．核実験事件（1974年）（*ICJ Reports 1974*, p. 253, paras. 43-44）において，国際司法裁判所は南太平洋での大気圏核実験をやめる意図を明らかにしたと判断されるフランス大統領と国防相の一連の口頭宣言に法的義務を生み出す効果をもちうることを認めた．ここから，慣習法や条約と並んで，その宣言に直接義務的性格を認める途が開かれたといわれる．このように国際判例は，一方行為が国際法源か否かの問題について立場を明らかにせず，核実験事件のように，かかる行為が国際義務源であるとするに止めてきた．

2. 学説上も，それ以前から，一方行為に直接法的効果を認める見解が表明されてきた．（アンジロッチは，国際法システムの中で国家の一方行為をはじめて法律行為の枠に取り込んだ（Cours de droit international（traduit par G.

Gidel), 1929, p.345.；グッゲンハイム（P. Guggenheim,）；スイ（E. Suy）も）．大抵の学説は，国家の一方行為のなかには，権利，義務または法律関係を生ぜしめるものもあるが，それらはその事実から法源を構成するものではないとしてきた．一方行為はそれ自身で効果を生み出しうるならば，国家の一方的法律行為ともみなされうる．

これまでの判例や学説をまとめれば，法律行為[10]としての一方的約束が有効性を得る条件としてつぎのものがあげられる．①（法的）規範を創造するという明白な意思が適切な形式で表明されていること，②国家代表の表明した約束が国家に帰属すること，③一方的約束は，約束国に帰せられる義務とそれに対応して相手国に与えられる権利を創造することを目的とするが，かかる約束の対象と目的が許容されるものであること，である．

すべての行為に共通のこれらの条件のほか，核実験事件では，さらに，④相手国の数や状況により，約束が通告や公の宣言の形で公表されるという形式的条件が相手国の対抗可能性の条件としてあげられている．なお，③と④に関しては，一方的約束国が国際社会全体に対して拘束されると了解したものと安易に推定すべきではなく，約束の内容や脈絡を考慮に入れなければならない．

一方的約束の相手国はその約束の受諾を必要とせず，その存在を知らされたときから，約束の維持を求める権利をもつことになる．もっとも，一方的約束は撤回不能または絶対不変であることを必ずしも保障するものではなく，約束が修正や変更の可能性を予見している場合，一方的修正や変更が行われうる．その場合，恣意的修正や変更には，権利濫用の法理が適用されうるし，約束の廃棄については条約法条約の諸規定――61条の後発的不能や62条の事情の根本的変化（序章5節4(2)(ⅱ)，(ⅲ)）――が適用されうる．一方的約束も法律行為であるから，法律行為全般に適用される条約法条約の諸規則に頼ることも可

---

10) 国際社会においても国内法システムと同じく，法律行為による規範形成を認める法律行為アプローチが考えられる．国際法システムに当てはめると，法律行為とは，法主体（国家）が国際法上効果を生ぜしめる意図をもって行われる行為であり，これは国際義務の主要な源になる．しかし，従来国際法学では，法律行為とみられる条約と自生行為ともいえる慣習を混ぜ合わせて規範形成過程に関心が向けられ，国家の一方行為も法律行為の視点よりむしろ法源の視点から取り扱われてきた．（国際法にとって重要なのは，行為ではなく，行為を媒介する規範であると考えられてきた．）もっとも，法律行為理論は，国際機構の決定権限や国家の一方行為などを素材にして，理論的には準備段階に入っているともいえる．

　　　　　　　第3節　国際法の生成過程と成立形式　　　　　　55

能と考えられるからである．

3.　一方行為の（法源としての）特異性は，その義務的性質の基礎づけ方にある．それは相手国の黙示の同意，推定的同意あるいは付随的同意に基づくものではない．一方的約束は，約束国が相手国（第三国）に適用される規範をつくる意思の表明であり，その拘束性の基礎は誠実の原則「約束は守らなければならない」（条約法条約26条）に求められる．国際司法裁判所の核実験事件判決（1974年）で条約法と一方行為法の間の重要な並行主義が確立された．

　その基礎をエストッペル理論に求める見解もある．しかし，エストッペルの作用は，相手国があてにした約束の外観から引き出されるのであって，約束国が約束をはっきり意図しているとき，エストッペルを援用する必要はない．誠実の原則に加えて，「相手国の保護の必要」が一方的約束の拘束力の基礎として役立つとされることもある．いずれにしても，一方的約束は相手国と合意に達しえないとき，または達しようとしないときに行われやすく，これを約束国と相手国の意思の部分的接触と解することはできない．

8　国際機構の決議──とくに国連総会決議

1.　国際法主体とされる国際機構の増加，とくに国連の諸活動の結果，その機構の一方行為である内部行為（行政行為，予算，手続など）または機構加盟国さらにはすべての国に向けられた決議（勧告，決定）を国際法規範生成の観点からどのようにみるべきかが問われてきた．（政府間）国際機構は，一面で国家の同意の絆（設立条約）で結びついた「国家の道具」であると同時に，他面で機構とくに国連は国際人格を認められ，国際社会を代表し，あるいは国際社会そのものともいわれる．なかでも国連安保理の決議は国連に代表される国際社会の決定ともみなされ，それに従わなければ制裁ないし強制措置の対象とされる．そこから国連の行動（決議を含む）に独自の（法定立ないし）法律行為の性格を認めようとする見解もある．

　国連の設立文書である国連憲章は二重の機能を有する．つまり，憲章は国家間の合意文書（条約）であるとともに，実質的には国内憲法のように，加盟国の権利義務および憲章の規定する諸機関に対する諸国の権利義務を定め，そし

て，国連自体を拘束する．国連諸機関の決議は，法の定立および法の執行規則の意味における法律行為とみなしうる．決議は加盟国の意思の直接的表現ではなく，法的には機構の一方行為である．決議採択のための機関は明示の立法権はないとしても，国際社会の代表機関として規範（慣習法の場合もありうる）を確認しまたは生成する議会討議に類するもの（場）である．かかる決議が国際法秩序に属するかどうか，国際法の自立的法源とみなしうるかどうか．

この問題は，とくに国連総会決議の法的効果ないしは拘束力をめぐり実際上も学説上もきわめて関心を引く論争の的になってきた．国連総会の採択した決議は国連成立以来40年間に6,000をこえ，毎年百数十にのぼる決議が採択され続けている．

国際機構の決議の効力は，一般にその機構の設立条約の規定の仕方にかかっているといえる．その機構の内部事項に関して，その決議の拘束力が認められることについてはほとんど異論はない．国連総会決議の場合も同様である．もっともこのような決議に基づく「内部法」（の法的性質）が国際法規範なのか自立的規範なのかについて争いがある．たとえ前者であるとしても，その「内部法」ないし決議の拘束力は設立条約に依拠しているのであり，決議自体が法源とみなされるわけではない．問題は，国際機構の決議が内部事項に関するものではなく，国際社会一般に妥当すべき，あるいは機構の加盟国に妥当すべき国際法規範を生み出しうるか否かである．これは，一般的国際機構である国連のすべての加盟国で構成される総会の決議の場合に，最も問題となる．

2. 国連総会は，国連憲章の起草過程の議論――1945年サンフランシスコ会議で加盟国を拘束する規則をつくる権限を総会に与える提案は否決された――からも，また憲章の規定からも，（国際）立法を行う権限を与えられていない．憲章は総会決議に勧告の性質を与えるにとどめ，国連加盟国も総会による立法を明白には許していない．しかし，総会は国際法の漸進的発達と法典化を奨励する勧告を行う権限を有している（憲章13条）．総会はこの権限を行使して，すべての加盟国またはすべての国に向けられた一般的抽象的行為規則を含む規範的性質をもつ決議を採択してきた．こうした決議の地位は総会の勧告的権限に依拠するのではなく，憲章の諸規定と決議自体の文言の間の関係に依拠するものである．（もっとも，多くの決議は「純粋な政治的約束」を含むものであ

り，それらは法的に拘束力をもつ規則をつくり出す機能をもたないことはいうまでもない.）決議が勧告であっても，そこに含まれた規則が法的性質をもつことはありうる．つまり，決議に含まれる（行為）規則が国際法を宣言するもの（法宣言的決議）あるいは国際法を生成するもの（法生成的決議）でありうる．そのほか，法の解釈・適用に関する行為基準（スタンダード）を定める決議，将来の条約に含まれるべき規則を定める決議もある．これらの規範的決議の目的，機能，内容は（決議の作成，採択に加わる）加盟国の意図に依存するが，それは決議作成過程で明らかにされる．それを確認する助けとなるものとして，手続基準，決議の用語（原則，宣言など），採択方法（全会一致，多数決，コンセンサスなど），履行手続などが考えられる[11]．

3. （規範的）総会決議の分類やその法的性質づけについてさまざまの見解が示されてきた．万国国際法学会において国連総会決議の法的性質に関する議題の報告者スクビツェウスキー（K. Skubiszewski）が審議や委員の意見を斟酌して提出した「結論」およびコメントは示唆的である[12]．

---

11) 国連の実行でも，「宣言」は，主要なかつ継続的重要性を有するまれな場合にのみ適した厳粛な文書（例えば世界人権宣言）とされてきた．国連法務部の「宣言」と「勧告」の用語の使用に関する覚書，Commission on Human Rights, Use of Terms "Declaration" and "Recommendation," *Memorandum by the Office of Legal Affairs*, U. N. Doc. E/CN. 4/L. 610.

12) なお，これに関する万国国際法学会の決議はこの作業が徹底的な研究の対象とされるべきことの希望を表明している．*Annuaire de l'Institut de Droit International*, Vol. 61, Tome 1, Session d'Helsinki, 1985, pp. 29-358; Vol. 62, Tome II, Session du Caire, 1987, pp. 65-125, 274-288.

　ある決議がこれらの部類の1つに入るものとして識別する助けとなる要素は，とりわけつぎのものを含む（結論6）．(a)諸国家の意図と期待，(b)手続的基準と要請の尊重，(c)決議の本文（テキスト），(d)関連する政治的要素を含む，決議が作成されかつ採択された脈絡，(e)決議によって定められた履行手続．また，決議の用語および文脈は，その規範的意味を決定するのに役立つ（結論10）．しかし，決議は「原則」の用語を異なった意味で使っている（結論11）．また，宣言として明示された決議の法的地位は，他の決議のそれと異ならない．それでも，この特殊な形式は，そこに表明された規範の重要性を強調することができる．「宣言」は，主題の包括的取扱いのために，または，国際法の漸進的発達のために影響を与えることを目的とする原則を表明するために，適している（結論12）．反対票または棄権なしに採択された法宣言決議は，その決議が法の正しい声明を含むという推定をつくり出す（結論13）．慣習法規則が国家実行から生まれる状況，または法規則であるかどうか疑わしい状況において，反対票または棄権なしに採択された決議は慣習を強化し，または存在してきた疑念を除去することができる（結論14）．決議の権威は，それが主要な法体系を含む代表的多数決によって採択されるとき，または，コンセンサスで採択されるとき，強化される（結論15，16）．履行手続または決議の履行の監視に関する規定の決議への挿入は，法の解釈または適用，あるいは新しい法の出現に貢献することができる．

　なお，法宣言決議の特別の問題として，決議は，とくに国家実行または法的信念の証拠が他の

この「結論」の適用される決議は，国家のための一般的抽象的行為規則を定めるもの，すなわち規範的決議に関係する．規範的決議という呼び方をする場合，その規範性は法的拘束力よりも広い概念である．その概念は，行動基準を定式化する行為，とくにその時点では法の地位に達していないが，それを志向する行為をも含む．ここでいう規範性の観念は法と同視されず，道義的，倫理的，宗教的，または純粋に政治的規範も存在する．

　「結論」によれば，国連憲章は総会に国家間の相互関係において拘束する規則を制定する権限を与えていないが，総会は国連の漸進的発達，その強化および法典化に貢献する勧告を行うことができる（結論1）．この勧告はつぎの3つのタイプの決議を含む（結論3）．(a)諸国家のために一般的および抽象的行為規則を明白に定式化しまたは反復する決議．(b)特定状況を取り扱うが，上の行為規則を明示的または黙示的に定める決議．(c)特定諸国に宛てられているが，とくに名指された国に要求される行為規則がすべての国につき要求されることを定める決議．これらの決議のいくつかは現行法のいいかえである（法宣言決議，結論4）が，他の決議は新しい法を結晶させまたは生み出すことに貢献する（法生成決議，結論5）．他の決議は法の解釈または適用に関連する基準（スタンダード）を定める．なお，法生成決議はつぎのように区別しうる．(a)国際慣習の創造に貢献する決議，(b)法の一般原則の出現に貢献する決議，(c)一般的利益をもたらす多数国間条約に関する交渉者の範囲を定める決議，とくに将来の条約に含まれるべき規則を示す決議，(d)慣習であれ条約であれ，未来の法の内容を決定する政策（方針）を定める決議，である．

　　方法でたやすく利用できない場合，国際法規則の決定のための補助手段として役立ちうる（結論19）．また，決議は，とくにそれがその決議採択のさいの諸国の意図であったとき，または適用された手続が法の声明の作成に導いたとき，慣習法またはその諸要素の1つ（慣習創造的実行，法的信念）の証拠を構成することができる（結論20）．
　　法生成決議に関する特別の問題として，決議のなかで表明された原則および規則は，国家実行に影響を与え，また，新しい慣習法の要素を構成する実行をはじめることができる．決議は，国家実行の強化または共通の法的信念の形成に貢献することができる（結論22）．決議は，条約で取り扱われるべき事項および条約の基礎となるべき政策（方針）を指示することによって，一般的利益を有する多数国間条約に導くための交渉の基礎を築くことができる（結論23）．決議または一連の決議は，国際法の発達における諸傾向を表明しまたは明らかにすることができる．かかる決議は，原則または詳細な規則を定式化することにより，または，将来の法の主要な考え方と概念を表明することにより，つくられるべき法の内容についての政策（方針）を決定することができる（結論26）．

第3節 国際法の生成過程と成立形式

4. 上の「結論」に示されたような国連総会の規範的決議の分類とそれぞれの性格を法源性の視点からみれば、つぎのようにいうことができるであろう。

上のような法宣言決議は、（国際法の規則決定の補助手段ではあれ）国際法の独自の法源となるものではない。それは既存の法源である慣習法（や条約）の規定を表現したもので、その証拠を構成するといえるからである。他方、法生成決議は、新しい慣習法の要素を構成する国家実行を生み出しまたは強化しうるし、さらに決議中の規則の法的性質を諸国が受諾することをもたらしうる。また、決議が一般的利益を有する多数国間条約で取り上げるべき事項を指示し、条約の従うべき政策（方針）を表明することによって、条約交渉を準備しかつ限定することもできる。要するに、これらの決議（法生成決議）は、その反復や以後の国家実行を経て新たな慣習法を生み出す契機として、あるいは爾後の展開により条約に結実する契機としても位置づけられうる。

このような法生成決議が独自の法源とみなしうるかどうかは、決議での賛成や決議の採択という形での諸国（加盟国）の同意表明（決議採択過程）が決議の形式による法的拘束力を生む要素として認められるかどうかにかかっている。決議の法的効果とその採択手続は完全に分離されうるものではなく、後者が前者に影響を与えうる。決議採択の状況や決議内容、その文言を斟酌して、決議の法的性質は個別的に判定しなければならない。例えば、友好関係宣言は法的拘束力を有し、独自の法源とみなされうるものであろう。

この意味で総会は（準）立法機能を有しうる。国際司法裁判所も慎重にではあるが一定の総会決議の法的効力を認めてきている（例えば、「安保理決議276（1970）にもかかわらず南アフリカがナミビア（南西アフリカ）に存在し続けることの諸国に対する法的効果」に関する勧告的意見（1971年））。なお、決議をめぐるこのような状況を未完成の法規範の萌芽状態とみなす見解もあり、またかかる決議をソフト・ローとみなす見解もある。

要するに、国連の規範的決議は、上述のように慣習法の「新しい波」ともみなされてきたが、一定条件のもとで一般国際法を生み出しうる独自の（オリジナルな）方法としての新たな形式法源とみなすこともまったく不可能とはいえないだろう。さらに、たぶんより適切なアプローチとしては、国連憲章を中心とする国連法システムを構成し、かつ、国連法の実施（実現）の制度および違

反に対する一定の制裁制度を備えていることからも，そこに国連諸機関の決議や内部規則を分類し序列づけることにより，国際社会の一般利益を体現するための「立法権なき立法行為」の意味において，国連システムの法律行為として編成することも可能かも知れない[13]．

9 非法律的合意（政治的約束）

1. 国際会議で採択されたり，国家間で作成される文書（口頭約束でもよい）が法的拘束力をもたないとされることがある．例えば，1975年ヨーロッパ安全保障協力会議（CSCE）の最終文書（ヘルシンキ宣言）は，署名諸国により国際条約ではなく道義的約束であるとみなされ，この文書中にも「国連憲章102条の下での登録のために適切ではない」と明記された．当事国が法的権利義務をつくる意図のないこのような（非法律的）合意は，条約として「国際法により規律される」国際的合意（条約法条約2条1項(a)）ではない．このような非法律的合意は国際法の法源とならないことはいうまでもない．しかし，国際社会において，非法律的合意は多数存在している．一般に紳士協定，共同声明，コミュニケなどの名称で呼ばれるもののなかにこの性質の合意（具体的には，1941年8月14日大西洋憲章，1941年11月27日カイロ宣言，1945年2月11日ヤルタ宣言，1945年7月26日ポツダム宣言）が多い．

2. 非法律的合意は一般に，技術的または政治的理由のために正確な法的約束にいたりえないとき，やむなく受け入れられる最後の手段として，法的約束の代替をなすものである．こうした非法律的合意も（政治的に拘束されるものとして）一定の効果をもちうる．この問題は，万国国際法学会で検討された．「法的効果を有する国際文書と法的効果を有しない国際文書（国際機構に由来する文書を除く）の区別」と題するテーマについて，特別報告者ヴィラリーは，いくつかの報告を行い，審議の上結論をまとめた[14]．

（ヴィラリーによれば）（約束を）受け入れた国家が政治面でのみ拘束されるも

---

13) 藤田久一『国連法』（東京大学出版会，1998年）185頁以下．
14) Institut, *Annuaire*, Vol. 60, Tome I, Session de Cambridge 1983, pp. 166-374; Vol. 60, Tome II, 1984, pp. 116-154, 284-291.

のと了解し，かつその面でそのすべての効果を展開するところの約束，すなわち「純粋な政治的約束」を含む文書は，その作成国の相互関係において法的効力をもつ国際文書を構成しない．（なお，同一の文書が法的性格をもつ規定と純粋に政治的な約束を同時に含みうる．）純粋に政治的な約束の違反に対して，その犠牲を被る作成国は違反を止めさせ，または，有害な結果または不便を償わせるために，その権限内のすべての手段に（その手段が国際法により禁止されないかぎり）訴えることが正当化される．（この違反から生ずる紛争は，すべての適切な平和的解決手段に付託することができ，かつ，国連憲章33条1項に定められた手続に付託されねばならない．）純粋に政治的な約束を行った国家は，その相互関係における国際法主体の行動を律する信義誠実の一般的義務に従う．なお，不確かな性質の国際文書における約束が法的約束かまたは純粋に政治的約束かは，作成国の意図，その文書が採択された事情および当事国のその後の態度に依存する．単なる意図の宣言しか定式化しない国際文書は，法的意味をもたず，かつ，その文書がエストッペルの状態を生ぜしめたという仮定のもとでのみ，その作成国を拘束する．

なお，非法律的文書の性質および効果についての考察は，通常，法的文書との区別規準についてなされるのであり，法的国際合意の基準や範囲，ひいては国際法の法的性質の検討にとり有益な示唆を与えうる[15]．

---

15) 1972年9月29日日中共同声明の各条項の法的拘束性の有無について議論は残されている．例えば2項（日本国政府の「中華人民共和国が中国の唯一の合法政府であること」の承認），4項（中華人民共和国政府による日本に対する戦争賠償の請求の放棄）は一方的宣言の明文化と解しうる．2002年9月17日平壌宣言の法的拘束性についても，同様に考えられる．

第4節　国際法の性格と構造

1　伝統的国際法の性格と構造

1.　国際法の歴史的展開（序章2節）のなかで，伝統的国際法から現代国際法への展開という時期（時代）区分を行ったのは，その間に，国際社会の基盤の変化を受けて，前にみた国際法の定立方法や法源論の展開にとどまらず，国際法の内容（規定）の豊富化（いわゆる「法典化」を含む）のみならず性格および構造における変容がみられるからである．

　伝統的国際法においては，条約であれ慣習法であれ，その形式的法源のいかんを問わず，すべての国際法規が並列関係にあるものとみなされていた．もっとも，「国際法の創始者」のなかにはヴァッテルのように，自然法と実定法の双方の妥当性を認める見解もあり，その場合理論上は自然法を実定法の上位におくものの，実際には両者の規定が抵触する場合，前者（不完全法）を破る後者（完全法）の有効性さえ認められていたのである．それは主権国家をこえた国際立法機関は存在せず，併存する諸国家がつくりだす実定国際法規の間に優劣をつけることはできなかったからである．

2.　したがって，伝統的国際法の構造は段階的序列を構成せず，ただ個々の具体的法規範が抵触する場合，「後法は前法を破る（lex posterior derogat priori）」および「特別法は一般法を破る（lex specialis derogat generali）」という原則により処理されると考えられ，かろうじて法秩序としての統一を維持しえたのである．そして，法源間には序列はないが，一般的にいえば条約の規律する事項は慣習規則より一層特殊であり，またより後に成立することが多いから，条約と慣習法の間では，前者が後法あるいは特別法，後者が前法あるいは一般法とみなされることが多い．この場合に両者が抵触すれば，条約が慣習法に優

位することになる．もっとも逆の場合もありうる．例えば条約締結後にそれと抵触する一般国際慣習法が生成した場合，慣習法が条約を破りうる．

しかし，法規の内容を基準として法規の優劣（序列）をつけることはできず，（意思主義によれば）国家間の（形式的）合意により成立した国際法規は，その内容のいかんを問わずすべて同等の効力（任意規範性）を有するとみなされた．

2 現代国際法の性格と構造

(1) 強行規範（jus cogens）と対世的（erga omnes）規範

1. 上にみた伝統的国際法の構造は，現代国際法においてまったく捨て去られたわけではなく，今日でも基本的には国際法規の間の並列的関係が一般に妥当し，法規相互間の抵触の場合に前記の2つの原則が作用していることに変わりはない．しかし，現代国際社会とくに第二次世界大戦後の国際社会の構造変化を背景に，国際法規間の関係および法規の性質に伝統的国際法にはみられない重大な変化も現われてきている．その顕著な現象が，強行規範（jus cogens）の出現および法典化や漸進的発達，さらには一般多数国間条約の締結を通じて国際立法が志向され，（すべての国ないし国際法主体に妥当する）一般国際法の形成が企てられてきたことである．

2. 強行規範は，形式的には，1969年条約法条約53条の述べるように（序章5節3(vii)），いかなる逸脱も許されない一般国際法の規範であり，後に成立する一般国際法の強行規範によってのみ変更しうる規範であるとされる．しかし，（条約を締結するまたは一方行為を行う）当事国の意思によって逸脱が許されない理由については，国際公序などがあげられるもののまだ一致した見解はない．また，強行規範を生み出す形式的法源は慣習法に限られるか，条約でもありうるか，さらには，法の一般原則や国連総会決議でも可能かについて議論がある．条約法条約の審議過程では強行規範は慣習法のみならず，条約によっても生み出されるという見方が多数を占めた．すべての国ではなくとも，特別利害関係国を含む圧倒的多数の国々により受け入れられるという意味で「国際社会全体が受入れ，かつ認める」強行規範が（一般多数国間）条約の形式をとることは可能であると思われる．なお，条約法条約64条のいう「新たな強行規

範」の成立は条約によることを必ずしも排除していない．

　さらにかかる強行規範と任意規範との区別基準および強行規範の内容についても，学説および国際実行上まだ固まる段階にはない．とはいえ，現代国際社会において強行規範の存在を認める規範意識は高まっており，それに伴い，強行規範とそれ以外の任意規範との間に序列化が始まっている．強行規範と抵触するいかなる（任意的）国際法規範も，それが強行規範より後法であり，あるいは特別法であっても優先するどころか，むしろ無効とみなされるのである．そのかぎりで，国際法規相互間に妥当してきた「特別法は一般法を破る」の原則および「後法は前法を破る」の原則の適用は排除される．ここに国際法にも基本的な階層構造が現われたとみることができる．強行規範の概念は今日なお形成途上にあり，それに該当するとみられるものも多くはない――その筆頭に「国際関係における武力行使禁止原則」（国連憲章2条4項）があげられることが多い――が，強行規範は無数に存在する任意規範よりも上位に位置づけられる．この意味で現代国際法において「上位規範は下位規範を破る（lex superior derogat inferior）」の原則が妥当することになる．以上のように，強行規範の導入は従来の形式法源の相互関係には必ずしも本質的な影響を及ぼさないが，国際法の規範構造に従来以上の階層性と統一性をもたらすことになる．

　なお，他の条約義務との抵触の場合に国連憲章に基づく義務の優先を定めた国連憲章103条は強行規範ではなく，国際法構造に根本的変動をもたらす規定ではない．しかし，憲章規定とくに国連の目的および原則を表わす諸規定は，現代国際法の基本原則として尊重されるべきことを示すために103条のもつ意味は重要である．また，現実に，国連憲章第7章に基づく国連安保理の規範的決議は，加盟国の結ぶ条約規定に優先して適用されるのである（国際司法裁判所のロッカビー事件判決（*1998 Report 115*）参照）．

　3.　それにとどまらず，現代国際法の性質や妥当範囲は多様化し，その構造は重層的になる様相を呈している．国際法規の妥当範囲の広狭によってすべての国（国際法主体）に対抗可能な対世的（erga omnes）一般規範と当事国間にのみ妥当する契約的規範に分けることができる．（なお，伝統的国際法の時代にも，一般国際法と特別国際法の区別はなされていたが，意思主義からは一般国際法の存在証明は困難であった．）

慣習法規範や一般多数国間条約は前者の性質をもつ場合があり，逆に2国間条約は契約的規範を含むことが多い．erga omnes な規範と契約的規範が抵触する場合，必ずしも前者が後者を無効にする関係にはない――つまり，erga omnes な規範は必ずしも強行規範であるわけではない――が，前者の優位が認められる場合もある（例えば前述の国連憲章103条）．なお，強行規範は erga omnes な規範と見られるから，かかる erga omnes な規範はそれと抵触する契約的規範を無効にすることはいうまでもない．

(2) ハード・ローとソフト・ロー

1. さらに最近規範の性格に着目して，国際（法）規範をハード・ロー，ソフト・ロー，非法的（政治的，道義的）規範（序章3節**9**）などに分類する傾向が現われている．このような分類は，法規範性のメルクマールをなにに求めるかによって異なりうるが，規範の階層構造を必ずしも促進するものではない．国家などの受範者からみれば，上の分類の順序に義務的拘束性の程度は低くなるのであり，非法的規範の受範者はそれを遵守する法的義務を負ってはいないが，政治的（道義的）拘束性を受けるものではある．

2. ソフト・ローという表現はハード・ローと対比するものであるが，その意味は必ずしも一義的ではなく，それを用いる者によってさまざまである．広義では，受範者（国家）に明確な権利義務を定めた規範（ハード・ロー）以外のものをすべてソフト・ローに含める見解で，これによれば，慣習法や条約であっても原則や基準を表明するにすぎず対象国に対する権利義務の内容が明確でなければ，ソフト・ローに含められることになる．したがって，この見解ではかなり多くの国際法規範はソフト・ローとみなされることになる．ただ，このようなソフト・ローが具体的権利義務関係を具現するハード・ローを生み出す基礎となりうるという意味で，より上位の規範であるとみることができる場合もあろう．この意味でのソフト・ローは，現代国際法にとって特徴的な現象ではなく，伝統的国際法の時代以来のいくつかの基本原則（例えば，不干渉原則や公海自由の原則）もソフト・ローの範疇に入れられることになろう．

また，従来の形式法源のいずれにも属さないが，その法的性格が争われまたは否定される規範，あるいは政治的・道義的性格の強い規範性を有するものを

ソフト・ローとみなす見解がある．これによると，ソフト・ローの代表的なものは国連総会決議であろう．

ソフト・ローという表現は最近の法源をめぐる議論のなかでよく用いられるようになったものである．とくに現代国際法の発展を促す立場から，従来の法源の要素の形式主義的性格と国際法規範の生成・創造の困難性やその内容の乏しさ（とくに経済法や軍縮の分野）を克服するために工夫された理論操作であるともいえる．それは現代国際社会の要請，とくにそこで圧倒的多数を占めてはいるが軍事的経済的に弱体で発展途上にある諸国の要請に応えるためでもある．しかし逆に，先進国の既存の権利（特権）を擁護する立場から，従来の法概念や法源の要素を基準にしてソフト・ローの「非法」性を強調するために，この用語が使われることもある．要するに，現代国際法の性格や構造がソフト・ローに託けて論じられているともいえよう．

3 国際法の法典化と国際立法

1. 国際法の性格や構造は，形式的には法典化や国際立法の問題とも密接に関係している．慣習法や条約といった形式的法源は主権国家の併存という国際社会の構成ないし構造に根ざすものであるが，今日のような国際社会の「組織化」の進展――とくに国連体制の確立と展開――のなかで，国際法の漸進的発達と法典化の作業が進められ，国際立法への接近も試みられている．

歴史的には19世紀後半以来，慣習法の成文化すなわち法典化の動きとしてまず現われた．すでにみたように，万国国際法学会および国際法協会の設立は国際法（および国際私法）の法典化をめざすものであったし，1899年と1907年のハーグ平和会議は国際紛争の処理と戦争法に関する多くの法典化条約を採択した．しかし，国際機構による本格的な法典化の企ては国際連盟時代にはじまった．

1930年連盟主催の法典編纂会議は，国籍法の衝突，領海および国家責任の3つの事項について準備された討議の基礎を検討したが，最初の事項をのぞき法典化に成功しなかった．この失敗の経験から，国連憲章（13条）は総会が国際法の漸進的発達および法典化を奨励するために研究を発議し，勧告を行うよう

求め，そのために1947年国連国際法委員会（ILC)[16]が総会の補助機関として設立された．同委員会はこれまで，法典化に適したと考えられるいくつかの事項について条約草案ないし条文草案を作成してきた．その条文草案を基礎に，国家代表からなる外交会議での審議を経て成立した多数国間条約も少なくない．その代表的なものとして，1958年海洋法4条約，1961年外交関係条約，1963年領事関係条約，1969年条約法条約，1973年外交使節に対する犯罪防止条約，1978年条約に関する国家承継条約，1983年国家財産・債務の承継に関する条約，1986年国際機構条約法条約に関する条約などがある．なお，「国際違法行為に関する国家の責任」に関する条文（国家責任条文）は，2001年ILCで採択され，国連総会決議56/83添付文書となっているが，条約ではない．

2. 国際法委員会（ILC）は，すでに広範な国家間の慣行・先例・学説が存在している分野における国際法の諸規則をさらに精密に定式化し，体系化する「（狭義の）法典化」のみならず，まだ国際法により規律されていない，または国家間の慣行により十分に発達していない事項について条約草案を準備するという「漸進的発達」をはかることをめざしている（国際法委員会規程15条）．このような条約草案を準備するさい，「法典化」と「漸進的発達」は厳密には区別されえない．したがって，個々の法典化規則（条文）のなかに，既存の法規 (lex lata) とあるべき法規 (lex ferenda) が混在することは避けられない．法典化条約は形式的には，署名・批准または加入などによって，それに同意を与えた国家に対してのみ拘束力をもつのであり，すべての国に当然に妥当するものではない．しかし，かかる条約は同時に一般多数国間条約（あるいは立法条約）として，一般国際法を表現しようとするものである場合が多い．つまり，北海大陸棚事件判決（1969年）でも示されたように，一般多数国間条約——例えば条約法条約や人道法関係条約の場合——は，条約への参加国の拡大によって，さらに，その効力発生前においてもまた非締約国に対してもその適用を認める国際判例の集積などによって，その締結当初まだ新しい規則であったものを慣習法化し，あるいは一般国際法化する契機を与える．

---

[16] 国際法委員会は，国連加盟国政府の指名する候補者のなかから，国連総会によって個人資格で選出される15名（のちに25名，さらに34名に増員された）の国際法に有能な者（ほとんど国際法学者や外交官）から構成される．委員会は毎年会期を開き，漸進的発達と法典化に適したものとして選んだ研究課題を順次検討し，多くの条文草案を採択してきた．

しかし，法典化条約ないし一般多数国間条約は，立法 (law-making) ではありえても，国際法上の条約である以上，(それへの同意がなくとも) 国際社会のすべての構成員 (とくにすべての国家) を当然拘束する国際立法 (international legislation) ではない．国際機構の発展などで構造変化しつつあるとはいえ，超国家機関 (とくに立法機関) が存在せず主権国家の併存をなお基盤とする国際社会の特徴からみても，手続的にも条約以外の方法による国際立法の成立は困難である．

3. もっとも，すでにハドソン (Manley O. Hudson) 著『国際立法』(1931年) は，「国際立法」の概念を「国際法に (新たな規則の) 追加，あるいはこれを変更する意識的努力の過程およびその成果の双方」としてとらえ，(国際社会の一般利益にかかわる) 多数国間条約は一層はっきりと立法的意義をもつとして，それらの収集を行っている．ハドソンと同じ時期に，ラウターパハトは，「正義と立法の精神で現行法を発展させることのできる国際立法」という表現を用いて，連盟規約19条 (平和的調整) のなかに「遅れた条件と法的条件を変更する国際立法」の過程が現われているとみていた．国連憲章には上の19条に相当する規定はないが，国際法委員会が条文案の準備を行うことにより立法過程に貢献するという意味で，ハドソンらのいう国際立法としての多数国 (または多当事者) 間条約を主に準備する機関として位置づけることもできよう．

4. 最近，多数国間条約に立法的機能を認めまたは確認しようとする動きがみられる．それを最もよく示すものとして，第三次国連海洋法会議がコンセンサス手続により作業を行い，また，パッケジディール原則および留保の不許容という2つの手続的了解という新しい特徴を示す交渉過程を生み出したことがあげられる．この特徴は海洋の利用と資源のあらゆる側面を律する最初の包括的条約をつくるためのものであり，国連創設以来企てられた国際法の法典化と漸進的発達における最も野心的な努力を示すものであった．つまり，1982年国連海洋法条約は一種の国際立法をめざし，そのために従来の条約起草の手続とは異なる新機軸を生み出そうとしたともいえる．この方法は現代国際社会における国際立法をめざす文書の起草のさいに採り入れられるべき共通性を有しているともいえる．

5. 国連総会 (第6委員会) も，「多数国間条約定立過程の再検討」という議

題のもとで検討を始め，1984年国連総会で採択された「多数国間条約定立過程の再検討の最終文書」は，国連の枠内で多数国間条約の定立を発議する国家が考慮に入れるべき諸点を列挙しており，かかる条約が国際立法的性格を有すべきことが念頭に置かれている[17]．この文書に示された多数国間条約の締結手続や受諾方法の工夫のみならず，条約の内容が国際社会の一般利益を表わし，諸国の権利義務についても正義の実現と衡平に基づくものであることが，国際立法に近づくためには不可欠であろう．

4 国際法のフラグメンテーションと統合をめぐる議論

1. 国際社会が20世紀末にポスト冷戦期に入り，また，いわゆるグローバリゼーションが（法現象を含む多くの分野で）進行（拡大）する傾向のなかで，（現代）国際法においても，国際法の「統合（unity）」をめぐる議論——トマス・フランクの「ポスト存在論」，コスケニエミの「ポストモダンの苦悩」のドクトリンのような「批判法学（Critical Legal Studies）」や「ジェンダー法学」からの問題提起を含む——が登場してきた．統合論の問題提起は，（グローバリゼーションのパラドックスともいわれる）「国際法のフラグメンテーション」現象（論）を契機としている．この問題を冷戦終結後の早い時期に提起したハフナー（Hafner）によれば，フラグメンテーションを生み出す主要な要因として，経済，環境，資源，健康，大量破壊兵器の拡散といった，地域的およびグローバルな相互依存の増大と並列する政治的フラグメンテーションの増大とともに，国際的規制の増加があげられる．国連国際法委員会の最近の議論では，とくに国家責任について，現行国際法は同質的な法秩序ではなく異なった部分システ

---

[17] この再検討作業の1つ「過程の分析的再検討——事務総長報告」（United Nations Legislative Series, *Review of the Multilateral Treaty-Making Process*, 1985, ST/LEG/SER. B/21 所収）では，「多数国間条約定立過程の特徴」と題する章において，条約定立の発議，多数国間条約の定式化，多数国間条約の採択，採択後の関心，条約の補充と刷新に分けて，これまでのさまざまな傾向と特徴を例をあげてまとめている．これらの諸点はいずれも国際立法との関係で見逃しえないが，なかでも注目されるのは，多数国間条約の「多数決投票」の採択後の関心における「条約定立方法を通じて受諾を容易にすること」および「国家行動におけるフォローアップ」であろう．なお，河西直也「国連法体系における国際立法の存在基盤」（大沼保昭編『国際法，国際連合と日本』所収），藤田久一『国連法』（前掲）3-5頁参照．

ムからなるとし，それが「組織化されないシステム」を生み出すとする．つまり，国際法のフラグメンテーションは国際法の安定性と一貫性（無矛盾性）およびその包括性を危険にさらし，国際法の信頼性への脅威となるとみている．

しかし，国際法委員会の設けた「国際法のフラグメンテーション」というトピックの研究グループによる 2006 年最終報告書（コスケニエミ報告書）[18]の暫定結論では，国際法は「法システム」とみなされ，国際法規範は「より高い秩序レベルとより低い秩序レベルにおいて存在しうる」としている．つまり，研究グループのアプローチの方法である「プラクティスとドクトリン」に基づいて，規範の階層化を意味する国際法システムが認められるとしている．

2. 他方で，1970 年代以来展開されてきた批判法学（CLS）運動は多様であるが，少なくとも共通していえることは，システムにおいて組織された合理的客観秩序として（国際）法を認識すること自体を問題視し，国際法の（強制としての）規範性を拒否すると同時に，（実証主義の依拠する）国際法の価値中立性を批判する．要するに，この学派はドクトリンとして現われ，国際法の実証主義思考を解体し，国際法の統合やフラグメンテーションについて全く異なる評価を行っている．それによれば，ディシプリンとして考えられる国際法は政治的闘争の対象であり道具である．国際法の統合は覇権的企画（ヘゲモニー・プロジェクト）であり，とくに西欧国際法のヘゲモニーを表わすとみる．

3. ポスト冷戦期には，グローバリゼーションのもとで，国際機構，NGO，個人のような非国家アクターがますます活発に活動し，これらのアクターを包含する「市民社会（civil society）」の概念も登場している．市民社会は必ずしも国家と対比関係にあるものではなく，個人の利益，特殊利益あるいは公共利益をそれぞれ代表すると自認し，多少とも組織化された雑多な集合体とみなされている．アロット（序章 2 節 4(3)3）は，冷戦後のグローバリゼーション下の国際法を新しい資本主義の法としてとらえ，統合対フラグメンテーションに向けての諸力を受けて，その国際秩序はむしろ崩壊の過程にあるとみる．そして，国家のほか非国家主体から，つまり市民社会を含む全人類から構成される理想

---

18) *Fragmentation of International Law: Difficulties arising from the Diversificaton and Expansion of International Law, Report of the Study Group of International Law Commission* Finalized by Martti Koskenniemi, A/CN. 4/L. 682, 13 April 2006.

的国際社会「ユーノミア」を想定している．そこにおいて，全人類の共通利益について定めた国際社会の法が国際法なのである．

第5節　条約に関する規則

1　条約に関する規則の性格

1. 形式法源のなかでもとくに条約の締結や効果をめぐっては，国際法の長い歴史のなかでさまざまの国際法規則つまり条約法が形成されてきた．それらの規則は主に慣習法規則として存在するが，とくに現代国際法の時代には法典化の試みもなされてきた．戦間期には，私的提案ではあるが，1935年にハーバード条約法草案が発表された．国連の時代に入ると，国際法委員会が条約法条約のトピックを取り上げ，4人の特別報告者のもとで作成された相次ぐ草案を経て，1969年ウィーン外交会議において「条約法に関するウィーン条約」（以下「条約法条約」という）が採択された．これは条約法の単なる法典化にとどまらず，国際法の漸進的発達を示す新しい規定をも含んでいる．

2. 条約法の諸規定は一般的には，ある条約の締約国が別の合意をしないかぎりにおいて適用される残余規定（residual rules）である．ただし，後述のように条約の無効，終了および運用停止については条約法条約の適用によってのみ行われる（条約法条約42条）から，それらに関する規定は残余規定ではない．

今日の国際実行（国際裁判を含む）において，また，学説において，条約についての法的議論は，条約法条約の定める諸規定をめぐってなされることが多い．

2　条約の分類

条約は多様な形式とさまざまの目的をもちうるが，つぎのいくつかの観点から分類することができる．もっとも，条約法条約は，その適用上，「条約」とは，「国の間において，文書の形式により締結され，国際法によって規律され

る国際的な合意（単一の文書によるものであるか関連する二以上の文書によるものであるかを問わず，また，その名称を問わない．）をいう」(2条1(a)) と広く定義しているが，条約の分類をしていない．しかし，講学上のみならず国際実践上も，条約の分類は便利であり有益である．

(1) 正式の条約と簡略形式の条約

1. 条約を正式のものと簡略形式のものに分ける利点は実践的な便宜的なものであり，国際法上かかる分類の（定まった）名称やそれぞれの定義があるわけではない．（日本政府は，広義の条約を包括的に「国際約束」と呼び（外務省設置法4条4，5），正式の条約を「国会承認条約」と呼んでいる．）正式の条約は，国家元首の正式の関与により締結され，交渉，署名，批准といった複雑な手続に従って成立する．この手続により，国家の最高機関，多くの国ではとくに議会（国会）での時間をかけた検討という形で，その締結に関与する．

これに対して，簡略形式の条約は，国家元首の直接関与がなくともより低いレベル（外務大臣や外交使節）により締結され，一般に交渉のあと署名の手続だけで（批准を経ずに）直ちに効力を生ずるものを指す．簡略形式の条約は，交換書簡，交換公文，共同宣言書の交換といったかたちで複数の文書から構成されることが多い[19]．

2. 通常，正式の条約は国の憲法に定められているものであるのに対して，簡略形式の条約は国際実践を通じて，とくにアメリカによる行政取決めの締結という実践を通じて生み出されてきた[20]．国際関係の緊密化に伴い，条約締結

---

[19] 国際法委員会の1962年条約法条約仮草案では，簡略形式の条約とは「交換公文，交換書簡，合意議事録，合意覚書，共同宣言によって締結された条約またはそれらと類似の手続によって締結されたその他の文書」とされていた（1条(b)．ILC, *Yearbook* (1962), Vol. II, p. 161）．しかし，草案中に簡略形式についての特別規定を設ける企てが放棄されたため，1966年最終草案ではこの定義はもはや不要となった．なお，条約法条約11条は簡略形式の条約にも及び，12条，13条は事実上この形式の条約を念頭においている．

[20] 合衆国憲法2条2項2節によれば，「大統領は，上院の助言と同意を得て，条約を締結する権限を有する．ただしこの場合には，上院の出席議員の3分の2の賛同が必要である」．条約形式で締結されない国際合意は，典型的には行政取決め (executive agreement) と呼ばれる．行政取決めについては憲法上明文の規定はないが，つぎの3つのカテゴリーのものがある．（ⅰ）大統領と上下両院の共同権限により承認された議会行政取決め，（ⅱ）現行条約に従って締結される行政取決め，（ⅲ）大統領自らの憲法上の権限に基づいて締結される大統領（または単独の）行政取決め，である．

の迅速性および手続の簡略化の要求が増大するにつれ，簡略形式の条約——一般的に「行政取決め」と呼ばれることが多い——の数はきわめて多くなっている．

なお，正式の条約と簡略形式の条約の区分は，部分的には各国の憲法規定に基づいているともいえるから，一方の締約国にとっては正式の条約であるものが，他方の締約国にとっては簡略形式の条約であることもありうる．両者は，その締結手続と効力発生の方法が異なりうるにすぎず，内容上の区別や序列があるわけではない．ただ，簡略形式の条約は，その締結にあたり締約国の議会（国会）の承認を経ないため，それが増加することは議会の民主的コントロールの回避と行政権の強化をもたらすおそれがある．

(2) 契約条約と立法条約

1. 条約はそれぞれ異なった目的をもち，同一条約も性質の異なった規定を含みうるから，その目的によって条約を区別することは原則として適切ではない．いわゆる契約条約（traité-contrat）と立法条約（traité-loi）の区別は，法源の観点からはほとんど意味をもたない．もっとも19世紀後半の学説——例えばベルグボーム（Bergbohm）の見解——において，条約目的が抽象的一般

なお，議会は長い間，行政取決めについての情報を受けること，およびその公表を求めてきた．1972年8月22日法（ケース法）は，第一に，条約以外のあらゆる国際取決めの本文をできるかぎり速やかに，かつその効力発生後60日以内に議会に送付するよう国務長官に求め，第二に，大統領が秘密扱いをした取決めは，議会全体にではなく両院の外交委員会に，大統領からの通知によってのみ解除しうる秘密命令のもとで送付される，と規定する．同法1977年修正は，「合衆国のために国際取決めを行う合衆国政府のいかなる省または機関も，かかる取決めが署名された後20日以内にその本文を国務省に送付するものとする」と定めた．さらに1978年修正は，すべての口頭取決めが文書形式に変えられ，議会に送付されることなど5点にわたって規定している．

日本国憲法は，内閣の事務として「条約を締結すること．但し，事前に，時宜によっては事後に，国会の承認を経ることを必要とする」（73条3号）と規定するが，行政取決めという表現は含まれていない．国会承認条約と行政取決めの範囲や取扱についての最も行き届いた政府見解は，1974（昭和49）年2月20日衆議院外務委員会での大平外務大臣によって表明された．

それによると，国会承認条約つまり憲法73条3号にいう条約は，法律事項を含む国際約束，財政事項を含む国際約束，および政治的に重要な国際約束の3つのカテゴリーに限られ，その他の国際約束は行政取決めとして，憲法73条2号にいう外交関係の処理の一環として行政府かぎりで締結しうる．行政取決めでも，国会承認条約を締結するに際して補足的に合意された当該条約の実施，運用または細目に関する取決めについては，政府は当該条約の国会審議にあたり，参考として提出してきたが，さらに条約自体の国会承認後に結ばれた同種の行政取決めのうち重要なものは，締結後できるかぎり速やかに外務委員会に資料を提出するとしている．

的規範を確立することにあるとき，法源たりうる立法条約であり，当事国が長期にわたる行為規範の確立をめざすものでないとき，それは法源とならない契約条約であると主張された．トリーペルは両者間により根本的な区別を見出そうとし，契約条約は当事国の意思の相違（多様性）を含むのに対して，立法条約は意思の融合つまり諸々の意思の共同意思への融合（Gemeinwille）により特徴づけられるとした．

それ以来かなりの学者は両者の区別を引き継いできた．例えばフェアドロスは，立法条約（Vereinbarung）に抽象的一般規範を含む（多数国間または2国間）条約を，契約条約（Rechtsgeschäft）に取引的性格を有しかつ具体的関係を規律する条約をあてる．この区別は条約の内容に関するもので，その法的性質に関するものではない．多くの学者はこの区別を相対的なものとみなし，区別の理論的根拠をほとんど示していない．

2. 条約の分類に関して今日問題となっているのは，条約の法源性の有無という点からの分類ではなく，その内容上一般国際法規範を確立しまたは再確認する一定の条約――「一般多数国間条約」と呼ばれる――がほとんどすべての国を（その参加により）拘束する性質のものとして分類されうるかどうかという点である．このような種類の条約――例えば国連憲章，条約法条約，外交関係条約など――が存在することを認めようとする傾向が国際判例においても現われている[21]．

なお，条約法条約においては，契約条約と立法条約の区別はなされず，また，国際社会全体に関連する目的をもつ一般多数国間条約についてすべての国の普遍的参加を認めようとする提案も受け入れられなかった（本節 **2**(5)(ⅱ)）．この問題は，国際法の漸進的発達と法典化にも関係している．

(3) 2国間条約と多数国間条約

2国間条約は原則として，その締約国たる2国のみを拘束し，多数国間条約は3国以上の締約国を拘束するものである．後者は多数のまたは不特定数の国

---

21) 英仏大陸棚の境界に関する仲裁判決（1977年）は，大陸棚条約のなかに一般規範（慣習）の特別の表現を見出しているし，国際司法裁判所は，ジェノサイド条約に対する留保についての勧告的意見（*ICJ Reports 1951*, p. 23）においてジェノサイド条約について，また，テヘラン米大使館員人質事件で外交関係条約に，この性質を認めた（*ICJ Reports 1980*, p. 31）．

々を拘束することを使命とすることもある．すべての国の普遍的参加を目指す一般多数国間条約は，後者に属する．

多数国間条約の締結手続は，2国間条約のそれと比べて，より特殊であり複雑である（本節 2(5)）．

(4) 国際機構間条約

(政府間) 国際機構と国家の間または国際機構相互間に締結される条約を国際機構間条約という．この条約は国際機構の発達につれ増加しているが，その大部分は国際機構（とくに国連や専門機関）と国家間の2当事者間のものである．例えば国連と米国の間の国連本部協定（1947年）や国連大学と日本の間の国連大学協定（1976年6月22日条約7号）などがある．

国際機構間条約を規律する規則に関する条約すなわち国際機構条約法条約（正式には「国と国際機関との間又は国際機関相互の間の条約についての法に関するウィーン条約」）が1986年に採択されたが，まだ効力を発生していない．

(5) 閉鎖条約と開放条約

1. 閉鎖条約は，特定国間だけで締結され，他の諸国のそれへの参加（加入）を認めない条約である．開放条約は，不特定数の国々の参加に開かれた条約である．つまり，これは条約の締結手続に加わらなかった諸国が締約国となる手続，すなわち加入手続を定めている．不特定数の国を拘束しようとする条約は，一般に開放条約である．

2. しかし，この参加国数の問題は条約という法源の性質からみて重要な結果，すなわち「加入」という条約の技術的かつ構造的刷新をもたらすことになる．加入を認めることは，とくに意思主義の観点に立てば，意思が相互に通じ合うことなくいかにしてその合致が可能になるのかという点で，条約の合意的性格に疑問を抱かせかねない．

他方，締約国数の増加やその不特定性から条約規則の一般性が引き出され，開放条約の立法的側面が強められることになる．国際機構の参加は条約の立法的性格の結果でもある．一般多数国間条約はこのような開放条約の代表的なものといえる．

3 条約の締結手続

条約が成立するためには，合意内容（条約文）の確定とその認証，手続に従う約束，最終的に拘束される意思の表明，最終的拘束といった一連の作業が必要であり，そのいくつかは同時に行われることもある．こうした作業を行うために，諸国は一定の手続をとるが，それら手続——例えば署名——の法的意味は必ずしも定まったものではなく，それらの用語さえ統一されているわけではない．

しかし，締結手続全体を律する基本原則は，形式主義ではない合意主義つまり国家意思の自立性を認めているのである．条約に拘束されることについての国の同意は，あらゆる適切な方法で表明されうる（条約法条約11条）．つまり，同意の表明方法について「形式自由の原則」が確立しているといえる．それらの方法として，一般には交渉，署名，批准，登録などがあげられる．

(1) 交渉と署名

1. 条約の交渉は，とくに交渉の権限を与えられた国家代表により，または通常の外交事務として，ときには専門家の援助を受けて行われる．交渉において国家を代表する資格は，（正式の条約においては）国家元首の名で与えられた全権委任状を所持する者が有する．その者は全権委任状を提示するのであるが，実際にはこの提示は通告（communication）に代えられており，ときにはそれさえ行われないことがある．

条約法条約は，全権委任状の提示が原則であるとしても，その提示を要求しないことを関係国が意図していたことが関係国の慣行またはその他の状況から明らかである場合のあることを認めた（7条1項）．他方，職務の性質により全権委任状の提示を要求されることなく，自国を代表すると認められる者もある．元首，政府の長および外務大臣は条約締結に関するあらゆる行為について，外交使節団の長は派遣国と接受国間の条約の採択について，国際会議または国際機関もしくはその内部機関に派遣された国の代表はそれらの機関における条約文の採択について，全権委任状の提示を要求されない（7条2項）．なお，国を

代表する権限を有しない者の行った条約締結に関する行為は，当該国の追認がないかぎり，法的効果を伴わない（8条）．

2. 他国と交渉を行うかあるいは継続するかどうかは，国家の任意的（主権的）判断によるといえるが，条約によっては——例えば核兵器不拡散条約6条——，当事国に（一定の合意をめざして）誠実に交渉する義務，さらには合意に達する義務さえ課しているものがある．いわゆる pacta de contrahendo といわれるものは，必ずしも交渉の結果合意に達しなければならない義務までも含むわけではないが，合意に達するように成功をめざして誠実に交渉する義務を意味する[22]．条約交渉におけるかかる義務を信義則に基づかせる見方もある．

3. 交渉を通じて合意により採択された条約文が署名により最終的に確定したとき（条約法条約10条），交渉は終結する．署名前に，交渉者が後の正式署名のために条約文に自らの頭文字（イニシアル）を記すこともある．この形式は仮署名といわれる．同じく条約付属の文書を認証するときに，署名に代わり仮署名が行われる．正式条約の場合，署名は条約文の採択と認証の意味をもつが，それは署名国がその条約に拘束されることについての同意ではない．しかし，簡略形式の条約の場合，別段の規定のないかぎり，署名はこの同意の効果をもつ（同12条参照）．

4. 条約に拘束されるために署名のみならず批准を必要とする場合，批准前の条約は一定の効果をもつといえるかどうか．自国が批准してもまだ効力の発生していない条約についても同じ問題が提起される．署名国は，信義則上，条約の規律内容とは関係なく全く自由に行動しうるとはいえないという説もある．条約の目的を予め失わせてはならないという交渉国の信義則上の義務は，条約がその国に関して効力を生ずるときまで未完成（inchoate）であり，その国が条約義務を負えば完成するという見方もある．

しかし，国際法委員会は草案の起草過程で，条約案の目的を失わせてはならないという独自の義務が，交渉に参加しまたは条約文の起草あるいは採択に参

[22) 国際司法裁判所の北海大陸棚事件判決（1969年）では，「当事国は交渉が意味をもつような方法で行動する義務を負う．当事国の一方がいかなる修正も考慮せず，自らの立場に固執することはこの場合に当たらない」と述べた（*ICJ Reports 1969*, p. 47)．なお，条約法条約の起草過程でもこの種の義務に関する条文の挿入をめぐって議論があった．（田中則夫「条約交渉における誠実の原則——深海海底制度をめぐる交渉に関連しての若干の考察」龍谷法学12巻4号．）

加した国に負わされているという立場をとった．条約法条約は，署名時から条約の当事国とならない意図を明らかにするまでの間，また，条約に拘束されることについての同意を表明（例えば批准）した場合には，その表明の時から条約が効力を生ずる時までの間（ただし，効力発生が不当に遅延する場合はこのかぎりではない），いずれの国も条約の趣旨および目的を失わせることとなるような行為を行わないようにする義務がある，としている（条約法条約18条）．

また，署名国は条約の一体性を擁護する一定の権利をもつとみられる一方，条約の全部または一部の暫定適用を一定の場合に認められる（同25条）．

(2) 批　准

1.　批准とは，条約に拘束されることについての国の同意を表明する普通の方式である（条約法条約14条）．もっとも，ここでいう批准は国際面でのものであり，各国の国内法上（批准）権限を有する機関（例えば議会）による批准または承認――日本国憲法では，国会の承認（61条）および天皇による批准書の認証（7条8）――と無関係ではないが，別の手続行為である．

批准の意義は，過去と現在とでは必ずしも同じではない．19世紀以前，国家元首（君主）が対外関係のすべての権限を握っていた時代においては，批准は君主が事前にその代表に与えた全権委任状を確認し，最終的に検証する行為であって，条約それ自体の承認を意味するものではなかった．

しかし，現代においては，条約締結権限はいくつかの機関に分割（分有）されることが多い．その代表的なもの（制度）は，政府のみならず国民の選挙による議会を条約締結に関与させるものである．そのため，批准は政府の条約締結権を議会の統制（民主的コントロール）に従わせる手段として使われるようになった．国が条約に最終的に拘束される前に，種々の機関とくに議会での条約内容の検討を認める必要から，批准手続も複雑化している．かかる検討がその国の憲法手続上必要とされない場合でも，批准は条約内容の補充的検討のための時間的余裕を与えることになる．

2.　このような批准制度の展開は，国際約束の多くが正式の条約であった時代にみられた．しかし，交換公文のような簡略形式タイプの国際合意が増加するにつれ，条約が自国を拘束するために批准を必要とするという条件は複雑に

なっている．条約法条約は国の同意が批准により表明される場合を列挙した (14条)．つまり，(a)その旨を条約が定めている場合，(b)その旨の交渉国の合意が他の方法で認められる場合，(c)国の代表者が批准を条件として条約に署名した場合，(d)全権委任状または交渉の過程から，批准を条件として条約に署名する国の意図が明らかな場合，である．また，批准と同じ条件で，受諾または承認により国の同意が表明されることもできる．

批准（受諾，承認を含む，以下同じ）に国際的効果を生ぜしめるためには，批准が関係国へ伝達されなければならない．この伝達作業は，批准書の交換（2国間条約の場合），あるいは一般的に寄託者への寄託または通告により行われる（同16条)[23]．

(3) 効力発生

1． 条約の効力発生とは，条約規定が締約国をその相互関係において法的に拘束するようになること（その時点あるいは日付）をいう．もっとも効力発生日は，条約規定が適用されるという意味で運用を開始する日と必ずしも同じではない．後者の日は条約規定によるが，一般には前者に従う．

効力発生の形態は，2国間条約と他の条約すなわち多数国間条約とでは異なる．2国間条約のうち簡略形式のものは別段の規定がなければ署名により効力を発生し，2国間の正式の条約は批准書の寄託，交換または通告により効力を発生する．多数国間条約については，交渉国にとっての効力発生と他の国にとってのそれとは異なる．前者の場合，別段の規定がなければ，条約に拘束されることについての同意がすべての交渉国につき確定的なものとされたとき，効力を生ずる．後者の場合，すなわち条約の効力発生後同意を行う他の国にとっては，その同意が確定的なものとされた日に効力を発生する（条約法条約24条2, 3項）．

2． もっとも，必然的に条約の効力発生前に生ずる問題について規律する規定（効力発生の態様および日付，留保など）は，条約文の採択の時から適用される

---

23) なお，批准する国の憲法の定めるすべての手続が完了していないのに，批准が伝達される場合，いわゆる不完全批准の問題が生ずる．これは憲法規定の違反による条約の無効の問題の代表的な場合とされてきた．国内裁判所ではこの不完全批准に効果を与えることを拒みうる（条約法条約46条1項参照）．この問題はヨーロッパの統合条約について新しい側面を生み出している．

ものとみなければならない(条約法条約 24 条 4 項).

また,条約が効力を生ずるまでの間,条約またはその一部が暫定的に適用される場合がある.それは,(a)条約に定めがある場合,または(b)交渉国が他の方法により合意した場合である.これらの場合を除くほか,かかる暫定適用は,その国が条約が暫定的に適用されている関係にある他の国に対して,条約当事国とならない意図を通告した場合には,終了する(同 25 条).

(4) 登録と公表

1. 条約の効力発生とは別に,すべての国際約束(広義の条約)の登録を義務づけようとする制度は,国際連盟や国連の枠内で機能してきた[24].この制度は,これらの国際機構の加盟国によって締結されたすべての国際約束の公表を確保し,いわゆる秘密外交を廃止すること——1918 年ウィルソン大統領が米議会へのメッセージで掲げた項目の 1 つ——を目的としている.連盟国や国連加盟国の締結したすべての国際合意——国連憲章(102 条)では「すべての条約及びすべての国際協定」——は,「直に」(連盟規約 18 条)——国連憲章では「なるべくすみやかに」——事務局に登録されねばならず,登録されたものはそれらの機構の発行する『条約集(*Treaty Series, Recueil des traités*)』に掲載される.

2. 連盟規約 18 条のもとでは,登録されない国際合意——公定訳では「条約又は国際約定」——はいかなる義務も生ぜしめないものとされた.しかし現実には,未登録の条約は連盟の諸機関および常設国際司法裁判所の前で援用できないという意味に緩和された.国連憲章 102 条はこの実行を採用し,国際合意——公定訳では「条約又は国際協定」——を登録していない当事国は国連のいかなる機関に対してもそれを援用することができないとした.この条文の適用条件は,1946 年に「条約および国際協定の登録・公表,国連憲章 102 条に効果を与える規則」(国連総会決議 97(I))で定められた.

3. 条約法条約は,「条約は,効力発生の後,登録または記録のため及び公表のため国際連合事務局に送付する」(80 条 1 項)と規定している.これは国

---

24) 今日では国連のほか,若干の国際機構(例えば国際民間航空機構(ICAO)やヨーロッパ理事会)も,その機構に関連する条約について登録を義務づけている.

連への登録義務を国連の非加盟国にも拡大しようとしたものである．もっとも，実際にはかなりの数の条約が登録されていない．

なお，国際合意が国内裁判所や司法当局によって適用されるためには，一般に公表されていなければならない（東芝機械ココム規制違反事件（東京地裁1985（昭和63）年3月22日判決）参照）．

(5) 多数国間条約に特殊な手続

多数国間（または多当事者間）条約，なかんずく広く諸国に，さらに一定の非国家主体にも開放された一般多数国間条約は，形式的にも内容的にも特殊性を有している．この特殊性とは，この種の条約の立法的性格に主に由来している．多数国間条約の起草にあたっての具体的特徴はつぎの諸点にみられる．

(i) 条約文の採択方式

1. この種の条約作成の交渉は，多数国間外交会議の場でまたは国際機構（とくに国連）内で行われ，そして，条約文は交渉参加国の多数決方式により採択されることが多い．国連内での条約採択の実行では，出席しかつ投票する国の3分の2の多数決がとられ，条約法条約もこれを採用した（9条2項）．

最近，条約文の採択にいわゆるコンセンサス方式がよくとられる．コンセンサス方式とは，条約交渉中の一定状況において投票が困難とみられるとき，議長を介する交渉により合意の基礎が求められ，討議の終了にさいして議長の示す条件（条約文）で，投票を経ずに組織（会議）の決定とみなされることをいう．たとえ加重投票の技巧をこらした多数決にせよコンセンサスにせよ，これらの方式は，条約作成に参加したすべての国の同意による採択の方式つまり全会一致方式と異なるものであるから，交渉国の主権の問題に係わることもありうる．

2. 現代国際社会においては，国際機構が集合的合意による条約文の作成の役割を担う場合がますます増大している．連盟時代には，常設国際司法裁判所規程，国際紛争平和的処理一般議定書，国際労働条約のような文書は特殊な手続を経て作成されたし，かかる手続は国連や専門機関において一層一般化してきた．この手続は，国際機構のもとにある機関の作成した条約草案に基づいて，その機構の主催で開催される外交会議でそれが討議・採択されるか，あるいは機構の内部で採択されるというかたちをとる．

3. このようにして起草された条約の原本は1通でたりる．従来，多数国間条約でも2国間条約の場合と同じ数の原本，たとえば5カ国間条約であれば，10通の原本を必要としていた．

このただ1通の原本は寄託者の任務を負う国に寄託されるが，次第に国際機構なかでも国連事務総長（事務局）に寄託されるようになってきた．そこで以前にもまして寄託者の任務が問われることになった．寄託者は受領する通告や通報の法的範囲や効果について評価し確定する資格を有するか，あるいはいかなる評価をも加えずに諸国（条約当事国および当事国となる資格を有する国）に通知するだけにとどまるか．これまでの実行をみると，政府が寄託者である場合はこの点について必ずしも明らかではないが，国連事務総長が寄託者になる場合，事務総長からこの責任負担を取り除くため，後者の方法をとる傾向がみられる．この傾向は条約法条約77条により確認され，かつ強化されている．

4. このような条約の署名は，当事国を拘束する意味を有しないことから，その意義の大半を失っているともいえる．条約案が国際機構により準備・採択される場合，署名のなされない場合があり，ときには条約文の確定のために，国連総会議長や事務総長が署名するにとどまる．

また，条約を採択した諸国の代表により署名された場合，後に条約に加わろうとする国は寄託者のもとにある文書に署名する必要はなく，寄託者に対して当事国となる意図を通告するだけで十分である．その国は署名により条約に拘束されることになるが，その署名は条約を構成する文書になされるのではなく，寄託者宛書簡によってなされるのである[25]．

（ⅱ）　効力発生と条約への参加

1. 多数国間条約の効力発生の要件は，条約そのもののなかに詳細に定められることが多い．その要件として，条約文が最終的に確定するときから効力を発生するという明白な条項をおく条約のほか，一定数の国が条約に拘束される最終的意思を表明したときから効力を発生するという条約もある．後者の場合，

---

[25]　この方法の典型的な例として，常設国際司法裁判所規程があげられる．この規程は，連盟理事会の任命した法律家委員会により準備され，理事会と総会により審議され，総会により承認された（1920年2月13日決議）．ついで，理事会により署名議定書に含められ，その後諸国の署名に開放された．1929年国際紛争平和処理一般議定書，1946年国連の特権免除に関する条約，1947年専門機関の特権免除に関する条約も，これに加わった諸国により署名されなかった．

発効に要する国の数は，あるいは全体的に固定され，あるいは特定国家グループの過半数というように相対的に固定されることもある．また，条約との関係で重大な利害関係をもつ諸国のうち一定数の参加が要求される条約もある．例えば国連憲章110条3項，およびとくに経済関係条約に多い．

2. このような条約は一般に開放条約として，それに署名しなかった国や条約作成に関与しなかった国にも，条約への参加の道を開いている．各条約がその参加のための条件を定めている．

これに関連して，条約法条約に関するウィーン外交会議で同条約への参加をめぐっていわゆる「一般多数国間条約テーゼ」が主張された．このテーゼはソ連によって提起されたもので，国際社会全体に関連する条約について，当時西側諸国によって国家として承認されていなかった分裂国家——東ドイツ，北朝鮮，北ベトナム——を含むすべての国家に参加する権利があるとするものであった．このテーゼに基づく方式は結局条約法条約中に挿入されず，その趣旨が条約法条約付属の「普遍的参加に関する宣言」で述べられた[26]．これは当時のいわば東西対立下の状況を反映したものであって，その後多くの多数国間条約にはすべての国の参加が認められ，さらに一定の自治提携国や民族解放団体，国際機構にも開放されているものもある（1982年国連海洋法条約305，307条参照）．

3. 現実に条約への参加は多様な方式で行われる．また，条約への参加のために生じる国内憲法上の煩雑さを考慮して，多くの条約とくに国連や専門機関に関する条約は諸国がその「受諾（acceptation）」により当事国となることを認めている．「受諾」という曖昧な用語は，各国に条約への参加様式の自由を与えるためのもので，国際面では有効に約束する意思——条約に拘束されることの同意——以外の意味をもたないと思われる．条約法条約11条は，条約に拘束されることについての国の同意の表明方法を国際的に規制する用語——

---

[26] この宣言は，「国際法の法典化および漸進的発達を取り扱う多数国間条約またはその趣旨および目的が国際社会全体に関心のある多数国間条約」は普遍的参加に開かれるべきであると確信し，条約法条約81，83条に注目し，総会がこの条約のできるかぎり広範な参加を確保するために招請する問題につき検討するよう要請し，国連加盟国がこの宣言の目的を達成するよう努力するという期待を表明している．しかし，この宣言は結局国連総会に決定を委ねるウィーン方式をとっているため，ソ連の満足するものとはならなかった．なお，1963年モスクワ核実験禁止条約は，すべての国に開放するとともに，米英ソ3政府を寄託者とするモスクワ方式を生み出した．

署名，条約を構成する文書の交換，批准，受諾，承認もしくは加入——に法的意義を与えることを無意味化したともいえよう．

(iii) 留　保

1. 多数国間条約に加わろうとする国が留保を行うことがある．留保とは，国がその条約当事国となるさい——条約への署名，批准，受諾，加入のさい——に行う一方的行為（表明）であって，それにより条約の特定規定の自国への適用上その法的効果を排除しまたは変更することを意図して，従うべき約束を制限するものをいう（条約法条約2条1項(d)参照）．留保の許容性は，条約文採択にあたっての多数決方式の採用と関係が深い．多数国間条約の諸規定は既述のように多数決により採択されることが多いから，最終的に確定された条約文中のいくつかの規定が自国の利益を犠牲にするため受け入れ難いと思われる場合があることは避けえない．そのため，自国の反対にもかかわらず多数決により採択された規定を含む条約に加わらないという国家の態度を放置してまでも，条約の一体性を求めるべきか，あるいは，かかる規定についてその国の留保を付した条約への参加を認めて，その結果統一的な条約がいくつかの特殊な制度に分割されるに任せる方が望ましいか，という問題が生ずる．

条約の契約的側面を重視すれば，相互的約束における対称性が求められるから，1国が自ら受諾しかつその履行を他の諸国に要求する約束を後者の同意を得ずに一方的に選ぶことは認め難い．逆に，条約の立法的側面を重視して相互的約束という観点から離れれば，少なくとも一定の事項につき一定の場合諸国の間で有効な規則が相違するのを認めることは可能であろう．実際上，留保に対する批判が目立つのは，留保国以外の諸国がその約束の条件を留保に法的に適応させる余地がないのに，その留保を受け入れねばならない場合である．それゆえ，留保は留保国の批准書寄託のときになされるよりも，条約の一般的署名のさいになされる方が，他の諸国にとっての影響は少ない．逆に，批判を受けやすいのは，他の諸国がすでに最終的に条約当事国となって後，留保国がその条約への加入にさいして留保を付す場合である．

2. 条約はそれぞれ，留保の許容，留保しうる期間や条件について定めるのが普通である．また条約のなかには留保を禁止するものもある．また，なされた留保の許容性を集団的に判断する制度を設けている条約もある（例えば，人

種差別撤廃条約20条2項).しかし,多数国間条約が留保規定をおかない場合に問題が生ずる.その場合でも,条約当事国の全体がなされた留保を受け入れるならば,その留保は許容される.それ以外の場合にどうみるべきかについて,つぎの3つの見解が示されてきた.

第1の見解は,留保が当事国全体によって受け入れられないならば,留保国は条約当事国となりえないとする全当事国の同意原則(unanimity rule)を主張するものである.この見解は条約の一体性を重視するもので,国際連盟時代の実行においても認められ,その手続は「留保に関する国際連盟の慣行」とみなされた[27].

第2の見解は,留保国と留保受諾国との関係において留保は有効であり,条約は留保によって修正された形で適用されるが,留保を受諾しない国に対して留保国は条約当事国とはなりえない,とするものである.これはラテン・アメリカ諸国の実行にそうもので,1938年12月23日汎米連合リマ決議に由来し汎米制度といわれた.なお,これらの諸国は最終的立場を決定する前に協議し,ありうる留保に対する他国の反応について相互に情報を得ることができた.

第3の見解は,「ジェノサイド条約に対する留保」に関する国際司法裁判所の勧告的意見(*ICJ Reports 1951*, p.21)により示されたもので,条約が留保について規定していない場合,留保の可能性や効果を評価するため,条約の性格,目的,その規定の作成や採択方法を考慮に入れられるべき要素とみなすものである.いいかえれば,条約の目的との両立性こそが留保国と留保に反対しなければならないと考える国の態度の基準を提供する.この基準は条約当事国の個別的評価に委ねられ,留保に反対する各国は留保国を条約当事国とみなし,またはみなさないことができる.このような両立性の基準(compatibility test)は,条約文の一体性の軽視につながるが,多数の国を条約の枠組みに入れる可能性を高めることになる.

27) もっとも連盟もこれに対する重大な例外として,常設国際司法裁判所(PCIJ)の義務的管轄権の受諾(PCIJ規程36条)のさいの留保は,他の規程当事国すべての同意を得なくとも許されるとした.この例外は義務的管轄権の受諾が遅々として進まなかったために,低い水準での統一性よりも多様性が求められたといういわば政策的理由によるものである.これは国際司法裁判所(ICJ)においても維持されている.なお,インド領通行権事件におけるICJの管轄権に対するインドの異議(*ICJ Reports 1957*, p.125)参照.

3. 条約法条約は第3の見解をひろく採り入れ（19条(c)），留保の自由に一層有利な規定をおいた．つまり，当該留保が条約の趣旨および目的と両立しうるものであるとき留保を付すことができ，この両立性の判断は個々の締約国に委ねられるものの，それらのうちに少なくとも1国が留保を受諾すれば十分である（20条4項(c)）．留保に対する異議は，異議を申し立てる国が別段の意図を明確に表明しないかぎり，その国と留保国との間における条約の効力発生は妨げられない（同条4項(b)）．また，留保の通告後異議を申し立てることなく12カ月間経過すれば，留保は受諾されたものとみなされる（同条5項）．

ところで，学説上，条約法条約の留保規定（19-23条）の解釈をめぐって，許容性学派（permissibility school）と対抗力学派（opposability school）の対立がある．許容性学派によれば，19条の規定が他の規定（20条以下）より優越し，条約の目的と両立しない，したがって「許容されない留保」は無効であり，20条以下の受諾・異議のシステムにかかわらないとするのである．この見解は，「許容されない留保」か否かの先決的問題の決定を客観的に第三者（例えば司法機関）がなしうることを前提とする．しかし，多くの多数国間条約には締約国とは別にかかる留保の許容性の判断を行う第三者機関を定めているものは多くはない．他方，対抗力学派は，このような第三者機関の存在しないことから，許容性と受理可能性を一体のものとして取り扱い，他の締約国の態度（受諾・異議）を許容性の指標として用いる．つまり，他の締約国は受諾・異議のどちらかの態度を決定しており，許容性と受理可能性の問題が区別されず，同時に処理されているとみるのである．その帰結は，たとえ（客観的には）条約の目的と両立しない留保であっても，他のすべての締約国の同意が得られれば，許容されることになる．

なお，すべての締約国によって留保が受諾されねばならない（前述の第1の見解）のは「すべての当事国の間で条約を全体として適用することが条約に拘束されることについての各当事国の同意の不可欠の条件であることが，交渉国が限定されていること並びに条約の趣旨及び目的から明らかである場合」（同条2項）に限られる．

4. コンセンサス方式で条約文が採択されるような，留保の許されない多数国間条約の場合，解釈宣言ないし了解宣言が付されることがある（例えば国連

海洋法条約309, 310条参照).こうした宣言または声明は実際上留保と紛らわしいことが多いが,その法的地位は全く異なる.前者は留保のように条約規定の自国への適用上その法的効果を排除しまたは変更するものではなく,条約規定の解釈を示すものである.もっとも両者の相違は解釈宣言や留保という呼称によってではなく,その内容から判断されなければならない.(人権条約に対する留保の問題について,7章2節4, 5.参照.)

4　条約の効力

条約は本来的に法規範を創造し,権利義務をつくり出す効果をもつ.この点で,かかる効果をもたない非法律的合意と対比される.効力を有する(in force, en vigueur)すべての条約(効力を発生した条約のみならず暫定適用の条約をも含む)は当事国を拘束し,当事国はこれらの条約を誠実に履行しなければならない(pacta sunt servanda:条約法条約26条).条約の有効性および条約に拘束されることについての国の同意の有効性は,条約法条約の適用によってのみ否認されうる(条約法条約42条).つまり,以下にみる条約法条約の諸規定はいわゆる残余規定ではない.条約の法的効力(有効性)については,条約法理論上重要な2つの問題,すなわち,条約の無効原因および条約の第三者効力の問題が存在する.

(1)　条約の無効原因

1. 条約法条約により有効性を否定された条約は無効であり,無効な条約は法的効力を有しない(69条1項).これは無効の結果を表現したものにすぎない.ここでいうすべての場合は,(条約締結)行為がその当初から打ち消されなければならないほど重要な原初的瑕疵としての特徴をもつ.

2. 条約法条約は無効のいくつかの場合を区別するとともに,その各々について,無効を援用するために必要な資格(同69条3項),行為を無効として援用または無効を放棄する可能性の有無(同45条)についての特別の制度,ならびに条約規定の可分性(同44条)について,その効果の範囲を定めている.そこに列挙される無効原因——無効をはじめそこで用いられる用語は国内法上

のものであるが，所与の国内法上の意味をもつものとして解されてはならない——は，一般に同意の瑕疵として現われるが，無効の源となる違反行為に基づく責任に由来する考慮もかかわる場合がある．

なお，無効の効果として，無効の条約に依拠してすでに行われた行為について，「当該行為が行われなかったとしたならば存在していたであろう状態を相互の関係においてできる限り確立する」こと，および「条約が無効とされる前に誠実に行われた行為は，条約が無効であることのみを理由として違法とされることはない」ことが認められる（同69条2項）．ただし，これらのことは，詐欺，買収，または強制を行った当事国については適用がない（同3項）．

条約の無効の場合として，基本的にはつぎのものがあげられる．

(i) 国内法上の同意の瑕疵

1. これは条約に拘束されることについての同意が，条約を締結する権能に関する国内法の規定に違反して表明された場合である．この問題は「違憲条約」とか「不完全批准」(5節3(2)脚注23)) の名のもとで争われ，条約締結権者が国内法上権限を有していないから無効とする一元論と有効とする二元論の間で従来はげしい対立を招いてきた．

この場合における国の同意の瑕疵の性質は明らかである．つまり，法人格としての国の同意はその国内法的手続（一般に，民主的コントロールの要請．なお簡略形式の条約の場合（5節2(1)）参照）に従ってなされるから，かかる手続が尊重されないならその国の同意は存在しないことになる．したがって，国内法上権限のない機関によって締結された条約を同意の瑕疵を理由として無効とみる原則そのものは維持されうるであろう．しかし，国際実行によれば，かかる原因に基づく条約の無効は例外的にしか認められてきていない．むしろ通常は，条約締結後の国内の政治的事情の変化により，その条約の無効が主張されるのである．

2. 他方，条約に拘束されることについての同意が当初は正式に国内法に従って与えられたとの確信を相手国に抱かせるから，後にそれを否定する態度は，その国に一種の責任を生ぜしめ——その制裁は条約の有効性の維持である——，あるいは（エストッペルとして）無効を主張する権利をその国から奪うとみることもできる．これは無効を主張する国の相手国の信義則に基づく立場または条

約の正当性を考慮に入れたアプローチである．

3. 条約法条約は，原則として，国の同意が国内法の規定に違反して表明されたという事実を，この同意を無効にする根拠として援用することができないとした（46条1項）．しかし，国内法規定の違反が，条約の締結に関し通常の慣行に従いかつ誠実に行動するいずれの国にとっても客観的に明らかであるような場合，明白であるとみなし（同46条2項），「違反が明白でありかつ基本的な重要性を有する国内法の規則に係るものである場合」にのみ，国内法上の規定に違反して表明された同意を無効にする根拠として援用しうるものとした（同1項）．条約法条約は，限定的にではあるが，国内法違反に基づく同意の瑕疵による条約の無効が援用されうる余地を残したのである．

(ⅱ) 錯　誤

1. 錯誤は最も古典的な意味での同意の瑕疵の場合である．国内法上契約の同意を無効にする要素として錯誤は重要な位置を占めるが，条約法分野では錯誤はかかる位置を占めず，しかも重要な実質問題についての錯誤はほとんどないともいえる．

ほとんどの錯誤は地理に関するもの，とくに地図についての錯誤である．錯誤の効果について，若干の国際判例——東部グリーンランドの法的地位事件（*PCIJ 1933, Série A/B*, No. 53, pp. 71, 91），プレア・ビヘア寺院事件（*ICJ Reports 1961*, p. 30）——では，むしろ錯誤が同意を無効にしえない条件を明確にした．一般に条約に対する国の同意を無効にするために，錯誤はその同意の不可欠の基礎を構成する事実について生じなければならない．

2. 条約法条約によると，条約についての錯誤が「条約の締結の時に存在すると自国が考えていた事実または事態であって条約に拘束されるということについての自国の同意の不可欠の基礎を構成していた事実または事態に係る」ものである場合に，いずれの国も自国の同意を無効にする根拠として援用しうるものとした（48条1項）．ここでは事実または事態についての錯誤が問題であって，（国際）法についての錯誤は考慮に入れられていない．また，条約文の字句に係る錯誤は条約の有効性に影響を及ぼさない（同3項）．

なお，国際司法裁判所のプレア・ビヘア寺院事件（本案）判決（*ICJ Reports 1962*, p. 26）で示唆されたように，条約法条約はここでも責任の要素を導入し，

「国が自らの行為を通じて当該錯誤の発生に寄与した場合又は国が何らかの錯誤の発生の可能性を予見することができる状況に置かれていた場合」には，錯誤をその国の同意の無効の根拠として援用しえないものとした（同2項）．

(iii) 詐 欺

1. 詐欺行為は相手の錯誤を生ぜしめることを目的とし，またはそれを結果としてもつものである[28]．それゆえ，詐欺は錯誤と同じ効果をもつが，さらに欺瞞という違法の要素を含み，相互信頼の基礎を破壊する[29]．したがって，その犠牲国（相手国）が錯誤よりも詐欺を援用することに利益をもつためには，錯誤が詐欺の枠内で生ずるとき錯誤の条件を緩和するか，あるいは瑕疵の効果（無効）が錯誤の枠におけるよりも詐欺の枠における方が犠牲国にとり一層有利でなければならない．

2. ここでも詐欺を行う国の責任の適用がみられる．条約法条約は，他の当事国の詐欺行為によって条約を締結することとなった場合には，当該詐欺を条約に拘束されることについての自国の同意を無効にする根拠として援用しうるものとした（49条）．詐欺の犠牲国のみがその同意の無効を援用しうることはいうまでもない．それのみか，（国際違法行為と結びついたより厳格な効果として）犠牲国はその利益に従って自由な選択権を与えられている．すなわち，条約の可分性を受け入れ，条約の一部を有効なものとして維持するか，あるいは全部の無効を要求するかである（同44条4項）．後者の選択は制裁の性格を示している．さらにまた，詐欺の犠牲国は無効な条約に基づいてなされたすべての行為の除去を要求することもできる（同69条3項）．

(iv) 買 収

---

28) 条約法条約草案を起草したILCは，条約法条約に適用される「詐欺」の一般的概念を定式化することで十分であり，その正確な範囲については爾後の実行や国際判例に待つことにした．なお，条約文のいう「詐欺」概念を表わすために，英語のFraud，仏語のdolという類似の用語を用いたが，これらの用語の使用は国内法上のそれらのもつ細部のニュアンスを国際法に必然的に準用することを意味するものではない．この条文が取り扱うものは，これらの用語の各々に含まれる一般的な概念である．

29) 1938年9月29日のミュンヘン協定（英仏独伊間）の無効原因については，とくにチェコとドイツの間で争いがある．チェコによればこの協定は当初から無効である．しかし，この協定の署名国フランスはその無効を錯誤にではなく，詐欺に基礎づけた．つまり，協定締結時すでに組織的に準備されたその違反（ドイツによるチェコ全土の支配）によりフランスを騙したことになる．

1. 他国による自国代表の買収については，これを国家代表者に対する強制の一種とみなす見解または詐欺に当たるとみる見解もあるが，条約法条約は買収について独自の規定をおいた．買収は代表者に国家機関としての資格を失わせる．したがって，条約締結の交渉に参加した他国の直接または間接の行為から代表者に買収がなされた場合，自国の同意を無効にする根拠として援用されうる（条約法条約 50 条）．

2. もっとも，代表者の買収を認定することは一般には困難であろうが，さらに買収という事実だけでは無効を援用するに十分ではない．買収行為が交渉に参加した他国に直接に帰責されるものでなければならない．買収は代表者に対する強制よりも詐欺に近く，買収の犠牲国は条約全体またはその一部の条項のみの無効について選択しうる（条約法条約 44 条 4 項）．なお，これまでの国家実行において，買収を理由とする条約の無効が主張された先例はない．

（v） 国の代表者に対する強制

1. 国の代表者の人そのものに対して向けられた行為または脅迫——一般に，その身体，評判，職業またはその家族のそれらに対する危害——がここでは問題になる．よく引用される例は，チェコスロバキアの独立を喪失させることになった 1939 年 3 月 15 日のドイツ・チェコ協定に署名させるため，チェコのハッシャ大統領とシュバルコフスキー外相に対してピストルを突きつけてなされた脅迫である[30]．もっとも実際上はかかる強制形態が国家に対して直接向けられたものと結合することがある．しかし，国家代表者に対する強制と国家に対する強制とは区別されねばならない．

国家代表者に対する強制は，（買収と同じく）その者から国家機関としての法的資格，法的代表性を失わせてしまう．しかも，違法行為とみなされる詐欺や買収以上に，かかる強制はその形態のいかんを問わず，その効果について重大な犯罪（「国際強盗」——ILC のヤシーン委員の表現）と考えられる．国内法では刑事制裁が要求されるものである．

---

30) チェコスロバキア大統領ハッシャと外相シュバルコフスキー (Chvalkovsky) は，ドイツ代表（ゲーリングとリッベンドロップ）との（夜間）会合で食事なしで閉じ込められ，ペンを持たされ署名するまで物理的脅迫を受けつづけた．ILC, *Yearbook*, 1966, vol. 1, Part II, p. 341, par. 22. W. L. Shirer, *The Rise and the Fall of the Third Reich*, 1959（松浦伶訳『ナチス・ドイツの興亡』東京創元社，2009 年）参照．

第5節　条約に関する規則　　　　93

　したがって，かかる強制は犠牲者とその相手の関係のみならず，国際社会全体ないしすべての国の関心事項とみなされる．そのため，詐欺や買収が「他の交渉国」によってなされた場合のみが問題とされたのに対して，この強制の場合はそれがどの国によってなされるかを問わない．かかる強制の結果行われる「条約に拘束されることについての国の同意の表明」は「いかなる法的効果も有しない」（条約法条約51条）．その強制が部分的なものであっても，行為全体（条約全体）が無効とされる．この条約の分割は認められない（同44条5項）．そのため，犠牲国が強制行為の一定の結果（条約）を受け入れようとするなら，それは新しい条約に対する同意とみなされなければならないことになろう．

　（vi）　国家に対する強制

1. 国家に対する強制の結果締結された条約を無効とする規則については，違法な強制の性質，その規則の時間的適用範囲（時際法），およびその効果といったいくつかの観点から重要な問題が提起される．

　まず，違法な強制の性質についていえば，条約締結のための強制のすべての行使がその条約を無効にさせるわけではない．さもなければ，戦敗国に対して事実上強制される平和条約はすべて無効となろう．今日，力（force）の違法な行使が条約の無効を引き出すのである．したがって，この場合，条約の無効を同意の瑕疵そのものから引き出すことは困難である．この無効は国際法違反行為なかんずく国際犯罪を構成する特別な種類の違法行為に対する制裁であるとみなす方が適切であろう．では，力の行使はどのような場合に違法となるのか．現代国際社会で禁止されている武力による威嚇または武力行使（国連憲章2条4項）がこれに該当することはいうまでもない．問題は，政治的，経済的または心理的強制（圧力）がこれに含まれるかどうかである．

　この点については，ウィーン外交会議でも，これを肯定しようとする途上国，社会主義諸国と，これは条約関係をきわめて不安定にするとして否定的に解する西側諸国の間で激しい対立があった．妥協の結果，条約法条約52条では「力」（公定訳は「武力」）という言葉のまま残し，条約法条約付属の「軍事的，政治的または経済的強制に関する宣言」のなかで，「国の主権平等および同意の自由の原則に違反して条約の締結に関する行為を行うよう他国に強制するため，軍事的，政治的または経済的であれいかなる形態においても国によってな

される圧力（pressure）の威嚇またはその行使を正式に非難する」と述べた．この宣言は会議の最終議定書の構成部分であり，それ自体としては法的拘束力はないが，各国がそれを遵守するよう留意すべきものとされている．

2. この議論はさらに進んで，強制をこえる無効の場合の問題，つまり締約国の相互の利益の相互主義的均衡を欠くいわゆる「不平等条約」の無効に関する問題を惹起する．この主張によれば，かかる不平等は違法な強制が行われた証拠とみなされるか，または無効の独自の原因とされる．この議論は，歴史的には領土割譲条約や領事裁判条約（capitulations）を無効とみなすため援用されることが多いが，今日まで正確な法的定式化がなされているとはいい難い．

3. つぎにこの規則の時際法的問題についてであるが，上述の「力」を「武力」に限定しても，武力行使の代表的なものである戦争が合法であった時代に，戦争の結果締結された条約——多くは平和条約——がこれに含まれないことはいうまでもない．強制による条約の無効の規則が問題になりうるのは，戦争違法化の現象が始まってからのことである．条約法条約52条の起草過程からみれば，「国際連合憲章に具現された（embodied, incorporés）（公定訳は「規定する」）国際法の諸原則に違反する武力による威嚇又は武力の行使」という表現から，かかる武力による威嚇または武力行使の禁止は1945年国連憲章成立時よりも以前に遡りうること，および，かかる禁止は一般国際法規則であり，52条はそれを法典化したものであるということがわかる[31]．事実，この無効規則は国連憲章より以前に連盟規約，不戦条約からも，さらに国連憲章制定後もニュルンベルク国際軍事裁判所条例および極東国際軍事裁判所条例により確認されたといえよう．

4. 最後に，この無効規則の効果——すなわち制裁としての無効——は，国の代表に対する強制の場合と同じく，きわめて厳格である．つまり，力の強制により締結された条約は分割されえず（条約法条約44条5項），そのすべての規定について無効であり，また，強制により条約を締結した犠牲国もその無効の

---

31) なお，条約法条約4条は，この条約の効力発生後に締結された条約についてのみ，この条約が適用されるという不遡及を定めている．もっとも「この条約に定められている規則のうちこの条約との関係を離れ国際法に基づき条約を規律するような規則のいかなる条約についての適用も」妨げられないのであり，52条の「具現された」という表現からもわかるように，それはこの場合に該当し，この不遡及規定は適用がないといえよう．

主張を放棄することはできない（同45条）．例えば犠牲国がその条約の一定の規定から利益を期待する場合にも，同じ内容の新たな条約を締結しなければならないことになろう．しかし，力の行使による強制の禁止が強行規範であるとすれば，これに違反する規定を新たな条約に再び取り入れることはできない．犠牲国以外の国もこの無効を援用しうると解される．ただ，条約当事国以外の国が無効を援用することは，条約法のレベルでみれば，第三国に対する条約の効果が及ばないこと（同34条）からの逸脱を認めないかぎり，困難であるという見解もある．

(vii) 強行規範（ユース・コゲーンス）に抵触する条約

1. 国際法上，国の合意によってさえそれからの逸脱が禁止された命令規範の存否については古くから議論があるが，条約法条約はその存在を前提に「締結の時に一般国際法の強行規範に抵触する条約は無効である」（53条）と規定した．さらに，強行規範を定義して「一般国際法の強行規範とは，いかなる逸脱も許されない規範として，また，後に成立する同一の性質を有する一般国際法の規範によってのみ変更することのできる規範として，国により構成されている国際社会全体が受け入れ，かつ，認める規範をいう」とした．つまり，強行規範は不変のものではなく，国際社会全体が受け入れかつ認めることにより（おそらく多数国間条約により）新たに形成され，発達し，または変更される規範とみなされた．しかし（そのためか），強行規範の具体例は列挙されず，その内容については後の国家実行や国際判例に委ねられている[32]．

2. 強行規範に抵触する条約の当初（締結時）からの無効は，国の同意の瑕疵（の制度）によるのではなく，国際社会全体に対して犯された（刑事）違反の

---

32) なお，ILCの条約法最終草案50条のコメンタリーでは，強行規範に抵触する条約の例として，a) 国連憲章の原則に反する（武）力の違法な行使を定める条約，b) 国際法上犯罪を構成する他のすべての行為の実施を定める条約，c) その抑圧にすべての国が協力しなければならない奴隷取引，海賊，ジェノサイドのような行為の遂行を定めまたは許容する条約，をあげた．しかし，ILCは条文中にいかなる例を挿入することにも反対した．ILC, *Yearbook*, 1966, Vol. II, p. 270.

旧ユーゴスラビア国際刑事裁判所のフルンジヤ事件の第一審判決では，拷問禁止はerga omnesな義務となり，ユース・コゲーンスとなったことを認めた（ICTY, Judgment, *Le Prosecutor v. Anto Furundžija*, IT-95-17/1-T（1998年12月10日））．また，同じくスタキッチ事件では，ジェノサイドがユース・コゲーンスを構成することが広く受け入れられていることを確認した（*Prosecutor v. Milomir Stakić*, IT-97-24-T（2003年7月31日））．

制裁とみなされうるものである．したがって，その「犠牲国」はありえないのであり，かかる条約のすべての当事国による無効の援用は問題になりえない．条約の分割も認められず，後からその条約を受諾することにより無効を阻止することもできない（条約法条約 44, 45 条）．しかし，注意すべきは，既存の条約に対して新強行規範の及ぼす効果については，その条約は新強行規範の成立のときから「効力を失い，終了する」（同 64 条）ものとされることである．この表現は新強行規範の出現が条約の有効性に対する遡及的効果をもってはならないことを意味する．

3. 強行規範に抵触する条約の無効の効果については，条約が当初から無効の場合（条約法条約 53 条），(a)強行規範に抵触する規定に依拠して行った行為によりもたらされた結果をできるかぎり除去し，(b)当事国の相互の関係を一般国際法の強行規範に適合したものにしなければならない（同 71 条 1 項）．

他方，新強行規範の成立による条約の終了の場合（同 64 条），(a)当事国は条約を引き続き履行する義務を免除され，(b)条約の終了前に条約の実施によって生じていた当事国の権利，義務および法的状態は影響を受けない．ただし，これらは条約の終了後新強行規範に抵触しない限度においてのみ維持されうる（同 71 条 2 項）．つまり，新強行規範に抵触する条約の終了後の効果はすべて除去されるわけではないのである．（なお，ILC の国家責任条文 3 章 40, 41 条（本書 II 人権・平和第 9 章 6 節）参照．）

(2) 第三国に対する条約の効力

(i) 基本原則

1. 既述のように pacta sunt servanda の原則は条約当事国を拘束する根拠とされる．しかし，当事国以外のもの（第三国）に対する条約の効果については，古典理論によれば，「条約は第三者を害しも益しもせず（pacta tertiis nec nocent nec prosunt）」という原則（以下「pacta tertiis の原則」という）が妥当するとみられる．これはローマ法から借用された原則（maxim）であり，近代契約法においても契約は当事者以外の第三者にとり「他者間行為（inter alios acta）」であるとして援用されている．

この原則の適用は，条約の契約的性質の反映であるが，それのみならず，国

家の主権，平等および独立の結果，換言すれば，国際社会のすべての構成員のための立法権（者）の欠如の結果でもある．国家はその同意によってのみ（条約に）拘束されるという合意理論からも，条約は第三国に対してその同意によってのみ効果をもつといわねばならない．これは学説および実行上ひとしく認められてきた．

条約法条約もこの原則に従い，「条約は，第三国の義務または権利を当該第三国の同意なしに創設することはない」(34条)という基本原則をあげている．しかし，この基本原則は厳格にみると必ずしも完全なものではなく，補充的説明を必要とする．また，第三者に対する条約の効果のメカニズムについても説が分かれ，さらにこの原則に対する例外も存在しうる．

2. まず，「第三国」の意味であるが，条約法条約によれば「条約の当事国でない国」(2条1項(h))である．この「当事国」とは，「条約に拘束されることに同意し，かつ，自国について条約の効力が生じている国」(同(g))であるから，条約が国を拘束するために批准または加入を必要とする場合に批准または加入をしない国，あるいは条約が署名のみで十分な場合署名しない国が第三国すなわち非当事国である．条約の作成に参加したとか，また署名をしたが批准をしていない場合，条約当事国となる権利をもつ国であってもそうでなくても，この区別はほとんど問題にならない．

ただ，注意すべきは，条約の非当事国（者）のなかにはもはや第三国（者）とはみられない実体がありうることである．例えば，条約が国際法主体（個人，国家または国際機構）をつくり出す場合である．条約が個人に権利を与え，その権利が国際的に直接主張されるメカニズムのある場合，この意味で国際法主体とみなされうる個人は，その条約に対して第三者たりえない．また，新国家を創設する条約の場合も同様である．ただこの場合，国家の存在そのものは条約の外にあり，新国家が条約により拘束されるのは，国家創設後その創設に同意した諸国のみを拘束する条約の諸規則を新国家が受諾した場合であると解しうる．国際機構設立条約の場合，設立された国際機構はその設立文書に対する関係で第三者たりえない（1章6節参照）．

3. つぎに，第三国（者）に対する条約の効果の意味についても問題となる．ここでは，条約がそれ自体により第三国の利益となる権利または第三国の負担

となる義務をつくる効果をもつことをいう．第三国に対するかかる権利または義務の創造が一般国際法規範の適用の結果であったり，第三国の同意の産物である場合，第三国に対する条約の効果とはいえない．つまり，第三国に権利義務が付与される仕方（条約自体によること）が問題なのである．

4. ここで原則の適用外であるいくつかの状況が考えられる．(a)条約が第三国に実質的な利益あるいは不利益的効果を与えるが，その権利や義務には触れない場合である．(b)条約は単なる事実ではなく，法律行為であるとみることから，第三国は他国間に締結された有効な条約の履行を妨げない義務を負うという国際法の一般規則が存在する．もちろん，これは第三国の権利を害せずまた義務を課さない範囲において，また，強行規範に反しないかぎりではある．(c)条約中の規則が慣習法規則として，あるいは爾後に慣習法規則となって，第三国に及ぼされる場合は，第三国への条約の効果の問題ではない．慣習法規則を法典化した条約の当事国がその条約から脱退し当事国ではなくなっても，慣習法としてその国を拘束し続ける．新しい条約規則がその後慣習法化すれば，それは第三国にも義務的となる．条約法条約 38 条は，この点について慎重に規定している．

以上の場合のように，条約が第三国に対して効果をもつようにみえても，その効果は条約自体に由来するものではなく，一般国際法のさまざまの規範の適用に由来する．

（ii）第三国に対する条約の効果のメカニズム

pacta tertiis の原則のもとで条約の効果が第三国に対して作用するメカニズムについての真の問題は，いわゆる付随的合意（accords collatéraux）の概念と制度および「他者のための規定（stipulations pour autrui）」（以下「S. P. A」という）の国際法上の可能性いかんにかかっている．

第三国の負担となる義務はその第三国の同意によってのみ生じうることは争われない．この同意は新しい条約行為とみなされ，付随的合意と呼ばれる．他方，第三国のための権利の創造については，理論上，付随的合意説と S. P. A. 説が対立している．後者によれば，第三国は直接のかつ自己からの受諾なくして（条約上の）権利を享有することになる．第三国の義務を規定する条約と第三国の権利を規定する条約のそれぞれについて，上の諸説の有効性をみておき

たい．

a 第三国の義務について規定する条約

1. pacta tertiis の原則により，条約は第三国の同意なくして義務を課しえないことは，学説上また従来から国際実行上も[33]一般に認められてきた．

義務は第三国の同意によってのみ生じうる．第三国の同意について，第三国は条約とは別の第二の合意によりまたは一方的宣言により義務を受け入れると考えられる．合意の形式について，条約法条約は，条約当事国が条約規定により第三国に義務を課すことを意図しており，かつ，第三国が「書面により」明示に義務を受け入れることを必要とした（35条）．したがって，条約中に第三国の負担となる条項を挿入することにより，条約当事国は第三国に申込を行うことになり，第三国の受諾によってのみ義務が生じる，とみられる．第三国はもとの合意（条約）には外に立ちながら，条約当事国と第三国間の新しい合意つまり付随的合意が生まれることになる．条約法条約によれば，条約に関する効果の規則に例外は定められていない．しかし，35条はつぎの2点で考察を必要とする．

2. 第1に，条約法条約35条は，第三国の権利についての36条2項に相当する規定，つまり第三国が条約に含まれる義務を履行するにあたり，義務履行から通常引き出される便宜または権利を享有することができる，という規定を含んでいない．しかし，もし権利享有国がその権利行使から引き出される義務を引き受けねばならないのなら，義務を行使するさいに，その逆もまた認められねばならないと思われる．

第2に，一般に所与の条約中に第三国のための権利と義務は混在しており，第三国がそれらを引き受ける同意を与える方法について条約法条約中に規定がない．疑わしい場合，国家主権や第三国の同意の必要の重要性を考慮すれば，むしろ義務に適用される基準（「書面による」）が優位すべきであると思われる．

---

33) もっとも，19世紀の植民地の時代には大国間の条約で小国に義務を課そうとした実行はあった．例えば，ヨーロッパ協調のもとで大国は協調に代表されない諸国にも大国の決定を事実上強制し，黙認させた（藤田久一『国連法』13-14頁参照）．なお，1856年パリ宣言は「本宣言ハ，之ニ加盟シ若ハ将来加盟スベキ諸国ノ間ニ於テノミ，遵守ノ義務アルモノトス」とわざわざ宣言している．また，ヴェルサイユ条約228条に基づき同盟および連合国から前ドイツ皇帝の引渡しを要求されたオランダは，同条約当事国でないことを理由に，同条の規定の履行に協力する義務を負わないとして，引渡しを拒んだ．

上述のように条約当事国との第三国の付随的合意により後者の義務が生ずるとすれば，かかる義務の変更または撤回についても同様の合意が必要かが問われる．条約法条約は，「条約の当事国及び当該第三国の同意があるときに限り，当該義務についての撤回又は変更をすることができる」(37条1項) として，これを認めた．なお，条約が無効とされるなら，第三国の義務も消滅すると考えられる．

3. ところで，つぎの種類の条約は一見第三国に義務を課す可能性があるとみられる．1つは，侵略国に関する条約である．この種の条約が第三国たる侵略国に義務を課すということが，当該第三国の同意の必要に対する例外として認められるかどうか．条約法条約にはつぎのようなきわめて一般的な定式化がなされたにとどまる．条約法条約は「侵略を行った国が，当該侵略に関して国際連合憲章に基づいてとられる措置の結果いずれかの条約に関連して負うことのある義務に影響を及ぼすものではない」(75条) と規定する．ILCにおける本条の起草過程で考えられたのは，侵略国に課せられた条約が強制による条約として無効とされないこと．また，侵略国の意思に反する条約の受諾を強制することは国際法違反に対する制裁制度に属するとみなすことであった．具体的にはドイツ敗北後戦勝国 (連合国) が結んだ1945年8月のポツダム諸協定が念頭におかれていた．75条は必ずしも明瞭ではないが，憲章によりとられた措置の結果として義務が侵略国に課せられうるとするものである．この場合，もし侵略国が国連加盟国であれば，条約の相対的効果の規則に対する例外でないことは明らかであり，逆に国連加盟国でなければ，これは憲章2条6項の効果の問題となろう．他方，75条は諸国が国連外で侵略国に義務を課す条約を締結する場合を対象としていない．この場合は条約法条約35条が適用されよう．結局，侵略国に関する条約が条約の相対的効果の例外をなすとはいえない．

4. つぎに，一般的利益を定めた準普遍的条約は，第三国の立場のいかんを問わず，すべての国を拘束するという見解がある．従来から立法条約に第三国にも適用される性格を与えようとする見解 (例えばセル) はあった．今日国際社会 (コミュニティ) のために一定の規則は不可欠であり，それらは第三国にも適用されうるという一般多数国間条約理論 (序章5節2(5)(ⅱ)) が唱えられている．それによれば，条約の第三国への拡大のための条件は，条約当事国が国

際社会を十分代表すること，つまり，これらの国が条約の目的にもたらす利益により，かつ，その条約規定に一定の有効性を確保する能力において代表的である，ことである．

この見解の基礎は，国際司法裁判所の見解——ジェノサイド条約に対する留保についての勧告的意見，バルセロナ・トラクション事件——に求められる．しかし，これらの見解は第三国に対する条約の効果について述べているのではなく，単に普遍的重要性をもつ条約が慣習規則に移行する使命をもつこと（条約の慣習法化）を示唆しているにすぎないともみられる．

また，多数国間条約が強行規範をつくり出し，そのときから第三国にも適用されるという見解もある．しかし，ある規範が強行規範であるためには一般的でなければならず，それは慣習規範としてのみ可能であるという見解もある．条約法条約53条の文言からも（序章5節3(1)(vii)），新しい強行規範は条約から生まれうるが，その条約が慣習法に変容するという条件のもとで可能であるともいえる．今日なお諸国は国家主権を維持しており，国際コミュニティを代表する一定グループの諸国が第三国のためにも妥当する国際立法を行うことは濫用の危険が大きすぎるとも思われる．

5. 第3に，国家承継（2章3節2）の場合，承継国が先行国の締結した条約の権利義務を引き受けるさい，承継に関する一般規則により権利または義務の資格者となる．ところで，承継国の同意はたびたび先行国との承継協定により与えられる．その場合，先行国との条約の当事国ではあるが，承継協定にとっては第三国である国は，承継協定により先行国に代わって承継国と結び付けられることを，どの程度受け入れねばならないかという問題が生ずる．

b　第三国の権利について規定する条約

1. 条約が第三国のための規定を含む場合，その規定が第三国に直接権利を与えるのか，第三国の同意によって権利に転化しうる利益だけを与えるのかという問題が生ずる．前者はS. P. A. に依拠する説（ケルゼン，ラウターパハト，ヒメネス・デ・アレチャガなど）であり，常設国際司法裁判所のいくつかの判例——ポーランド領上部シレジアにおける若干のドイツ権益に関する事件（1926年），ホルジョウ工場事件（1927年，1928年），独・墺関税同盟事件（1931年勧告的意見）——で提起され，ハーバード条約法草案もこれを支持するとみられる

条文 (18条(b)) を含んでいた．S. P. A. の法的論拠は pacta sunt servanda に基礎づけられ，また，国際条約の私法上の契約との類推から引き出される．つまり，諸国の民法における「第三者のためにする契約」の規定（日本の民法 537, 538 条）から，S. P. A. を「文明国によって認められた法の一般原則」とみなすのである．

後者，いいかえれば，権利の創造には第三国の同意が不可欠であるとする説（アンジロッチ，ルソー，マクネアなど）は，第三国のための規定を条約当事国の申込と解する．この説の根拠は国家主権にあり，主権者たる第三国のためになにも締結しえないとみる．この場合，申込に対する第三国の同意（受諾）の形式としては，第三国による正式の加入が必要なわけではなく，当事国と第三国との間の付随的合意とみなされる．

2. 条約法条約は両説を折衷させるような解決方法を採用した．すなわち，「いずれの第三国も，条約の当事国が条約のいずれかの規定により当該第三国もしくは当該第三国に属する集団に対し又はいずれの国に対しても権利を与えることを意図しており，かつ，当該第三国が同意する場合には，当該規定に係る当該権利を取得する．同意しない旨の意思表示がない限り，第三国の同意は，存在するものと推定される」(36条1項).

第三国に権利を申し込む条約は，その権利の行使についての条件をも含む．したがって，かかる第三国は「当該権利の行使につき，条約に定められている条件又は条約に合致するものとして設定される条件を遵守する」（同2項）のである．

上の36条によると，第三国のための権利の生成について，2つの条件が課せられている．1つは，条約当事国がこの権利を与える意思（意図）を持たねばならないことである．条約当事国がこの意図をもつときはじめて，単なる利益とは区別される法的権利がその規定から生ずるのであるから，この条件は重要である．しかし，この意図の証明の問題が提起される．当事国の意図について，条約は権利享有者である第三国を明示的に名指させねばならないかという問題，また，開放条約の場合当事国は第三国に権利を与える意図がなかったとみるべきかの問題が生じうる．

第2の条件は，第三国がそれに同意するということである．条約法条約36

条は結局，権利が第三国の同意から生ずるとみなして，上述の論争を決着させた．この条件は国家主権に合致するとしても，第三国の同意は推定されるから，沈黙が即時的同意にひとしくなる．条約締結後しばらくしてなされる第三国により表明された同意は推定的同意の確認にすぎず，その同意自体が権利を生み出すのではないとも考えられる．推定的同意は作為的ではあるが，かかる同意のため権利が条約締結のときから生ずると思われるから，S.P.A.の主張と同じ結果をもたらしうる．

権利が第三国の同意（受諾）から引き出されるなら，その同意以前の時期に，条約当事国は「申込」を変更しまたは廃止する自由があり，逆に，一度同意があれば，権利は第三国の新たな同意なしには変更または廃止されえない．権利が条約から直接生ずるというS.P.A.の説に立てば，この権利は条約の締結時から撤回不能となる．ところが，実際上権利が撤回不能であれば，諸国は第三国に権利を与えることを躊躇しよう．そこで，S.P.A.の説は，条約当事国がその意思で権利をつくり出す以上，共同の合意でそれを廃止しうるとした．条約当事国は権利を変更または撤回する権利を留保する意図をもちうると同様に，撤回しえない権利を与える意図をもちうる．

条約法条約は，第三国が権利を取得している場合，「当該第三国の同意なしに当該権利についての撤回または変更をすることができないことが意図されていたと認められるときは，条約の当事国は，当該権利についての撤回又は変更をすることができない」（37条2項）とした．したがって，もし当事国のかかる意図が証明されないなら，権利は通常撤回可能である．

なお，この場合でも一般国際法の適用は受ける．つまり，条約がなんらかの理由（例えば新しい強行規範の出現）で無効になるとか，事情の根本的変化により終了するなら，条約中の第三国の権利を含む規定も消滅することになる．条約が期限に関する条項の適用により終了する場合も同様である．

3. 最後に，第三国の権利について規定する条約と義務について規定する条約の区別が，条約法条約が与えるような（理論的）重要性をもつかどうかは疑問である．大多数の条約は第三国の権利と義務を同時に与える．その場合，より厳格な制度つまり義務を課す条約の制度が適用されるべきである．しかし，条約法条約は権利を制限しまたは条件づける義務（36条2項）と他のものとを

区別し，前者は義務に関する厳格な規則の適用を受けないのである．

なお，条約の相対的効果のいわば例外を認めようとする見解があり，その例としてよくあげられるのは，客観的地位を設定する条約——中立化・非軍事化条約，領土割譲ないし国境確定条約，政治的地位を定める条約など——，国際交通（水路）に関する条約，および国際機構の問題である．最初の2種類の条約は erga omnes な効果をもつかどうかの問題であり，最後の問題は国家間で締結される国際機構設立条約が国際機構に利益となりまたは義務を課すかどうか，また当該条約がその機構の加盟国以外の国に効果をもつかどうかの問題である．

5 条約の終了・運用停止

条約はいくつかの原因で終了または運用停止するが，条約法条約は終了原因を網羅的に規定した．そして，「条約の終了若しくは廃棄又は条約からの当事国の脱退は，条約又はこの条約（条約法条約）の適用によってのみ行うことができる．条約の運用停止についても，同様である」(42条2項) とした．ここにおいても，条約法条約の定める終了原因などの規定は，無効原因の場合と同じく，残余規定ではない．

条約の終了または運用停止は，当事国の合意による場合とよらない場合に大別される．

(1) 当事国の合意による条約の終了・運用停止

1. 条約の終了または条約からの当事国の脱退は，(a)条約に基づく場合，(b)すべての当事国の同意がある場合のいずれかにより行うことができる（条約法条約54条）．条約の運用停止についても同様である（同57条）．

多くの条約は最終条項または最終規定で，その有効期間または終了について定めている．無期限条約でも予告によって脱退する権利を認めているものもある（例えば，1963年モスクワ核実験禁止条約4条）．また，条約に一定の有効期間を定め，その後当事国の通告によって条約を終了させ，または条約からの脱退通告ができると定める条約もある（例えば，1960年日米安全保障条約10条）．例

外的にではあるが，解除条項を含む条約もある（例えば1955年ワルシャワ条約）．条約中に終了規定がない場合でも，すべての当事国が同意すれば，いかなる時点でも条約を終了させまたは条約から脱退することができる．もっとも，当事国となっていない締約国は事前に協議を受ける．

2. 終了規定を含まず，かつ廃棄または脱退について規定していない条約については，これを廃棄しまたはこれから脱退することができない．ただし，(a)当事国が廃棄または脱退の可能性を許容する意図を有していたと認められる場合，(b)条約の性質上廃棄または脱退の権利があると考えられる場合は除く（条約法条約56条1項）．(a)，(b)により廃棄または脱退しようとする場合には，その意図を廃棄または脱退の12ヵ月前までに通告しなければならない（同条2項）．また，多数国間条約は，条約に別段の定めがない限り，当事国数が条約の効力発生に必要な数を下回る数に減少したことのみを理由として終了することはない（条約法条約55条）．

3. さらに，条約は，すべての当事国が同一の事項に関し後の条約を締結する場合に終了する．ただし，そのためにはつぎのいずれかの条件が満たされなければならない．(a)当事国が当該事項を後の条約によって規定することを意図していたことが後の条約自体から明らかであるか，または，他の方法によって確認されるか，のいずれかであること，(b)条約と後の条約とが著しく相いれないものであるためこれらの条約を同時に適用することができないこと（条約法条約59条1項），である．当事国が条約の運用を停止することのみを意図していたことが後の条約自体から明らかである場合または他の方法によって確認される場合には，条約は運用を停止されるにとどまる（同条2項）．

(2) 当事国の合意によらない条約の終了・運用停止

1. 当事国は他の当事国との合意によらずその一方行為により条約体制を終了（ないし運用停止）させ，またはそれから抜け出すことができるかという疑問が生ずる．1871年1月18日のロンドン議定書は，ロシアの黒海非軍事化条約（1856年パリ条約）の一方的廃棄に対して，いかなる国も締約国の同意によってのみ条約の約束から免れることができるとするのが国際法の基本的原則であるとした．一方的な行為により条約の義務から免れえないというこの原則は，以

後さまざまの機会に——例えばドイツによるヴェルサイユ条約の廃棄，ベルリン事件にさいしてドイツ占領地域に関する米・ソ・英間の合意覚書が失効したとみなす1958年11月27日のソ連覚書に対して——想起されてきた．

2. しかし，当事国の合意に基づかないにもかかわらず条約が終了または運用停止されうることが（慣習法上）認められる場合があり，それらのなかには，当事国の行為によるものと，外部的事実によるものとがありうる．

（i）当事国の一方による条約違反

1. 当事国の一方が条約に違反した場合，他の当事国は当該条約を一方的に終了させることができるかどうか．一般に，かかる違反にもかかわらず，他の当事国はその条約を利用することができる．例えば1928年不戦条約に一締約国が違反したことは，それに由来する法的義務を消滅させる結果をもたらすとはみられなかった．ニュルンベルク国際軍事裁判所判決（*AJIL*, Vol.14（1947）pp.216ff.）は，ドイツによる不戦条約違反はそれを消滅させるわけではないとした．

他方，当事国の一方による条約違反が他の当事国に，交渉の上でのみ条約上の義務を免れさせる場合もある．例えば，1839年ベルギー永世中立条約を1914年にドイツが侵害した結果，ベルギーはその義務を免れようとしたが，平和会議において同条約の終了のためには当事国間の合意が必要とされ，その合意がヴェルサイユ条約に挿入された．

しかし，条約の重大な違反がある場合，条約を廃棄する権利が否定されるというより，一方的かつ恣意的な廃棄宣言に批判が寄せられてきたのである．かかる場合について，条約法条約は，「重大な条約違反」を定義し，その違反を条約の終了または運用停止の根拠として援用しうることを認めた．ここにおける「重大な条約違反」とは，(a)条約の否定であって条約法条約により認められないもの，(b)条約の趣旨および目的の実現に不可欠な規定についての違反，をいう（条約法条約60条3項）．

2. 2国間条約について一方の当事国による重大な違反があった場合には，他方の当事国は，当該違反を条約の終了または条約の全部または一部の運用停止の根拠として援用することができる（同条1項）．多数国間条約については，その一の当事国による重大な違反があった場合，他の当事国の集団的対応と個

別的対応が区別される．つまり，集団的には，(a)他の当事国は一致して合意することにより，他の当事国と違反国との関係，すべての当事国間の関係において，条約の全部または一部の運用を停止し，または条約を終了させることができる．個別的には，(b)違反によりとくに影響を受けた当事国は，自国と違反国との関係において，当該違反を条約の運用停止または終了のために援用しうる．また，(c)「条約の性質上，一の当事国による重大な違反が条約に基づく義務の履行の継続についてのすべての当事国の立場を根本的に変更するものであるときは」，違反国以外の当事国は，当該違反を自国につき条約の（終了ではなく）全部または一部を運用停止する根拠として援用することができる（同条2項）．(c)の表現はとくに（核兵器と通常兵器を同時に規定するような）軍縮条約を念頭において挿入されたものである．

　国際司法裁判所はナミビアに関する勧告的意見（*ICJ Reports 1971*, p. 47）で，違反の結果として条約を終了させる権利はすべての条約に存在すると推定されるという一般的法原則について言及した．

　(ⅱ)　後発的履行不能

1.　条約の権利義務の対象が全体的かつ永久的に消滅し，条約の実施が物理的に不可能になることが起こりうる．例えば，条約の実施に不可欠な島の水没，条約規定の対象である河川の枯渇のような場合である．また，領事裁判制度の消滅，各国に固有の関税制度を消滅させる関税同盟の設立なども，それらを目的とする条約の実施を不可能にする．なお，常設国際司法裁判所の解散（1946年4月）の結果，その義務的管轄権条項（選択条項）の受諾を含む条約の終了問題が提起された．この場合は，国際司法裁判所の設立とその規程が義務的管轄権の結びつきを実際上確保する方法を諸国の自由に任せた．（なお，国際司法裁判所規程36条5，本書Ⅱ人権・平和10章5節1，3参照）

2.　条約法条約（61条）によれば，「条約の実施に不可欠である対象が永久的に消滅し又は破壊された結果条約が履行不能となった場合には」，当事国は，当該履行不能を条約の終了または条約からの脱退の根拠として援用しうる．なお，履行不能が一時的なものである場合，条約の運用停止の根拠としてのみ援用しうる．もっとも，自国の義務違反の結果条約が履行不能となった場合，その当事国はこの履行不能を条約の終了，脱退または運用停止の根拠として援用

できない.

「条約の実施に不可欠である対象」――「条約の趣旨および目的」, つまり, 条約の定める義務全体よりもはるかに狭い――の消滅と条約の履行に使われうる手段の消滅は区別しなければならない. 後者の場合, 条約は必ずしも消滅しない. 諸国家の統合や国家の分裂の場合（例えばソ連解体と CIS の成立）のような当事国の1つの法的条件が変更する場合, 条約が消滅するかどうかの問題は国家承継と条約に対するその効果の問題に関係する（2章3節2参照）.

なお, 多数国間条約の当事国の1つが消滅する場合, 前述のようにたとえ当事国の数が条約の発効に必要な数以下に減少しても, 条約は終了しない（条約法条約 55 条）が, その減少の結果, 条約の趣旨および目的が意味をもたなくなれば, 条約は消滅することになろう.

（ⅲ）事情の根本的変化

1. 条約締結時に存在した事情の根本的変化は, 条約を終了させまたは運用停止させる原因となるかどうか. この問題は以前から, 条約に黙示的に含まれているとされる事情不変更条項 (omnis conventio intelligitur rebus sic stantibus) の効果とみなされていた. この条項は, 16-17 世紀に私法学者によって, すべての契約は契約時の事情が引き続き存在するかぎり有効であるとする条項を含むと主張されたことに由来する. しかし, 現実には, その適用にさいして生じうる実際的な（濫用の）危険性のために, この条項を理由とする条約終了の可能性――一般に「事情変更の原則」と呼ばれる――については, 国際法学上長い間争われてきた.

国際実行上, 事情変更の原則は頻繁に援用されてきた. 最も有名なのは, 前述のように 1871 年ロシアが事情変更を援用して, 黒海非軍事化を定めた 1856 年パリ条約の義務を免れると主張した例である.

国際連盟規約は, 連盟総会が「適用不能ト為リタル条約ノ再審議」を随時連盟国に勧告することができるとした (19条) が, この規定の適用は実りある結果を生まなかった. しかし, 連盟総会は事情変更がそのことからただちに (ipso facto) 条約の終了を引き出すとは考えなかった. 国連憲章はこの点について特別の規定を含んでいない. 安全保障理事会において, エジプト政府が 1936 年英・エジプト間条約の再審議をさせるために, 事情変更を援用したこ

とがある．事情変更の原則は，今日では不可抗力とは異なる自立的な原因として認められてきている（漁業管轄権事件判決（*ICJ Reports 1973*, p. 19））．

2. 条約法条約 62 条は，事情変更の原則の適用をつぎのような定式で認めている．すなわち，「条約の締結の時に存在していた事情につき生じた根本的な変化が当事国の予見しなかったものである場合」には，「(a)当該事情の存在が条約に拘束されることについての当事国の同意の不可欠の基礎を成していること，(b)当該変化が，条約に基づき引き続き履行しなければならない義務の範囲を根本的に変更する効果を有するものであること」という条件がみたされないかぎり，当該変化を条約の終了または条約からの脱退の根拠として援用することができない（同条1項）．ここでいう「事情」とは，質的には(a)のように，条約に拘束されることについての当事国の同意の基礎を構成しなければならず，量的には(b)のように，事情の変化が義務の範囲を根本的に変更するものでなければならない．

3. ところが，事情の根本的変化は，(a)条約が境界を確定している場合，(b)事情の根本的変化が，これを援用する当事国の条約義務違反または他の当事国に対して負っている他の国際的義務違反の結果生じたものである場合，条約の終了または条約からの脱退の根拠として援用することができない（62条2項）．(a)の国境確定条約の例外については，第二次世界大戦の戦勝国の現状（国境線）を維持する配慮がうかがえるが，領域が国家の存在そのものを定めるという事実から，諸国がこれを事情変更の考慮から除外したと推測することはできる．そのため，領域主権の変更をつかさどる唯一のものは，人民（民族）自決権に由来することになろう．

4. 事情の根本的変化の効果は，条約の終了または条約からの脱退という急激的な結果をもたらすことである．条約法条約はこの厳しさを緩和させている．すなわち，かかる終了または脱退を要求しうる当事国は，その変化を条約を運用停止するためにのみ援用することができる（62条3項）．条約法条約65条の手続にもかかわらず，この運用停止の決定は当事国により一方的になされうる．

事情の根本的変化とみなしうるかどうかが問題となりうる特殊な場合として，外交関係の断絶（条約法条約63条）および戦争ないし敵対行為の発生の場合（同73条）が考えられる．

(iv) 新強行規範の成立

1. 一般国際法の新たな強行規範（ユース・コゲーンス）が成立した場合には，この強行規範に抵触する既存の条約は効力を失い，終了する（条約法条約64条）．これは条約法条約53条に結びついている（序章5節4(vii)）．

2. ここで注意すべきは，他の終了原因の場合のように，当事国がその原因を条約の終了または運用停止のために援用しうるのではなく，新強行規範に抵触する条約はその規範の成立以後当然に終了することである．ただ，一般国際法としての新強行規範の成立の認定が現実には困難を伴うことはすでにみたとおりである．

6 条約の無効・終了に関する手続

(1) 手続

1. 条約の当事国は，条約法条約に基づき，条約に拘束されることについての自国の同意の瑕疵を援用する場合，または，条約の有効性の否認，条約の終了，条約からの脱退もしくは条約の運用停止の根拠を援用する場合には，「自国の主張を他の当事国に通告しなければならない」．この通告は書面で行い，条約についてとろうとする措置およびその理由を示さなければならない（条約法条約65条1項）．一定の期間——とくに緊急を要する場合を除くほか，通告の受領の後3カ月を下る期間であってはならない——の満了の時までに他のいずれの当事国も異議を申し立てなかった場合には，通告を行った当事国は，とろうとする措置を実施に移すことができる（同2項）．

2. 他のいずれかの当事国が異議を申し立てた場合，通告を行った当事国および当該他のいずれかの当事国は，国連憲章33条に定める手段により解決を求めなければならない（同3項）．この場合，異議が申し立てられた日の後12カ月以内になんらの解決もえられなかったときは，2つの手続に従うことになる（条約法条約66条）．(a)強行規範に関する53条または64条の規定の適用または解釈に関する紛争の当事者のいずれも，国際司法裁判所に対し，その決定を求めるため書面の請求により紛争を付託することができる．ただし，紛争当事者が紛争を仲裁に付すことについて合意する場合は，この限りではない．(b)条

約の無効，終了に関する部（条約法条約5部）の他の規定の適用または解釈に関する紛争の当事者のいずれも，国連事務総長に対し要請を行うことにより，条約法条約付属書に定める調停手続を開始させることができる．

(2) 条約の無効，終了の効果の問題

1. この問題については，一方で，通告後の状態はいかなるものか，他方で，それ以前に条約に基づいてなされていた法律行為についての状態はいかなるものか，が問われる．

すでに述べたように，条約法条約により有効性の否定された条約は無効であり，無効な条約は法的効力を有しない．しかし，その有効性が否定された条約に依拠してすでに行為が行われていた場合には，つぎのようになる（条約法条約69条2項）．(a)いずれの当事国も，他の当事国に対し，当該行為が行われなかったとしたならば存在していたであろう状態を相互の関係においてできる限り確立するよう要求することができる．しかし，この状態を確立することを求める権利は，つぎのような制限を受ける．つまり，(b)条約が無効であると主張される前に誠実に行われた行為は，条約が無効であることのみを理由として違法とされることはない．これら(a)，(b)の規定は，条約法条約49条から52条までの場合には，詐欺，買収または強制を行った当事国については，適用されない（条約法条約69条3項）．

2. 条約の終了については，それにより，(a)当事国は，条約を引き続き履行する義務を免除される．しかし，(b)条約の終了前に条約の実施によって生じていた当事国の権利，義務および法的状態は，影響を受けない（条約法条約70条1項）．この規定は，多数国間条約の場合には，その廃棄または脱退が効力を生ずる日から，廃棄または脱退する当事国と条約の他の当事国との間においてのみ適用される（同2項）．

3. なお，強行規範（ユース・コゲーンス）に抵触する結果としての条約の無効の場合，当事国は，(a)強行規範に抵触する規定に依拠して行った行為によりもたらされた結果をできる限り除去し，(b)当事国の相互関係を強行規範に適合したものにしなければならない（条約法条約71条1項）．ただ，新強行規範の成立により終了する既存の条約については，(a)当事国は条約を引き続き履行する

義務を免除されるが，(b)条約の終了前に条約の実施によって生じていた当事国の権利，義務および状態は，影響を受けない．ただし，これらは，条約の終了後は新強行規範に抵触しない限度においてのみ維持することができる（同2項）．

4. 条約の運用停止の効果については，運用停止により，(a)運用停止の関係にある当事国は，運用停止の間，相互の関係において条約を履行する義務を免除されるが，(b)当事国間に条約に基づき確立されている法的関係は，(a)の場合を除くほか，影響を受けない（条約法条約72条1項）．なお，当事国は，運用停止の間，条約の運用の再開を妨げるおそれのある行為を行わないようにしなければならない（同2項）．

なお，以上のような条約の無効，終了，運用停止の効果は，条約に規定されている義務のうち条約との関係を離れても（慣習ないし一般）国際法に基づいて課されるような義務についての国の履行の責務になんら影響を及ぼすものではないこと（条約法条約43条）に注意しなければならない．

7 国際機構間条約に関する規則

1. 種々の（政府間）国際機構は特殊性と多様性を特徴とし，かつ，国家が法上平等であるのに対して，それぞれの国際機構はきわめて個別的な性格を有している．しかし，国際機構間（国際機構と国家の間を含む）の合意の利用は，国際機構がますます重要な役割を担いつつある国際社会の現在の構造に由来する必要性に対応するものである．

条約法条約は「国と国以外の国際法上の主体との間において又は国以外の国際法上の主体の間において締結される国際的な合意」には（形式的には）適用されないが，条約法条約に規律されている規則のうち条約法条約との関係を離れ（慣習）国際法に基づきこの合意を規律するような規則のこの合意への適用は妨げられないとしている（条約法条約3条）．このことからも，いわゆる（政府間）国際機構の合意が国際法によって規律され，国際法上の効果を生ぜしめうることが認められているといえる．

国際法委員会は，国連総会決議2501（XXIV）の勧告に基づき，このような合意に適用するため条約法条約とは別の条文案を起草し，これを基礎に「国と

国際機関との間の又は国際機関相互の間の条約についての法に関するウィーン条約」(以下「国際機構条約法条約」という) が 1986 年に採択された．

　国際機構条約法条約は，条約法条約の条文を対応させ，国際機構間合意――これも「条約」と呼ぶ (国際機構条約法条約 2 条 1 項(a))――に適合させるために必要な修正を加えつつ，各条文毎にその規則を採り入れている．以下には，国際機構条約法条約に特徴的ないくつかの点を取り上げたい．

　2.　国際機構条約法条約は，(a) 1 または 2 以上の国と 1 または 2 以上の「国際機関」(公定訳による――本書のいう「国際機構」のこと) との間の条約，(b)国際機関相互間の条約，に適用され (1 条)，国または／および国際機関ならびにそれ以外の国際法上の 1 または 2 以上の主体――例えば赤十字国際委員会――が当事者である国際的な合意や，国および国際機関以外の国際法上の主体相互間の国際的な合意には適用されない (3 条)．

　3.　条約締結能力は，国際機関については国家の場合のように当然認められるわけではなく，この能力は当該「国際機関の規則」によるのである (国際機構条約法条約 6 条)．ここにいう「国際機関の規則」とは，とくに「当該機関の設立文書，当該文書に従って採択された決定及び決議並びに当該機関の確立した慣行」である (同 2 条 1 項(j))．

　国際機関は設立文書により定められた権限をもつが，条約締結権をこのように限定することは微妙な問題を提起するであろう．この問題は，例えば国連憲章の定めていない国連緊急軍 (UNEF) に関する (エジプトとの) 合意あるいは西イリアンに関する合意について提起されえたであろう．この場合，加盟国は権限踰越を援用する権利をもつかどうかという問題につながる．

　4.　国際機構間条約の効力について，当事者である国際機関は，条約の不履行を正当化する根拠として当該国際機関の規則を援用することができない (国際機構条約法条約 27 条 2 項)．この援用の禁止は，当事者の意図において，その履行が国際機関の任務および権限を果たすものである場合に限定されねばならない．例えば，コンゴ国連軍 (ONUC) についてカタンガ当局との休戦に基づく合意は，安保理がその任務を行使しかつその最初の決定を修正することを妨げない．

　5.　条約と第三者である国際機関との関係についての規定 (国際機構条約法条

約34-38条）は、全体としては条約法条約を写したものであるが、いくつか新しい点もみられる。第三者である国際機関の義務を規定している条約については、当該国際機関が書面により当該義務を明示的に受け入れる場合にその義務を負うが、その受諾は「当該国際機関の規則に従って」行われなければならない（同35条）。権利についても、第三者である国際機関が同意する場合には当該権利を取得するが、その同意は「当該第三者である国際機関の規則に従って」行われなければならない。この場合、条約法条約36条のような、第三者たる国際機関の同意の存在の「推定」についての規定はない。国際機関による義務の受諾や権利の同意も付随的合意とみなすことができる。

国際機構を当事者として認めないが、事実上の参加が求められる条約の場合に、上の規定が関係する。例えば、1972年宇宙損害責任条約は、すべての国に署名またはその後の加入のために開放する一方、この条約において国に言及している規定は「宇宙活動を行ういずれの国際的な政府間機関にも適用があるものとする」とし、「ただし、当該政府間機関がこの条約の定める権利及び義務の受諾を宣言し」かつ「当該政府間機関の加盟国の過半数」がこの条約および宇宙条約の当事国である場合に限るとしている。さらに、この条約の締約国であって当該政府間機関の加盟国であるものは、当該政府間機関の上記宣言を行うことを確保するために、すべての適当な措置をとらなければならない（同条約22条）。

したがって、この条約は国際機関の約束のための付随的合意（宣言）の制度を確立するとともに、その国際機関が形式的には条約当事者ではないとして、当事国と国際機関の地位をはっきり区別している。1975年「普遍的国際機構との関係における国家代表に関する条約」も、国際機関を当事国と同一レベルにおかず、国際機関がその90条の定める手続を行って、条約の適当な規定に効果を与えるとして、付随的合意の手続を使っている。

6. なお、国際機構とその加盟国との関係は微妙である。ILCの国際機構間条文草案では、国際機関の設立文書が、そのすべての構成国が当該国際機関の締結する条約によって拘束されると定めているか（例えばヨーロッパ経済共同体の場合）、すべての加盟国が別の協定でそのことを合意している場合、当該条約の定める権利義務が加盟国のために生ずるという趣旨の新規定（国際機構間

条文草案36条bis）をおいていた．これが注目されたのは，国際機関の加盟国の負担となる義務が（その加盟国の同意なしに）直接課せられることになり，res inter alios actaの原則（国際機構条約法条約34条）の例外になるのではないかと考えられたからである．具体的には，関税同盟を設立する国際機関はその加盟国が当事国でない関税協定を締結すれば，かかる協定は当然加盟国を拘束しなければならない．国際機関の本部協定も同様であろう．しかし，国際機構条約法条約には上の趣旨の規定はおかれていない．

7. 国際機構条約の無効，終了については，国際機関は条約の無効，終了などの根拠となるような事実が存在することを了知した上で，「権限のある内部機関の当該根拠を援用する権利を放棄したとみられるような行為」を行った場合には，当該根拠を援用することはできない（国際機構条約法条約46条）．また，国際機関も，条約に拘束されることについての同意が条約を締結する権能に関する当該国際機関の規則に違反して表明されたという事実を，同意を無効とする根拠として援用できないが，「違反が明白でありかつ基本的な重要性を有する国際機関の規則に係るものである場合」は，この限りではない（同46条）．これは国際機関の固有の構造に由来する．そのため，（条約法条約46条に定めているような）国際機関の「通常の慣行」に従って違反が客観的に明らかであるといった表現への言及はない．

国際機構条約の終了または条約からの脱退について，条約の規定に基づく場合のほか，すべての当事者の同意がある場合も可能であるが，後者の場合，他の締約国および他の締約国際機関との協議あるいは，場合によっては，他の締約国際機関との協議を必要とする（国際機構条約法条約54条）．この規定は，UNEFのエジプト介在の協定の終了について，エジプトの撤退要求に国連事務総長が（派遣国委員会との接触だけで）応じたことに対して，当事者を拘束するためには，総会の承認が必要ではなかったか——当時総会は招集されなかった——という議論を想起させる．

8. 事情の根本的変化に関する国際機構条約法条約62条は，条約法条約62条の規定を必要な起草上の変更のみでそのまま引き継いでおり，その結果，境界確定条約についてはその終了またはそれからの脱退の根拠として事情の根本的変化を援用することはできない．しかし，境界の概念が問題になりうるし，

また海の境界つまり海域の問題も提起されうる．後者の問題には，例えば国連海洋法条約の定める国際海底機構の関係する海域（深海底）の境界も含まれる．もっとも，通常，境界確定条約は必ず1またはいくつかの国が当事国となる．

また，事情の根本的変化は，これを援用する当事者による義務違反の結果生じた場合には援用しえない．国際機関については，いくつかの主要な経費分担国が機関から脱退した結果約束履行の貸付（予算）の投票が拒否されるといった義務違反がなされたときも，その機関は事情の根本的変化を援用することができないことになろう．

9. 最後に，国際機構条約法条約が予断を下していない問題として，国際機関の国際責任のほか，「国際機関の存続の終了又は国の国際機関における加盟国としての地位の終了により条約に関連して生ずるいかなる問題」もあげている（国際機構条約法条約74条2項）．ここに「国際機関の承継」の問題はあげられていない．なお，国際機構の国際責任の問題は国際法委員会（ILC）で取りあげられている．

第6節 国際法と国内法の関係

　国際法は各国の国内法とどのような関係にあるか．両者は無関係ではなく，現象形態からみてもさまざまの接触を保ち，関連していることは否定できない．国際法の定立・適用の主体である国家は，同時に国内法の定立・適用の主体でもある．例えば，国家の定立した国内法が妥当するのは，一般に国際法の規律する国家領域内に限られる．逆に，国際法とくに条約は，国内法の定める機関（条約締結権者）や手続（条約締結に関する国会承認）によって締結される．また，国家は国際法の拘束を免れるために自国の国内法規定を援用することはできない．したがって，国際法秩序と国内法秩序の間の関係ないし相互作用はどのようなものとみるべきか，がここで検討すべき問題である．

1 国際法と国内法の関係をめぐる議論

　1. 国際法と国内法の関係をめぐる議論は両者の妥当性の関連について，つまり，国際法の妥当性は国内法に依拠（委任）するかまたはその逆であるか，あるいは両者は相互に他方に妥当性を依拠していない（委任連関のない）独立のものであるか，について展開されてきた．

　学説史的にみれば，この種の議論は，19世紀のとくにドイツの国法学者たち（ツォルン，ヴェンツェルなど）の（国際）法の把握の仕方に由来する．前述（序章3節 2-2．）のように，彼らは一般に国際法の妥当性を個別国家の意思に基礎づけて，国際法の法的性質を説明しようとした．これは国内法優位の一元論とされるが，むしろ国際法の法的性質を否定するものであるともいえる．

　この見解は，国家すなわち客観的精神の化身によりその結ぶ合意のさいに生み出される外部的国家法（äusseres Staatsrecht）とみたヘーゲルの理論につながるものである．国家は独立かつ最高の権力を有するから，その自己制限行為

に国際法の拘束力を基礎づけようとしたイェリネックの理論（序章3節2）もこの一元論に属するといいうる．こうした説は，法を国家（上級権力）の命令として把握するため，国際法は外部的国家法として国家と同じ数だけ存在するとみざるをえない．その結果，国際法を1つの法秩序として統一的に把握しえなくするのである．

2. これに対して，国際法の存在を認識に入れ，その国内法との関係を理論的に解明しようとしたのがトリーペルの『国際法と国内法（*Völkerrecht und Landesrecht*）』であった．彼はビンディングの合同行為（Vereinbarung）の理論を国際法分野に導入し，すでにみたように合同行為に表明された諸国家の共同意思（Gemeinwille）に国際法を基礎づけた（序章2節3(3)3.）．この理論は，国際法を国内法とは異なる妥当根拠をもつ独自の法秩序とみなすことを可能にし，いわゆる二元論を生み出した．

同じく二元論にたつアンジロッチは，合同行為理論に誘発され，合意のなかにさまざまの意思の融合による「一致した意思（concorda volontà）」を認めるが，この国際法の淵源をその遵守を国家に義務づける pacta sunt servanda の根本規範に求めた（序章3節2-3. 参照）．このアプリオリな原則に基づく国際法の拘束性の特殊性こそ，国際法に国内法とは別の独自の体系の形成を許すことになる．なお，二元論によれば，国際法を国内的に妥当させるためには，国内法への「変型（transformation）」を必要とする．

3. ところが，法の拘束性に関する合意理論を退け，規範主義にたつケルゼンは再び一元論を主張した（序章3節**2, 4.**）．彼の純粋法学によると，（実定）法を超法的要素（とくにイデオロギー）から解放すれば，規範のみが規範の拘束力の根拠たりうるのであり，規範の有効性は上位の一般規範から引き出される．この一般規範の頂点にたつ根本規範は pacta sunt servanda の公準（仮説）である．戦争や復仇による制裁を備えた強制秩序たる国際法は，同じく刑罰や強制執行という制裁を備えた強制秩序たる国内法と，法として同一認識の対象となる．したがって，両者は同一の秩序内にあり，かつ両者を同位におく第三の法秩序は存在しないから，両者間には上下関係しかない．いずれを上位とするかは両者の根本規範のいずれを選択するかに帰するが，ケルゼン自身は国際法優位を選択した．

フェアドロスやクンツといったウィーン学派の人びと（日本では横田喜三郎）も国際法優位の一元論を主張している．このような新カント学派の認識論については，仮説としての根本規範観念に対する批判のみならず，社会現象たる法の拘束力を法領域をこえないで基礎づけようとすることは不可能であるとの批判もなされている．

4. 国際法と国内法の現実的諸関係は，国際法の法的性質をめぐる上の諸学説のいずれによっても完全に統一的に把握されうるものではない．もっとも今日まで国際社会が国際法と国内法のいずれの規範をも強制する統一的権力構造をもっていない以上，両者を別の法秩序とみる二元論の立場が現実の法経験により適合しているとはいえよう．このような認識にたつ二元論は多数説とみられ，日本でも田畑茂二郎，石本泰雄など多くの研究者が二元論を認めている．なお，山本草二は両者を等位とする等位理論を提唱している．いずれにしても，両者の関係は，国際法と国内法の規範形成（定立）および適用の過程における両者の相互作用として，いくつかの側面から把握することができる．

2　国際法と国内法の相互作用

1. 国際法（とくに条約）をめぐる国際法と国内法の相互作用としては，例えば，一定の事項を国際法が国内法に委任し，国家の自由を認めていることがあげられる．その最も代表的なものが，条約締結手続である．条約締結権を有する者（機関）およびその締結の国内的手続（とくに議会の承認の有無）は各国の国内法（憲法）で定められ，その手続に従って締結された条約でなければ，国際法上の効力も認められない（なお，条約法条約46条，序章5節3(3)(ⅰ)参照）．

両者の相互作用でむしろ問題なのは，国際法規定と国内法規定が相互に抵触する場合である．この抵触現象を国際面と国内面の双方からアプローチする必要がある．

国際法からみれば，国際法と矛盾する国内法は許されないし，国際法の義務履行上要求される国内法が定立されない状況も許されず，国際法の不履行を正当化する根拠として国内法を援用することはできない．国内法を理由に国際法を遵守しないか，国際法上要求される国内法の制定をいつまでも怠るならば，

その国は国際違法行為に基づく国際責任を負わなければならない（9章3節1－4.参照）．国際関係では，国際法と国内法が抵触する場合，「国際法は国内法を破る」という原則が支配するといってよい．

2. 他方，国内関係からアプローチするならば，この原則は認められないであろう．各国の国内において，国際法と抵触する国内法を無効にし，あるいは国際法上要求される国内法を制定させる能力を，国際法は与えられていない．各国は国内的にはそれぞれの国内法を当然適用し，その意味で国内法が国際法と抵触する場合「国内法は国際法を破る」ともいいうる（合衆国対外関係法第三リステイトメント（1986年）115節参照）．

各国はつぎにみる一定の条件のもとで国際法の適用を認めているにすぎない．国内において国際法が自らを貫徹するどころか，国際法の国内での妥当や国内的位置づけは国家の態度や国内法に依存するのである．

3 国際法の国内的効力——変型と一般的受容

1. 国内関係において，国際法なかんずく条約が国内的効力を有するかどうかは，一般には国内法上の問題である．もっとも，条約によっては，条約規定を実施するために締約国に必要な立法措置を要求しているもの——例えば国際人権規約（自由権規約）2条2項——があり，また，直接規定がなくとも国際法の義務履行のために国内立法が必要である場合もある．

しかし，一般に国際義務の履行の仕方，すなわち，国内法の形式をとるかあるいは国際法（条約）をそのまま国内に適用させるか，は国家の裁量に委ねられているといえる．その仕方を大別すれば，国際法を国内的に適用するために国内法に「変型」させる体制をとる国と，かかる変型を必要とせず国際法を包括的にそのまま国内的に妥当することを認める体制——これを「一般的受容」という——をとる国に分けられる．変型をとるか一般的受容をとるかは，各国の国内制度（憲法体制）による．

2. 変型体制をとる代表的な国はイギリスである．イギリスでは，国王が議会の承認なく締結した条約にそのまま国内的効力を認めず，国民の権利義務に変更を生ずる条約や国家の財政負担を伴う条約の内容が議会立法（act of parliament, statute) に変えられることにより，国内的に実施される．もっともこの議会立法は，条約の国内的実施・適用のためであって，条約締結の条件ではない，すなわち，条約の国際的効力には関係がないことに注意しなければならない．

　変型の必要が実際に問題になるのは，国内裁判所で条約の規定内容を適用しようとする場合であって，国家の立法機関や行政機関の行動に関しては，国際法の直接適用を意味するから問題にならない．

　このような変型体制をとる国としては，他にカナダ（ただしケベック州を除く）やベルギーなどがある．

　もっとも，イギリスも国際慣習法については，「国際法は国家法の一部である」という法諺が認められ，国内でコモン・ローとしての効力をもつとされる．つまり，国際慣習法については，イギリスにおいても一般的受容が認められている．

　3．国際法の国内法への一般的受容の体制をとる国は多い．これは条約締結への議会（国会）の参与（いわゆる民主的コントロール）の傾向に一般に符合している．つまり，議会が条約を承認し，その公布により国内的効力を付与する行為とみなされる場合が多い．

　例えば，アメリカ合衆国憲法は，アメリカがすでに締結または将来締結するすべての条約を「国の最高の法」（6条2項）とみなす．もっとも，アメリカでは，上院の3分の2で承認され，国際面で発効し，大統領によって批准された条約は，公布なくして国内裁判所で適用される．

　フランス，ドイツ，オーストリアなども憲法上または慣行上条約（および慣習法）の一般的受容を認めている．フランス，オランダ，オーストリアでは，条約の公布は憲法上明示的に規定され，国際法上発効した条約も正式に公布されないかぎり，国内法上適用されない．

　日本国憲法も「日本国が締結した条約及び確立された国際法規は，これを誠実に遵守することを必要とする」（98条2号）という規定により，条約（および慣習法）の国内的効力を認めていると解されている．

4 一般的受容と条約の種類——非自動執行的条約の問題

1. いわゆる変型が必要か否かは，上にみた国の体制，その国内法の規定によりすべて決まってしまうわけではない．国際法の内容による場合もある．いわゆる一般的受容の体制をとる国においても，すべての国際法規なかんずくその締結した条約がそのまま国内的に，とくに国内裁判所で直接適用可能であるわけではない．

条約規定の内容が国内の法律と同じように，国民の法律関係，権利義務関係としてそのまま直接適用しうる性質のもので，締約国に対してのみならず国内法主体（個人，企業など）に対して向けられたものとみなしうる場合，かかる条約は自動執行的条約（Self-Executing Treaty）と呼ばれる．条約が個人の経済活動や人権の問題を取り込むにつれ，この種の条約が増加する傾向にある．それらは内容上その適用のために国内法の制定などそれ以上の措置を必要とせず，公布だけで国内的に実施される．

2. 逆に，かかる性質を有しない非自動執行的条約（Non-Self-Executing Treaty）とは，そのままでは個人の権利義務を国内裁判所で決定できず，国内面での効果的適用のために立法措置などが必要な条約である（アメリカ合衆国対外関係法第三リステイトメント 111 節(4)およびコメント h. 参照．最近の米最高裁判所判決（メリデン事件（Medellin v. Texas）552 U. S. 491 (2008)）は国連憲章，国際司法裁判所規程およびウィーン領事関係条約の選択議定書を非自動執行的条約として，実施法がないため連邦法の効果を有しないと判示した）．

もっとも，所与の条約が全体としてこれらのいずれかに分類されるとはかぎらず，条約中の規定が直接適用可能なものとそうでないものとに分けられることもある．とはいえ，この振り分けは必ずしも容易ではなく，そのためには条約規定の起草のみならず，国内秩序の特別の性格も事情により考慮されねばならない．国内法の一般的受容を認める国でも，非自動執行的条約または規定については，公布だけで国内的に実施できず，実施のための国内法の制定，すなわち国内法への変型を必要とする．

3. なお，国際慣習法が自動執行性を認められ，国内裁判所で直接適用可能

であるかどうかについては，国によって判断が異なる．アメリカの連邦最高裁判所（パケット・ハバナ号事件米連邦最高裁判決（1900年1月8日））は，国際慣習法の国内的効力を認め，「条約，行政もしくは立法行為または判例がなくとも」慣習国際法を適用しなければならないとした．日本のシベリア抑留捕虜補償請求事件最高裁判決（1997（平成9）年3月13日）は，国際慣習法の国内的効力を認めつつ，それが直接国民の権利・利益を規律する場合でも，（既存の国内法を一部補充・変更したりするものであればともかく，）権利の発生・存続・消滅等に関する実体的要件や権利の行使等に関する手続的要件，さらに既存の国内制度との整合性等を詳細に規定していない場合には，その国内適用可能性は否定せざるをえないとしている（判例時報1607号53頁）．国際慣習法のなかでかかる実体的・手続的要件等を詳細に定めたものは実際上ほとんど存在しないと考えられるから，日本の裁判所が国際慣習法を自動執行的性質のものと判断して直接適用する余地はほとんどないことになろう．

　変型により国内法化された場合はともかく，条約とくに自動執行的条約（および慣習法）は各国内法体系のなかでどこに位置づけられるかという問題がつぎに生ずる．

5　国内法秩序における国際法（条約）の位置

1.　国際法の国内的効力を認める国内法（憲法）秩序をもつ国において，国際法にどの程度のないしいかなる順位の国内的効力を認めるかは，国際法の決定する問題ではなく，その国に委ねられている．この問題は，国際法とくに条約規定と国内法規定が抵触する場合に明らかとなる．この位置づけは国によって異なるが，いくつかの代表的例をつぎにあげておきたい．

　オーストリアとオランダは，条約に憲法と同位または上位の国内的効力を認める．オーストリア憲法（50条）は，法律規定または憲法規定に触れる条約にはそれぞれ法律または憲法としての効力を認める．もっとも，条約締結にさいして，法律の効力をもつ条約には法律の形式，憲法の効力をもつ条約には憲法改正の形式による国会承認を要件とする．オランダ憲法（63条）は，両議院の各3分の2の多数決による承認を条件に，条約の内容が「憲法の若干の規定に

異なる定めをすること」を認める.しかし,条約はその締結後に採択された憲法規定に優位するようには思えない.

2. フランス,ドイツなどの国は,条約に法律より上位の国内的効力を認めている.とくにフランスの第五共和国憲法(1958年)は,憲法に抵触する条項を含む条約の批准または承認は憲法の改正後でなければならないとし,また,批准または承認された条約はその公布のときから法律の権威に優越する権威を有すると明記している(54,55条).ドイツの連邦共和国基本法(ボン基本法)(1949年)は,国際法の一般原則が連邦法の構成部分であり,法律に優位し,連邦領域の住民に対して直接,権利および義務を生じさせると規定する(25条).しかし,基本法は後法に対する優位を条約に与えていない.

日本の場合,憲法(1946(昭和21)年11月3日公布,翌年5月3日施行)98条2号に条約の順位は明記されていないが,裁判所の立場や学説をみれば,条約および確立された国際法規(慣習法)の「誠実な遵守」が問題となるのは法律との関係においてであることなどから,それらは法律に優位する効力が認められているといえる.しかし,国民主権主義の立場から,憲法上の国民の権利義務が条約により変更されることになる条約優位は否定されているといえよう.(条約上の権利が憲法上の権利より広い場合はどうか.受刑者接見妨害国家賠償請求事件最高裁判決(2000(平成12)年9月7日)参照.日本の最高裁判所は,条約に対する憲法優位の立場から,憲法の条約適合的解釈の必要性を認めていないようである.その背後には,自由権規約の詳細な規定も憲法に包摂されているという論理がある.そのため,条約の憲法適合性が問題とされるのである.)

3. アメリカは,条約(および慣習法)に法律と同一の国内的効力を認めている.合衆国憲法(1788年)は,その憲法およびそれに準拠して制定される合衆国の法律(連邦法)とならんで,合衆国の権限に基づいて締結されるすべての条約は「国の最高の法(the supreme law of the land)」であり,「これによって各州の裁判官は,各州憲法または州法律中に反対の規定のある場合といえども,拘束される」としている(6条2項).

もっともアメリカは連邦制度をとっているため,連邦法と条約の関係については,判例上伝統的に,条約には連邦法と同位の効力が認められ,また,憲法の内容と異なる条約を締結するためには,憲法規定を同時に改正することが不

可欠であるとされる．なお，慣習法について，合衆国憲法上規定はない．しかし，最高裁判所は，パケット・ハバナ号事件判決（前述6節4，3.）で，慣習国際法は条約および支配的行政・立法行為や司法決定のない場合，裁判所が適用すべき合衆国の法の一部であると述べた．スイスもアメリカと同様，判例上条約が連邦法と同位であることを認めている[34]．

6 ヨーロッパ共同体（EC）／連合（EU）法の国内的効力

1. EC法は，第一次法源としての基礎法および第二次法源としての派生法からなっている．基礎法の中心は3共同体の設立諸条約であり，派生法はEC諸条約により付与された権限に基づき，ECの主要立法機関である理事会と委員会が制定する法令（規則，命令，決定）である．EC法の定立，適用，執行の構造は一般に国際法のそれらの構造ときわめて異なっている．また，共同体にある程度の超国家性が認められるとしても，EC法の基礎が国際条約である以上，国際法的性格を有することは否定できない．なお，EUはヨーロッパ共同体を引き継ぎ，「ヨーロッパ統合の道程に新たな段階」を画するもので，「各国の国民に共通の市民権を創設することを決意し」（マーストリヒト条約前文）て

---

[34] なお，国内的効力を有する条約の国内裁判所における司法審査が問題となることがある．条約に国内的効力を認めず，変型を求める体制をとる国では，国際法が国内法と抵触する余地がないから，条約の違憲審査の問題は生じえない．（もっとも，条約内容が国内法に変型されれば，その法律の違憲審査の問題は生じうる．）逆に，条約の一般的受容を認める国において，とくに自動執行的条約の国内的効力が憲法より下位である場合，かかる条約の違憲審査を裁判所が行いうるか否かは実際上重要な問題である．なぜなら，かかる審査権がなければ，違憲の条約も実際には国内で適用される余地があるからである．

その例として，日本の場合，憲法81条（違憲審査権）に条約への言及がなく，98条1号とあいまって，条約に対する違憲審査権を最高裁判所が否定する見解が有力である．しかし，憲法制定当時の政府や国会の議論では，両条が条約に言及しなかったのは，それを解釈および実際の運用に任せたためであり，必ずしも条約に対する裁判所の審査権をはっきり否定するものではなかった．裁判所も条約に対する違憲審査権を全面的に否定しているわけではない．また，裁判所は具体的争訟において，国内的効力の認められた条約を解釈・適用しうることはいうまでもない．

なお，条約を実施する国内法令について，条約の内容と同一あるいは密接不可分の関係にあるものは違憲審査が否定されるか否かについて見解は分かれているが，かかる法令を裁判所が審査から除外する場合は，81条の適用によるというより，統治行為論の採用によるとみることもできるであろう．砂川事件最高裁判所判決（1959（昭和34）年12月16日）は，旧安保条約に基づく行政協定に伴う刑事特別法違反をめぐり，同条約を「高度の政治性」を有し，「一見きわめて明白に違憲無効」であるとは認められないとして，司法審査に服さないと判示した．これは統治行為論に基づく判断であり，条約に対する司法審査を一律に否定したものではないであろう．

いる．しかし，EUのすべてを包括する1つの法体系はこれまでのところ存在せず，3共同体の諸立諸条約に基づくEU法のみがあるともいえる．

2. EC法と構成国の国内法との関係について，ECの特殊性を主張する見解は，抵触の場合のEC法優位を認める．もっとも，抵触のない場合には，序列化の必要はない．

共同体裁判所は，1964年7月14日の判決（コスタ対ENEL事件）で，「通常の国際条約と異なり，EEC条約は条約発効に伴い，構成国の法体系に統合され，かつその裁判所に課せられる固有の法秩序を構成する」ことを確認した．この固有の法秩序から，構成国の国内法に対するEC法の優位の原則が示されるが，その理論的基礎はなお争いの余地がある．その後の判例において，EEC設立条約等の第一次法源のみならず，派生法を含むEC法全体が憲法を含む国内法に優位することが確立された．

フランスやドイツの国内判例は必ずしもEC法優位を認めてきたとは限らない．しかし，1980年代に，すべての加盟国においてEC法優位が承認されたとみられる．イギリスはEC加盟法（1972年採択，95年改正）を制定し，EC法の優位性や直接効果等EC裁判所の確立した原則を承認した．

3. なお，EC法なかでも派生法の多くは，個人（自然人と法人）がその規定を国内裁判所で援用しうるという意味で直接効果（direct effect）を有する．この直接効果は条約の自動執行性（self-executing）と類似の概念であるが，後者は各加盟国の裁判所の判断に委ねられるため，多くの場合直接効果を否定されることになろう．

EC裁判所は，判例——ヴァン・ゲント・エン・ロース対オランダ国税庁事件（1963年2月5日判決）およびその後の多くの先行判決——を通じてEC法独自の判断基準によるEC法の「直接効果」理論を確立し，一定の要件——①規定の明確性・一義性，②実施のための条件や制限のないこと，③実施に追加的措置を要しないか，必要でも機関に裁量の余地のないこと——を備えるEC法規定については，たとえ加盟国やEC機関に義務を課す場合でも，直接効果を認めた．EC法の直接効果により，その実施のための国内法を必要とせず，共同体の諸機関により直接適用されている．

第1章　国際社会の構成員

第1節　国際社会のアクター——国際法主体の意味とその変遷

1. 国際社会を構成するものはなにかという問いに対しては，国際社会の把握の仕方によりまた時代によって，さまざまの答えが引き出されうるであろう．しかし，ここでは国際法による規律という観点からみれば，通常，国際法主体となりうるものからまたはそれらを中心に国際社会は構成されているといわれてきた．逆にいえば，国際法主体ではなくとも国際社会において行動するもの（行為主体ないしアクター）は存在しうるのである．しかも，このようなアクターも国際法その他の規範の規律対象となりあるいはその影響を受け，さらにはこれらの規範の定立や適用にも関与することも考えられる．現代国際社会においてこのようなアクターはさまざまのもの（例えば多国籍企業やNGO，さらには市民社会）を含みうるし，それらの活動も目立ってきた．もっとも，ここでは国際法「主体」をめぐる議論を中心にみておきたい．

　国際法においても，他の（国内）法体系におけると同じように，「法主体」という表現が用いられる．国際法主体は一般に，国際法上の権利または義務が帰属するもの，すなわち受範者（自然人であれ，法人であれ）を指すとみられることが多い．あるいは，より制限的に，国際法主体とは，国際的権利義務を保持する資格を有し，かつ，その権利を国際請求の方法で行使する資格をもつもの，と定義されることもある（国際司法裁判所「国連の職務中に蒙った損害に対する賠償」勧告的意見（*ICJ Reports 1949*, p. 179））．

　このような定義に該当するものはなにか．「国家」が国際法主体であることに一般に異論はないとしても——もっとも，後にみるように，「個人」のみを国際法主体とみる見解もなくはない——，それ以外のもの（実体）が主体たりうるかについては，上の基準からだけでは十分明らかにはならない．また，国際法主体であるか否かは，単なる言葉の問題だけではなく実質問題をも含む（つまり，国際法上の権利義務の帰属やそれらの直接の執行および国際責任に関係する）

から，国家以外のいかなる性質ないし範囲のもの（実体）が法主体となりうるかは重要な問題である．

2. ところで，国際法主体は時代をこえてつねに一定したものではもちろんなく，所与の時代の国際社会とそこに機能する国際法に従って異なりうることはいうまでもない．いいかえれば，国際社会と国際法の展開につれ，国際法主体の範囲も変わりうるのである．

伝統的国際法の萌芽期において，グロティウスの万民法（jus gentium）の思想に表われているように，国家よりもむしろ人類（ないし個人）が（世界的）普遍社会における国際法いいかえれば普遍人類法（自然法と意思法）の法主体として位置づけられていた．

ところが，ヨーロッパ国家系を基盤として伝統的国際法が形成されてくると，啓蒙期自然法思想（プーフェンドルフなど）の影響を受けたヴァッテルの『国際法』において示されたように，国際社会を社会契約以前の自然状態とみなし，そこに共存する国家のみをその単位として考える原子論的（アトミスティックな）見解が支配的となった．そこでは，個人は国際法の世界から排除され，また，当時はまだ国際機構は存在していなかったから，その法主体性を論じることもなかった．

伝統的国際法の展開期を代表する19世紀の実証主義は，すでにみたように主権国家とその国家法を前提的基礎として国際法概念（やその存否）を構築しようとしたことからも明らかなように，そこにおいて主権国家が唯一の主体的単位であり，個人の問題は考慮外であった（いわゆる「個人の請求権の国家の請求権への埋没」現象9章5節4参照）．主権を法主体のメルクマールとするかぎり，国家以外のものは法主体たりえないことはいうまでもない[1]．

3. 第一次世界大戦後，連盟のような一般的国際（政治）機構の出現に伴い，その法主体性の問題が，「国家以外の法主体」というレベルでの議論として，論ぜられるようになった．他方，世界大戦を勃発させた責任は，伝統的国際法の基礎とされた国家主権にあるとして，国家主権を制限しあるいは国家の法主

---

1) 常設国際司法裁判所のウィンブルドン号事件判決では，「国際約束を行う権利は国家主権の属性である」とされた．PCIJ, Case of the S.S. "Wimbleddon," Ser. A. No. 1, p. 25 (1923), 同様に，Advisory Opinion on the Exchange of Greek and Turkish Populations, Ser. 8. No. 10, p. 21 (1925).

体性，法人格性を否定して，個人のみが国際法主体たりうるとする理論まで現われた．この理論は，（国際）法規の内在的価値（個人）と運用形式（国家）の混同を避けようとして唱えられたものであった．しかし，第一次大戦後も主権国家は存続し，しかも国際社会の基本的単位であるという事実に変わりはなかった．ただ，上の議論を契機に，主権国家を法主体の中心とみつつ，その他に国際機構，少数民族，さらに個人の法主体性が副次的にではあれ認められるのかという問題が論じられるようになった．

4．この傾向は第二次世界大戦後さらに進んだ．国連のほか多数の政府間国際機構，さらには非政府間国際組織いわゆる NGO が数多く設立され，また個人についても国際軍事裁判の被告となったり，人権が国連の文書や条約などで規定されるにつれ，その法主体性の問題が，戦間期の理論とは異なる新たな視点から惹起されるようになった．

さらにまた，植民地従属地域人民の自治・独立の達成という非植民地化の潮流のなかで民族（人民）自決権が国際法上登場してくると，人民ないし民族の法主体性をも論じる必要が生まれた．そのほか，（多国籍）企業のトランスナショナルな活動が激増するにつれ，企業が個人（私人）レベルとは区別して独自の法主体とみなすべきかという問題も議論されてきた．

さらに，主権国家併存の国際システムを切り崩しつつグローバリゼーションの進行するなかで，冷戦終結後の地域・民族紛争や 21 世紀の冒頭におけるテロリズムの横行とそれを抑圧しようとする反テロ戦争（テロとの闘い）において，私的テロ集団やテロリストへの国際法（とくに国際人道法や人権法）の適用を拒否する動きも現われている．最近とくにアフリカ沿岸で目立つ「海賊行為」に対しても，その抑圧のための先進諸国の海軍派遣による同様の反応がみられる．テロリストや海賊が国際法上の権利義務を有する主体とみなされえないかといった問題も提起されるのである．他方で，同時に，グローバルな市民社会が国際社会において声を強めており，21 世紀の世界は「非国家アクターの時代」に入ったともいわれる．

このように，構造変化を経つつある現代国際社会において機能する現代国際法の性質や規定対象にてらして，その法主体の多様化は避けえない現象であるともみられる．同時に，法主体とみなされているもの，あるいはそれが争われ

ているもの（実体）の性質の相違ないし多様性も著しく（とくに国家の性質との比較において），主体性の程度に大きな差の生ずることも否定できない．

　このことは，法主体性のメルクマールとして，主権性よりも前述のように国際法上の権利義務の直接帰属といった広い基準を採用する必要を生み出すことになったといえる．以下には，現代国際社会においてもなお最も基本的な不可欠の法主体である国家のほか，多くの問題をはらむ人民（民族），個人，さらに国際機構，多国籍企業・NGO の法主体性について，そこに含まれているいくつかの問題点を検討してみたい．

第2節 国 家

1 国家の性質・種類と法主体性

1. 国家は，伝統的国際法以来今日まで一貫して典型的な国際法主体として認められてきている．国家は上にみた法主体性の意味（国際法上の権利・義務の直接帰属性）に該当することはいうまでもないが，このことは，主権国家を（権力）単位とする近代国際社会の構造とそこで機能する国際法の性質から当然引き出されてくるものである．つまり，国家に固有の主権性ないし独立性（なかんずく外交関係に入る能力，条約締結能力）こそ，その法主体性の例証であるとされた[2]．

2. いかなる国家（国家性の基準は2章1節参照）も法主体性を有する．国家の人口や領域の大小はその法主体性に関係なく，今日のいわゆる「ミニ（またはマイクロ）国家」（例えばアメリカとの連携国は後述）も法主体であることに変わりはない．しかし，上のように主権性を法主体性のメルクマールとするならば，国家とは名ばかりで主権を有しないもの，または，主権を奪われたものは法主体ではないことになる．

国家の主権や対外・対内関係の諸権限を保護国や宗主国に完全に奪われた被保護国（State under Protectorate, Etat protégé）[3]や付傭国（Vassal State, Etat

---

[2] 国際司法裁判所（ICJ）「国連の職務中に蒙った損害に対する賠償」勧告的意見（*ICJ Reports 1949*, pp.177-178, 180）では，国家は「法上平等で形態上類似の政治的実体でありかつ国際法の直接的主体である」として，「国際法により認められた国際的権利義務の全体」を有する，と述べられている．条約法条約6条は「いかなる国も，条約を締結する能力を有する」としながら，そこでいう「国」の定義を与えていない．

[3] 19世紀および20世紀当初において，2国間条約で保護国制度が確立された．被保護国の例として，1881年5月12日のバルド（Bardo）条約（1883年6月8日のマルサ（Marsa）条約で補充）によりチュニジア，1884年6月8日ユエ（Hué）条約でアンナン（Annam），1912年3月

vassal)[4]は，その名称のいかんを問わず，国際法主体とはいえない．実質的に完全に植民地となった国家，また，征服により併合された国家も同様である．では，一定の権限（主権の一部）だけを保護国に委ね，残りの権限を有する被保護国はなお国際法主体たりうるかどうか．主権を不可分とみる見解からは，これを肯定しえないが，主権の可分性を認める見解（例えばオッペンハイム）によれば，保護関係あるいは付庸関係のもとにある半主権国家は「不完全な国際法主体」と呼ばれる[5]．また，国際法上権利能力と行為能力を区別し，行為能力を欠く一定の保護国も法主体であることを認める見解もある．

3. なお，十分な国家性を認められていない政治的実体も国際法主体として取り扱われてきた例がある．1870年にイタリアによる併合により国家性を喪失し，1929年イタリアとのラテラノ条約により国際面で一時的主権を回復するまでの間の教皇庁（Holy See, Saint-Siège）がこれにあたる．この間，教皇庁は国際法上国家ではなかったが，条約を締結し，外国代表を派遣・接受して，国際法主体とみなされていた．ラテラノ条約により教皇庁の権威のみに従うバチカン市国がつくられた．イタリアの学説では一般にバチカン市国は正式の国家とみなされているが，領土や国民の観点からみて国家性の法的基準（2章1節1）を満たしているかどうかは疑問である．もっとも，バチカン市国も外交使節を派遣・接受し，多くの条約を締結していることから，国際法主体性を有することはいうまでもない．

30日フェス（Fès）条約でモロッコ（以上，保護国はフランス），1905年日韓保護条約で韓国（日本が保護国），稀に一方行為（文書）によるものとして，エジプトに対するイギリスの保護制度（1914-22年）．今日このタイプの結合はほぼ消滅しているが，1971-83年の間ブルネイはイギリスの被保護国であった．

4) 19世紀にオスマン・トルコから切り離され，完全な主権を確立しなかった地域で，例えば，1878年までのセルビアのようなバルカンのキリスト教地域や1914年までトルコの宗主下にあったエジプトのようなアフリカの地中海沿岸のオスマン地域があげられる．

5) Oppenheim, *International law* I, 1905, p.119. なお，国際法委員会の条約法条約草案に対するイギリスのコメントでは，多くの国と領土は完全な主権（full sovereignty）にみたないものをもつが，一定の場合条約委任（treaty entrustments）や類似の手段により外国と条約を締結することができるとし，また，アメリカのコメントは，植民地または実体が対外関係の行為において母国から一定の権限を任されているかぎり，3条1項（条約法条約6条）の目的上当然国際法主体となるとした（ILC, *Yearbook*, 1965, Vol. II, p.160）．

2 国家結合の場合——身上連合,物上連合,国家連合

1. 以上は単一国家の場合であるが,いわゆる複合国家(国家結合)の場合その法主体性はどのようにみるべきであろうか.複合国家には結合の度合いによってさまざまのものがあり,どの実体に法主体性が認められるかは一律にいうことはできず,結合をつくりだす条約ないし基本文書の規定によるともいえる.

しかし,一般的にいえば,王位継承法などによって偶然的に生ずる身上連合(Personal Union, Union personnelle)[6]や条約に基づく物上連合(Real Union, Union réelle)[7]の場合,複数国家が共通の君主を戴くにすぎないから,その連合自体が法主体性を有するとはいえない.

ただし,物上連合の場合,それ自体国家ではないが,単一の国際人格を有し,条約により統治機構の一部が共同して運用される場合がある.物上連合の構成国は別々に外国に対して戦争することも,構成国の一方に対して戦争することもできない.かかる構成国は,別々の通商条約や犯罪人引渡条約等に入ることができるが,国際人格を有しない別々の構成国のためにこれらの条約を締結するのは,常に物上連合である.

今日では,このような身上連合や物上連合の例はない.なお,ヨーロッパ連合については後述する(1章2節**5**).

2. 特定の制限的目的のための主権国家の結合とみられる国家連合(Confederated States, Staatenbund, Confédération d'Etats)については,歴史的に有名な例として,1580-1795年のオランダ,1778-87年の北アメリカ連合,1815-66

[6) 古典的な例として,ポーランドとリトアニア(1385-1569年),プロシャとヌーシャテル(1707-1857年),イギリスとハノーヴァー(1714-1837年),オランダとルクセンブルク(1815-90年)の場合,ベルギーと新コンゴ(自由)国(1885-1908年)の結合も身上連合に当たる.なお,アンドラの場合,1993年の仏,スペインとアンドラ間の「善隣,友好および協力条約」は,一方で仏大統領とユルジェル(Urgel)市の司教,他方でアンドラ公国の間の身上関係を継続するとした.この条約により,仏とスペインはアンドラの主権を承認した.

7) 主な例として,スウェーデンとノルウェー(1815-1905年)の連合,オーストリア帝国とハンガリー王国の間のオーストリア・ハンガリー連合(1867-1918年),デンマークとアイスランドの連合(1918-44年)がある.

年のドイツ連合, 1291-1798年および1815-48年のスイスの場合があげられる[8]. 国家連合の基礎はそれを構成する支分国 (メンバー) 間で締結される国際条約にある. 一般に連合を構成する支分国は相互の合意すなわち条約により国家連合の権限に委譲したものを除き, 対内的にも対外的にも独立性ないし主権性を保持しているから, 支分国が国際法上の人格を有し, 国際法主体たることは否定しえない.

連合自体については, 連合設立条約により支分国から国際関係における特定の権限行使を委ねられた場合にのみ, その特定の国際関係の主体とみなされるにとどまり, 一般的には法主体性が当然与えられるわけではない.

国家連合は, たびたび暫定的現象であり, アメリカ, スイス, ドイツの例のように連邦国家に向かうか, あるいは逆に国家連合の解体に向かう傾向にある. なお, スイスは1848年連邦国家に移ったが, 連合という言葉はスイスの正式名称 (国名 (confédération helvétique)) として維持されている.

第二次世界大戦後にも国家連合の例がみられる. ガンビア共和国とセネガル共和国は, セネガンビ (Sénégambie) と称する国家連合を構成した[9].

3 連 邦

1. 連邦は結合関係がさらに緊密化したもので, その設立文書は連邦の国内 (内部) 法とみなしうる連邦憲法である. 連邦の例は多いが, 例えば1787年以後のアメリカ, 1848年以後のスイス, 1861年以後のドイツ, ソ連, さらにメキシコ, アルゼンチンなどのラテン・アメリカ諸国, マレーシア連邦があげら

---

8) ほかに, 短い期間の例として, 1806-13年のライン連合 (Rheinbund), 最後の例として, 1895-98年のホンジュラス, ニカラグァ, サンサルバドルの3主権国家から構成された中央アメリカ共和国がある. 第二次世界大戦後の例としては, 1949年のオランダとインドネシア間の連合が緩い連合とみられ, 同様に, 1946年フランス憲法は, フランスと連携国および領域の間にフランス連合を設立することを規定した. ベトナム, カンボジア, ラオスのようなこのフランス連合のメンバーは, 条約締結権を含む一定の独立した国際的地位を獲得した. フランスは1948年ベトナムの独立を承認して, この独立がフランス連合の連携メンバーとして負うもの以外の制限をもたらすものではないと宣言した. 太平洋諸島の信託統治地域のアメリカとの提携国家 (Associated State) ―― ミクロネシア連邦, マーシャル諸島, パラオなど ―― としての独立について, 五十嵐正博『提携国家の研究』風行社, 1995年参照.

9) 1981年12月17日「セネガンビ (国家) 連合の設立に関する協定」(*ILM*, Vol. 22, 1983, p. 261).

れる．

　この場合，連邦自体が国家としての法主体性を有するにいたり，連邦加盟国（州）は一般に法主体性ないし国際人格性を失う．しかし，連邦憲法の規定により，連邦加盟国に限定された範囲で一定の国際法主体性，例えば外国（第三国）と条約を締結する能力，を認められる場合もある[10]．

　2. なお，ソ連は，「ソビエト社会主義共和国連邦」をブルジョア連邦国家とは異なった連邦とみなし，各連邦共和国は国家的権力を独立に行使するから，ソ連邦とならんで国際関係の完全な参加者，国際法主体であるとみなした．このソ連の見解にのっとり，実際にも，白ロシア，ウクライナは国連加盟国となったが，他の連邦共和国は外国と条約を結ぶなどその法主体性に基づく権利を行使していなかったと思われる．

　3. ところが，ソ連は，ゴルバチョフのペレストロイカ政策の推進のなかで解体の過程をたどることになった．すなわち，1991年にはリトアニア，ラトビア，エストニアのバルト3国が独立を果たし，さらに保守派クーデター失敗を機に一気に連邦崩壊へと進んだ．一時主権国家連邦をめざすソ連新連邦条約の作成が企てられたが，結局，同年12月8日ロシア，ウクライナ，ベラルーシ（白ロシア）の3共和国は国家元首による宣言（ミンスク宣言）のなかで同条約の作成交渉が行き詰まり，ソ連からの諸共和国の事実上の脱退過程と独立諸国の形成が現実のものとなったことに注目した．

　同時に新しい「独立国家共同体（CIS）」設立協定（ミンスク協定）を結び，国際法主体としてのソ連邦がもはや存在しない（12月30日に正式消滅）ことを宣言した．12月21日ソ連11共和国——アゼルバイジャン，アルメニア，ベラルーシ，カザフスタン，キルギスタン，モルドバ，ロシア，タジキスタン，トルクメニスタン，ウズベキスタン，ウクライナ．なおグルジアは参加せず——のアルマ・アタ首脳会議で，独立国家共同体（CIS）の設立とそれへの平等な創設者としての各共和国の参加などが合意された．

---

10) 条約法条約6条には連邦に関する規定はないが，ILCにおける同条の起草過程（例えば最終草案5条2項）では「連邦の加盟国」の条約締結能力に関するつぎのような規定がおかれていた．「連邦の加盟国は，連邦憲法によりその能力が認められる場合，かつそこに規定された限界内で条約を締結する能力を有しうる」．この規定は連邦の2つの加盟国間に締結される条約の場合ではなく，その加盟国と外国（第三国）との条約のみを対象としている．

アルマ・アタ宣言は，CIS 内の当事国間の協力はパリティに基づいて構成され，当事国間の合意によって決定される手続により運用する調整機関を通じて平等原則にしたがって行われるとして，CIS を国家でも超国家的実体でもないとみなしている．ただ，同宣言によれば，国際的な戦略的安定と安全保障を確保するため，戦略軍の統一司令および核兵器の共同管理が行われ，かつ当事国は非核国および／または中立国の地位を達成するための相互の努力を尊重するとし，また，ヨーロッパ共同圏（空間）およびヨーロッパ全体の，かつユーラシアの市場の設立と発展のための協力の達成が確認されている．

もっとも今日までのところ各共和国が，後述のように諸外国から独立を承認され，またロシアはソ連の承継国とみなされ，主権国家として国際法主体とみなされており，CIS が国際法主体性を有するとはみられていない[11]．

4　コモンウェルス

1. イギリスのコモンウェルス（British Commonwealth of Nations，英連邦）は他の国家結合とは異なりむしろ独自の分類に属するものである．コモンウェルスは英帝国の解体過程において形成されてきたもので，そのメンバーすなわちコモンウェルス国家はイギリスとかつてその自治領（Dominion）や植民地・従属地域であった諸国[12]から構成され，特殊な連携関係を保ちつつ（イギリス

---

[11] 1992 年 5 月 15 日 CIS の首脳会議がタシケントで開かれ，加盟 11 ヵ国のうち 6 ヵ国（ロシア，カザフスタン，アルメニア，タジキスタン，ウズベキスタン，トルクメニスタン）のみが共同防衛体制の確立を定めた集団安全保障条約に署名（または仮署名）した．なお，1992 年 7 月ミュンヘンで開催される先進国首脳会議（サミット）は，CIS が分裂状態にあることから，新独立国家群（NIS＝New Independent States）と呼ぶことに決定した．

[12] コモンウェルスのメンバーはつぎのとおりである（2009 年現在 53 ヵ国）．イギリス，カナダ，オーストラリア，ニュージーランド，インド，スリランカ，ガーナ，マレーシア，キプロス，ナイジェリア，シエラレオネ，タンザニア，ジャマイカ，トリニダード・トバゴ，ウガンダ，ケニア，マラウィ，マルタ，ザンビア，ガンビア，モルジブ，シンガポール，ガイアナ，ボツワナ，レソト，バルバドス，ナウル，モーリシャス，スワジランド，トンガ，サモア独立国，フィジー，バングラデシュ，バハマ，グレナダ，パプアニューギニア，セイシェル，ソロモン諸島，ツバル，ドミニカ国，セントルシア，キリバス，セントビンセントおよびグレナディーン諸島，バヌアツ，ベリーズ，アンチグア・バーブーダ，セントクリストファー・ネイビス，ブルネイ．1990 年以降に加盟したものは，ナミビア（1990 年），南アフリカ共和国（1994 年再加盟），カメルーン（1995 年），モザンビーク（1995 年），パキスタン（2008 年 5 月復帰）．うち，ナウル，トンガ，ツバル，キリバスの 4 国を除き，すべて国連加盟国である．なお，アイルランドは 1949 年脱退，

を含め）相互に対等な関係にある．自治領であるカナダ，オーストラリア，ニュージーランド，南アフリカ連邦は第一次世界大戦後平和条約に独自の資格で署名し，自治領に準ずるインドとともに国際連盟の原加盟国となった．

　コモンウェルス国家はそれぞれの対外関係でも独立資格を有し，外交使節の派遣・接受や国際条約締結資格を有するから，完全な主権国家であり国際法主体であることはいうまでもない．ただ，コモンウェルス国家間には通常の独立国家相互間にはない特殊な関係が存続している．

　君主制をとっているコモンウェルス国家はイギリス国王（または女王）を共通の元首とし（しかし，身上連合ではない），また，イギリス国王（または女王）は君主国，共和国（インドなど）を問わずすべてのコモンウェルス国家にとってコモンウェルス全体の統一の象徴たる地位を有し，「コモンウェルスの首長」とみなされている．

　2.　このことからコモンウェルス自体は自ら法主体となるとはみられないが，コモンウェルス国家間には特殊な関係が存在する．かつて「国王の地位の不可分性」を前提としてコモンウェルス国家相互間には国際法が適用されないという特殊な関係があるという考え方（内部関係（inter se）理論）が支配していたが，今日ではこの考え方はもはやとられない．しかし，コモンウェルス国家がコモンウェルスのメンバー以外の国と条約を締結するさいには，事前に他のメンバーに通告し，影響を受けるメンバーに対して意見を述べる機会を与える事前協議制度が採り入れられている．コモンウェルス国家間の合意はかつては条約ではないとして，連盟には登録されなかったが，国連には登録されている．

　また，コモンウェルス国家相互間には通常の外交使節は交換されず，高等弁務官（High Commissioner）が派遣されている．高等弁務官は従来外交特権をもたなかったが，1952年英外交免除法によって外交使節と同様の特権が認められるようになった．

　さらに，コモンウェルス国家間の紛争は国際裁判など国際機関による処理に付託しないものとされた．今日でも，国際司法裁判所（ICJ）規程の定める選択条項受諾宣言（10章5節2(3)3.）において，相互間の紛争は留保されている．

　ジンバブエは2002年資格停止，2003年脱退．

そのほか，メンバー以外の国と通商航海条約を締結して最恵国待遇や内国民待遇を与える場合，コモンウェルス条項を挿入して，コモンウェルス国家相互間の特恵関係を留保している．また，コモンウェルス国家の国民には「コモンウェルス市民（Commonwealth citizen）」の地位が認められ，他のメンバーの国内で一般の外国人とは異なる特別の待遇が与えられる．

5 ヨーロッパ共同体（EC）／ヨーロッパ連合

1. ヨーロッパ共同体（EC）の法的地位は設立条約――なかんずく1957年ヨーロッパ経済共同体（EEC）設立条約（いわゆるローマ条約）とその後の改正，1986年単一ヨーロッパ議定書――に基づいているが，それは通常の国際機構というより，EC構成国から独立した，固有の立法，行政，司法の（主権的）権利を有する政治的実体であり，ある意味で超国家性を有している．

EC法（前述した一次法と派生法）（序章6節6）は，国際法にも国内法にも属さない固有の法秩序を構成し，構成国の当局と国民（個人）に対して直接権利義務を付与し，適用される（ローマ条約189条）．逆に，EC構成国からECへの諸権限の委譲による構成国の主権制限が進行しているともいえる．ECの法的地位（主権性）についての議論はなお決着をみていないが，少なくとも国際法主体性を有するとはいえるであろう．ECは国家とならんで外交会議に参加し，いくつかの国（例えば日本）には代表部を設置し，条約を締結している．

さらに最近，ECはヨーロッパの枠内ではあるが，国際紛争に際して当事者間の仲介の労をとったり，例えばユーゴスラビアの解体と各共和国の独立をめぐる事態のなかで国家承認までも行っている．

2. ローマ条約の改正というかたちをとった1991年12月11日のヨーロッパ連合条約（マーストリヒト条約）は，既定の1992年末の市場統合，さらに1999年初めまでの通貨統合の実現，また，外交や国防の面での共通政策の実施を定めるなど，ECの超国家性を一段と押し進めている．ヨーロッパ構築の第二の誕生文書といわれるマーストリヒト条約はEC加盟12ヵ国の署名（1992年2月）を経て，1993年1月1日効力を発生した．この条約には，オーストリア，スウェーデンとフィンランドの北欧2国（ノルウェーは見送り）が1995年

1月から加盟し,拡大ヨーロッパ連合(EU)としてスタートした.その後,ヨーロッパ連合条約は,アムステルダム条約(1999年),さらにニース条約(1999-2003年)を経て,当事国を27カ国にまで拡大するに至っている.

6　一般国際法上の法主体

ところで,国家の国際法主体性の特質は,他の国際法主体の場合とは異なり,国家としての存在により当然有する普遍的な主体たることである.もっとも,国家の成立の際どの時点からその法主体性が認められるかについては,後述の国家承認に関する創設的効果説と宣言的効果説では見解を異にする(2章2節3).したがって,国家は,その成立の当初から基本的権利・義務(2章4節)を有することになり,なんらかの条約により付与された権利義務によってはじめてかつその限度で主体とみなされるものではない.

なお,国家連合の場合,連合設立条約ではじめて連合自体に一定の法主体性が認められることがありうるのであるから,この場合,連合は一般国際法上当然法主体性を有するわけではないともいえる.他方,連邦はその設立が連邦憲法に基づくのであって,一般国際法上の主体とみなしうる.

このような国家の法主体性の特徴は,その最も顕著な現象として,慣習法,条約,またはその他の法源であれ,国際法規範の定立に参加する能力を有することにある.

このような国家以外に,とくに現代の国際社会においてはさまざまの非国家アクター(non-State actors)が存在し,独自に活動している.これら非国家アクターをいくつかのカテゴリーに分けて,それぞれの国際法主体性について,次節以下に検討を加えたい.

第3節　交戦団体

1. 一国内の内戦ないし非国際武力紛争において反乱団体（反徒）(Rebels, insurgents) が，国家の一般的要件を備えるにはいたらないが地方的事実上の政府を樹立し，合法（中央）政府または第三国から交戦団体 (belligerents) として承認された場合（2章2節**7**），それに一定の国際法主体性が認められる．

この交戦団体は国家と同様の国際法上の権利・義務を有する国際法主体となるわけではないが，中央政府または外国（第三国）との関係に適用される限られた権利・義務の受範者となることが一般国際法上認められてきた．すなわち，交戦団体は中央政府との武力紛争に適用される戦争（人道）法規上，第三国との関係に適用される中立法規上の権利・義務の主体となる．また，交戦団体は，その支配地域内にある外国の権益および外国人の保護を行う国際法上の義務を負い，この点で国際責任に関する国際法規の直接適用主体ともなる．

2. なお，交戦団体承認を与えられない反乱団体は，内戦の発生した当該国内の犯罪者集団として国内刑事訴追の対象とみなされ，伝統的国際法のもとで一般に国際法主体性を否定されていた．しかし，第二次世界大戦後，反乱団体に対して承認の行われない非国際武力紛争にも一定の人道法規——1949年のジュネーブ諸条約共通3条，1977年第二追加議定書，1954年ハーグ武力紛争時文化財保護条約19条——の適用が認められ（11章4節**3**），その紛争当事者としての反乱団体もそれら人道法規の限度内における適用主体とみなされる余地が生まれた．

3. ときには，反乱団体は，明示的承認の有無を問わず，武力紛争中およびその後においても，人道法のみならず人権を尊重するという相互的約束を文書により合意することもある．このような文書合意は単に信頼を築くことをめざし，かかる措置の中心に個人の保護をおくものである[13]．このような例は，国際法が武力紛争時の従来の承認をこえて，人権（保護）目的のための新たなタ

イプの承認に向かっていることを示している．このような事態（状況）において，反乱団体のような非国家アクターの義務は，武力紛争の期間および人道法の双方をのりこえて伸長しているといえる．

4. なお，最近議論の多いテロリスト（と呼ばれる者——国際法上その定義はない）の属するテロ集団（私的グループ）は，反乱団体（非国家主体）の1つとして，国際法上何らかの地位が認められているわけではない．個々のテロリストは，各国の国内（刑事）法上一般に犯罪者とみなされうる．国際法上，テロ行為が武力紛争の性格を有するに至るなら，それに国際人道法の一定の規定（とくに非国際武力紛争に適用される人道法規定）が適用される余地はあろう．その場合，テロリストは人道法および国際人権法の適用主体とも考えられよう．

---

13) その例として，1990年7月26日にエルサルバドルと民族解放戦線（Frente Farabundo Marti para la Liberacion Nacional（FMLN））の間に署名されたサンホセ人権協定（UN Doc. A/44/971-S/21541 of 16 August 1990, Annex）の前文は，つぎの句を含んでいる．「FMLNは能力と意思を有し，かつ，人の本来的属性を尊重するべき約束を引き受ける」．この協定は，国連事務総長代表（Alvaro de Soto）によっても署名された．このことは，この協定が国際法上の権利義務を引き受けるのに必要な国際的地位をもつものと認められた実体の間の国際法により規律された協定であることを示唆している．

第4節 人民（民族）

1. 18世紀の国際法学とくにヴァッテルの『国際法』においては，啓蒙期自然法思想や社会契約論に依拠して，国民（Nation）（＝国家 Etat）を1つの単位とみなすと同時に，国民主権にも似た Nation の自決権の萌芽ともみるべき発想が示されていた[14]．

しかし，伝統的国際法において，国家とは区別された人民（People）（民族）そのものが国際法主体性を有するということは論外であった．もっとも，19世紀には外国支配から解放されることを望む Nations に対する一定の政治的支持が寄せられ，武力により勝利の得られた例もあり（1830年のベルギー，1859年のイタリアに対するフランスの支持，バルカン諸国へのロシアの支持），これは民族自決主義（Principe des Nationalités）という政治原則を生み出した．第一次世界大戦を終結させた1919-20年の諸平和条約にみられた諸現象——アルザス・ロレーヌのフランスへの返還，ポーランドの復活，チェコスロバキア，ユーゴスラビアの創設——も民族自決主義によるものとされた．

この政治原則は，外国支配下の Nation を法主体とみなすような国際法上の観点を明瞭に含むものではなかった．しかし，独立や国家形成をめざしてたたかう民族委員会の創設や国家形成以前の Nation の存在を確認する承認は第一次世界大戦中からよく行われた．例えば同大戦中のポーランド委員会やチェコ委員会の創設とその承認である．この承認にはその民族（Nation）委員会の国際法上のなんらかの法主体性の承認が含まれていたともみられる．

同大戦を契機にレーニンは『帝国主義論』において植民地や半植民地諸国に適用すべき人民の自決原則を主張し，また，ウィルソン米大統領は1918年1

---

14) Nation の定義はきわめて困難であるが，一定の客観的要素（領土，言葉，宗教，人種，文化など）のほか，個別的意見の一致ないし民族意思といった主観的要素も含むとみられる．
Rousseaux, *Droit International Public*, II, pp. 19 et s.

月18日の「14項目」声明のなかで中央ヨーロッパ諸国（オーストリア，ハンガリー，バルカン諸国）の再編成を念頭においた自決をとなえた．しかし，人民ないし民族の法主体性の問題が正面から論じられるようになるのは，第二次世界大戦後の非植民地化の流れのなかで植民地・従属地域人民の民族自決権が国際法上の権利として登場する時期と符合する．

2. 国連憲章は，国連の目的のなかに「人民（peoples）の同権及び自決の原則」の尊重に基礎をおく諸国間の友好関係を発展させること（1条2項）を掲げ，1960年の植民地独立付与宣言（国連総会決議1514（XV））が「すべての人民は自決の権利をもつ」と述べた．これを皮切りに，以後数多くの国際文書（国連決議や条約）のなかで人民の自決権が承認ないし確認されるにいたった．

国際人権規約も「すべての人民は，自決の権利を有する．この権利に基づき，すべての人民は，その政治的地位を自由に決定し並びにその経済的，社会的及び文化的発展を自由に追求する」（自由権規約と社会権規約に共通の1条1項）としている．国際人権規約の起草過程で，nationsよりpeoplesの方がより包括的な用語であり，国連憲章の人民の自決の原則にも合致するとして，nationsを削除し，peoplesのみを採ることになったのである．

3. このように，戦後の国際社会の構造変化のなかで，遅くとも植民地独立付与宣言以来人民の自決権は国際法上の権利として確立されたとみうる段階にきている．そのことから人民ないし民族が自決権の主体すなわち国際法主体として認められるようになったことを意味するかどうか．自決権を今日国際法上の権利として認める論者のなかにも，国家が（その）人民の自決権を認める義務を負うという意味で国家の義務の側面から把握する見解もある．その理由として，人民または民族の定義（法概念として定めること）の困難さがよくあげられる．しかし，その困難性は自決権の主体としてのpeopleの存否の判断を左右するものではない．その定義の統一性を欠くにもかかわらず，国際文書に具現されているように「すべての人民」は自決権を有する直接の主体であることは疑えない．ただ，この自決権の主体は，上にみた国家の法主体性と比べて，つぎの2つの点で特徴的であり，あるいは制約を受けているといえる．

4. 1つは，この人民（ないし民族）の法主体性は，今日では個々の条約に基づくというよりも一般国際法上認められたものとみなしうる段階にきていると

はいえ，人民は一定の条件のもとで，すなわち，人民が植民地など従属状態におかれている外的自決の場合，また，人民が自らの政治体制を選べない専制体制のもとにおかれている内的自決の場合に，現実には活動する主体であるということである．一例をあげれば，外交会議においてすべての人民の代表が国家（政府）代表とならんでつねに参加する資格があるわけではないが，植民地・従属地域において闘争中の民族解放団体がその人民代表として，一定の国際会議に植民地本国政府代表とならんで参加することは，今日よくみられる現象である．

例えば1974-77年の国際人道法外交会議には，多数の民族解放団体が（投票権なしで）参加した．なお，その参加はこの外交会議で認められた一定の民族解放団体にのみ許されたことから，人民が国際法主体性を有するためには外部からの承認のごときものが必要かどうかという問題が提起されうる．外交会議への参加のような場合にはなんらかの選択が事実上必要と思われるが，法主体性を有することそのことのために人民が外部の承認を受けねばならないかどうかは疑問であろう（2章2節参照）．

5. もう1つの点は，人民は自決権の主体であって，国家のような一般国際法上のすべての権利義務の直接帰属する主体とみなされるわけではないことである．つまり，自決権の主体は，対内的意味では「（すべての人民は）その政治的地位を自由に決定し，ならびに，その経済的，社会的および文化的発展を自由に追求する」（植民地独立付与宣言2項）権利をもち，また対外的意味では「従属下の人民が独立を達成する」（同4項）権利を有する．とくに後者の面では，従属下の人民が独立闘争を行う権利が認められ（国連憲章2条4項との関係が問題となりうるが），またその闘争中人道法上の権利義務をも有しうる（1977年追加議定書1条4項，96条3項から）．しかし，民族解放闘争に従事している人民を代表する当局は同議定書の締約国（者）とはなれない．

もっとも条約により通常国家に属するのと同じ一定の権利義務がかかる人民に与えられる場合がある．例えば国連海洋法条約は，植民地独立付与宣言により完全な独立を達成するにいたっていない地域であって，この条約に規律された事項に関する権限を有するすべてのものにもその署名のために開放している（305条）．このことから，このような非自治地域の人民は，締約国と同じく条

6. ほかに，少数民族および先住民族の国際法上の主体性の問題も提起されている．

少数民族（minorités）という言葉は，第一次世界大戦後の諸平和条約において，ダニューブ川流域とバルカン半島の諸国に編入された民族的に国民の多数者とは異なった住民に特別の保護措置を定めたことから，国際社会において用いられるようになった（7章1節2参照）．同盟および連合諸国とポーランドなど東欧諸国との間で締結された（2国間の）少数民族保護条約では，人種，宗教，言語上の少数民族だけを対象とした権利も規定されたが，それにより少数民族が国際法主体性を有するものとはみられなかった．また，国際連盟において，とくに1930年代に入ると，ヨーロッパにおけるファシズムの台頭下で，少数民族に代えて民族団体（Volksgruppe）の観念が取り込まれるようになり，「人為的少数民族」を生み出す恐れが懸念され，連盟の衰退とともに少数民族保護制度は消滅した．

第二次世界大戦後この制度はもはや復活せず，国際人権条約において「少数民族」が取り込まれることになった．しかし，そこでいう「人種的，宗教的または言語的少数民族」（自由権規約27条）に属する者個人の権利が定められているのであり，人民の自決権と区別され，少数民族という集団の権利ないしその法主体性が認められているわけではないと解釈されている[15]．

先住民族（indigenous peoples）については，アメリカ大陸でスペイン征服者に土地を奪われ，その支配下におかれたアメリカ・インディアン（インディオ）を始め，南米諸国に先住していた諸民族，さらに今日もカナダ，オーストラリア，ニュージーランドなど世界各地に国家樹立前から居住していた住民の子孫が存在している[16]．近年このような先住民の人権のみならず，土地および天然資源に対する所有や管理の経済的権利，さらに自決や自治のような政治的権利の問題が提起されている（7章3節7参照）．2007年国連総会で採択された「先住民の権利に関する国連宣言」（総会決議61/295）は，先住民族——その定義は

---

15) 自由権規約委員会一般的意見27（CCPR/C/21/Rev. 1/Add. 5）参照．
16) アイヌ民族の先住民族性について，二風谷事件（札幌地裁判決1997（平成9）年3月27日），2008年6月6日衆参両院本会議で全会一致で採択された「アイヌ民族を先住民族とする決議」参照．

与えられていない——個人が国際法上のすべての人権を享有するのみならず，彼（女）らの民族としての存在，福利ならびに全体の発展に不可欠な集団的権利をもつことを認識しかつ再確認したうえ（前文），先住民族が自決権，自治権を有することを認めている（2-3条）．同宣言はまた，先住民族が「伝統的に所有し，占有し，または他の方法で使用し，もしくは取得してきた土地，領域および資源に対する権利を有する」(26条)としている．したがって，この宣言によれば，先住民族は集団として国際法上の主体であることを認められているといえるであろう．

第5節　個　人

1. 国際法主体性をめぐる論争は，第一次世界大戦後もっぱら個人の法主体性をめぐって展開されてきた．伝統的国際法形成期の自然法論のなかには個人の役割を強調する理論もあったが，その展開期に支配的となった意思実証主義は国家のみを（その主権性から）法主体とみなし，個人に関する一定の行為規則を国家が守らなければならないという意味で，個人を国際法の対象にすぎないとみなしてきた．

第一次世界大戦後，この実証主義を批判して，逆に国家の法主体性を否定し個人のみを法主体とみる見解（デュギー，セル，ポリティスなどの客観法の主張）が流布したが，これは一般に法は究極において人間の利益のためにあることから，国際法においても個人を法主体とみなすものであった．

しかし，意思主義と客観主義の両見解の対立によるこの法主体論争は，国家と個人の国際法上の地位についての見解の相違によるというよりも，多分に法主体という言葉に与える意義の相違に由来するものであった．もっとも，個人（人間）の利益があらゆる法の目的である（法規の内在的価値）としても，そのことから必然的に個人が国際法の排他的受範者となるわけではなく，一般に個人はその属する国家を介して国際法に従うことになると評された．

今日でも，個人の法主体性をめぐる議論は決着をみていない．大別して，個人の法主体性を全面的に否定する説と，これを一定の場合に肯定する説があり，後者についてはさらに，法主体性の基準について見方が分かれている．つまり，国際法が個人の権利義務を規定すればそれで個人は法主体とみなされるとする説と，個人に法主体性が認められるためには個人の名で国際的手続によって国際法上の権利を主張し，あるいは義務を課せられることが必要であるとする説

があり，一般に後説が有力であると思われる[17]．上の諸説の問題点をつぎにみておきたい．

2. まず，個人の法主体性否定説は，ソビエト国際法学において従来一貫してみられたように，個人の国際法主体性の概念は主に主権国家間の関係を規律する法としての国際法の本質そのものと矛盾するとみる．この説は，国際法をアプリオリに主権国家間の法に限定してとらえ，主権国家のみを法主体とみなす前提から出発しているから上の結論に導くのは当然ともいえる．そのため，従来の実証主義的見解と同じような欠点がここでも見出される．

すでにみたように，国際法の権利義務の直接適用性を法主体のメルクマールとみるならば，この意味における個人の法主体性の余地を認めても国際法の本質と矛盾することにはならないと思われる．なお，ソビエト理論によると，政治的には，個人の法主体を認める考えは国際法が帝国主義「世界政府」のための「世界法」に変容する必要性を根拠づけるため，あるいは，国家主権をほりくずし「人道のための干渉」を根拠づけるために擁護されているとして，これを懸念していた点を指摘しておきたい．

3. つぎに，個人の法主体性を肯定する説のなかでも，個人の権利・義務が国際法（条約）上規定されれば，それで個人の国際法主体性を認められるとする説は，今日かなりの条約が個人の権利義務を規定している状況を踏まえたものである．この説を代表するともいえるラウターパハト[18]によれば，国際法（条約・慣習法）は個人に直接義務を課し（1945年8月8日ロンドン協定，ジェノサイド条約）また権利を与えており，この場合個人は国際的な基本的権利の主体たることが認められたことを意味する．その結果，国連憲章の人権と基本的自由の尊重に関する加盟国の法的義務に対応する権利が個人に与えられたとみる．国際法主体たる資格は，享有者自身の名でその権利を請求しまたは強制する資格によるわけではなく，その権利が個人のためにつくられ，実際に個人に帰属されるなら十分である．

さらにすすんで，個人は，国家の権利義務が国家を構成する個人の権利義務

---

17) いわゆる原爆訴訟（東京地裁判決 1963（昭和 38）年 12 月 7 日）参照．
18) Lauterpacht, *Collected Papers*, pp. 141-143; *International Law and Human Rights*, 1950, pp. 35-38.

であるという意味において国際法主体であるとする見解がある．国家の権利義務は個人の権利義務であるというこの原則は，人があらゆる法の究極の単位でありかつ目的である，つまり，「人の尊厳と価値」の効果的承認と保護，ならびに人の発展が法の最終目標であるという考えを強調するかぎり，必要であるとみる．このことは，ちょうど連邦において個人が連邦法から直接利益を得，それに従う場合と類似した，個人と国際法の直接的関係の確立を意味する．その程度において，これは連邦的統合という目標に向かう国際社会の発展における本質的段階を示すというのである．

この見解は究極的には上の客観法の支持者の立場に導くものである．また，個人を法主体とする国際社会の連邦的統合という考えは，上のソビエト理論の示した懸念につながるともいえよう．

また，この説は往々にして，個人が直接国際法上の権利義務の帰属主体とみなされる場合のみならず，国家がその国内法上個人に一定の権利を与え，あるいは義務を課すことを国際法（条約）上義務づけられる場合をも含めることになり，両者を適切に区別できず混同を生じる．例えば，通商条約に規定された締約国国民の相手国内におけるさまざまの権利（内国民待遇，最恵国待遇など）は，個人の国際法上の権利というより，個人の本国に対して相手国が約束した国内法上の権利とみられる．この権利が侵害されたとき，個人は相手国の国内救済手続によって争うほかなく，それでも救済がえられない場合の相手国に対する外交的保護権は，その個人の本国の権利であって個人の権利とはみなされない（9章5節4）．

また，義務についても，例えば，公海において海賊が外国軍艦によって捕えられ，その国家の国内法によって他の犯罪と同様に処罰されるのは，個人たる海賊に国際法上の義務を直接帰属させたというよりも，むしろ国家の管轄権行使を海賊につき例外的に公海にまで拡大したことによるといえよう（4章2節1(5)(ⅱ)）．

これらの例はいずれも，個人が国際法上の権利または義務を直接有するわけではないが，上の説に従えば，その個人の国際法主体性が認められることになる．この説の弱点は，個人の法主体性の基準として，単に個人に関する権利義務（したがって，国内法上のものを含む）の国際法上の存在という，かなり漠然と

した基準に頼ったことにあるといえよう．

4. 個人の国際法主体性のもう1つの肯定説は，上の説の弱点を修正する形で主張され，個人が直接国際的手続によって，その権利を追求し，あるいは義務違反による処罰を科せられる場合にかぎり，個人の法主体性を認めようとするものである．これはたしかに今日の個人の地位に関する実定法現象にかなりよく合致した考え方である．この説を裏づけるため，国際裁判所への個人の出訴権，国際機構への個人の請願や申立て，国際手続による個人の処罰を定めたいくつかの条約があげられる．

例えば，個人の出訴権の例としては，1907年「中米司法裁判所設置に関する条約」（1919年まで存続）が締約国（中米5カ国）国民に他の締約国を相手どり直接提訴することを認めていた．また，第一次世界大戦後の諸平和条約（ヴェルサイユ平和条約297条(h)など）によって設けられた混合仲裁裁判所に対して，同盟および連合国民は旧敵国政府を相手どり直接損害賠償の訴えを提起する権利を認められていた．

第二次世界大戦後には，こうした例はさらに多くなり，ヨーロッパ共同体司法裁判所，国連行政裁判所，ILO行政裁判所への個人の出訴権が認められ，また1966年に発効した「国家と他の国家の国民との間の投資紛争の解決に関する条約」では，締約国と他の締約国の国民との間の投資から直接発生する法律上の紛争につき，締約国国民に投資紛争解決国際センターを通じて調停または仲裁手続を開始することが認められている（28条，36条）．

国際機構に対する個人の請願や申立ての認められた例としては，信託統治地域住民の国連（信託統治理事会）への請願（国連憲章87条(b)）があげられるほか，地域的なものでは，ヨーロッパ人権条約，米州人権条約のもとで締約国の義務違反に対するヨーロッパ人権委員会や米州人権委員会への個人の申立て（1950年ヨーロッパ人権条約25条，1969年米州人権条約44条），また，一般条約では，1956年の「あらゆる形態の人種差別撤廃に関する国際条約」における人種差別撤廃委員会への個人の申立て（14条），1966年の「市民的及び政治的権利に関する国際規約の選択議定書」における人権委員会への個人の申立てなどがある．

国際手続による個人の処罰を定めたものとしては，すでに1945年8月8日

のロンドン協定（主要戦争犯罪人処罰のための国際軍事裁判所設置のための4国間協定）と同付属の国際軍事裁判所条例が平和に対する罪，人道に対する罪または通例の戦争犯罪を犯した個人（ヨーロッパの主要戦争犯罪人）を国際軍事裁判所で裁くことを定め，これに従って実際にニュルンベルク国際軍事裁判所が裁判を行った——極東国際軍事裁判所条例に従って極東国際軍事裁判所も同様の裁判を行った——例があるほか，1948年の「集団殺害罪の防止及び処罰に関する条約」（ジェノサイド条約）が同罪を犯した個人を国際刑事裁判所で審理・処罰しうることを定めている．

　もっとも，このような国際手続を定めた条約はなお少数であり，しかも無条件に個人にその手続に訴えることを認めているのではなく，それに同意を与えた締約国の国民，あるいは一定の国際機構の職員の場合に限られているのが一般である．したがって，上の説によって，法主体性を認められる個人はかなり例外的であるといってよい．

　この説によれば，個人の権利・義務の存在は，その実現のための国際手続の存否によって判断されることになり，個人の実体的権利・義務が規定されていても，その実現の国際手続が条約で定められていなければ，個人に直接帰属する国際法上の権利・義務とはみなされないことになる．したがって，同一の条約でも上の国際手続を受諾する締約国の国民個人またはその管轄下にある個人は国際法主体となり，それを受諾しない締約国の国民個人またはその管轄下にある個人はそうではないという不合理な結果に導くことになりかねない．たとえ個人の権利・義務の実現のための国際手続が規定されていなくても，個人に直接国際法上の権利・義務が帰属するとみられる場合はかなりあると思われる．

5. 上述のいくつかの人権関連条約，例えば国際人権規約に定められた一定の人権が個人に直接帰属するとみる解釈が可能とすれば，「市民的及び政治的権利に関する国際規約」（自由権規約）2条の規定につき，この規約において認められる個人の権利が国家による人権の国際的保障を意味するにすぎないのか，または個人に直接帰属するのかをめぐって争いがある[19]．なお，多くの規定が，国内裁判所においては，いわゆる非自動執行的（non-self-executing）とみなさ

---

19) 自由権規約委員会による自由権規約2条の一般的意見（CCCR General Comment No.3 (Article 2)）参照．

れる場合のあることを念頭におく必要はある．この規約の締約国でかつその選択議定書の締約国でない国の国民またはその国の管轄下にある個人——したがって，その実現のための国際手続をもたない——にも，上の人権は直接帰属するといえよう．

　また，国際軍事裁判所条例に規定され，後に国連でニュルンベルク原則の1つとして確認された「人道に対する罪」は，それが国内法に違反して犯されたか否かを問わず，また，その処罰のための国際手続の存否とは無関係に個人の犯す国際法上の犯罪とみなされている．「国際刑事裁判所に関するローマ規程」は，ジェノサイド罪，人道に対する罪，戦争犯罪（および侵略の罪）のような重大な国際犯罪を犯した個人（自然人）を直接訴追しうることを定めている（5,25条）．この場合，補完主義原則により，国内刑事裁判所におけるかかる個人の処罰の先行を認めており，国際刑事裁判所（ICC）といった国際手続を経ない場合でも，国際犯罪人としての自然人の存在を前提にしている．これらの場合に個人の法主体性は肯定されうるといえよう．

　以上のようにみるならば，今日の国際法における個人の法主体性は，それを全く否定することも，また逆にあらゆる場合に肯定することも適切とはいえず，限定されてはいるが，個人に国際法上の権利・義務が直接帰属するとみられる一定の場合において——ただし，必ずしも具体的に国際的手続でその権利・義務が実現される場合に限らない——認められるということができよう．

　したがって，個人は国家のようにその存在から当然引き出される一般的恒常的な主体ではない．個人が法主体性を有する場合でも，例えば国際法の定立（変更・廃止）に参加する権能はなく，特定の国際法上の実体的権利・義務を有するだけで，せいぜいその権利・義務の実現のための国際手続上の一定の権能をもつことがあるにすぎない．

第6節　国際機構

1　国際機構の発達とその法主体性をめぐる議論

1. 国際機構にはさまざまのものがあるが，その国際法主体性が問題とされてきたのは，主に諸国家間の条約（設立文書）により設立され，共同の機関を有し，その加盟国の意思とは区別された意思をもつ国際機構，より簡略にいえば政府間国際機構である．ちなみに，条約法条約2条1項(i)，国際機構間条約2条1項(i)では，「国際機関」とは「政府間機関をいう」としている．

　国際機構は，特定目的のため招集され合意に達すれば解散する国際会議から発展したもので，最初は国際会議の継続にすぎないとみられ，法主体性の問題は生じなかった．つぎに，恒常的に機能し定期的に会合する機関（organ）をもった常設的国際機構の段階に移るが，それは19世紀後半のいわゆる行政連合（administrative unions）レベルのものであった．さらに，その活動範囲が主に政治的ではあるが国際協力のすべての面（経済，社会，技術など）に及ぶ一般的国際機構のレベルへと発達した．これは，20世紀に入り，とくに第一次世界大戦後急速に発展した国際連盟を中心とする国際機構であり，ここでその法主体の問題がようやく提起されるようになった．国際連盟時代には，とくに連盟の法主体としての地位について，広く議論はなされたものの，法的に決着はみないままで終わった．

2. ところが，国際連合については，その活動の初期の段階から，その法主体性の問題は激しい議論の対象となった．この議論をさそう契機となった国際司法裁判所の「国連の職務中に蒙った損害に対する賠償」に関する勧告的意見（*ICJ Rports 1949*, pp.178-179）は，国連憲章の目的達成のために国連が国際人格をもつことが不可欠であるとし，このことは国連が国際法主体であって，国

際的権利・義務の受範者たる資格および国際請求の方法でその権利を主張する資格をもつことを意味するとした．政府間国際機構が上のような意味の国際法主体となりうることは，今日では学説上も一般に認められており，当初これを否定していたソビエトの国際法学界もその後肯定する態度に変わった．実際に多くの国際機構は法主体性を有するとみなされている．

3. しかし，国際機構は国家と同じ国際法主体ではなく，性質を異にする．前述の勧告的意見において国際司法裁判所は，国連が国際人格を有するということは国連が国家であるということ，その法人格，その権利および義務が国家のそれらと同じものであるということにはならないとし，いわんやいかなる意味においても「超国家」ではないと述べた (ibid., p. 179)．

国際機構は，その設立文書により，その機構の加盟国と一定の国際法上の関係にあり，また，国際法上一定の権利・義務を有し，自己の行動につき国際法上の責任を負うほか，国家や他の国際機構と条約を締結する権能，国際請求をする権能，さらに，特権免除を享有する権能といったものを認められることもある．とくに国連についていえば，その加盟国や専門機関との条約締結権（国連憲章17条3項，43条，63条1項，64条1項，70条，第12章），国連とその職員の加盟国領域における特権免除（同105条，国連の特権免除に関する条約），賠償請求権（前述の勧告的意見）を有する．そのほか，国連に特殊なものとして，信託統治地域の施政権者となりうること（国連憲章81条），実現しなかったがトリエステ自由地域に対する保護権（1947年の対イタリア平和条約第六付属書）や西イリアンの国連暫定管理機関による管理（1963年5月1日から西イリアンのオランダからインドネシアへの行政権移管までの間），ナミビアにおける国連ナミビア理事会の施政権（国連総会決議2248（S-V），2372（XXII））のごとき一定地域に対する施政権などがあげられる．

2 国際機構の法主体性の基礎と性格

1. 国際機構の法主体性および種々の権限や権能の法的基礎はなにに求められるか．この点について，国際機構の設立文書に基づくとする立場と一般（慣習）国際法によって定められているという立場が対立してきた．前者の立場は

従来からとられてきたもので，それによれば，国際機構の法主体性はその設立文書によってはじめて認められるものであり，その権限や能力も設立文書に定められたものに限定されることになる．後者の立場はとくに国連設立以来唱えられるようになったもので，国際機構を国家と同じく一般国際法上の固有の法主体とみなし，かつその権限や権能を設立文書に規定されたものに限定せず，その機能を効果的に果たしうるために必要なものを一般国際法上本質的に有しているとみなすのである．

2. 上のいずれの立場も，必ずしも諸々の国際機構の慣行に全面的に合致しているわけではない．たしかにあらゆる国際機構が一般国際法上当然に法主体性を有するわけではなく，設立文書や上位機関の決議などでそれが認められるということからみれば，前者の立場の方がより適切であるとはいえよう．しかし，国際機構の諸権能は必ずしも構成文書に定められたものだけに限定されていないということからみれば，後者の立場も完全に無視することはできない．

国際司法裁判所は，とくに国連の権能について設立文書（国連憲章）に特定されたものに限定されないことを認めてきた．同裁判所は前述の勧告的意見（*ICJ Reports 1949*, p.179）において，「国際法のもとで国連は，憲章に規定されていないが，その解釈上当然にその義務の履行に不可欠なものとしてそれに委ねられる権限をもつとみなされねばならない」と述べている．さらに「ある種の国連経費」に関する勧告的意見（*ICJ Reports 1962*, p.168）においては，「国連がその宣言された目的の達成に適切であると正当に認められる措置をとるとき，その行動は国連の権限をこえていないと推定される」としつつ，国際機構は国家と同様に一般国際法に基づく国際法主体であり，その法主体性は各国際機構に固有のものであるとみなした．したがって，国際機構の設立文書はどの機構にも内在するこの法主体性をその目的に従って縮小しうるという意味をもつにすぎないことになる．なお，国際刑事裁判所（ICC）に関するローマ規程は，「裁判所は国際法上の法人格を有する」と定め，ついで「裁判所は，任務の遂行及び目的の達成に必要な法律上の能力を有する」としている（4条）．

3. では，国際機構は国家と同じく，一般に認められた客観的（erga omnes）な法主体であるといえるかどうか．いいかえれば，国際機構の非加盟国もその機構の存在ないし法主体性を認めざるをえないかどうか．

国際機構の法主体性を設立文書に基礎づける立場からみれば，その設立文書は機構の加盟国にとってのみ拘束力をもつから，加盟国が設立文書に規定されたその機構の法主体性を認めることを約束しているのは当然としても，非加盟国にとってその法主体性は客観的存在とはいえない．もっとも，非加盟国もその国際機構の法主体性や種々の権能を認めることはできる．また，すべての国または圧倒的多数の諸国がその国際機構の加盟国になれば，その機構はerga omnesな法主体とみなされることができるであろう．事実，国連や大多数の専門機関は，ほぼこれに相当するとみられる．国際司法裁判所の1949年の前述の勧告的意見（*ICJ Reports 1949*, p. 17）は，国連の蒙った損害に責任を負う政府に対する国際請求を行う国連の権能をめぐる議論において，国連加盟国と非加盟国を区別し，非加盟国に対する国連の国際人格は憲章の規定によるのではなく，「国際社会の構成員の圧倒的多数を示す50の諸国は，国際法に従えば，それらの諸国のみによって認められた人格だけではなくて，客観的な国際人格を有する実体をつくる力をもっている」ということに基づいているとした．

他方，国際機構の法主体性を一般国際法に基礎づける立場からは，その機構の加盟国の数に関係なく，合法的に設立されたあらゆる国際機構はerga omnesな国際法主体であるとみなされることになろう．この立場の妥当性は，非加盟国も合法的に設立された国際機構の法主体性を否定しえないという一般国際法が形成されているか否かにかかっているともいえよう．

3 国際機構の条約締結権能

1. 国際機構の法主体性の能動的発現としての諸権能のなかで最も代表的なものは条約締結権であろう．しかし，その条約締結権能の基礎については，設立文書によるとする説，国際人格に基礎づける説，および機構の任務を効果的に果たすことを可能にするために必要な当然の権限に基づくといういわゆる黙示的権能（implied power）説といったさまざまの見解がある．

ところで，国際機構の慣行は，設立文書中に明文規定がなくとも，条約締結権を認めてきている．連盟規約には連盟の条約締結権能について規定がなかったが，連盟はその権能を行使してきた．国連も憲章に明示的に認められていな

い他の国際機構や国家との多くの協定（例えば，1947年6月26日のアメリカとの国連本部協定）を結んできた．

　この点からみると，設立文書またはそれと同等の文書はそれ自体国際機構の条約締結権能のための十分な基礎を与えるわけではないといえる．実際にも，国際機構の設立文書ないし基本文書（constitution）のなかでその機構の条約締結の一般的許可を与えているものはわずかしかない．むしろ，条約締結権は国際機構の権限ある機関の決定と規則に依存してきたといえる．多くの国際機構は，その機構の目的と任務を推進するために条約締結権をもつと自ら考えてきた．たとえ国連憲章のように設立条約が一定の条約締結に関する明示の規定を含んでいるとしても，それらの規定はその機構の条約締結権能を網羅しているとはみなされない．しかし，その権能は国家の場合のように無制限ではなく，設立文書やその文書に従ってなされた決定（決議など）によって制限されている．

　2.　なお，国際機構間条約においては，「国際機関が条約を締結する能力は，当該国際機関の規則によるものとする」（6条）としている．なお，ここでいう「国際機関の規則」は，とくに，当該国際機関の設立文書，当該文書に従って採択された決定および決議，ならびに当該機関の確立した慣行をいう（同条約2条1項(i)）とされている（序章5節 **6—3.**）．

　いずれにしても，国際機構は一方当事者として国家ないし他の国際機構と条約（前述の国際機構間条約）を締結した場合，それによって国際法の定立に参加することになる．

第7節　国際企業体・非政府団体（NGO）

1. 前節に述べた政府間国際機構のほか，国際機構（ないし国際組織）と呼ばれるものには，個人ないし民間団体によって設立された国際的規模の非政府的団体（組織）（NGO）も含められることがあるが，こうした組織は一般にその本部所在地または関係国の国内法に基づく法人にすぎないとみられてきた．もっとも，最近ではこの種の国際機構（組織）に入るさまざまの団体，なかでも多国籍企業や，政府または公私の事業体で構成される国際共同企業といったものが国際社会における行為主体であるのみならず，国際法の規律対象となり，あるいはさらに国際法主体とみなしうるかという問題も提起されてきている．

とくに国際共同企業は，例えば国際電気通信衛星機構（インテルサット，1964年暫定発足，1973年恒久化），国際海事衛星機構（インマルサット，1979年7月19日発足）のように，最近では政府代表のみならず，国が出資事業体として指定する非政府機関（公私の企業）の代表をも加えて構成されるものがある．これらは政府間合意（条約）によって設立され，締約国政府またはその指定する企業からなる出資事業体で構成される理事会のほかに，締約国政府間総会が国際法上の権利義務の履行を担保することから，むしろ政府間国際機構の新型に分類する見解もある．

2. 多国籍企業（Multilateral enterprise, transnational corporation）とは，国境をこえて（2国以上において）生産，販売，資料購入などの拠点をもち，それらが相互に密接な人的・物的関係をもって企業活動を行い，かつ一般に意思決定が（本拠国の親会社ないし本社で）集中的に行われるような統一的意思を有する企業体（親会社からの基本的指令によって行動する系列会社というピラミッド型の複合体をなすもの）である[20]．

---

[20] 多国籍企業の定義について，国連経済社会理事会の設立した多国籍企業委員会および多国籍企業のための行動指針を作成するために設置された政府間作業グループでの検討がなされ，また，

このような多国籍企業は，先進国を背景にもち，巨大な規模を有する組織であって，国際社会においてとくに（途上国である）受入れ国に多大のインパクトを与えうるアクターである．

しかし，従来から国際法上，企業は個人と同じ地位におかれてきた．かかる企業（法人・会社）も，設立準拠法地ないし主たる事務所の所在地を管轄する国の国籍を有し，例えばそれが相手国（政府）と結ぶ合意は私法上の契約に類するもの（国家契約）であって，（国際法上の）条約とはみなされてこなかった．また，（多国籍）企業が受入れ国で被った違法行為に基づく損害について，一般にその企業の国籍国の外交的保護権が認められてきたのであり，（多国籍）企業自身が国際法上当事者の資格を有するわけではなかった（ICJのバルセロナ・トラクション事件判決（*ICJ Reports 1970*, p. 3）参照）．

ところが，1970年国際電信電話会社（ITT）がチリのサルバドル・アジェンデ（S. Allende）の大統領当選を妨害しようとし，また軍事クーデターを起こさせるためCIAと交渉していたことが明るみに出た．このことを契機に，多国籍企業の国家に対する干渉活動が国際社会で取り上げられた．同年国連貿易開発会議（UNCTAD）は制限的商慣行に関する決議（73（III））を採択し，同年国連経済社会理事会（ECOSOC）は多国籍企業研究有識者グループの設立を決議した（1721（LIII））．1974年の諸国家の経済権利義務憲章（国連総会決議3281（XXIX））によれば，多国籍企業について，いかなる国も自国の国家的管轄権の範囲内で，多国籍企業の活動を規制，監督し，またそのような活動がその国家の法令および規則を遵守し，かつ自国の経済社会政策に合致することを確保するための措置をとる権利を有するのであり，他方，多国籍企業は受入れ国の内政に干渉してはならない（2条2項）．もしこの憲章（のこの規定の内容）が国際法規則であるならば，多国籍企業は国際規制の対象とされるのみならず，内政不干渉義務を直接負っている受範者とも解しうることになり，そのかぎりでの国際法（義務）主体とみられないこともない．

国連の作成した多国籍企業行動指針は，その法的性格について問題がある

経済協力開発機構（OECD）の1976年6月21日「国際投資および多国籍企業に関する宣言」付属の「多国籍企業の行動指針」では，行動指針の適用上定義は必要でないとしつつ，一応の定義を与えている．

（ソフト・ローとみなされうる）ほか，多国籍企業を取り扱うもの（この場合政府が遵守すべきものとなる）か，それによって遵守されるべきものかをめぐっても議論がある．これらの条件——法的性質が肯定され，また，多国籍企業自体が行動指針の受範者となること——がみたされた場合にのみ，多国籍企業の法主体性が行動指針上認められたことになろう．

3. NGO のなかでも国際 NGO すなわちその目的が国際的で，その活動，メンバー，財政が複数国にわたる NGO は，今日の国際関係において（国家や政府間国際機関にはみられない）新しい要素を含む重要な行為主体（アクター）である．

国際 NGO といわれるもの（その数は1万7,000 にものぼるといわれる）には，国連憲章71条に基づき経済社会理事会（ECOSOC）と取極を結び，協議する関係にある国際団体（もっとも国内団体でもよい）や憲章に基づかない NGO が含まれている．

前者については，1968年の ECOSOC 決議1296（XLIV）「民間団体との協議取決め」に基づき，「政府間協定によって成立したものではない国際団体」が協議取決めの対象とされ，協議上の地位を得るための資格要件が列挙されている．そのなかには「国際経済，社会，文化，教育，衛生，科学技術，人権およびそれに関連する問題」について関心を有することがあげられており，NGO の協議上の地位はその関心やその分野での国連の目的達成への貢献度などにしたがって3つ（カテゴリーI，カテゴリーII，ロスター．1987年現在の NGO の数はそれぞれ35，299，490）に分類されている．このような国際 NGO の協議上の地位——とくにカテゴリー I は，ECOSOC での議題提案，オブザーバー出席，意見書提出，発言などが認められる——は，国際法上の権利義務が直接帰属することを意味するのではないから，かかる NGO が国際法主体として認められるわけではない．

後者つまり国連憲章に基づかない NGO についても，国連と協議あるいは活動協力をしているものがある．国連総会での政治問題を扱う委員会や社会問題を扱う下部機関での協力はかなり進んでいる．たとえば国連貿易開発会議（UNCTAD）は，貿易開発理事会の手続規則79で NGO との協議関係を詳細に規定し，ECOSOC の場合と類似の NGO リストを作成している．ここでの NGO の地位も上と同じく法主体性を認めたものとはいえないであろう．

4. しかし，国際 NGO は国際法の主体を生み出すのに決定的役割を果たす推進母体となる場合があり，また，NGO 自体が法主体と類似の地位を得ていると思われる場合も皆無ではない．

例えば，法主体である国連環境計画（UNEP）はアメリカなどでの環境保全 NGO の活動の結果，1972 年ストックホルムでの国連人間環境会議の開催について，同年の総会決議 2997（XXVII）により設立されたものである．この決議は同時に環境保全 NGO に対して UNEP との協力を求めている．

また，スイスの国内 NGO に分類しうる赤十字国際委員会（CICR, ICRC（英文略称））は，国際人道法（慣習法および 1949 年ジュネーブ諸条約と 1977 年追加議定書）のもとで，武力紛争時の犠牲者保護のための発議権（droit d'initiative）をもつとみられ，人道的援助の提供を申し出ることができる．紛争地域に派遣された赤十字国際委員会代表（スイス人のみであったが，今日では（1990 年以来）他の国籍者も可能）は，国連特権免除条約と類似の協定により特権免除を享有している．このような地位は国際法の「主体」と「非主体」の相互浸透性を表わすともいわれている．

NGO は明確な国際法主体性を有しないとしても，そのいくつかは国際法規範（国際文書）形成過程にさまざまの形で関与すること（例えば条約作成会議でのロビイング）[21]によって，国際法の形成（定立）に少なからず影響を与えている．また，国際法の実施ないし適用について，国家の活動を補充し（例えば事実認定の役割などで）あるいは国家に代替する（例えば国際武力紛争において利益保護国の役割を赤十字国際委員会が果たす場合）などして貢献してきたことは否定できない．

---

21) 対人地雷禁止条約を作成したオタワ外交会議の席に，地雷禁止 NGO が参加し，ロビイングだけでなく，外交会議で発言（提案）し（ただし，表決権はなし），条約作成に貢献した．これはオタワ方式と呼ばれている．

第 2 章　国家の成立と基本的地位

第1節　国家の要件と継続性

1　国家の要件

1.　近代国際社会から現代国際社会にいたる数百年間にわたり，最も基本的な法主体としての地位を維持してきた国家は，国際法秩序と国内法秩序のどちらにも属することにより，要の位置を占める．ここでは国家の成立・存続・消滅と国際法の関係，国家の国際法上の地位が問われるのである．

　もっとも，新国家を形成させる政治社会現象は，歴史的事実として法以前のものである．その意味で，国際法秩序が国家を創造し，基礎づけるのではなくて，国際法は国家の存在を前提とする．しかし，国際法は国家に国際法上の人格性（法人格）あるいは法主体性を認めて，国際的権利・義務の遵守をそれに要求する．そのために国家性（statehood）の基準，いいかえれば，国家の成立要件ないし構成要件が国際法上定められる必要がある．国際法の定めるかかる基準ないし要件は時代によって必ずしも同一ではないが，基本的には事実主義という実効性原則に基づくものである．しかし，その内容もかなり不確かで不十分である．

　国際人格をもつ国家の要件としてよく引き合いに出されるのは，1933年「国家の権利義務に関するモンテビデオ条約」（1条）の定めるつぎの4つである．つまり，(a)恒常的住民，(b)一定の領土，(c)政府，(d)独立，ないし他国と関係をもつ資格，である．これら4つ，あるいは住民（国民共同体），領域，政府（統治権力）の3つをあげる学説もある．

　2.　まず，国家は個人の集合体でもあるから，恒常的人口が必要である．この場合も，最小限必要な人口（数）についての規則はないのであるから，わずかの人口（例えばナウルは6,500人，サンマリノは2万人）でも差し支えない．し

かし，前述したようにバチカン市国（1章2節1-3.）については，職業的な人口であるため，その恒常性については問題が残る．

なお，国籍は国家性に依存するのであり，その逆ではないから，他国の領域内に樹立された新国家の居住者が当初新国家の国籍を有しないことも起こりうる．

つぎに，国家が領域的実体であることは明らかである．しかし，領域の最小限の広さを定める規則はないから，例えば数（十）km^2 のもの（モナコ，ナウルなど）でもよく，また新国家の隣接国との境界が未解決のままでも差し支えないが，領土が全くなければ国家とはいえない．

さらに，国家はその領域の一般的支配を行う実効的政府（ないし統治制度）をもたなければならない．この要件は国家の独立のための基礎をなすものである．この支配の性質および程度については，それがある程度の法と秩序の維持を含むことを除いては，とくに要求されるものはない．政府の存在が国家の前提条件であり，ある領域における政府の継続がその国家の継続を決定する1つの重要な要素である．

その他，他国と関係をもつ能力は必ずしも国家に固有のものではないが，他の法主体と比較して，十分な広い範囲にわたって国際関係に入るこの能力は国家に顕著なものである．この能力が国家性の基準というよりも，むしろ国家性の結果であるというべきであろう．

独立は，国家性の中心的基準であるが，国家性の当初の資格を得る基準としての独立と国家の存続のための独立を区別することが重要である．本国から分離して形成される新国家は形式的にも現実にも実質的独立を証明しなければならないが，既存国家の独立は侵入や併合から国際法上保護されるものである（2章4節2）．したがって，既存国家は実質的独立ないし統治の実効性を欠く場合でも（例えば外国の侵入を受け全面的に占領された場合），かなりの期間にわたって法的実体（国家）として存在し続けることができる．

また，これらの要件ないし基準のほかに，かつては，国際法の遵守を可能ならしめるような「文明化」の程度に達していることという（第5の）要件をあげる見解（例えばハイド（C. C. Hyde））もあった．これは19世紀のヨーロッパ協調の時代あるいは非ヨーロッパ諸国（とくに東洋諸国）がヨーロッパ諸国（キ

リスト教「文明国」との対等な待遇を認められていなかった時代の状況を示すものであって，現代国際法上もはや要件としてあげられていないといえよう．(なお，国連憲章によれば，国連加盟国となるためには，憲章に掲げる義務を受諾し，かつ，その「義務を履行する能力および意思」があると認められる「平和愛好国」であることが要件とされている（4条）．)

要するに，最も簡単な定義としては，国家とは恒常的住民（国民）の居住する一定の地域に法秩序を維持する安定した政治社会（コミュニティ）を意味する．集権化された行政的・立法的機関をもつ実効的政府の存在が，安定した政治社会の最善の証拠であるといえる．

また，国家は他国の法秩序から独立していなければならない．この独立は実効的政府の要請と密接に結びついている．みせかけの独立した国家機構を通じて，外国の支配が事実上行使される場合は，「従属国家」であり，国家性の基準を満たしているとはいえない．上にみたこれらの伝統的な基準ないし要件はほとんどが，いわゆる実効性原則（事実主義）に依拠しているものである．

しかし，今日では国家の法的定義を与えるためには，この実効性の原則による上の要件に加えて，また，場合によってはそれらの要件と矛盾さえする，つぎにみるような他の基準ないし要件が必要かどうかが問われてきている．いいかえれば，上の要件を満たしても，国際法上の一定の規則に反してつくられた実体は国家とはみなされないのではないかという疑問である．

3. 1つは，強行規範（ユース・コゲーンス）に違反して樹立された実体はたとえ上述の事実的要件を備えているとしても，国家性が拒否されるべきかどうかという問題である．もっとも，今日までのユース・コゲーンスの議論から判断しても，条約法条約に定められたユース・コゲーンスに関する規定が条約（締結）以外の行為あるいは事態を無効にしあるいはその法的効果を否定することができるかは疑問であるし，国家の樹立という事態に直接適用されるよう意図されていたとは思えない．むしろ，ユース・コゲーンスか否かを問わず，自決権および違法な武力行使の禁止の観点から，国家の成立に影響を与える違法性基準の問題（逆にいえば，国際法上の正当性の問題）にアプローチする必要がある．

国家性と自決権の関係の問題は重要である．現代国際法上の権利としての自

決権そのものが国家性の一基準を示しているとさえいいうる．自決原則が適用される単位，とくに植民地その他の非自治地域は，一般にそれを施政する国家の領域とは別個のかつ異なった地位を有する政治的単位として確立されかつ認められたもの（領土）である．このような自決の単位はまだ国家ではないが，自決権すなわち自らの政治的地位ないし機構を選択ないし自由に決定する権利を有する．つまり，自決は別個の国家としての自決単位の独立をもたらしうる．逆に，自決原則は，それに違反してつくられた実効的領土単位が国家として認められることを妨げるかどうかが問われるのである．

これが問題となった事例として，ローデシアの場合があげられる．この場合，少数派（スミス）政府は1965年の一方的独立宣言以来，南ローデシア領土に実効的支配を行使してきた．しかし，南ローデシアはいかなる国によっても独立国とはみなされず，国連によっても国家として取り扱われなかった．1965年11月20日の安全保障理事会決議217は独立宣言が法的効力を有しないと述べ，スミス政府を違法な当局とみなした．したがって，イギリスが引き続き非自治地域（ローデシア）の施政当局とみなされた．（また，南アフリカ共和国がアパルトヘイト政策を続け，その人民の自決権を侵害し続けていることを理由に，その国家性を否定する見解さえあった．）

アパルトヘイトやバンツースタン政策との係わりでいえば，トランスカイの例があげられる．その国の人民の多数に対する違法な人種差別政策にしたがって，南アフリカによってその本国領土内につくられた実体（トランスカイ）は新国家として受け入れられなかった．最近のこれらわずかの事例から一般的結果を引き出すのは危険であるが，自決権に違反して成立した実体が国家性を主張することを禁止する新しい基準が現われつつあるともとれる．

特殊な例として，「パレスチナ国家」樹立の問題がある．1988年11月15日パレスチナ解放組織（PLO）のアラファト議長は，アルジェ（アルジェリア）においてエルサレムを首都とするパレスチナのすべての地にパレスチナ国家の樹立を宣言し，PLOをパレスチナ国家の唯一の正式な代表とみなした．しかし，この「国家」は，自ら主張するパレスチナの地を実効的に支配しておらず，また，PLOがそれを代表する政府とみなしうるかといった点で問題をかかえている．

1964年6月第1回パレスチナ国民（民族）議会がPLO憲章を採択した．この憲章は，武力闘争がパレスチナ解放の唯一の手段であるとし（9条），また，1947年のパレスチナ分割およびイスラエルの樹立を無効とみなした（19条）．他方，1967年6月

のいわゆる6日戦争後，国連安保理は決議242で戦争による領域取得の不許容と最近の紛争で占領された領域からのイスラエル軍の撤退を要求した．しかし，この決議はパレスチナ問題に言及せず，また，イスラエルはこの決議を無視して占領を継続してきた．PLOは1974年以来国連にオブザーバー資格を認められ，アメリカと国連間の本部協定に従ってニューヨークに本部事務所をもっていたが，アメリカの議会は1987年テロリズム禁止法（ATA）を可決し──なお，PLO代表部事件（*ILM*, Vol. 27, No. 4）でATAが本部協定によるアメリカの義務を廃止させうるかが争われた──，シュルツ国務長官（当時）は国連総会（1988年11月28日）にオブザーバーとして参加するために必要な査証をアラファト議長に与えることを拒否した．そのため，国連総会はジュネーブに移して開催され，1988年12月13日アラファト議長が演説した．

　国際社会の反応はきわめて微妙であった．国連総会は，上記のアラファト演説後に投票された関連決議43/177で，パレスチナ国家宣言を承認し（acknowledge），パレスチナ人民が1967年以来占領されている彼（女）らの地域に彼（女）らの主権を行使することができるようにする必要を確認した（賛成104，反対2（イスラエル，米），棄権36）．なお，ヨーロッパ議会は1988年12月15日の決議（賛成60，反対52，棄権10）で，ヨーロッパ経済共同体の加盟諸国がPLOを「パレスチナ亡命政府」として承認することを要求した．こうして1993年までに，パレスチナは100ヵ国以上により認められたが，全会一致に近い支持は得られず，とくにアメリカとイスラエルはパレスチナを国家として認めなかった．1993年9月9日パレスチナ暫定自治宣言でイスラエルとPLOは相互承認を行った．これにより双方の協定の結果，イスラエルは暫定自治政府に若干の領土支配を移転（返還）した．しかし，1993年以来21世紀の今日にいたるまで，パレスチナの国家性への過程はなお途上にあるといえる．国際司法裁判所の「パレスチナ占領地域における壁構築の法的効果」に関する勧告的意見（2004年7月9日，*ICJ Reports* 2004, p. 136）では，パレスチナ人民の自決権の行使に対するイスラエルの義務違反をあげたが，パレスチナの国家性については触れていない．2004年7月20日の国連（第10回緊急特別）総会決議ES-10/15は，この勧告的意見を承認しつつ，イスラエル政府とパレスチナ当局双方にロードマップのもとでそれぞれの義務をただちに履行することを要請した．イスラエル（ネタニアフ首相の演説）は，（2009年6月14日）初めてパレスチナ国家樹立による2国家共存を容認したが，そのために，「ユダヤ人国家」としてのイスラエルの承認やパレスチナ国家の非武装化を求めた．パレスチナ自治政府（アッバス議長）はこの演説を和平努力を麻痺させるものとして批判した．

4.　国際関係における武力による威嚇または武力行使の禁止は，すでにみたように現代国際法の基本原則であり，したがって違法な武力行使によってなされた行為あるいは達成された事態（例えば，獲得された領土）は一般に許容されない．かかる事態として樹立された新しい実体（国家）は，たとえ事実的要件を満たしているとしても，現代国際法上国家としてみなされないかどうか．

例をあげれば,「満州」国(1932年1月7日独立宣言)の場合,その傀儡性が明白であり独立性の事実的要件を欠いていたため,連盟規約や不戦条約に違反した日本の違法な干渉ないし武力行使の結果樹立されたものであるから国家性を有しなかったかどうかは問題となりえなかった[1].第二次世界大戦中(枢軸国側の)違法な武力行使によりつくられたいくつかの実体も傀儡とみなされ,独立国とは認められなかった.逆に,違法な武力行使により領土を奪われた国家は,事実的要件(実効性)を欠いても,国家性(法人格)ないし法主体性を失わないともみられる(2章1節2参照).

ところで,国家性と違法な武力行使の結果との関係の考察についてはジレンマを伴うことがある.それは外部(外国)からの違法な武力行使の結果つくられた実体(国家)が(傀儡ではなく)事実上真に独立する場合である.例えば,インドの武力介入によるバングラデシュの独立の場合がこれに当たる.ここには自決の問題がからんでいた.

そこから,自決と武力行使の関係が問われる.つまり,非自治地域の状態に置かれた人民(ないし反徒)を支援する外部からの違法な武力行使により,自決権にしたがった実効的な自治の実体すなわち事実的要件を満たす自決単位がつくられた場合,それは国家性を認められるかどうかである.バングラデシュ(1971年4月10日アワミ連盟の独立宣言)の場合,インドの軍事介入は国連憲章(2条4項)違反として批判された.しかし,非自治地域状態にあって自決権をもつ東ベンガルが独立国家となるのをインドの違法な軍事支援行動のために阻害されるとはみなされなかった.最近の例として,セルビアからのコソヴォの独立や南オセチアとアブハジアの独立(宣言)の場合があげられる[2].

---

1) なお,満州の国家としての主体性を否定していない日本の国内判例――「満州国の法的地位」事件(神戸地裁2000(平成12)年11月27日判決)――参照.
2) セルビアの自治州コソヴォはアルバニア人が77%を占めていたが,ボスニア内戦終了後コソヴォで主導権を握ったコソヴォ解放軍に対して,セルビアのミロシェヴィッチ大統領は1998年2月武力介入を始めた.これに対して,1999年3月24日(から78日間)NATO軍は(国連安保理の決議なしに)大規模な空爆を行い,ミロシェヴィッチは翌年9月の選挙に敗れた後逮捕され旧ユーゴ国際刑事裁判所に引き渡された.コソヴォは安保理決議1244に基づいて国連コソヴォ暫定統治ミッション(UNMIK)が統治に当たり,国際安全保障部隊(KFOR)が治安面を担当した.2002年3月に暫定自治政府がつくられたが国家独立への協議は先送りされ,アハティサーリ国連事務総長特使の交渉原案(2007年3月)(コソヴォの独立とその後少数派セルビア人の拒否権を認める)に基づく交渉にもかかわらずアルバニア人側と安保理決議1244のいう領土保全を主張するセルビア側との妥協点は見出せなかった.このなかで,コソヴォは2008年2月

2　国家の継続性と同一性

1. 国家は，その政府，領土または人口に変化が生じても，上述の国家性の要件を満たしているかぎり，「同一」国家として存続し続ける．このような意味での国家の継続性は，ある国が領土に関して他国にとってかわる場合の国家「承継」とは基本的に異なる．国家と政府の区別がなされるかぎり，国家の継続性の観念は必要である．また，国家の継続性，同一性は国際関係の秩序ある発展，国際義務や国際責任の基礎にも関係する．

なお，国家の継続性と同一性は同義ではなく，両概念を混同してはならない．国家は，外国による征服や併合，あるいは連邦国家への支邦ないし州としての受容などによって消滅してしまわずに，つねに国際法主体としてとどまっている場合，継続しているとみなされる．逆に，征服などでかつて消滅した国家と擬制的に同一の「新」国家が成立した場合，その国家はかつての国家と「同一」であるとみなされうる．かつての国家がもはや存在せず，その領土に新国家がまだ成立していない期間が存在するから，この場合国家の継続性はないのである．したがって，国家の継続性は必然的にその同一性を含んでいるけれども，国家の同一性自体はその継続性を含むものではない．

もっとも，国家が一度消滅すればその後「復活」したとは認められず，消滅した国家と同一ではない新国家となるとして（1945年後のオーストリア共和国の復活の例），国家の継続性と同一性の区別を否定する学説（マレク K. Marek）

17日独立宣言した（議会は2008年2月18日「改めて」独立宣言）．セルビアの反対にもかかわらず，かなりの数の諸国が「コソヴォ共和国」を承認した．セルビアは領土保全に反するコソヴォの「分離」に反し続けている．問題は，この一方的独立宣言が国際法に従っているかどうか，いいかえれば，コソヴォは国家の要件を備えているかどうかである．1つはコソヴォ（人民）の自決権の存否であり，もう1つは安保理諸決議とくに決議1244（1999）に従っているかどうか（セルビアの同意のないことおよび安保理の新たな決定のないこと）である．国連総会は，この問題について，2008年10月にICJに勧告的意見を要請する決議（総会決議63/3）を採択した．

南オセチアとアブハジアの当局は，2008年8月ロシア軍とグルジア軍の衝突後，2008年8月21日に独立を宣言した．ロシアはグルジアへの軍事侵攻後数日でこれを承認したが，ほとんどの国は承認を差し控えている．この独立宣言も自決権の有無が問題になる．8月26日メドヴェジェフ・ロシア大統領は承認宣言において「オセチアとアブハジア人民の自由に表明された意思」をあげた（ニカラグァも）が，これは例外的であり，南オセチアまたアブハジア人民も，コソヴォ「人民」と同じく，国際法上，新国家をつくる権利をもつかどうかは疑問である．

もある．この説によれば，国家の継続性はその同一性のダイナミックな表現（属性）とみなされるのであり，国家の同一性を国家性の要件の適用によって判断するのではなく，国家の国際的権利義務の同一性によらしめるのである．

しかし，国家の存在はその国家の法的諸関係とは区別されるものであり，国家がその領土，統治機構または制度を一定期間保持している場合，その国家は同一性を保ち，その人格（国際法主体性）に変更はないとみなければならないだろう．この同一性は一種の法的擬制であるが，歴史的にも認められてきた．（例えば，第二次世界大戦の前と後のポーランドの同一性については，後述．）

2. また，国際法主体としての国家の継続性を律する一般規則とみられるものはなにかについて，見解は2つに分かれている．1つは，国家の継続性を決定する本質的要素はその法秩序つまり憲法秩序であるとして，憲法秩序が革命によって転覆されるなら，革命前の国家は消滅し，新国家が誕生するとみる見解（クアドリ Quadri）である．しかし，この見解は実効性の原則や国内事項不干渉の原則にも反し，国家実行や国際判例によっても支持されていない．もう1つは，国際法と国内法の両分野を区別し，事実的実体としての国家の継続性を律するのは国家性の基準（要件）であるとして，たとえ革命によって国内秩序が変更しても，国際法上国家の構成要件，とくに独立した政治機構の実効的永続性に変更がなければ，国家は継続しているとみる見解である．この見解の方が一般的支持を得ており，国際実行にも合致する．

国家の構成要件は，国家に法人格を得させるためのみならず，それを維持するためにも必要である．したがって，国家の構成要件が実質的に変更を受ける場合に，国家の「継続」か「消滅」かという問題が生ずる．国家の構成要件のうち，領土あるいは人口の増減がそれ自体国家の継続性に影響を与えないことは十分確立している．領土変更（縮小）にもかかわらず継続性が推定されることは，諸々の「帝」国の場合において例証されている．イギリスは1920年以来広大な帝国領土を喪失してきたにもかかわらず，従来と同じ国家であり，その継続性が疑われたことはない．ケマルのトルコ共和国もオスマン帝国の継続とみなされた．パラグァイ共和国は，1865-70年以後ブラジルとアルゼンチンのためにその領土の3分の2を失ったが，同一の国とみなされてきた．

もっとも，領土が完全に喪失した場合，一般に国家は継続しえず消滅する

(2章1節3). (なお, 1870-1929年の教皇庁, 1799年以来のマルタ騎士団は, 領土主権を奪われていたにもかかわらず, 元の国際人格を保持していた.)

3. 政府（政治機構）の変更についていえば, 国内制度（憲法）の改正手続に従った変更, 国家の名称変更, または, ある国家の革命政府の不承認が国家の継続性に影響しないことはいうまでもない. さらに, 改正手続によらず国内制度（憲法）や統治形態を変える革命の場合も, 国家の継続性・同一性は変わらない.

革命がその国家の継続性に一応（prima facie）影響を与えないという規則は, 19世紀から20世紀にかけての多数の革命, クーデターなどに適用されてきた. 10月革命を経て成立したソ連は当初新国家テーゼをとろうとしたがイギリスやフランスなど債権国の反対にあい, やや躊躇のあとロシア帝国の法人格を継続して有しているとみなした.

なお, 国家の階級構造の変更をもたらす社会主義革命は諸関係の継続性を根本的に切断すると主張されることがある. しかし, この主張は, 国家の法的継続性の観念を否定することをめざしているのか, あるいは,（革命前の旧政府の負っていた）債務の承継を否定しまたは緩和させるための理論操作であるのか, 必ずしも明らかではない. ソ連も, 革命の結果成立した中華人民共和国も, その前体制の国家との非継続を主張していない.

4. 軍事占領はたとえ領土全体に及んだとしても, 被占領国の継続性に影響を与えるものではない. その結果, 戦争継続中——被占領地域において占領国の支配のもとに樹立される「傀儡政府」に対抗する形で——亡命政府は敵に（全面）占領された国の政府として, その同盟諸国によりたびたび承認されることがある. 軍事占領下にある国家の継続性は, 平和条約の締結・発効による平和回復まで（また, ありうるとすれば征服によるその国家の消滅時まで）存在する.

1930年代以来の国家実行によれば, 違法な武力行使の結果としての国家領域の「併合」（違法な占領）は, それ自体国家性を消滅させない. 例えば1936年イタリアに征服・併合されたエチオピアは国際連盟の加盟国にとどまり, 1941年の解放後は独立した共同交戦国とみなされた. 1939年ドイツによるチェコスロバキアの併合, 1938年のオーストリア併合（Anschluss）のような外国支配は, その源が違法であるという理由で「不法から権利は生じない」（ex

injuria non oritur jus)」の原則を適用して，(戦後) 無視された．もっとも，こ
れらの例のように違法ではあるが実効的に併合された国家の場合，国家の継続
性に疑問が生ずるとしても，外国支配が排除され，再組織された後その同一性
は維持される．

5. 国家が複合的な変更を受けた場合，問題はより複雑である．こうした変
更にもかかわらず，国家の同一性が主張された例として，つぎのものがあげら
れる．1918年11月1日のセルビア王国と（以前オーストリア・ハンガリー帝国に
属していた）セルビア・クロアチア・スロベニア王国の間の連合協定により，
セルビア王国の継続性・同一性が認められたとされている[3]．

1945年以後のドイツの場合，ドイツ民主共和国は1945年以前のドイツ国家
との同一性を主張したことはなかったが，ドイツ連邦共和国の方は自らを（全
体的または部分的に）1867-71年に樹立されたドイツ国家の継続とみなしてき
た[4]．

1945年以後のポーランドは，1939年ドイツ軍の侵入により併合（占領）さ
れたが，併合（占領）された国の側にたつ同盟国（この場合は連合国）が戦争を
続けているかぎり——そして，ロンドンの亡命政府の指揮下に実質的にポーラ
ンド軍が領域内で抵抗を続けた——，その国の消滅は阻止されることから，
1939年以前のポーランドと同一の国家として取り扱われ，国家承継の場合で
も新国家の樹立の場合でもないとみなされた．

---

3) なお，最近のユーゴスラビアの解体過程——スロベニア，クロアチア，ボスニア・ヘルツェゴ
ビナ，マケドニアの各共和国は独立を達成——において，セルビア共和国とモンテネグロ共和国
間の合意で形成された新ユーゴスラビア連邦は，解体前の国家の継続であり，それと同一である
といいうるか．例えばアメリカはこれを旧ユーゴスラビアの承継国とは認めない方針を明らかに
した．1992年9月国連安保理および総会は，新ユーゴによる旧ユーゴスラビア国連議席の承認
を拒否し，新ユーゴは新規加盟を申請しなければならないとした．2003年2月「ユーゴスラビ
ア連邦」は消滅し，新国家連合の「セルビア・モンテネグロ」が成立した．2006年6月3日モ
ンテネグロ議会は独立を宣言し，また同月5日セルビア議会も独立を宣言するとともに「セルビ
ア・モンテネグロ」の承継国となることを明らかにした．
4) 1951年2月16日の覚書では，連邦共和国は国際法からみて Reich と同一であると確認された．
なお，1990年8月31日のドイツの統一に関する条約により，ドイツ連邦共和国基本法23条に
従ってドイツ民主共和国のドイツ連邦共和国への編入という形で，1990年10月3日前者は消滅
した．その領土（ブランデンブルク，メクレンブルクフォアポンメルン，ザクセン，ザクセンア
ンハルト，チューリンゲンの5州および東ベルリン）は後者の構成部分（Lander）となり，そ
こに基本法が適用されることになった．その結果，統一ドイツはその対内・対外事項において完
全な主権を有し，ドイツ連邦共和国の同一性は維持されている．

3 国家の消滅

1. 国家の継続性の問題を裏返せば,国家の変動・消滅の問題となるのであり,前者を律する規則が後者にも妥当する.例えば国家の構成要件の1つである恒常的住民(国民)が完全に無くなれば,その国家は消滅したとみなされよう.

ただ,すでに確立している既存国家が国家の構成要件のいずれかを欠くにいたったとみられる事態が生じても,一般的にいえば,その消滅に反対し,その継続に有利な推定が働くとはいえよう.したがって,例えば国家内で無政府状態が一定期間続くことによって,あるいは,国家機構が分裂し,ただ実効的統治らしきもののみが維持されているような実質的独立を喪失した状態になっても,そのことからただちに国家が消滅したとはみなされない.

カンボジアは1978年(ベトナム軍の介入)以来国家権力の分裂状態が長く(13年間)続き,1991年10月23日和平協定で最高国民評議会(シアヌーク議長)が暫定的にカンボジアの唯一の合法権力となるまでの間,統一的政府の存在は疑問視されたが(2章2節**6**参照),国家としての存在は否定されなかった.

他方,分裂した国家機構がかなり長期にわたって他国の国家機構に実質的に吸収され,あるいは消滅してしまう場合,そこに少なくとも本質的な国際法違反がなければ,国家の消滅をもたらす.とくに従前の国家機構が国家の同一性を任意に放棄し,他国と結合する場合,前国家は消滅する.例えばドイツ民主共和国の場合,1990年3月18日の自由選挙で80%が早期のドイツ統一を望み,任意的にドイツ連邦共和国の構成部分となった.

2. より困難な問題を提起するのは,外部勢力により国家の全領域が違法に併合された場合である.前述のように第二次世界大戦前の1935-40年の間に外国の違法な武力行使により事実上吸収併合されたいくつかの国家(エチオピア,オーストリア,チェコスロバキア,アルバニア)は,敵対行為中またはその終結にさいして連合国により再建されたが,「不法から権利は生じない」の原則から,それらの国の法的存在は消滅しなかったものとみなされた.また,同大戦中に併合(占領)されたポーランドは,前述のようにその同盟国(連合国)が戦争を

継続していたことからも,征服され消滅したとはみなされなかった.

これと関連する問題として,外国の実効的ではあるが違法な「併合(占領)」に直面した国家は,自らの実効的支配,したがって国家の構成要件を事実上欠くにもかかわらず,どれほどの期間にわたってその法的継続性・同一性を維持しうるか,また,逆にその期間を過ぎれば消滅したとみなされるか,が問われうる.違法な「併合」に対して国家人格を保護する規則——上の「不法から権利は生じない」の原則もその1つ——が強行的,永続的性格をもち,また,武力行使禁止の規則がユース・コゲーンスであるとすれば,長い期間の経過も他の事情に変化がなければ,違法な「併合」による国家の消滅を認めさせることにはならないであろう.

もっとも,この問題は国際法上時効制度が存在するかどうか,存在するとしてもその制度がこの場合に適用されうるかどうかといった点の検討にもかかわるものであり,これに該当する事例が第二次世界大戦後にはほとんどない状況のなかで結論的評価を下すことは難しい[5].

---

5) なお,ソ連邦内の共和国を構成していたバルト3国(リトアニア,ラトビア,エストニア)は1991年につぎつぎ独立を宣言し,ソ連国家評議会も同年9月6日バルト3国の独立承認を決定した.そもそもバルト3国は1917年ロシアからの独立を宣言し,1920年にはソ連と平和条約を締結して正式に独立したが,1940年スターリンによりソ連に編入された.しかし,この編入は1939年8月23日独ソ不可侵条約,独ソ境界友好条約のそれぞれに付属した秘密議定書と秘密追加議定書により3国がソ連の権益範囲に属するとの合意に基づくものであったとして,むしろ当時の状況からこれらの議定書を当初から違法・無効とみなし,したがって編入も無効とする見解がある.この見解にたてば,バルト3国は1940年以前のバルト3国と同一性を有するのみならず,ソ連に編入されていた51年間も3国は消滅せず,その継続性は維持されていたことになろう.なお,アメリカは,1991年にはこれら3国を承認するのではなく,外交関係を再確立した(reestablish).なお,日本は3国と外交関係を確立した.

第2節　国家承認

1　国際法における承認の意義

1. 国際社会が集権的構造をもたず，平等な法主体としての主権独立国家の併存関係を示すことから，国際社会の諸制度や国際法上の権利義務は，(とくに意思主義の立場からは)一般にこれら諸国家の同意ないし承認に基づいて成立することにならざるをえない．広い意味では，承認は国家によるさまざまの種類の行為に適用されうるのであり，それらの行為に対するある(他)国の公的な是認を意味する．かかる行為に対する抗議をなさないこと，それを黙認するといった行為パターンも承認行為と同類のものであるとみなしうる．

2. したがって，承認は本来的に国家の任意的，政策的な行為である．なかでも，国家，政府あるいは交戦団体の承認，さらに最近では自決権を行使する人民ないし民族といった法主体(法人格)そのものの承認は最も基本的なものであるとともに，それらをめぐる実行上，理論上の問題も多い．国際社会の基本的単位であり，かつアクターとしての国家については，国際社会に登場する新国家の承認ないし未承認(または不承認)の問題として主に論じられてきた．

2　国家の成立と承認の関係

1. 国家の成立は，前節で述べたように本来的には社会学的ないし歴史的な事実の問題であるが，国際社会の分権的性質上，既存の諸国家が新国家成立の事実について認定するという承認制度が採用されてきた．しかし，承認の問題は，伝統的国際法の創設期(国際法の英雄時代)の学者の国際法理論のなかにはまだはっきり論じられず，18世紀半ばまでのヨーロッパの国家(君主)間実行

にも現われていない．当時の絶対君主ないし主権者は自ら君主ないし主権者とみなされるために，他の王や国家の同意または是認を得る必要はなかったのである．

ただ新国家が革命により樹立された場合に，新国家の国家性を肯定するために母国の承認が必要かどうかという問題は存在した．この場合の例として，アメリカのイギリスからの独立戦争に際して，1778年2月6日友好通商条約の締結によってフランスがアメリカを承認したことがあげられる．イギリスはこれを「尚早の承認」であるとして抗議した．最終的な平和条約は1783年9月3日に締結され，アメリカはイギリスにより承認された．承認はそれ以後次第に，とくに19世紀になって行われるようになった．

2. 国家承認制度は，観念的には，すべての国家の成立にさいして適用すべき普遍的制度として現われる．しかし，現実にはかかる制度が形成される以前からすでにヨーロッパ国際社会に存在した諸国，すなわち「キリスト教文明国」には新たに適用される必要がなかった．承認制度は，新しく生まれる国家，具体的には19世紀初頭，1809年以後中南米のスペイン植民地諸地域から相次ぎ独立を宣言したラテンアメリカ諸国とそれらの体制の存続の結果，1820年代になってこれら「文明国」により（スペインの抗議にもかかわらず）適用された．モンロー米大統領は，1822年6月コロンビアを承認するなど，中南米のこれら新国家すべてを順次承認し，イギリスも同様の態度をとった．

19世紀中期以後には，1856年パリ条約によるトルコの「ヨーロッパ公法および協調の利益」への参加をはじめ，ペルシャ，中国，シャム，日本などの「東洋（東方）諸国」の「国際法団体への加入」(1899年，1907年のハーグ平和会議への参加）を認めるという考えがとられたが，これらヨーロッパ外の非キリスト教諸国が程度の差はあれ「文明化」することがかかる加入ないし（文明国による）承認の条件とみなされたのである[6]．

---

[6] 今日では国際法学者として特異な存在（国際法の法的性質の否定論者）とみられるロリマーの一見独特の承認論は，当時の東洋諸国の地位を示すものとして現実を反映したものであった．それによれば，人類は文明人類，野蛮人類，未開人類の3つに分けられ，人種の特性や発展段階にかかわらず，それぞれに完全な政治承認，部分的政治承認，自然的または単なる人間的承認を行うのは文明国に属する．完全な政治承認の範囲は，ヨーロッパの現存の諸国，これら諸国の植民地従属地域（ヨーロッパ生まれの人びとまたはその子孫が植民しているかぎり），およびヨーロッパ諸国から独立を主張してきた北アメリカと南アメリカの諸国に及ぶ．部分的政治承認の範囲

第2節　国家承認

3. この承認制度は2度の世界大戦を契機に登場する多数の諸国にも，既存の（文明）諸国が任意的に行いうるものとして機能してきた．第一次世界大戦においては東ヨーロッパのポーランド，チェコ，ユーゴスラビアに対して，第二次世界大戦後は主にアジア・アフリカの新独立国に対して，承認制度が適用された．そのため，既存国家の支配体制にとって好ましくない社会経済体制の新国家が誕生した場合，実際には国家の構成要件を備えていても，その既存国家は新国家を承認しないまま放置することが可能であったし，現実にその例も少なくない．とくに米ソ冷戦下にあって，2つの体制が対峙する形のドイツ，中国，朝鮮，ベトナムといった「分裂（分断）国家」に対しては，西側体制と東側体制のそれぞれに属する諸国が相手体制に属する「分裂国家」を承認しないという実行がかなり長期にわたり続いた．そのため，いわゆる「未承認国家」が存在することになった．

ここに国家承認制度のイデオロギー性ともいえるものが，国際法上の他の制度にも増して顕著に現われた．この性格は，別の視角からも確認することができよう．既述のように，武力行使の禁止の原則や人民の自決権の原則をその主要な柱としつつある現代国際法は，これらの原則に違反して樹立された実体が国家性の基準を満たしていないとして，その実体を国家承認せず，あるいはすでに与えた承認さえ取り消すよう要求するにいたっている（満州国に対する不承認政策（スチムソン・ドクトリン），ローデシア，南アフリカに対する国連決議）．

このように国家承認制度は，既存国家の裁量による一方的行為として新しい実体，つまり「生まれつつある（in statu nascendi）国家」の承認を行いまたは承認しないという既存国家の特権的立場を保障する機能を果たしてきた．しかし同時に，その時代の国家性の要件，現代国際社会においては武力行使禁止などのユース・コゲーンスに対する違反の結果，または自決権に違反して樹立

は，トルコおよびヨーロッパの従属地域とはならなかったアジアの古い歴史をもつ諸国，すなわちペルシャ，中央アジアの他の諸国，中国，シャム，日本に及ぶ．そして，自然的承認または単なる人の承認の範囲は人類の残りのものに及ぶ．

ロリマーによれば，国際法学者が取り扱うべきものは，これらの範囲のうち第一のもの（完全な政治承認）である．実定国際法を未開人に対して，また，野蛮人に対してさえ，適用するよう求められない．なお，日本人については，あと20年彼らの現在の進歩の歩調を続けるなら，完全な政治承認を受ける資格があるかどうかの問題を決定せねばならないことになるかも知れない，としている（Lorimer, J., *op. cit.*, Vol. II, 1884, pp. 186-189）．

された実体は国家要件の一部を欠くという点（2章1節1参照）が，現実の承認あるいは不承認の実行にも反映している．

3 承認をめぐる学説の対立

1. 承認をめぐる学説は，上にみたような承認制度の性格および国家実行の特徴を踏まえつつも，承認を国際法上の一般的制度として説明することを企ててきた．学説としては，従来から承認についての創設的効果説と宣言的効果説が対立し，承認理論は今日までかなり混沌とした状態にあるとさえいいうる．

まず，創設的効果説によれば，新国家は承認の結果誕生し，承認こそがその国家に，国家としての存在または少なくとも国際法主体としての資格，法人格を与えるとみなされる．このような承認がなければ，国家は単なる事実的存在にすぎない．いいかえれば，未承認の場合，新国家は国内面では，国家としてのすべての要件を満たし法人格をもちえても，国際面では法的存在を有しないことになる．この説は，国家意思（の合致）以外に（国際）法は存在しえないとみなす実証主義と符合する．この主義によれば（トリーペルやアンジロッチ），既存の法関係を新しい国家的実体に及ぼすことは特別の意思（の合致），すなわち承認によってのみ行われうる，というのである．また，国際社会が集権制度を欠いていることも，創設的効果説に有利に作用しうる．

しかし，この説に対しては，つぎのような批判が寄せられる．新国家にとって外部の意思（承認）が表明されなければ，その国家は無であるというのは，法関係の発生における意思の役割をあまりにも誇張しすぎるものである．また，これは国家の樹立についての社会学や歴史学の教えるところと矛盾する．事実としての国家の存在をその法人格から完全に切り離すことはできない．

もっともこの説は，ある実体を国家として擬制する場合（例えば，イタリアとのラテラノ協定によるバチカン市国の誕生），または，事実上国家の要件を欠く傀儡国家を樹立しようとする場合（例えば1931年の満州国の樹立）に，採りやすいものではある．また，承認の結果として国家が樹立された例として，1885年ベルリン最終議定書によるコンゴ国家（ベルギーとの身上連合，しかし1908年植民地となる）の成立をあげることができよう．

なお，この説は承認以前の新国家の地位について，それは国際法上存在しないから，いかなる権利義務の行使も許されないことになる点で困難をもたらす．さらに，新国家がいくつかの国によって承認され，他の諸国によっていつまでも承認されない場合，その新国家は前者にとっては国家の地位（法人格）を認められ，後者にとっては法的に存在しないという矛盾した地位に置かれることになる．

　もっとも，創設的効果説は19世紀末から20世紀にかけて強力に主張されたが，この時代には一般に社会経済体制上同質の（新）国家，すなわち，「文明国」またはそれに準ずる国家が承認の対象とされた．そのため，それらの国の樹立と既存の文明国による承認の間には大きな時間差はなく，上のような矛盾は実際にはあまり意識されなかったと思われる．しかし，2度の世界大戦後は社会主義国やアジア・アフリカ諸国など従来の資本主義「文明国」とは異質な社会経済体制の国々が国際社会に登場することにより，既存の諸国による，異なる社会体制をとるこれら新国家に対する長期にわたる不（未）承認の実行が目立つようになり，上の矛盾が顕在化するようになった．

　2. 他方，宣言的効果説は，国内社会における個人が自らの性質により法人格を与えられ権利義務を有するのと同様に，国家が事実上存在すれば，それが他国により正式に承認されるか否かを問わず，国家として取り扱われる権利を有するとみる．つまり，国際法は法人格としての主体をつくりだすのではなく，それを見出すのである．したがって，国家は承認を受けなくとも，国際的に法関係を結びうる固有の性質を有するものとして存在し，承認は新国家の存在を確認し，宣言するにすぎないとされる．(1936年万国国際法学会決議「新国家および新政府の承認」1条 (Institut, *Annuaire*, 1936, vol. II, pp. 300 *et s.*).)

　承認の第一の機能は，国家たることを主張する実体の独立（性）というそれまで不確実であったものを事実として認め，承認国がその事実の通常の効果，すなわち外交関係の開設など国際関係の通常の行為を受け入れる用意ありと宣言することにある．このような宣言的効果説は上述の創設的効果説の短所（未承認国家の地位について）を補い20世紀において最も有力なものとみられるが，この説によれば承認は国際法上いかなる効果も生み出さないのかという疑問が残る．

この疑問に対しては，承認は通常の外交関係の出発点となり，その結果新国家に正式の（authentic）性格を与え，その権利行使や責任の履行を容易にするという実際的効果を生み出すと説明される．

ただ注意すべきことは，この説にとっては，新国家の存在という事実問題が最も重要であるとしても，国家性の法的基準も適用されねばならず，したがって新国家として成立しているかどうかについての適切な評価を必要とする場合がある．例えば，1918年のチェコスロバキア共和国やポーランドのような新国家の出現の場合，（裁判所が）実際上，新国家成立の日付を定める必要があるとき評価の要素が加わり，その選択は多少とも裁量的になる．また，宣言的効果説は，承認を政府の宣言や一般に国家行為を評価する機能を果たすものとして予定しているのではない．国家（または政府）が承認を受ける資格を客観的にもつということと，その国家を政策上承認しないこととは両立しうるのである（チノコ利権契約事件の仲裁判決（1923年））．

もっとも，未承認国家も創設的効果説のいうように国際法上無ではなく，国家としてのその存在は承認を拒み続ける国家によっても否定されえないとみる．この点は，承認を与えない国が未承認国家に対しても国際請求の対象とし，その国際法違反を非難してきたという国際実行にそうものである．

なお，この説は，新国家の樹立に伴い承認を義務づける論理的結果に導きがちであり（もっとも，創設的効果説をとるH. ラウターパハトやグッゲンハイムも承認の法的義務ありとする），既述のように国家性の実効的要件は満たすが明らかに違法に樹立された実体の問題（例えば南ローデシア）にはうまく対応できない面をもっている．

4 事実上の承認と法律上の承認

1. 新国家（実体）が国家性の要件をまだ十分に満たしていないのに，政策的考慮から行われがちの「尚早の承認」が事実と合致せず国際紛糾の原因となるのを避けるために，国際実行において「事実上の（de facto）承認」と「法律上の（de jure）承認」が区別されることがある．

事実上の承認とは，事情の推移的変化により取り消すこともありうる暫定的

な承認である．このような暫定的承認を行うことにより，諸国は新国家（実体）に対して非友好的でもなく，性急でもない態度をとることができるようになる．この承認の結果，暫定協定（modus vivendi）の締結や特別外交使節（5章1節3）の派遣を行うことができる．

逆に，法律上の承認は，新国家の試練の時期を終わらせる決定的・最終的承認であり，通常の外交関係の出発点となる．法律上の承認の前に，事実上の承認のなされる例はまれではない．例えば，エストニア，ラトビア，リトアニアは1918年それぞれの独立宣言後事実上の承認を受け，1921年および22年に諸国（英，仏，日など）から法律上の承認を受けた．

しかし，事実上の承認と法律上の承認の区別は，現実にはむしろ新国家の政治的姿勢や政策を既存国家が是認ないし受諾する程度の差によるものである．例えばパレスチナに対するイギリスの委任統治の終了後1948年5月14日に独立を宣言したイスラエルは，同日アメリカから事実上の承認，1949年1月にフランスから事実上の承認，そして，1950年にイギリスから法律上の承認を受けた．

なお，アメリカの最近の実行では，「完全承認（full recognition）」および「完全外交承認」といった用語が使われている．

2. なお，承認の撤回または取消の可否の問題は法律上の承認についてのみ提起されるが，宣言的効果説からは，承認は既存の事実を確認するものであるから，撤回は原則上不可能である．ただ，承認された新国家の構成要件の1つまたはいくつかが失われる場合，承認の効果は同時に消滅するとみなしうる．

イギリスがイタリア国王をエチオピア（国家）の主権者として法律上の承認を行った場合のように，実はエチオピアに対するイタリアの軍事占領であったことから，不正に与えられた承認を取り消したと考えうる場合もある．この場合の取消は単に本来の無効を記録するものであるといえる．

5 承認の方式——明示の承認と黙示の承認

1. 承認はそれを与える国家の意図（意思）に帰せられる問題であるから，それは明示的方法によっても黙示的方法によっても行われうる．通常，承認を

与える国家の一方行為としての宣言などによって，承認が明示に表現される．(なお，日本は宣言や条約などの公文書によって相手国（またはその独立）を「承認する（recognize, grant recognition to）」と表現する場合を明示の承認とみなしている．)

また，承認の意図（意思）を含むものが慣習的な方法で表明され，あるいはその承認（の表明）が推定されることもある．これは黙示の承認にあたる．承認する国と承認される国との間の関係を包括的に規定する2国間条約の締結，外交関係の正式の開始，領事の認可状（exequatur）の付与は黙示の承認を含むものである．これらの例は国家相互間で通常行われるものであり，未承認国への領事の単なる派遣あるいはその国からの領事の接受，未承認国の参加する国際会議への出席などは黙示の承認行為とはみなされない．

なお，多数国間条約への新国家の参加，あるいは連盟や国連への新国家の加盟が他の条約当事国や加盟国にとって新国家の（黙示の）承認を意味するものかどうかについては，後述する（2章2節**8**）．

2. 承認にさいして条件を付すことは可能かどうか．例えば，1878年ベルリン条約は，ルーマニア，セルビア，モンテネグロがその住民に信教にかかわりなく権利平等原則を尊重するという条件で，それらの国の独立を承認した．しかし，同条約の条項は，この条件に違反すれば外交関係の断絶に等しくなることを意味するものであったにすぎず，その場合承認の撤回を含んでいるものではなかった．事実，承認が宣言的性質をもつということは，承認に条件を付すことと矛盾するとみられる．（ユーゴスラビア解体に伴う諸共和国の承認についてのECの指針（2章2節**8**，脚注9））参照．)

6 政府承認

1. 新国家が成立したときになされる国家承認は，同時に政府承認をも含んでいる．つまり，2種類の承認が同時になされ，両者が一致するのである．それ以外の場合，両者は区別される．国家が継続性を有し存続していても，その政府の形態が国内法上非合法的に，普通，革命やクーデターにより変更する場合，新政府の承認が求められる．政府承認は国家承認と密接に関係するが，必ずしもそれと同じではない．

第2節　国家承認

　このように非合法的に成立した新政府の承認あるいはその不承認は，2つの法的側面をもちうる．新政府は，独立していること，すなわち外部勢力の傀儡ではないこと，および，国家領域の一般的支配を確立し安定性を有していること，すなわち実効性を有するものでなければならないことである．これらは国家性の要件でもあり，それを欠けば政府とはいえず，したがって承認を与えてはならないという点で，国家承認の問題につながっている．かかる場合に外国が政府承認を行えば，それは「尚早の承認」としてその国に対する内政干渉とみなされる．例えばマドリッド陥落以前の1936年11月独・伊はフランコ政権を（交戦団体としてではなく）スペイン政府として承認したが，当時スペインの共和国政府がまだかなりの領域を支配していたのであり，他国から「尚早の承認」でありスペイン内戦への干渉行為として非難された．

　他方，新政府と通常の関係に入ることを望まない国は，新政府が上のような要件を備えるにいたっても不承認を続けうるのであり，これは新国家の不承認の場合より一層強い政治的性格を有しているともいえる．この性格のため，政府承認にさいしては，新政府体制の民主的性格を保障すべきであるとか，少数者の待遇に関する約束を与えるべきであるといった条件が付けられることもある．

　なお，政府承認は例外的に一部創設的効果をもつことがあるが，普通はすでに形成された政治的実体（政府）の存在を確認するという意味で，宣言的性質のものである．

　2.　政府承認を歴史的にふりかえると，19世紀から20世紀にかけて中南米においてはクーデターなどによる政府の変更が頻発したため，米州諸国は政府承認の付与を新政府による一定の保障にかからしめてきた．エクアドル外相トバールの提唱により，1907年12月20日のワシントン条約（さらに，1923年2月7日のワシントン条約）で，コスタリカ，グァテマラ，ホンジュラス，ニカラグァ，サルバドルの中米5ヵ国は，クーデターまたは革命によって生まれた政府が立憲的に再構成され，人民を代表するものとならないかぎり，その政府を承認しないことを約束した．これをトバール主義（Tobar Doctrine）という．これに基づき，1907年中米5国カ間条約では，クーデターや革命で成立した政府の場合「人民から自由に選ばれた代表が立憲的にその国を組織しないかぎ

り」，締約国はその政府を承認しないとされた．

また，ウィルソン米大統領の唱えた立憲的正当性理論は，トバール主義をメキシコに適用し，暴力によりあるいは権力の違法な奪取により成立した政府に承認を与えることを拒否した．

要するに，これらの説は承認の前提として新政府のいわば正統性を要求するものであるから，政府承認の要件とされる実効性原則（事実主義）および承認の宣言的性質と矛盾するもので，政府承認に関する国際法規則になったとみることはできない．

逆に，1930年9月27日の公式宣言で，メキシコ外相エストラーダは国家主権を理由にして，外国に政府の正統性を判断する権利を認めないと述べ，その政府の承認についての見解を表明せずに外交関係を樹立しうることを主張した．このエストラーダ主義（Estrada doctrine）は，革命政府の承認をその事実から引き出すものとさえ解された．なおこの主義はほとんど適用されず，メキシコもすみやかに明示の承認という従来の実行に戻った．その後，アメリカおよび他の米州諸国も事実主義に戻った．

3. 新政府の不承認は，純粋に政治的な理由から続けられることがある．とくにアメリカ政府の政策は，国際法上の問題としての政府の要件（上述の事実主義）と承認を区別し，後者を各国の政策的裁量の問題とみなしてきた．そのため，前者の要件を満たす実効性のある当局（実体）をも政府として承認しないことがある（例えば，ソビエト政府や中華人民共和国政府の長期にわたる不承認）．もっとも，新政府の事実上の存在により，正式に承認しない国もそれを完全に無視することはできず，例えばアメリカの国内裁判所はソビエトの承認以前にもその裁判権免除を，承認された外国政府に対すると同じように認めた（2章2節**10**参照）．

他方，イギリスは例外的場合（東ドイツの不承認，第二次世界大戦中の亡命政府の承認継続）を除いて，実効的支配を行う当局を当然に政府として承認してきた．しかし，イギリスの態度には変化の兆しもみられる．

1979年12月6日イギリスは，カンボジアのポルポト政府がもはや実効的支配を有していないことを理由に，「承認の撤回」を決定した．もっとも，現政府が実効的支配を失えば，承認は自動的に消滅し，わざわざ承認の撤回を表明

する必要はないともいえる．また，新政府を承認すれば，旧政府の承認は当然撤回されたものとみなされる．しかしカンボジアの場合，イギリスは，ポルポト政権に代わるまたはそれを承継するものとしてヘンサムリン政権が実効的支配を行っていると思われるにもかかわらず，外部勢力に支えられていることを理由に承認しなかった．

このように政府承認についての米英の態度の相違にもかかわらず，両国は承認が事実状態を最終的に認識するものであるという見方では一致している．

4. さらに，米英その他いくらかの諸国は，最近承認に関する自国の実行を変更してきている．イギリスの説明によれば，新政府を正式に承認するという決定を表明しなければならないという従来の実行はときには誤解を生み，新政府の体制を黙示的に支持するものとして解釈されがちである．そのため今後承認は国家の場合に限定し，政府承認の声明は行わないというものである．もっとも，この場合，新政府がその領域に実効的支配を行っているか否かの評価を通じて，明示の承認ではなく，具体的にその新政府と外交関係を樹立するということになろう．

このような実行は新政府の未承認の場合との区別を困難にするおそれはある．しかし，そもそも国際法にとって（新）政府が存在するか否かは，その政府を承認するという外国の正式の表明によって決定されるものではない．このような政府承認不要論は，承認の宣言的性質に依拠しているともいえよう[7]．

7 交戦団体承認

1. 一般に，一国内の反乱団体（反徒）が中央政府に対抗して闘争（内戦）を行い，一定の地域を占拠してそこに地方的事実上の政府を樹立するにいたった場合，中央政府ないし外国がそれを交戦団体（1章3節）として承認することができる．

交戦団体承認を受けた反乱団体は，暫定的に一定の範囲内で国際法主体性を

---

7) なお，ソ連の解体にともない，アメリカは（グルジアを除き）CIS を構成するすべての共和国と「外交関係を樹立し，大使を交換する」と発表した．日本はロシアのみを政府承認し，他の共和国を国家承認した．EC の承認政策は後述（2章2節**8**，脚注9））．

認められる．この承認を行いうるための要件としては，1国内に一般的性質を有する武力闘争が存在していること（地方的な散発的ゲリラ活動だけでは不十分），反乱団体がその地方の占拠と統治作用を行う「地方的事実上の政府（local de facto Government）」の実質を有していること，戦争法規（人道法規）に従い戦闘する意思と能力をもつこと，が一般にあげられる．

また，外国が交戦団体承認を行う場合，反乱団体の占拠地域に保護を必要とする自国民や自国権益が存在するなど，承認を必要とする事情がなければならない．このような外国による承認の場合，要件を満たさない「尚早の承認」は，相手国（中央政府）に対する内政干渉とみなされ，国際法上違法である．

2. 交戦団体承認についても一定した方式はなく，明示的にも黙示的にも行われうる．黙示的承認の方式の代表例としては，ある国の内戦に対する外国の中立宣言があげられる．例えば，1861年アメリカの南北戦争にさいして，フランス，イギリスが中立宣言を行うことによって南部連合を交戦団体として承認した[8]．

なお，交戦団体承認も中央政府や外国の意思に任せられた任意的制度であり，承認を与える義務があるとはいえない．そのため中央政府側は，反乱団体に自己と同等の法的地位を認めることになるのを恐れて，承認の要件を満たした反乱団体に対しても交戦団体承認を行うことは皆無といってよいほどである．また，外国も内戦において中立の立場を要請されることになる交戦団体承認を行わず，むしろ自国の支持する側（反乱団体）に援助を与えるために（違法な「尚早の承認」となるにもかかわらず）一挙に政府承認を行うことさえある（前述のスペイン内戦におけるドイツ，イタリアのフランコ反乱当局承認の例）．そのため，現代国際社会においては，多くの内戦勃発にもかかわらず，交戦団体承認制度はまったくといってよいほど利用されていない．

---

8) なお，日本においては1868-69（慶応4-明治2）年の戊辰戦争では，旧幕府はなお日本政府と自認し，天皇政府も自らを正当政府とみなしていた．後者は，徳川側に軍事援助を与えないために諸外国に局外中立を要請した．諸外国すなわちイギリス，フランス，アメリカ，イタリア，プロシャ，ロシアは，この戦争を「天皇と大君の間の戦争」とみなし，両政府に対等の交戦団体権を認めて厳正中立を守ることに同意した．

8 国際機構への加盟と承認

1. 承認は個別国家によってのみならず，国家グループによる共同宣言の形式で，あるいは，平和条約のような政治的性質の多数国間条約への新国家の参加（加入）を認めるという形式で，集合的に行うこともできる[9]．

また，国際連盟や国連のような一般的国際機構への新国家の加盟は，かかる機構の機能からみて，新国家の承認のための機会を提供しうる．問題は，新国

---

9) ヨーロッパ共同体 (EC) は，1991年12月16日ブリュッセルにおいて「東欧およびソ連における新国家の承認についての指針」を出し，新国家承認についての EC 構成国の共同の立場を示した．それらは，国連憲章の諸規定およびヘルシンキ最終議定書とパリ憲章の定める約束の尊重（とくに法の支配，デモクラシーおよび人権に関して），CSCE の枠内で定められた約束にしたがった人種や民族のグループおよび少数者の権利の保障，平和的手段および共同の合意によってのみ修正されうる境界の不可侵の尊重，軍縮および核不拡散ならびに安全保障および地域的な安定に関するすべての有効な約束の継続，国家承継および地域的紛争に関するすべての問題を合意により，とくに必要な場合には仲裁に付すことにより解決する約束，である．EC およびその構成国は侵略から生まれる実体を承認せず，隣接国に対する承認の効果を考慮に入れる．これら諸原則に賛成する約束は，EC およびその加盟国による承認ならびに外交関係の設立への道を開く．

同日（12月16日）の「ユーゴスラビアに関する宣言」は，EC とその構成国が以下のすべての諸条件を満たすすべてのユーゴスラビア共和国の独立を承認することで一致したと述べ，すべてのユーゴスラビア共和国が12月23日までにつぎの点についての諸否を宣言するよう要請した．すなわち，独立国家として承認されることを望むか否か，上述の指針に含まれる約束を受け入れるか否か，ユーゴスラビアに関する会議で検討される条約案に取り入れられた規定，とくに人権および人種や民族のグループの権利についての第2章の規定を受け入れるか否か，国連事務総長および安全保障理事会の努力ならびにユーゴスラビアに関する会議の結果を引き続き支持するか否か，である．肯定的に答える共和国の要求は会議の議長から仲裁委員会に付託され，後者は実施の日までに意見（avis）を与えるものとされた．

仲裁委員会はつぎのことを確認した．(a)ユーゴスラビア社会主義連邦共和国 (R.S.F.Y.) は今日までとくに国際機構のなかで，その国際人格を維持してきたけれども，諸共和国の独立の意思は，スロベニア，クロアチア，マケドニア，ボスニア・ヘルツェゴビナにおいて表明された．(b)連邦の基本的諸機関の構成と機能は，連邦国家に固有の参加と代表性の要請をもはや満足させない．(c)武力に訴えることが連邦のさまざまな構成を相互に対立させる武力紛争を引き起こした．その結果，仲裁委員会はつぎのような意見をもつ．R.S.F.Y. は解体過程に入っている．国際法の原則および規則にしたがって，とくに人権の尊重および人民と少数者の尊重を確保しつつ，この過程から生じうる国家承継の問題を解決するのは，諸共和国に属する問題である．彼らの選択により民主的制度をもつ新しい結合を全体として構成する意思を表明するのは，諸共和国に属する問題である．

EC に先立ち，ドイツは1991年12月23日スロベニアとクロアチア両共和国を国家承認した．1992年1月15日 EC は，1991年12月16日の上述の宣言と EC 主催ユーゴ和平会議仲裁委員会の勧告にそって，EC とその構成国が所定の手続に従いスロベニアとクロアチアの承認を進めるとの決定を下したことを通知した．その後，EC 諸国は両国を承認した．

家のこれらの機構への加盟は他の加盟国による新国家の承認を意味するかどうかである．このような加盟は，その加盟に反対投票したか否かを問わず，他のすべての加盟国によって新加盟国との関係で法（国連ならば憲章）が適用されることになるから，承認を与えたに等しいともみなしうる．

とくに国連の場合，憲章4条から，加盟許可は許可される新国家（実体）が国家性の要件を備えていることの一応の証拠となる．その新国家を承認しない加盟国も，（国連の内部関係において）憲章の規定にしたがった新加盟国の基本的権利を無視することはできない．例えば，国連に加盟したイスラエルは，これを承認しないアラブ諸国[10]との関係でも，憲章の諸原則なかでも国際関係における武力行使禁止原則（2条4項）の適用を受けるとみなければならない．しかし，憲章を離れて（慣習）国際法上，承認を拒否する国がかかる新加盟国に対して（政治的）承認を与えたり，あるいは両者間の条約関係に入ることを要請されるわけではない．新加盟国が機構から脱退するなら，その国（実体）を承認していない国にとって，未承認状態は続くとみられよう．

2. なお，新国家の加盟というより，（新政府の）国連における代表権をめぐって争われた事例としていわゆる中国代表権問題[11]がある．これに関して，国連事務総長が非公式に事務局に作成させた「国連における代表権問題の法的側面」という覚書（1950年3月安全保障理事会に配布）によれば，代表権問題と加盟国による承認問題をリンクさせることは理論的に適切ではなく，新国家や新政府の承認は一方行為であるから個別的行為であるのに対して，国連における加盟国の地位や機関における国家の代表権は（国連の）適切な機関の集合的行

---

10) なお，1979年3月26日に署名された（同年4月25日批准書交換）エジプト・イスラエル中東和平条約は，両国間の戦争終結をうたい，両国が相互に主権，領土保全，政治的独立を承認し，尊重するとし（3条），また，この条約が国連憲章に基づく両国の権利義務にどのような影響も与えないとした（6条）．

11) この問題は，1949年にほぼ終結をみた中国革命の結果，国連の原加盟国であり安全保障理事会常任理事国である中国（中華民国）の代表権を，当初からその地位を保持してきたが革命以来台湾に逃れた国府政府と大陸全域を支配下におさめた北京の中華人民共和国政府のいずれが有すべきかをめぐって，国連で長期にわたって争われた．当初ソ連など東側諸国が国府追放・北京招請の要求を出したのに対して，これを拒否するアメリカはじめ西側諸国は表決における重要事項指定方式などの方法を講じて国府の議席維持をはかった．1960年以後多数の新国家の加盟による国連の構成変動を背景に，1971年10月25日第26回国連総会においてアルバニアなど23カ国の中国招請・国府追放決議案が賛成76，反対35，棄権17で可決され，この争いに終止符が打たれた．

為によって決定される．したがって，両者は本質的に異なった行為であり，承認を国連への加盟や代表権の容認の前提条件としたり，逆に国連加盟や代表権容認が承認を意味するとみることは正しくないとした．もっとも，現実には，中華人民共和国政府（北京政府）が国連代表権を得た後は，国連内において同政府をまだ承認していない加盟国との関係にも国連憲章はじめ国際法関係が有効に作用したことは否定できない．

ほかに，国連におけるカンボジア代表権問題は，1979 年以来国連総会への民主カンボジア（ポルポト政権）代表の信任状の取扱いをめぐって争われた[12]．

3. なお，ソ連の解体に伴い，国連におけるソ連の代表権については，1992 年 12 月 24 日エリツィン・ロシア大統領の国連事務総長宛て書簡において，安全保障理事会はじめ国連機関，国連システムにおけるソ連の地位は，CIS の支持により，ロシア共和国が承継し，国連におけるソ連の名称はロシア共和国と読み替えるとされた．国連では，とくに反対もなく，ソ連の代表権はロシア共和国が引き継ぐことになった．

[12) 1979 年第 34 国連総会の信任状委員会では，ジェノサイドなどの人権侵害を行ってきた民主カンボジアはカンボジア全域を実効的に支配しているヘンサムリン政権の人民共和国にとって代わられたとして，前者の代表資格を否認し，しかしいずれの政権の代表も承認されるべきでなく，カンボジア代表の議席を空席にするというコンゴ案が示された．これに対して，ヘンサムリン政権はベトナムの傀儡であるとみなし，また空席案は従来の慣行には反するとして，民主カンボジア代表の信任状を認めるべきであるという意見が対立した．信任状委員会では，民主カンボジア代表の信任状を受諾するという議長提案が採択され，コンゴ提案は表決されなかった．総会本会議では，ソ連，ベトナムなど 11 ヵ国決議案が信任状委員会が職責を全うしていないとし，人民共和国代表の招請を求めたが，討議の後妥協して空席案（インドなど 7 ヵ国案）に同調した．しかし，信任状委員会報告が承認された結果（賛成 71, 反対 35, 棄権 34），7 ヵ国案は表決されなかった．1980 年以降も同じような経過を経て処理され，結局民主カンボジア代表の信任状が（1983 年以降無投票で）承認されてきた．カンボジアの紛争状況はその後も続いた（13 年近くにも及んだ）が，1991 年 10 月 23 日カンボジア問題パリ国際会議において，カンボジアの暫定主権機関である国民最高評議会（SNC）の全当事者（4 者を含む参加 19 ヵ国）が「カンボジア紛争の包括的政治解決に関する協定」などの和平文書に署名した．この協定は，SNC（議長はシアヌーク殿下）をこの協定発効から新政権樹立までの移行期間中カンボジアの唯一正当な機関であり，国家の主権と統一を国際的に具現するものとし，また，移行期間中の外交，国防，財政，治安，情報の全行政機構を国連カンボジア暫定統治機構（UNTAC）が直接管理し，カンボジアの国家主権を具現して行動するものとした．

9 承認の効果

1. 承認は一方的行為であるが,それが法的効果を生み出しうることを国際法は認めている.承認の効果は,承認された新国家(政府,交戦団体)と承認を与えた国家との間にのみ生ずるから,個別的,相対的なものである.しかし,承認の効果としての被承認国家(政府,交戦団体)の国際法上の地位ないし権利義務は対世的(erga omnes)効力を有するのであり,その国(政府,交戦団体)を承認しない国家もかかる地位や権利義務の存在そのものを否定することはできないであろう.

国家承認の直接の効果としては,創設的効果説にたてば,被承認国は国家としての国際法主体性をもち,一般国際法上の権利義務を有することになる.被承認国家は外国(承認国)の裁判管轄権からの免除(5章5節参照)を受けることもその1つである.宣言的効果説にたてば,未承認国家も同じく一般国際法上の権利義務をもつ(2章4節参照).

通常,承認に伴って承認国と被承認国との間に外交関係が樹立されるが,これは承認の当然の効果ではなく,両国間に外交関係を開設しないことも可能である.また,承認国との関係で,被承認国家はその先行国家の条約や債権・債務を当然引き継がねばならないかという承継問題も生じうる(2章3節参照).

2. 政府承認の場合,承認の効果として,被承認政府はその国を正式に代表するものとして承認国と外交交渉を行う資格が認められる.また,前政府が締結した(かつ一時適用の停止されていた)条約上の権利・義務を当然引き継ぐべきかどうかといった問題(政府承継問題)も生ずる.

3. 交戦団体承認の場合,承認された反乱団体(交戦団体)は,承認を与えた(中央)政府または外国との関係で戦争(人道)法・中立法上の権利義務を有することになるほか,反乱団体(交戦団体)の支配地域内における外国(承認国)の人(の生命・財産)および権益を保護する義務(領域権の裏返し)を負い,これらの義務違反に対して国際責任を負わされることになる(6章2節3,9章3節4参照).

中央政府が承認する場合,政府と反乱団体(交戦団体)との戦闘は国際法上

の戦闘として取り扱われ，外国も双方に対して当然に中立義務を負う．つまり，中央政府の承認の一般的効果はすべての外国に及ぶのである．また，中央政府は反乱団体の支配地域の外国人や外国権益の損害に対して責任を負わない（9章3節4参照）．

外国が承認する場合，承認国は中央政府と反乱団体に対して中立の義務を負う．

なお，交戦団体承認の効果は暫定的であり，反乱団体（交戦団体）が戦闘に敗れ，地方的事実上の政府の実質を失えば，承認の効果も消滅する．

4. 問題は，むしろ，未承認国家（政府，交戦団体）の地位や権利義務についてである．創設的効果説によれば，未承認国家は国際法上存在しないのであるから，国際法主体性をもたず，いかなる権利義務も有しないことになる．

しかし，事実上国家の要件を備えている未承認国家も一定の国際法上の権利義務を有しうることは否定できない．1936年万国国際法学会決議「新国家および新政府の承認」（前述）によれば，「新国家の存在は，その存在に結びつくすべての法的効果とともに，一またはいくつかの国家の承認の拒否によって影響を受けない」（1条3文）．例えば，承認を与えていない既存国家が未承認国家の領域を国際法上無であることを理由に占領ないし併合することは，未承認国家の領域権を侵害しあるいは同国に干渉することとなり，国際法上違法とみなされるであろう．また，未承認国家に対して，その国際違法行為に対する賠償請求がなされた例（1949年イスラエルに対するイギリスの請求）もある．つまり，未承認国家も一般国際法の基本的権利義務（領域権や不干渉義務も含まれる）を享有しているといわざるをえない．しかも，これらの権利義務は承認しない国家も無視することのできない対世的効力（対抗力）をもつものである．

交戦団体承認を受けていない反乱団体も人道法の基本原則を遵守する義務を自己が当事者ではない条約上負っているともみられる．

10　承認と国内裁判

1. 承認の問題は，国際法上の問題だけではなく，国内法の分野とくに国内裁判にも実際上影響を及ぼしうる．国内裁判所は，その国の政府が承認を与え

ない場合，未承認国家または未承認政府に自国の裁判管轄権からの免除（5章5節参照）を与えることができず，また，かかる未承認国家または未承認政府に原告として出訴することも許すことができない．これは，19世紀初頭以来英米の裁判所で主張されてきたいわゆる「司法上の自己制限」，つまり，新国家（政府）の存在を承認するのはもっぱら行政府に属するのであり，裁判所がそれと別個の判断を行うことは差し控えなければならないという考え方によるものである．要するに，承認問題に対する国内裁判所の態度は，その国の広義における政策的考慮を反映するのである．

しかし，新国家（政府）の存在を争う余地がなくなっているにもかかわらず，自国政府が政策的考慮からなお承認を遅らせている場合，裁判所が自らの判断で新国家（政府）の存在を認定することは許されるべきで，そのかぎりにおいて「司法上の自己制限」の理論は妥当しないとする判例もある（フランス銀行対ニューヨーク衡平信託銀行事件に関するニューヨーク地方裁判所の1929年3月21日判決）．例えば，アメリカはソビエト政府を政治的理由から長期にわたり承認しなかったが，米裁判所はソビエト新政府の事実上の存在を確認し，それを前提として裁判したかなりの例がある．日本の場合も，未承認政府に裁判権免除を認めた例がある（リンビン・タイク・ティン・ラット対ビルマ連邦の不動産仮処分事件についての東京地裁1954（昭和29）年6月9日判決）[13]．

2. 承認問題は渉外関係における法の抵触に関しても現われる．そこでは，国内裁判所に係属される特定事件は，国内における私人の法律関係の合理的調整という利害事項に関係する．この観点から，未承認国家（または政府）であれ，とくに国家（または政府）の要件を備えその存在が疑われない場合，その国家（または政府）の法令の効力が外国の国内裁判所によって認められることがある．

例えば，第二次世界大戦後，日本の国内裁判所の態度は，未承認の中華人民共和国や朝鮮民主主義人民共和国の法令の適用をめぐって必ずしも一定していなかった．しかし，承認と外国法適用の間には必然的関連のないことをはっき

---

[13] なお，光華寮事件における2007（平成19）年3月27日最高裁判決では，日本政府は1972（昭和47）年9月29日の日中共同声明において中華民国政府に代えて中華人民共和国政府を承認したことから，中華民国駐日特命全権大使の代表権が消滅したとして訴訟手続を中断し，第一審判決を取り消し，本件を京都地裁に差し戻した．

り認めた例として，中華人民共和国政府の法律を適用して離婚を認めた王京香対王金山事件がある（1956年7月7日京都地裁第一審判決．なお，1962年11月6日大阪高裁控訴審判決は中華民国政府の法律を適用して離婚を認めた）[14]．

---

14) ベルヌ条約事件（東京地判2007（平成19）年12月14日，知財高判2008（平成20）年12月24日）によれば，未承認国は，国家間の権利義務を定める多数国間条約に加入しても，国際法上の主体である国家間の権利義務関係が認められていない以上，原則として当該条約に基づく権利義務を有しない．もっとも，国際社会全体に対する権利義務に関する事項を規定する普遍的価値を含むものは，国家承認とは無関係に，その普遍的価値の保護が求められる．

第3節　国家承継

1　国家の主権変更と承継問題

1. ある領域に対する主権の一国から他国への，国際法に従った最終的変更がなされた場合に，国家承継が行われる．ここでいう国家承継とは，領域の国際的関係についての責任の一国（先行国）から他国（承継国）への引継ぎを意味するが，この場合「承継」という用語は，法的権利義務の移転ないし承継がなされるという原則ないし推定を暗示するものではないことに注意しなければならない．

国家承継は，国家の結合や分離，国家領域の一部の割譲や併合，あるいは非植民地化といった場合に行われるのであり，軍事占領のような（領域に対する）一時的な権力変更の場合は含まれない．ところで，一国（先行国）の主権が他国（承継国）の主権に取りかえられるとき，先行国の諸制度の運用や国内・国際関係の継続を確保するか否かをめぐって，多くの法的問題が生ずる．例えば，先行国の締結した条約，それが有する財産や債務，あるいは，先行国における既得権が承継国に移行するか否か，関係領域の住民は自動的に承継国の国民となるかどうかといった問題である．

2. こうした承継問題は，ヨーロッパの近代国家系を構成する同質の「文明国」を基盤とする伝統的国際法の時代から論じられてきた．これら同質の国家の結合や分離，割譲や併合のさい，一定の承継国は先行国の諸制度の機能や国内・国際生活の継続性を確保するため，それらを承継してきた．

しかし，社会経済・文化などの制度を異にする多様な国家から構成される現代国際社会において，この問題は一層関心を引くようになり，とくに第二次世界大戦後の非植民地化の過程から生まれた多数の新独立国家の登場がこの問題

に新たな視点を持ち込んだ．つまり，植民地本国（先行国）とは異質の新独立国家（承継国）が生まれた場合，先行国の条約関係，債権・債務関係は一般にその政治経済体制と密接に結びついて存在していたのであるから，こうした関係が承継国に移行するかどうかを考察するさいの基本的視点は従来の同質国家間の承継の場合と必ずしも同一のものとはいえないからである．

3. いずれにしても，承継に関する規則は，一方では主権の変更による国際関係の混乱を避けるための最小限の継続性の要請と，他方では「白紙の状態（tabula rasa）」での出発をのぞむ承継国の（政治的・経済的）主権尊重の要請という相矛盾した要請の間の緊張あるいは対抗関係のなかで形成されるといえる．

しかし，一般に国家承継は，それをめぐる国家実行の多くが一貫性を欠き曖昧であり，また，多数国間平和条約あるいは先行国と承継国との間の特別協定（承継協定）で処理されることが多い．そのため，国家承継に関する国際法上の一般的な規則を見出すことはかなり困難である．

4. 国連国際法委員会（ILC）は，長年にわたり承継のトピックを取り上げてきた．ILCの起草した条文案に基づいて，これまでに1978年「条約に関する国家承継条約」（以下，「条約承継条約」という）および1983年「財産・公文書・債務に関する国家承継条約」（以下，「国家財産等承継条約」という）が成立した（前者は1996年に効力発生，後者は未発効）．

これらの条約に共通する特徴は，植民地・従属地域から独立した諸国について特別の規則を定めていることである．つまり，承継国が「新独立国」，すなわち「その領域が国家承継の日の直前においては，先行国がその国際的関係について責任を負う従属地域であったもの」（条約承継条約2条1項(f)）である場合，他の部類の承継の場合に一般に基準になるとみなされる「継続性の原則（principle of continuity）」とは異なる規則，いわゆる「クリーンスレートの原則」（後述）に一般に従うことを認めていることである．なお，政府承継の問題や経済的・財政的既得権などの争いの多い問題は，まだILCにおいて検討されておらず残されたままである．

2 条約の承継

1. 先行国の領域の一部が割譲などの方法で承継国の領域となる場合，先行国の諸条約はその領域に関して国家承継の日，すなわち国家承継が関連する領域の国際的関係についての責任を承継国が先行国から引き継いだ日から効力を失い，その領域に関しては原則として承継国の諸条約がその日から効力を有する（条約承継条約15条）．つまり，この場合，条約の承継は生じないのである．いいかえれば，割譲などにより主権変更のあった領域が先行国の条約制度から承継国の条約制度に移行するのであり，これを「条約境界移動の原則（moving treaty-frontiers rule)」と呼んでいる．

また，上の場合とは異なり新国家が誕生する場合についていえば，上述の「新独立国」は，国家承継の日に国家承継が関連する領域に関して条約が効力を有していたという事実のみによっては，いかなる条約の効力を維持する義務も，またいかなる条約の当事国になる義務も負わない（同16条）．要するに，新独立国は，先行国の条約に当然には拘束されないのである．このように，先行国の条約などが承継国に移行しないという規則は，承継国が tabula rasa で出発することから「クリーンスレート（clean slate）の原則」と呼ばれる．したがって，先行国の締結した条約の他の当事国は，承継国たる新独立国を当然その条約の（新）当事国としてみなさなければならないわけではない．

国家の結合，すなわち2または3以上の国（先行国）が結合して1つの承継国を構成する場合，これら先行国の条約は，別段の合意がある場合，または，承継国に関する条約の適用が条約の目的と両立しないかまたは条約の運用のための諸条件を甚だしく変えるものであることが明らかである場合を除き，承継国に関して引き続き効力を有する（同31条）．このように国家の結合の場合には，クリーンスレートの原則が無条件に採用されているというよりも，むしろ政策的考慮からする承継による条約の移行の余地を広く残しているとみられる[15]．

---

15) ドイツ（再）統一はここでいう国家の結合とはやや性格を異にし，1990年10月3日の統一によっても承継国たるドイツ連邦共和国の国際法主体としての継続性，同一性は変わらず（した

同様に，国家の一部の分離の場合，すなわち先行国が引き続き存在すると否とにかかわらず，国家の領域の1または2以上の部分が1または2以上の国を構成するために分離するとき，(a)国家承継の日に先行国の全領域について効力を有するいかなる条約も，そのように構成された各承継国に引き続き効力を有し，(b)国家承継の日に先行国の領域の一部であって承継国となった領域について効力を有するいかなる条約も，その承継国のみによって引き続き効力を有する．ただし，この規定は関係国が別段の合意を行う場合，または，承継国についての条約の適用が条約の目的と両立しないか，あるいは条約の運用のための諸条件を甚だしく変えるものであることが明らかな場合には適用されない（同34条)16)．

がって，2国の結合によって新国家が生まれたわけではないが），同国の締結しているすべての条約および国際機関の加盟国としての地位は影響を受けず，それらに基づく権利義務は従前のドイツ民主共和国（GDR）の領域にも及ぶとされた（両ドイツ統一条約（Bundesgesetzblatt, 1990 II, 885) 11条．なお，同条によれば，個々に調整が必要なときは統一ドイツ政府が各条約対象国と協議する）．GDRが締結している国際条約については，ドイツ統一の達成と結びついて，信頼の維持，関係国の利益，ドイツ連邦共和国の条約義務ならびに法の支配によって規律される自由な，民主的なかつ合憲的な基本秩序を考慮に入れて，それらの継続的適用，調整または終了を規制しまたは確認するために，関係締約国と協議することとされ，「統一ドイツは，それぞれの締約国およびその権限が影響を受けるヨーロッパ共同体と協議して，GDRの国際条約の採用についてその立場を決定する」とした．

また，統一ドイツは，GDRのみが加盟している国際機構または多数国間条約に加入する意図をもつ場合，それぞれの締約国およびその権限が影響を受けるヨーロッパ共同体と合意に達しなければならない（同12条)．12条のきわめて柔軟な表現は，間接的に事情変更の原則（rebus sic stantibus）の一般的定式に言及しているともいえる．GDRの条約はipso jureに自動的に終了するのではないが，他の当事国と協議の後，承継国たるドイツ連邦共和国によって終了を宣言されることになる．事実，多くの場合，GDRの締結した同盟，友好条約などの政治的条約の終了が確認されることになる．いわゆる属地的（localized）条約（その代表的な例は，GDRとポーランド間のオーデル河に関する条約）は対世的な効力をもち，一般に有効なものとして引き継がれた．GDRがコメコン諸国と締結した2国間貿易協定は，経済体制の完全な相違のために実際上引き継がれなかったが，東側貿易相手国の通商上の期待を考慮して，1990年5月18日の両ドイツ間に通過・経済・社会保障同盟を設立する国家条約（Staatsvertrag) 13条2項では，「正当な期待（Vertrauensschutz)」の保護の観念のもとで，GDRの現行対外経済関係の尊重が述べられ，統一条約もこの観念に言及している．

なお，ドイツ連邦共和国が加盟しているヨーロッパ共同体を設立する諸条約は，条約境界移動の原則にしたがって，1990年10月3日以来統一ドイツの全領域に適用されることになった．

16) ソ連解体とCIS諸国の独立を上の条約の意味での「国家の分裂」または「国家の分離」の場合とみなすこともでき，「分裂」とみれば，先行国ソ連の締結した条約を承継国であるCIS諸国が引き継ぐかどうかの問題が生じる．また，「分離」とみれば，国連のソ連代表権をロシアがもつことなどから，ロシアのみが先行国としてとどまり，他のCIS諸国は承継国であるとみることもできる．

アルマ・アタ宣言では，CISに参加する諸国がその憲法上の手続にしたがって，従前のソ連が締

2. クリーンスレート原則の例外，ないしは，むしろ継続性の原則に依拠するとみられるものも存在する．例えば，条約により確定された境界，または，かかる境界に関する義務および権利は，国家承継の影響を受けない（同 11 条）．つまり，主権の変更そのものは，条約によりすでに確立している境界（国境）に影響しないのである．承継国は先行国の締結した国境確定条約（正確には，その条約の定める境界やその境界に関する権利義務）を引き継がなければならない[17]．これは領域問題に対する安定性の考慮に基づくものと考えられる．

結した条約および協定に基づく国際義務の履行を保障するとしている．また，ベラルーシ，カザフスタン，ロシア，ウクライナ間の「核兵器に関する共同措置についての協定」5 条 1 項によれば，ベラルーシとウクライナは，非核兵器国として 1968 年核兵器不拡散条約（NPT）に加入し，かつ，それに対応する保障協定を国際原子力機関（IAEA）と締結することを約束するとした．

　ユーゴスラビアの解体と諸共和国の独立は「国家の分裂」に該当するが，ユーゴスラビア和平会議の仲裁委員会の意見（1991 年 11 月 29 日）では，国際法上認められた定義にしたがって「国家承継」を理解し（上の条約のいう「国家承継」の意味），1978 年と 1983 年の両条約が依拠する国際法の原則にしたがって，承継は衡平な結果に導かれなければならないとしつつ，関係国が合意によってその方式を定める自由があるとしている．さらに，一般国際法の強行規範，とくに基本的人権および人民と少数者の権利の尊重がすべての承継国に課せられるとしている．その結果，仲裁委員会は結論としてつぎのように述べる．「とくに人権および人民と少数者の権利の尊重を確保しつつ，国際法の原則および規則にしたがってこの過程（ユーゴスラビアの解体過程）から生まれうる諸国家の承継問題を解決するのは諸共和国に属する」．

17）　ユーゴスラビア和平会議の仲裁委員会の意見（1992 年 1 月 11 日）では，(1)ユーゴスラビアの解体過程から生まれてきた新国家の境界問題を解決する基準として，条約承継条約 11 条にも言及して，国連憲章，友好関係宣言，ヘルシンキ最終文書に述べられた原則にしたがって，対外境界はすべての場合に尊重されなければならない，(2)クロアチアとセルビア間，セルビアとボスニア・ヘルツェゴビナ間，また場合によっては他の独立諸国間の境界確定は，自由かつ相互の合意によってのみ修正されうる，(3)反対の合意がないかぎり，以前の境界が国際法によって保護される境界の性格を得る，としている．この結論は，領域の現状維持（status quo）の尊重の原則およびとくに現状承認（*uti possidetis juris*）の原則から引き出されるものである（3 章 2 節 **3** 参照）．

　なお，ドイツのポーランドとの境界の承継については，微妙な問題を含んでいる．オーデルナイセ線をポーランドとドイツの境界と宣言したドイツ民主共和国（GDR）とポーランド間の 1950 年境界条約（ゲルリッツ条約）については，当時連合諸国がドイツ占領のもとでドイツの主権を行使していたことから，GDR はドイツ国のために法的に拘束力ある境界を定める法的権限はないとされた．他方，1970 年 12 月 7 日のポーランドとドイツ連邦共和国間のワルシャワ条約において，ドイツ連邦共和国はオーデルナイセ線をポーランドの西部国境であると認め，現行の境界の現在および将来にわたっての不可侵を確認したが，ドイツ連邦共和国もドイツ全体を義務づける境界の最終的解決を取り決める法的権限を欠いているとされた．したがって，もしドイツ統一の結果別個の法人格をもつ新国家が成立したとみるならば，その新国家に対するワルシャワ条約の拘束性には疑問が生じうる．しかし，統一後もドイツ連邦共和国が継続しているとみるかぎり，ワルシャワ条約は存続しているのであり，この条約の定める境界やその不可侵の保障に拘束される．しかも，統一ドイツは 1945 年のドイツ国家と同一であるのみならず，1949 年にドイツ国家を再建したとされる連邦共和国とも同一であるとみなされうる．また，ワルシャワ条約 4 条に，4 連合諸国が境界の解決に同意を与える必要に言及している．ドイツ統一後，前ドイツ

第3節 国家承継

また，その他の領域的制度については，それらを引き継がねばならないかどうかは必ずしも明確ではない．非軍事地帯のような客観的ないし対世的制度，また，通過，航行，港湾施設利用の権利，漁業権のような処分的ないし属地的 (localized) 条約は，承継国に移行すべきであるとみる見解もある．しかし，このような制度や条約が，クリーンスレート原則のいわば例外として，当然移行することを示すような実行上の証拠は十分とはいえない．しかし，条約承継条約は，領域の使用に関するものであって，外国の領域の利益のために条約により確立され，かつ当該領域に付着しているとみられるものの義務または権利に，国家承継自体は影響を及ぼさないとしている．より正確にいうならば，いずれかの領域の使用または使用制限に関する義務であって，外国のいずれかの領域の利益のためにあるいは一群の国家またはすべての国家の利益のために条約によって確立され，かつ，その領域に付着しているとみなされるものに，国家承継は影響を及ぼさない（同12条1項）．また，いずれかの領域の利益のために条約によって確立され，あるいは，一群の国家またはすべての国家の利益のために条約により確立され，かつ，いずれかの領域の使用または使用制限に関する権利であって，その領域に付着しているとみなされるものに，国家承継は影響を及ぼさない（同条2項）．

もっとも，国家承継が関連する領域上に外国軍事基地の設置を定めた先行国の条約上の義務に対しては，上の規定は適用されない（同12条3項）．つまり，外国軍事基地は，基地使用国自体が使用の権利を有するのであり，その領域に付着したものとはいえず，したがって国家承継の場合移行しない．

なお，条約承継条約のいかなる規定も，天然の富と資源に対するすべての人民およびすべての国の永久的主権を確認する国際法の諸原則に影響を及ぼさない（同13条）．

民主共和国とポーランドの間の国境問題については，1990年9月12日のドイツに関する最終解決条約（いわゆる2国プラス4国条約）は「統一ドイツの境界の最終的性質の確認がヨーロッパにおける平和秩序の本質的要素である」（1条1項）とし，「統一ドイツとポーランド共和国は国際法上拘束力を有する条約において両国間の現行の境界を確認しなければならない」（同2項）と規定した．この条約はドイツ連邦共和国とポーランドにより1990年11月14日に署名され（1992年2月に批准された），ポーランドと両ドイツ間のオーデルナイセ線に関する2国間条約に言及しつつ，現境界を確認し（1条），その境界が現在および将来にわたり不可侵であるとした（2条）．

さらに，一般多数国間条約あるいは立法条約とみられるものは，国家承継が影響を及ぼさず，承継国に移行するとみる見解もある．しかし，現実の国家実行によれば，承継国はかかる性質の条約に参加（加入）するかどうかの選択権を，その条約の最終条項の定める参加（加入）に関する規定いかんにかかわらず，自らの権利として有しているようにみえる．承継国のこのようないわば非正式のやりかたによる条約への参加は，他の条約当事国や寄託者によって一般に黙認されてきた．

　この点，新独立国に関しては，条約承継条約上明示の規定がある．つまり，新独立国は，「承継の通告によって」，国家承継の日に国家承継が関連する領域について効力を有していた多数国間条約の当事国として自らの地位を確立することができる（17条1項）．ただし，新独立国に対する条約の適用が，条約の目的と両立しないかまたは条約の運用についての諸条件を甚だしく変えるものであることが，条約から明らかであるかまたはその他の方法によって確かめられるとき，上の規定は適用されない（同条2項）．さらに，条約の文言に基づきまたは交渉国の数が限られていることならびに条約の目的によって，他のいずれかの国の条約参加がすべての当事国の同意を必要とするとみなされるべきときは，新独立国はそのような同意によってのみ，条約当事国として自らの地位を確立することができる（同条3項）．

　3． 承継問題は，実際には承継協定，承継国の条約への新たな加入，あるいは一方的宣言といった方法で処理されてきた．なかでも注目されるのは，1961年タンガニーカ政府が国連事務総長に宛てた宣言である．それによると，同国は独立の日から2年間（なお，1964年にザンジバルと結合してタンザニアとなる），すべての2国間条約の規定を相互主義に基づいてその領域内で引き続き適用し，この期間の満了にさいしてそれらが慣習規則の適用により存続するとみなされないかぎり終了したものとみなすとした．また，多数国間条約については個別的に検討し，各場合につき終了の確認，承継の確認または加入のいずれかを寄託者に通知するが，かかる検討の暫定期間中，多数国間条約の当事国は相互主義に基づいてタンガニーカに対して条約の規定に依拠することができるとした．このやりかたはニエレレ理論と呼ばれて，かなりの数の新独立国の承継に関する宣言においても取り入れられた．これは上に述べた一般多数国間条約への参

加についての承継国の行う選択という現象と合致する面をもっている.しかし,ニエレレ理論は新独立国と他の条約当事国との間での元の条約の新たな合意を意図するものとも考えられる.

4. なお,一般国際法の原則のもとで承継国が先行国の条約義務を引き継ぐことがあるとしても,かかる原則は国際機構の加盟には適用されない.つまり,先行国の加盟国たる地位は承継国に引き継がれないのである.国際機構への加盟はその機構の設立文書の規定により定められる.国連の場合,すべての新独立国はもとの本国(先行国)の加盟国たる地位を引き継いだのではなく,国連憲章4条にしたがって加盟の申請を求められた[18].

3 国家財産・公文書の承継

1. 先行国の国家財産は,国際法上どのような場合に承継国に引き継がれるか.かつてフランス国内法においては,国家財産を公的部分(行政財産)と私的部分(普通財産)に分けて,前者については承継国に自動的に移転するが,後者については有償で移転するものとされた.しかし,このような区別は,新独立国から植民地支配を永続化しようとするものであると批判され,今日では国家財産は一括して取り扱われるようになっている.そして,国家財産は承継国に移転するという原則が慣習法化しているといえる.この原則は,常設国際司法裁判所によっても,また,リビアにおける国連裁判所(1950年総会決議388(V)で設立)によっても採り入れられた.しかも,この移転は無償で行われるのであり,有償で引き継がれた国際実行はほとんどみられない.

国家財産等承継条約は,国家財産の承継についての法典化をめざし,国家承継の特定の部類――国家領域の一部の移譲,新独立国,国家の結合,国家領域の分離,国家の分裂――にしたがって,さらに詳しい規定を設けた.

この条約上「先行国の国家財産」とは,国家承継の日に先行国の国内法上その国が所有していた財産,権利および権益をいう(国家財産等承継条約8条).

---

[18] ソ連の承継国となったCIS参加諸国(1章2節3参照)は,国連に新規加盟した.ユーゴスラビアから分離した(解体から生まれた)承継国も国連に加盟申請を行った.なお,新ユーゴスラビア(セルビアとモンテネグロ)は旧ユーゴと同一国であるとして引き続き国連に議席をもつと主張したが,結局新たに国連加盟申請を行った.

国家財産移転の効果としては，先行国の権利を消滅させ，かつ，承継国に移転した財産に対する承継国の権利を発生させる（同9条）．そして，別段の合意が関係国によって行われるかまたは適切な国際機関によって取り決められない限り，先行国の国家財産の承継国への移転は無償で行われる（同11条）．また，先行国は承継国に移転する国家財産の損傷または破壊を防止するためあらゆる措置をとらなければならない（同13条）．以下には，国家承継の特定の部類に分けて，国家財産等承継条約の規定を中心にみておきたい．

2. 国家領域の一部の移譲の場合，先行国の国家財産の承継国への移転は，両国の合意によって定められる．しかし，合意のないとき，先行国の有する不動産または動産であって国家承継が関連する領域内に所在しまたはその領域についての先行国の活動に係るものは，承継国に移転する（国家財産等承継条約14条）．

新独立国の場合，先行国の合意は問題とならず，先行国の不動産であって国家承継が関連する領域内に所在するもの，先行国の動産であって国家承継が関連する領域についての先行国の活動に係るものは，承継国に移転する．さらに，かかる関連領域に属していたが，従属期間中この領域の外に所在し，先行国の国家財産となっていた不動産は承継国に移転し，また，その創設に従属地域が寄与した関連領域外所在の不動産は，その寄与の程度に応じて承継国に移転する（同15条1項）．

なお，国家財産の承継を定める先行国と新独立国の間の協定（承継協定）は，天然の富と資源に対するすべての人民の永久的主権の原則を侵害してはならない（同条4項）とされた．

2または3以上の国家が結合して一承継国を構成する場合，先行国の国家財産は承継国に移転する（いわゆる完全承継）（同16条)[19]．

国家領域の1または2以上の部分が分離して一承継国を構成する場合，別段

---

[19] ドイツ統一後，ドイツ民主共和国（GDR）のすべての国家財産（債権，公文書，第三国や国際機関に対する請求権，さらに第三国に所在するGDRの大使館など外交財産を含む）はドイツ連邦共和国に移転された．GDRのすべての債務が統一ドイツに帰属するとし，その債務を取り扱うために特別の行政機関が設置されることになっている（統一条約23条）．外国でのGDRの国家活動から生じた外国債権者に対する債務の場合，連邦財務省の責任のもとにおかれ，コメコンへのGDRの加盟から生じた財産や債務については，後に特別協定を結ぶ可能性が残されている（同24条1，3項）．

の合意がないかぎり，国家承継が関連する領域に所在する不動産，またはその領域についての先行国の活動に係る動産は，承継国に移転する．それ以外の動産は衡平な割合において，承継国に移転する（同17条）．

国家が分裂して，先行国の領域の部分が2または3以上の承継国を構成する場合，当該承継国が別段の合意を行わないかぎり，不動産についてはその所在する領域を有する承継国に移転し，先行国領域の外に所在するものは衡平の割合において承継国に移転する．動産については，国家承継が関連する諸領域についての先行国の活動に係るものは当該承継国に移転し，それ以外の財産は衡平の割合において，承継国に移転する（同18条）[20]．

第三国に存在する先行国の国家財産とくに不動産について，国家財産等承継条約はなんら定めていない．先行国が消滅すれば，承継国はかかる財産をもすべて承継することになる（完全承継）から問題はない．しかし，先行国がなお存続している場合に困難が生じる[21]．

3. 国家の公文書についても，国家財産と同じく移転の原則が認められる．

国家財産等承継条約は，国家公文書について特別の部を設けて規定している．それによると，国家公文書とは，先行国の国内法上その国に属し，かつ，目的のいかんを問わず公文書として先行国が直接保存していたかまたはその管理下

---

20) 1991年12月4日モスクワでの6共和国（ロシア，ウクライナ，カザフスタン，キルギス，タジク，アルメニア）首脳会議で署名された「ソ連の対外債務・資産の承継に関する条約」は，連邦の対外債務と資産を共和国の国民総生産（GNP）や人口比によってロシア61.34％，ウクライナ16.37％，ベラルーシ4.13％，カザフスタン3.68％などに分配することを定めた．ウズベキスタンは自共和国の資産の持ち分を明確化した上で署名する意向を示した．
21) 1967年中華民国が寮生に対して京都にある留学生のための光華寮（1961年中華民国が登記完了）の引渡しを求める訴訟を提起した光華寮事件においては，1972年9月日中共同声明により日本が中華人民共和国政府を唯一の合法政府として承認した（承認切替え）ことから，この寮の所有権が北京政府に移転するかどうかが主な争点となった．第一審（京都地裁）判決（1977年）は本件土地家屋は公有，公共財産であり，その所有権は北京政府に移ると判示したが，控訴審（大阪高裁，1982年），差戻し第一審（京都地裁，1986年），差戻し控訴審（大阪高裁，1987年）はともに，中華民国（差戻し控訴審は「台湾（本訴提起時中華民国）」と名義を変えた）の訴訟当事者能力を認める一方，承認切替え後光華寮の所有権が中華人民共和国に移行したことを否定した．その理由として，中華民国政府が台湾をなお統治しているから，政府の不完全承継の場合にあたり，本件建物は日本国内に所在し，外交財産でも中国の国家権力行使のための財産でもないので，原告は承認切替えにもかかわらず，本件建物に対する権利を失わないとした．しかし，最高裁判所判決（2007年3月27日）は，承認切替え後，中華民国駐日大使の日本における代表権が消滅しているから，訴訟行為をするのに必要な授権を欠いていたとして，原判決を破棄し，本件を京都地裁に差し戻した．

においていたすべての文書（その時期および種類のいかんを問わない）であって，先行国がその任務遂行に当たって作成または受領したものをいう（同20条）．先行国の国家公文書の承継国への移転も無償で行われる（23条）．なお，公文書の移転についてとくに注意すべきことは，公文書群の一体性の保存の問題（同25条），および先行国は公文書の損傷または破壊を防止するためのあらゆる措置をとらなければならないという問題（同26条）である．

また，国家承継の特定の部類に関する規定としては，国家結合の場合は国家公文書がすべて承継国に移転するのであって（同29条），問題はない．

とくに注目される新独立国の場合，(a)国家承継が関連する領域に属していた公文書であって，従属期間中先行国の国家公文書となっていたもの，(b)国家承継か関連する領域の正常な統治のためその領域内におかれるべき公文書，(c)これらに含まれず，国家承継が関連する領域に専らまたは主として係るものは，新独立国に移転する（同28条1項）．また，1項に含まれていない公文書または適切な写しであって，国家承継に関連する領域にとっては重要であるものの移転は，先行国と新独立国の間の合意により，これらの国が先行国の国家公文書の当該部分から，可能なかぎり広くかつ衡平な利益を得るような方法において定められるものとしている（同条2項）．さらに，先行国は新独立国に対して，新独立国の領域の権原もしくはその境界を証明するため，または新独立国に移転した先行国の国家公文書中の特定文書の意味を明らかにするために必要である利用可能な最善の証拠を，その国家文書のなかから提供しなければならない（同条3項）．

なお，公文書に関する先行国と新独立国との間で締結される協定（承継協定）は，これらの国の人民が有する開発に対する権利，各自の歴史についての情報に対する権利，および各自の文化遺産に対する権利を侵害してはならない（同条7項）．

国家領域の一部の移譲の場合は，先行国の国家公文書の承継国への移転は両国の間の合意により定められることを原則とし（27条1項，合意が行われない場合は2項以下の規定による），また，国家の領域の分離および国家の分裂の場合，先行国と承継国とがまたは承継国間で別段の合意を行わないかぎり，新独立国の場合とかなり類似した規定がなされている（同30，31条）．

4 国家債務の承継

1. 承継国が先行国の国家債務を引き継ぐべきかどうかについては議論が多い．伝統的国際法のもとで学説は一般に，すべての債務の移転を支持していたといえる．逆に，現代の有力な見解とくに途上国の見解は，移転すべき債務はほとんどないとするものである．しかし，領土の一部の割譲の場合のように先行国が残存する場合はともかく，併合や国家分裂の場合のように先行国が消滅してしまう場合，承継国は消滅した先行国の債務を引き受けるべきであるという学説もある．

また，植民地・従属地域人民の独立運動を抑圧し，それと闘うために先行国（植民地本国）が負った「政治的」債務，いわゆる「汚れた債務」は新独立国によって全く承継されないが，とくに国家承継が関連する領域と結びついた属地的債務については当然承継されるべきであるという見解もある．

この問題に関する国家実行や判例はまちまちであり[22]，むしろ債務承継に関する一般国際法上十分確立した規則は今日まで存在しないというべきであろう．

2. 国家財産等承継条約によると，まず「国家の債務」とは，先行国の財政上の義務であって，国際法に従い他の国，国際機構または他のいずれかの国際法主体に対して生じるものをいう（同条約33条）．したがって，国際法主体ではない（外国のまたは多国籍）企業や個人に対して国家の負う債務は，ここには含まれない（後述「**5** 既得権の承継問題」参照）．いずれの国家承継も，債権者の権利および義務に対して，国家承継としては影響を及ぼさない（同36条）．

国家領域の一部移譲，部分的分離，および国家の分裂の場合，先行国の国家債務は先行国と承継国（分裂の場合には当該承継国同士）が別段の合意を行わないかぎり，とくにその債務に関連して承継国に移転する財産，権利および権益

---

[22] 一例として，ベトナム戦争中日本が南ベトナムのチュー政権に対して発電所建設などのため供与した円借款（元本155億円）の債務を統一ベトナム（ベトナム社会主義共和国）が承継すべきかどうかをめぐって争われ，交渉の結果，日本が債務に見合う額の無償供与をベトナム政府に行い，そのうえ円借款を与えるという方式で合意され，両政府間の1978（昭和53）年4月28日「債権債務問題の解決のための支払いに関する書簡」および「ベトナム社会主義共和国の経済の復興と発展のための贈与に関する書簡」の交換という形で処理された．

を考慮に入れつつ,衡平の割合において承継国に移転する(同37, 40, 41条).国家結合の場合は,先行国の国家債務は承継国に移転する(同39条).

他方,新独立国については,先行国のいかなる国家債務も,新独立国に移転しない.ただし,国家承継が関連する領域における先行国の活動に係る国家債務と新独立国に移転する財産,権利および権益との間の結合関係にかんがみ,両国の間において別段の合意を行うことは差し支えない.なお,かかる合意も,富と天然資源に対するすべての人民の永久的主権の原則を侵害してはならず,また,その実施は新独立国の基本的な経済上の均衡を危険に陥れてはならない(同38条)[23].

5 既得権の承継問題

1. 先行国の国内法上私人,とくに外国人や企業の取得した権利,なかんずく国家契約やコンセッション協定(8章2節3(2))による権利は承継国によって尊重されなければならないという国際法上の原則は存在するかどうか.伝統的国際法のもとでは,この原則は一般に認められ,これを肯定する国際・国内判例——例えば,PCIJのマブロマチス事件判決(1925年),仏・ギリシャ灯台事件仲裁判決(1880年仏破棄院)——も多いといわれてきた.現代でもかなり多数の学者はコンセッションに基づく既得権の承継国による尊重の必要を主張している.

しかし,先行国から承継国への主権変更そのものがかかる既得権を無効にするものではないということは,そのままただちに変更後の新主権者たる承継国が変更前に外国人や企業の取得していた財産の維持を認めなければならないという既得権理論を支持することを意味するものではない.領土変更そのものは私的権利に対する特別の地位を無効にするものでも,また逆にその地位を与えるものでもない.

---

23) 万国国際法学会が2002年ヴァンクーバー大会で採択した「財産および債務に関する国家承継」決議では,前文で人民の自決権および民主主義原則が承継過程において重要な役割を果たすことを考慮しつつ,債務に関する条文(22–29条)中に,新独立国のための特別規定をおいていない.*Annuaire de l'Institut de Droit International*, Session de Vancouver, Vol. 69, 2000-2001, pp. 712–741.

また，既得権支持者のなかにも，かかる私的権利が実質的に承継国に対する外国の経済支配をもたらすものである場合，「汚れたコンセッション」とか「承継国の公共政策に反するコンセッション」と呼んで，既得権の承継から除く考えをとるものもある．

ましてや，今日第三世界の諸国は，非植民地化の枠内でコンセッションに関する既得権を認めることは国際法上の一般的義務によるのではなく，それは承継協定などの形式をとるとしても新独立国の主権的意思の表明によるものであるとみなしている．これに関する例として，ベトナムやアルジェリアが独立過程でフランスと締結した承継協定や合意をあげることができる[24]．

この立場は，1962年の「天然資源に対する永久的主権」決議（国連総会決議1803（XVII））の立場を予示し，あるいはそれに依拠している．これは，「国有化，収用または徴発は，国内国外を問わず純粋に個人的または私的な利益に優越すると認められる，公益，安全または国家的利益の根拠または理由に基づかなければならない．かかる場合所有者は，主権の行使としてこのような手段をとる国家で実施されている規則にしたがい，かつ国際法にしたがって，適当な補償を支払われるものとする」（同決議4項）として，既得権の保護と国有化の場合における補償の原則を述べている．

しかし，国連総会は，非植民地化に基づく新独立国の国家承継の場合，同項の適用を排除するような配慮を行ってきた．このことは，非植民地化の場合，天然資源に対する主権が絶対的であるとみなし，そのことからコンセッション

---

24) ベトナムの独立前のフランス人の既得権の問題（とくにゴム栽培園経営）について，フランス政府とベトナム共和国政府（ホーチミン）間の1946年3月6日の予備条約は「ベトナムにおけるフランスの経済的および文化的利益」を解決するための交渉の即時開始をすでに定めていたが，両者間の武力紛争の勃発後ベトナム民主共和国は1949年7月14日法などを根拠にフランス植民者の所有地の没収などを行った．1954年7月21日のジュネーブ協定署名日のファン・バン・ドン外相とマンデス・フランス外相間の交換書簡で財産および企業の所有権の保護尊重，商工業企業の継続，収用などの場合のフランス人の正当な利益の考慮などを定め，その後，フランス経済専門家代表団とベトナム民主共和国当局の間で結ばれた1954年12月15日のフランス企業に関するハノイ協定は，フランス企業へのベトナムの資本参加による合弁形式での維持，国有化の場合の予告と合理的補償などを取り決めた．

フランス・アルジェリア間の承継協定として1962年3月18日のエビアン協定中の「経済・財政協力に関する原則宣言」（12-13条）は，自決前のアルジェリア領域で取得された既得権の自由な享有を認める一方，アルジェリア政府の土地改革によるフランス人所有地の買い戻しのためフランスが特別援助を与えるという調整を行ったものであった．

のための既得権の原則を避けようとすることを意味している（諸国家の経済権利義務憲章（国連総会決議3281（XXIX））2条参照）．

2. 国際法委員会（ILC）における国家財産等の承継に関する特別報告者ベジャウイの報告書「経済的および財政的既得権と国家承継」（第二報告）によれば，国家平等から承継国は先行国と同じ権利すなわち国有化の権利を認められなければならず，また，国家承継は主権の交代（移転ではない）が行われるのであるから，tabula rasa の理論がここにも関係をもつ．とくにコンセッションの分野では，承継国なかんずく新独立国は経済主権をもっているから，既得権はたとえ存在するとしても，新国家の受諾にのみ基づくとみなした．

なお，ILC では，既得権のトピックは余りにも争いがあり，時期尚早であるとして，検討から外された[25]．

6　国籍の承継問題

1. 国家承継に伴って，主権変更の対象となる領域，すなわち国家承継が関連する領域の住民は，先行国の国籍を保持したままであるか，あるいは，承継国の国籍を取得することになるか．伝統的国際法以来一般に認められている原則は，後者の説すなわち承継国がその領域の住民に自国の国籍を付与するというものである．

国際実行上も，第一次世界大戦終了にさいしてのヴェルサイユ平和条約その他の平和条約や，第二次世界大戦後の1947年対イタリア平和条約などは，住民の国籍に関して主権変更に従うという見解を採り入れてきた．もっとも，これらの条約，さらにエビアン協定などは，かかる住民に一定の条件のもとで国籍選択権を認めているが，その選択は追加的な手続に従って行われるものである[26]．したがって，住民個人の選択がなされる場合にのみ承継国の国籍は終了

---

25) 万国国際法学会のヴァンクーバー決議「財産および債務の承継」（前述，脚注23））では，25条（既得権）で「承継国は，先行国の法秩序における私人の既得権を可能な限り尊重する義務を負う」としている．
26) エビアン協定中の一般宣言（2章A2節2）によれば，アルジェリア国籍法の枠内で，アルジェリア生まれのフランス人で10年間通常のまたは正規の住所（居所 résidence）を有する者または20年間通常のまたは正規の住所を有するフランス人に3年間の熟慮期間を与えた．これらの個人はアルジェリアの市民権を享有し，かつフランス国籍にとどまるのである．彼らがアルジ

するのであり，それ以前に無国籍となっているわけではない．諸国の国内法規定からみた国家実行も一般に同様の効果を与えているとみられる．

2. しかし，領域移転時にその領域の外に住んでいる先行国国民の地位は不安定なことがある．例えば，その領域に住所 (domicile) をもたない場合，承継国の国籍を取得しないというのがイギリス説である．このことは，承継国の国籍取得には，市民権 (citizenship)，居住，家族関係などによる移転領域との実質的結びつきをもつ必要があることを示している．国際法上，国籍の付与（6章1節）は国家主権の表明の1つの方法でもあり，国家はその国籍を自由に付与することができるが，国籍は個人が国籍付与国（領域）と一定の実効的結びつきを有する場合にのみ，他の諸国に対して対抗可能である（ICJのノッテボーム事件判決（1955年））．

とはいえ，移転領域の新しい主権者たる承継国は，その完全な裁量によって関係住民を自由に処分し，国籍を付与しないことができるわけではない．住民は領域に伴うものであり，承継国がその住民を事実上無国籍者として取り扱うなどしてその領域における責任を回避することは許されない．住民側は人権として（承継国の）国籍取得の権利を有するともいえる．

もっとも，信託統治地域の創設などによって施政国の領域ではない新しい地位を有する地域が設けられる場合，その地域の住民が施政国の国籍を自動的に保有しまたは付与されるわけではない．

3. ILC の起草した「国家承継に関する自然人の国籍に関する条文（案）」が，1999年国連総会決議55/153付属として宣言のかたちで採択された．この条文（案）によれば，先行国の国籍を有していたすべての自然人は少なくとも関係国（先行国または承継国）の1の国籍をもつ権利を有する（1条）．関係国は先行国の国籍を有していた者がこの承継の事実から無国籍になるのを防ぐためのすべての適切な措置をとる（4条）．国家承継が行われる領域に常居所 (résidence habituelle) を有する関係者（先行国の国籍を有する者）は，承継の日に承継国の国籍を取得するものと推定される（5条）．

ェリア国籍を選択するなら，3年経過後単なる請求によって与えられる．

第4節 国家の基本的権利義務

1 基本的権利義務の意味

1. 前述のように国家は国際社会の基本的構成員であり,同時に他の国際社会のアクター,なかでも国際法上主体性ないし法人格性を認められた国際機構と比較してさえ,国際法上異なった基本的な地位を有している.その基本的な地位とは,国家がその存在そのものにより,その承認の有無とは関係なく,また他国との法的関係に入らずとも,国際法上当然一定の権利義務を有することを指す.なお,国家基本権という概念を用いることに反対する議論もある.

国家の成立要件からもわかるように,近代国家の成立以来今日まで,独立国家は領土と主権を有してきた.したがって,各国の領土保全や主権維持のための権利義務が基本的であることはいうまでもない.しかし,国家の基本的権利義務は必ずしもつねに同じものであるわけではなく,国際社会の展開および国際法の発達につれてその内容も変化する.例えば,伝統的国際法のもとで自国の権利が侵害された場合にあるいは国際紛争を強制的に処理するために武力に訴えること,つまり戦争を行う権利は,いわば主権の属性として認められていた.しかし,現代国際法のもとではこの権利はもはやなく(なお,自衛権については,11章1節6参照),逆に紛争を平和的に解決すべき義務(国連憲章2条3項)が国家に課せられている(10章1節5).

2. 国家の基本的権利義務を宣言しあるいは明文化する企てが,国際社会においてこれまで何度もなされてきた.国連憲章の1条(目的),2条(原則)は国連とその加盟国に向けられたものであるが,その内容のいくつかは現代の基本的権利義務を表現しているとみることもできる.

また,国連国際法委員会(ILC)は1949年のその最初の会期で,国連総会決

議178（II）の要請により，国連総会が採択すべき「国家の権利義務に関する宣言案」を作成した．それは，世界の圧倒的多数の諸国が憲章のもとで新しい国際秩序を確立したことに鑑み，国際法の新たな発達に照らし，かつ憲章の規定と調和させて，基本的権利義務を14カ条に定式化したものであった（ILC, *Yearbook*, 1949, pp. 287-290）．しかし，この宣言案に対する諸国の反応が少なかったため，総会はその検討を延期し今日にいたっている．

一方，1970年国連25周年記念総会においてコンセンサス採択された友好関係宣言（総会決議2625（XXV））は，国連憲章の上の規定（1, 2条）を敷衍しつつ，すべての国家に妥当するつぎの7原則を列挙した．

つまり，(1)国家はその国際関係において，武力による威嚇または武力行使を，いかなる国家の領土保全または政治的独立に対するものも，また国連の目的と両立しない他のいかなる方法によるものも慎まなければならないという原則，(2)国家はその国際紛争を平和的手段によって，国際の平和と安全ならびに正義を危うくしないように解決しなければならないという原則，(3)憲章にしたがって，いかなる国の国内管轄権内にある事項にも干渉しない義務に関する原則，(4)憲章にしたがって，相互に協力すべき国家の義務，(5)人民の同権と自決の原則，(6)国家の主権平等の原則，(7)国家は憲章に従って自ら負っている義務を誠実に履行しなければならないという原則，である．

また，1974年の「諸国家の経済権利義務憲章」（総会決議3281（XXIX））は多数決で採択された（一定の西側先進国は反対ないし棄権した）ものであるが，とくに途上国の発展（開発）を念頭におき，天然資源に対する永久的主権をはじめ経済的主権（ないし自決権）に属するとみられる諸規定（とくに2条に列挙）を定めている（8章3節参照）．

友好関係宣言に示されたような，今日国家の基本的権利義務に属すると思われるもののうち，人民の同権と自決の原則は本書の第1章，武力行使禁止原則は第11章，国際紛争の平和的解決の原則は第10章で取り扱うこととし，ここでは，国家の主権平等の原則および不干渉原則のみを取り上げる．

2 国家主権の尊重——国家の主権平等の原則

1. すでにみたように主権は国家の属性であるといえるから，国家の国際法的地位を具体的に表わすもの，ないし，国際法上の基本的権利義務のなかで最も中心的なものは，国家主権（尊重）の原則であるといわれる．

事実，歴史的にみても伝統的国際法の形成はまさに主権国家の成立とその併存を契機としていたことからも当然と考えられる．もっとも，主権は語源的にはラテン語で最高のものを意味する superanus（supremus）に由来し，すべての権力との比較における最上級のもの（supremis）を意味していた．近代的な主権問題をはじめて論じたジャン・ボダン（1576年の『国家に関する六書（Six Livres de la République）』）は，主権を国家の絶対的かつ永久的権力とみなし，国家を「主権的権力をもったいくつかの事項の，かつそれらに共通の統治（支配）権」と定義した（具体的には，立法権，それに他のすべての権利（宣戦講和の権利ほか）が含まれる）．そして，この「主権的」権力が国家の本質的性格であるとしつつ，「主権は1つかつ不可分であり，永久かつ絶対（最高）である」とみなした．当時の政治状況から，この主権は世襲君主の独占すべきものとされ，対内的側面に力点がおかれていた．したがって，ボダンは主権とまだ萌芽期にあった国際法との関係を取り上げてはいなかった．

主権観念を国際法上に取り込んだとされるヴァッテルによれば，「いかなる外国にも従属することなく，どんな形態であれ自らを統治する国はすべて，主権国家である」として，この主権から国家平等の原則を引き出した．ヴァッテルは国家の主権，独立，平等を強調しつつ，「国際法は諸主権者（間）の法である」と述べて，主権国家が国際法に拘束されることを否定しなかった．当時のヨーロッパの国際状況からみて，この主権の強調は絶対君主の大国の干渉に対する小国（主権国家）の抗議的機能に着目したものといえる．

しかし，19世紀のドイツの公法学（ヘーゲルおよびその流れをくむ一連の学者）は，国際法の独自の存在を否定しあるいはその拘束性を国家の意思に依拠させる絶対主権観念を主張した．

逆に，2度の世界大戦後には，主権制限論または主権の相対化論が大きな流

れとして現われた．この流れは，国際連盟や国連の成立，その機関の決定の加盟国に対する拘束性の問題，また国内管轄権を認める条項などから，19世紀の絶対主権的な考え方を否定した．そのあるものは，国家主権を国内管轄権の意味に変えようとさえした．要するに，主権事項ないしその内容を限定的にとらえる一方，国家主権に対する国際法の優位性を認めようとした．

この傾向に対して，第二次世界大戦後の社会主義国や新独立国の学者は，一般に国家主権を強調してきた．この強調は，これらの諸国が資本主義諸国ないしは先進国優位の国際社会において占める地位を念頭においた抗議的概念として主権を取り上げようとしたことを意味している．

2. このような歴史的，政治的概念である主権を国際法上の概念として定義づけることは容易ではないが，国家など他の権力主体に対する非従属性という消極的な側面（これは国家の独立と同義であるとされる）と，より積極的に国家の主権的または基本的諸権利の行使を含む意味をもつというべきであろう．この場合にも，国家主権は国際法上の概念であるとしても，単に国際法主体としての国家性の基礎の1つとみなされるにすぎないもの（事実概念）か，あるいは国家主権は尊重されねばならないという規範的意味をもつ法原則として認められてきたのかという点が問われる．

伝統的国際法のもとで，ボダンの見解にも示されているように，国家が戦争を行う（また，講和を結ぶ）権利は国家主権の最も基本的な属性の1つとさえ考えられていた．ヴァッテルによれば，戦争を行う権利は実定法上の完全権の侵害に対抗する実定法（意思国際法）上の完全権として位置づけられた．無差別戦争観のもとで戦争を行う権利は国家主権の論理的結果であるともいわれた．反面，戦争はその結果として戦敗国（弱国）の主権（領域権，さらに国家性そのもの）を制限しあるいは否定することもできた．征服，併合，保護国化といった戦争の果実は法認されていた．したがって，強国のみが真の主権国家にとどまりえたといえる．このような状況のもとで，主権尊重の規範的要請を見出すことは難しい．

もっとも，当時においても，国家主権の一面である領域権やその裏返しとしての不干渉原則（2章4節**3**）は認められていた．これは第一次世界大戦後の国際判例（例えば，PCIJ の 1928 年パルマス島事件や ICJ の 1949 年コルフ海峡事件）で

も認められ,この面からみると主権尊重の原則の存在を肯定することもできる.

とくに同大戦以後,戦争違法化のもとで国際法の構造や性質は変化を受け,かつて主権の中枢的位置を占めた戦争権はもはや認められず,その結果戦争の果実（領土取得や征服,特殊権益）も否定されることになり,主権の内容が変容を受けるとともに,ここに主権尊重の原則が確立することになったといえる.

3. 国連憲章はこれを（国連加盟国の）「主権平等の原則」として明記した（2条1項）.ここにいう主権平等の意味は,憲章を採択したサンフランシスコ会議においてこれを検討した委員会の報告者によると,つぎの4点にまとめられる.すなわち,(1)諸国家は法的に平等である.(2)諸国家はその完全な主権に固有の諸権利を有する.(3)国家の人格は,領土保全および政治的独立と同じく尊重される.(4)国家は国際秩序のもとで,その国際義務を誠実に履行しなければならない.

1970年の友好関係宣言は,「すべての国家は主権平等を享受する」とし,その内容として,これら4点をほぼ同じ表現でくりかえし,さらにつぎの点を付け加えた.すなわち,「すべての国家は,その政治的,社会的,経済的および文化的体制を自由に選択し発展させる権利を有する」.また,国際義務の完全なかつ誠実な履行に加えて,「他の国家と平和に生活する義務」にも言及している[27].

4. 国家平等原則は,すでにヴァッテルによっても強調されていたように,主権のコロラリーとも考えられるが,今日主に3つの方法で表明されている.1つは,法の前の平等,2つは権利（義務）の平等,3つは国際法の定立や国際

---

[27] なお,この宣言を起草した友好関係特別委員会で最後までコンセンサスが得られなかった項目のなかに,「国（民）の富と天然資源を自由に処分する国家の権利」,「外国軍事基地をその領土から撤去する国家の権利」,「国家主権と国際法の関係」などがある.そのうち,「国家主権と国際法の関係」についての議論は,「すべての国家は他国との関係を国際法に従って行い,そして,各国家の主権は国際法の優位（supremacy）に従う」という表現をめぐって,賛否両論に分かれて行われた.これを支持する見解は,主権平等の観念は国際法の枠組み内に入り,国際法からその意味の多くを引き出すと理解する限りで意味をもつのであり,国家主権は国際法なしでは尊重されえないとしたのに対して,上の表現を批判する見解は,超国家は国家の主権平等と両立しないとし,国家主権の尊重は諸国家の任意の合意を反映した現代国際法の基礎であり,主権国家は国際法の創造者であるとともに,それら規則が宛てられ,それらを履行しなければならない実体であるとして,主権は国際法の基礎および存在理由であるとした.結局,両者の関係は共生的であり,主権が国際法をつくり,国際法がその基礎および基本原則として主権を認めるという関係にあるともみられる.

会議ないし国際機構における決定（表決）への平等な参加である．

　法の前の平等は法主体たる国家の大小強弱を問わず等しく国際法に従って取り扱わなければならないことにほかならず，これは法の適用面における（形式的）平等を意味する．これは国際法が（近代）法であるかぎり，当然認められるべきものであり，同一の規範内容がすべての国または，すべての条約当事国に等しく適用されるべきであるとする単一規範論（後述の二重規範論に対して）は，この意味の平等原則から引き出されてくるものである．

　権利（義務）の平等とは，啓蒙期自然法思想に由来し，国際法上すべての国が（自然状態において）同一の権利と義務を有することを意味するが，現実には実定法上権利と義務は全く同一ではありえない．ただ，この意味の平等原則は国家の基本的地位を定めた権利と義務に相当するものが当然国家に帰属することをいおうとするものである．

　国際法の定立，国際会議や国際機構における決定への参加の平等は，啓蒙期自然法思想からも，主権国家が自己を拘束する決定に平等に参加するべきであるという意味で主張されてきたものである．しかし，今日国際社会の組織化が進むなかで国際機構での多数決制や加重投票制の採用によって，この意味の平等が修正されてきている．

　なお，主権平等原則は，決して静的な概念ではなくダイナミックな内容を与えられるのであり，国家間の事実上の不平等から，新しい発想ともいえる「補償的不平等」という観念が現われてきた．「補償的不平等」は（とくにフランスや第三世界の学界における）「開発の国際法」の議論において唱えられているもので，従来の形式的国家平等原則が先進国と途上国との間の開発格差という事実上の不平等を隠蔽し，むしろそれを拡大する機能を果たしている現実を認識して，途上国に有利な形でこの不平等を補償するための差別待遇が認められるべきであるというものである．例えば，先進国間関係と先進国と途上国間の関係には異なる規範が適用されるべきであるとする二重（多重）規範論が引き出される．これを適用することによって，先進国と途上国の間の格差が縮小し，実質的平等に接近することができるとみるのである．

　5． 以上のような国家主権（尊重）の原則は，国際機構とくに加盟国の意思とは別の独自の意思をもち，決定を行う一般的政治的国際機構（国連）の設立

によって，一般に加盟国にとっては制限されるにいたったといわれることがある．かかる国際機構の意思決定が全会一致によってなされる場合はともかく，多数決制が導入されあるいは加重投票制がとられる場合，上述のように国家平等原則は制限を受けることになる．

　国連憲章は，一方で主権平等の原則をかかげ，かつ2条7項でそれを保障しながら，他方で，それと矛盾するとも考えられる規定をおいている．例えば，国連憲章の改正は，すべての常任理事国を含む国連加盟国の3分の2によって批准されたときに効力を生じ（109条)，改正に反対の国も改正憲章に拘束されることを認めている．また，加盟国は安全保障理事会の決定を受諾し，履行することに同意する（25条）と定め，たとえその決定に反対の意思をもつ加盟国もそれに拘束されるのである．

　とくに国際の平和と安全の維持に関する政治的に重要な事項，いわば主権事項についての決定の場合に，それに反対の加盟国は主権制限を受けるとみられる．したがって，いわゆる拒否権（藤田，前掲書，191-198頁参照）を有する常任理事国を除き，他の加盟国は自らの意思に反してさえ他の権力主体（国連）の意思に従属することになり，その意味において主権が制限されているといえなくもない．

　もっとも，国際約束によって自らの主権を制限する資格も主権の属性であるから（ウィンブルドン号事件（1923年）参照)，国連に加盟するさいに，上の点についても予め同意を与え，この制限を受け入れた以上，主権制限とはいえないという見方もある．しかし，憲章に規定されておらずまた憲章から推測されない事項について国連の機関が拘束力ある決定を行う場合（このような決定を行う機関の権限は，黙示的権能説（藤田，前掲書，152-156頁）からは肯定されている)，予め同意を与えているから主権制限ではないという見方はとりにくい．

　なお，国連の場合，憲章に規定はないが国連からの脱退が許容されているのであり，上の意味で主権制限を受けるとみる国がいわば主権回復のために脱退する道は残されている．

　なお，IMFや世界銀行のような経済・財政関係の機構の場合，加重投票制は国家の実質的能力に応じて地位，権限，投票数を付与することの現われであって，国家平等の制限というよりも，むしろ機構の目的からみて「機能的平

等」を実現するものであるという見解もある．

6. EC の場合，地域機構ではあるが統合が一層進められており，それにつれ EC 構成国の国家主権事項は EC の機関に移譲されてきている．構成国の立法権および司法権の一定部分は，EC の理事会，委員会（ローマ条約189条）および裁判所（同177条）に委ねられている．さらに，1992年2月7日署名されたヨーロッパ連合条約（いわゆるマーストリヒト条約，1993年11月1日発効）は，単一通貨の導入をめざす経済・通貨同盟のほか共通外交・安全保障政策をも柱としている．後者については，ヨーロッパ連合は共通防衛政策の枠組みを含みうる共通外交・安全保障政策の履行を通じて国際面でその同一性を主張することを目標の1つとし（1編B条），また，共通外交・安全保障の目標はこの連合の共通の価値，基本的利益および独立を保障すること，すべての面でこの連合とその構成国の安全保障を強化することであり（5編 J.1条），構成国はその国家政策を共通の立場と一致するように確保しなければならず，すべての構成国が参加するわけではない国際機構および国際会議において，参加する構成国は共通の立場を保持しなければならない（J.2条）としている．

3　不干渉原則

1. 国家は他国の管轄事項，いわゆる内政に干渉してはならないという義務は，伝統的国際法以来つねに認められてきた基本原則である．これは近代国家が主権独立であることから，あるいは，国家主権尊重の原則から引き出される当然の要請でもある．国家の主権独立を強調したヴァッテルは，同時に不干渉の義務をも強調していた．

ここでいう「干渉」とは，他国に対する強制または威嚇に基づいた命令的関与を意味するのであり，それには武力行使や武力による威嚇のみならず，経済的，政治的その他の形で他国に介入し，強制する措置の使用も含まれる．もっとも伝統的国際法の時代の無差別戦争観のもとで，合法的な戦争を行うことによって他国の内政に干渉することは許容されたともいえるのであり，この点で当時の不干渉原則の適用は，上述の主権尊重原則の場合と同じく，他国の武力による干渉ないし圧力からの保護という最も重要な側面で制限されていたとも

いえる．したがって，この原則は弱国にとってはかなり実効性を欠くものであった．

2. それのみか，19世紀，主にその後半にはヨーロッパの「文明国」がトルコなど東方諸国における住民に対する宗教上の迫害や人権侵害などを止めさせることを理由に武力干渉を行った．この行動を法的に説明し，合法化するため「人道のための干渉」という新しい概念が用いられた．不干渉原則の存在を前提にしつつ，「人道のための干渉」を正当化するために，（国際法と国内法に優位し，統治者と被治者の双方に課せられた）共通の「人道の法（droits de l'humanité)」という上位の法を想定し，まだ文明国とはみなされない国の統治者がこの法に違反して被治者の人権侵害を行えば，外国の干渉を認めようとする理論化が企てられた．この干渉権は文明国，とくに大国によって人道の名で行使されるとするものであった．もっとも，当時の国際社会において「人道の法」なるものは観念の産物であり，「人道のための干渉」の法的正当化が成功したわけではなかった．しかし，当時武力を背景に合法的に行いえた植民地化や保護国化と対比して，「人道のための干渉」が非文明国の一時的・暫定的な支配ないしコントロールをもたらすにすぎないとして正当化する見方もあった．

3. 第一次世界大戦後の戦争違法化の状況の中ではじめて，不干渉原則は武力干渉からの保護というその核心的な側面において有効な原則となりえたといえよう．

なお，後述のように国連憲章2条7項から国家が不干渉義務を負うかという点をめぐる議論のなかで，むしろ2条4項の武力行使ないし武力による威嚇禁止の原則から不干渉義務が引き出されるという主張がなされる．これは戦争違法化のもとで不干渉原則が有効な原則になるにいたったということを示している．国家の武力行使ではなくて，国連の強制行動のみが不干渉原則を破りうるというのは，これを裏書きしている．

さらに，国際関係が緊密化するにつれ，一方では禁止される干渉行為の範囲が拡大され明確にされるようになるとともに，他方では，国際機構の発達や国境をこえた経済活動の活発化につれ，禁止の対象とならない行為（とくに経済分野）や違法性の阻却される行為あるいは例外的に許される行為の範囲も拡大している．もっとも，例えばアメリカの反トラスト法などの無制限な域外適用

が適用対象とされる他の諸国に対する干渉（ないし主権侵害）となる場合があるのではないかという問題も提起されてきている．

4. 不干渉原則はその対象に国家の国内事項のみならず対外事項をも含めるようになり，また，禁止される干渉活動の範囲も，直接に他国を強制するような行為のみならず，他国の政権の転覆やテロ活動に援助を与えることのような間接的な行為にまで拡大ないし明確化されてきている．前述のILCの「国家の権利義務に関する宣言案」は「すべての国は他国の対内的または対外的事項に干渉することを差し控える義務を負う」（3条）としており，1965年国連総会の採択した（賛成109，反対なし，棄権1（英国））「国家の国内事項における干渉の不許容および国家の独立と主権の保護に関する宣言」（いわゆる「不干渉宣言」）（総会決議2131（XX））は「国家は，いかなる理由があれ，他国の国内的または対外的事項に，直接にまたは間接に干渉する権利を有しない．その結果，武力干渉および他のすべての形態の干渉またはその国の人格に対するあるいはその国の政治的，経済的および文化的要素に対する威嚇の企ては禁止される」とした．

さらに，友好関係宣言は，「国家の」不干渉義務の原則をかかげるとともに，その内容を包括的に述べている．それによると，「いかなる国家または国家の集団」の上の不干渉宣言に述べるような干渉は「国際法に違反する」とし，干渉とみなされる行為をあげている．すなわち，(a)他国の主権的権利の行使を自国に従属させ，またその国家からなんらかの利益を得るために，経済的，政治的もしくはその他のいかなる形態であれ他国を強制する措置の使用または使用の奨励，(b)他国の政権の暴力による転覆を目的とする，破壊活動，テロ活動または武力活動を組織し，援助を与え，あおり，資金を与え，煽動し，もしくは許容すること，または他国の内戦に介入すること，(c)人民からその民族的同一性を奪うための武力行使，である．

そして，すべての国家は，他の国家によるいかなる形態の介入も受けずに，その政治的，経済的，社会的および文化的体制を選択しうる不可譲の権利を有する，としている．これは，不干渉宣言にも，人民と民族の自決権と独立の尊重があげられていることと符合する．つまり，自決権の侵害も違法な干渉に該当するといえよう．

このような不干渉原則は，国連の文書のみならず，地域的機関ないし機構の基本的文書——米州機構憲章，アラブ諸国連盟憲章，アフリカ統一機構憲章，CSCEのヘルシンキ最終議定書——にも明記されている．

5. 干渉が例外的に許容される場合もある．他国の国際違法行為に対する対抗措置，抗議ないし制裁として行われる場合，また，自衛権の行使としてなされる場合は，違法とはみなされない．また，干渉行為が集合行為といわれる国連の強制措置として行われる場合も許される（11章2節3参照）．不干渉宣言や友好関係宣言も，上記の不干渉原則の諸項が国際の平和と安全の維持に関する国連憲章の諸規定（とくに7章）に影響を及ぼすものではないとしている．

6. 国際機構，とくに連盟や国連の発足に伴い，それらの機関の活動に対する制約として国家の国内管轄事項に対する不干渉の問題が提起されることになった．連盟規約は，紛争解決手続を定めた15条8項において，「紛争当事国の一国において，紛争が国際法上専ら該当事国の管轄に属する事項に付生じたるものなることを主張し，連盟理事会これを是認したるときは，連盟理事会は，その旨を報告し，且つこれが解決に関し何らの勧告をも為さざるものとす」とした．この規定によれば，国内管轄事項に属する紛争について，連盟の機関（理事会または総会）が解決のための勧告をしない，つまり関与しないということであり，上にみた干渉の意味ではない．また，所与の紛争が国内管轄事項に属するか否かは連盟の機関が国際法に従って決定するのである．

国連憲章は，2条7項で「本質上いずれかの国の国内管轄権内にある事項に干渉する権限」を国連に与えたものではなく，また「その事項をこの憲章に基く解決に付託することを加盟国に要求するものではない」とした．この規定は，単に紛争解決手続としてではなくて，国連の目的達成のため，国連とその加盟国が従うべき原則の1つとして掲げられたものである．しかし，連盟規約とは異なり，「本質上」国内管轄事項に「干渉する」ことが問題とされるのであり，また，国内管轄事項に属するか否かを決定するもの（国連の機関か当該国か各加盟国か）について明記していない．

この不明瞭さは，2条7項の起草過程から判断すれば，意図的であったといえる．憲章を起草したサンフランシスコ会議において，とくに米，英，ソ連は連盟規約15条8項の表現を国連憲章に採り入れることに反対し，また，人権

と基本的自由の明白な違反の場合国内管轄権の留保は認められないとするフランスの提案も受け入れられなかった．そのうえ，「機構の判断による」とか「国際法にしたがって」という表現が採り入れられず，「専ら」という語も「本質上」に変更された．その結果，2条7項の規定内容について，いくつかの点で疑問が提起され，それらは国連の実行において処理されてきた．

7. まず，2条7項は機構（国連）自体の行動を規制するのか，加盟国の行動にも及ぶのかという点である．起草過程をみるかぎり，他国の国内管轄事項に対する国家の干渉には関係がなく，機構と加盟国との関係の問題に限られている．しかし，安全保障理事会や総会ではこの点についてさまざまの見解が表明され，例えば1946年8月安全保障理事会でのギリシャ問題の討議のさい，ギリシャへの英軍の介在について，2条7項から他国の国内事項に干渉する権利を国家に与えていないとする見解（ウクライナ）とこの規定は機構としての国連に干渉を禁止しているとみる見解（イギリス）に分かれた．1965年5月ドミニカの事態を討議した安全保障理事会でも，同様の対立した見解（ウルグァイ対アメリカ）が示された．

友好関係宣言の起草のさい総会においても，2条7項と国家間の不干渉原則の関係が議論され，不干渉原則はむしろ2条4項により規律されるとする見解や2条前文（「この機構及びその加盟国」が従うべき原則）を考慮して，不干渉原則は2条7項に黙示的に含まれているという見解などが示された．他方，規約15条8項が国内管轄の留保を理事会の活動に限定しているのとは逆に，2条7項が国連の諸機関全体に課せられるものであることについては争いがない（国連の機関としてのICJが2条7項の適用を受けることについて，ブルガリア，ルーマニア，ハンガリーとの平和諸条約の解釈に関する勧告的意見．*ICJ Reports 1950*, p. 71）．また，2条7項が国連の諸機関のすべての任務や活動に対して制限を課しているとみられる[28]．

8. つぎに，2条7項のいう「干渉」の意味については，上述のような国家

---

[28] ただし，ケルゼンは国連憲章9，10章とくに55条と62条が経済社会分野で国内管轄事項についてさえ広い権限を国連に与えているとみる．Kelsen, *The Law of the United Nations*, London, 1951, p. 773．また，総会では，憲章10条，11条および14条が2条7項の制限を受けないという見解も出されたが，それに対しては2条7項の「この憲章のいかなる規定も」という表現はこれらの条文を含む一般的範囲のものであるとして反論された．

の干渉を特徴づける「命令的干渉（ingérence dictatoriale）」といった限定的なものではなく，より広い範囲に及ぶもので，一般に国連の機関が国内管轄事項を取り上げ審議の対象としあるいは勧告すること，すなわち関与することであるとみなされてきた．この観点から，本質上一国の国内管轄権内にある事項を単に議事日程にのせることも，ここでいう「干渉」になりうるかどうかが争われてきた．

さらに，「本質上いずれかの国の国内管轄権内にある事項」という表現については，「国内管轄権」を決定する基準やその決定を行う資格をもつ者（機関）について 2 条 7 項にはなんら定められていない．しかし，連盟規約の「専ら」から「本質上」に変えられたことからも，この表現はより広く，国際的側面を有しながらも国内管轄が支配的であるような事項についても国連の「干渉」を避けようとする意図のものであることは疑いない．

しかし，他方で，国連憲章はさまざまの事項例えば人権問題を取り扱う権限を国連に与えており，国内的側面の問題と国際的側面の問題との境界線は厳格なものではない．現実には，アパルトヘイト政策のような重大かつ体系的な人権侵害，非自治地域の問題，自決権の侵害（ただし，少数者問題は別）などについては，もはや本質的に国内管轄内にある事項とはみなされず，国際の平和と安全にかかわることを理由に国際関心事項とみなされることが多い．

国連の機関が多数決で「干渉」をきめる場合，2 条 7 項はこの「干渉」に対する障害とはなっていない．しかし，この決定権を有する者について 2 条 7 項は規定していないことから，その決定の合法性をめぐって国連と若干の加盟国の間で争いが発生する危険性はつねにある．

9. なお，2 条 7 項は 2 文で「但し，この原則は，第 7 章に基く強制措置の適用を妨げるものではない」として，例外を定めている．国内管轄事項についてであれ，その国に対する国連の軍事的または非軍事的強制措置の適用は妨げられない．この例外は国連の措置として唯一可能なものである．つまり，「第 7 章に基く強制措置」という表現から，平和に対する脅威，平和の破壊または侵略行為（憲章 39 条）を構成するすべての事態を対象としうるが，これらの事態にはいたらない潜在的事態の場合は含まれない．したがって，憲章 6 章のもとでの安全保障理事会のすべての活動，さらには 7 章のもとでも 39 条の勧告

や40条の暫定措置がこの例外には該当しないとも考えられる．つまり，自国の国内管轄事項を理由にして，国家はその事項についての安全保障理事会（や総会）の調査，勧告，暫定措置などを行わせないことができると解釈されよう．

現実には，安全保障理事会はこの例外に関する自らの権限について公式の立場を示さず，また，いくつかの事例（例えば1946年インドネシア問題——藤田，前掲書，112頁参照）では，理事会の行動が憲章のどの条文に依拠しているかについて沈黙してきた．

なお，最近，国連は「新国際人道秩序」という名目のもとで，自然災害や緊急の被災者に対する人道的救援のために人道団体の被災者へのアクセスを求め（総会決議43/131，45/100），また，安全保障理事会決議688（1991）は重大な人権違反を行う国——この場合，クルド人を抑圧するイラク——に対して，事務総長のほか，すべての加盟国と人道団体に人道的救済努力に貢献するよう求めている．とくにこの決議は，憲章2条7項を想起させているが，憲章7章あるいは39条への明示の言及はない．

また，湾岸戦争の停戦直後，アメリカなど若干の国はクルド人救援を理由としてこの決議を根拠にイラクの同意を得ずに軍隊をイラク領域に派遣した．1991年7月16日のロンドン・サミットの政治宣言はこの行為を追認した．しかし，このような行動は2条7項の枠をこえるのみならず，かつての「人道のための干渉」の理由づけを想起させ，問題を含むように思われる．

10． 21世紀に入ると，この問題は，国連において「保護する責任」論[29]と

---

29) この構想は，2001年カナダ政府後援下の「介入と国家主権に関する国際委員会」の報告書「保護する責任」で初めて体系的に提示され，そこでは，「保護する責任」という用語は「干渉権」に代わって用いられたもので，主権の不処罰の文化から国内的または国際的責任の文化への移行を表わすものであるとされた．同報告書は，国家主権について，国内機能および対外義務の双方における「管理としての主権」から，「責任としての主権」への必要な性格変更が含まれ，主権を責任として考えることは次の3つの観点から重要であるとみる．すなわち，①国家当局は，市民の安全と生命を保護し福利を促進する任務に責任を負う，②国家当局は，国内的に市民に対しておよび国連を通じて国際共同体に対して責任を負う，③国家機関はその行為のために説明責任を負う．

主権のこのような理論的再定義は国際人権規範と人間の安全保障観念のインパクトの増大により強化されつつある．2004年「脅威，挑戦，変化に関する国連事務総長ハイレベル諮問委員会」報告書「より安全な世界：われわれの分有する責任」（A/59/565），さらに，2005年アナン事務総長報告書「より大きな自由において：すべてのための発展，安全保障および人権の尊重」（A/59/2005）に採り入れられた．2005年国連総会は，保護する責任を「国際法の新概念」として提示し，総会決議60/1は，各国がジェノサイド，戦争犯罪，民族浄化および人道に対する罪から

して展開されてきた．「保護する責任」秩序では，まず基本原則として，「国家主権」は「責任」を含み，国家自身が自国民保護のための一次的責任を負う．国家が一次的責任を果たせないとき，国際共同体——それを代表する国連（安保理と総会），もし安保理（ついで総会）が責任を果たせないなら，地域機構，さらに関係国家——が二次的責任を負う．ただ，ここにいう「責任」は必ずしも国際法上の概念ではなく，むしろ政治的，道義的責任の意味を含意しているとも考えられる．しかし，保護する責任の一要素である「対応する責任」には，軍事干渉の原則があげられている．ジェノサイドや大規模な民族浄化など重大な人命の損失に対する人間保護目的のための軍事干渉の許可機関として国連安保理が最適とみなされ，とくに常任理事国は自国の死活の国家利益が含まれないかかる軍事干渉の許可決議に拒否権を行使しないことに同意しなければならない．しかし，安保理が合理的時間内にかかる決議の採択に失敗するなら，憲章8章下の地域的（準地域的）機関の行動の利用があげられる．

しかし，それもできない場合，個別の関係国家（国連加盟国）が危険な状態にある住民を保護しえず一次的責任を果たせない国家に対して措置をとる——最終的には軍事的干渉措置も排除されない——（二次的）責任を負うことになる．もっとも，保護する責任の最後の要素である「再構築する責任」から，とくに軍事干渉後，干渉により止めまたは避けようとした害の原因に注意を向けながら，回復，再建および和解のための十分な援助を提供する責任が伴ってはいる．しかし，かかる個別国家による軍事干渉が，すでに述べた国連の目的・原則である主権平等原則や不干渉原則と抵触する恐れは否定しえない．

もっとも，21世紀に入った現代の国際社会において，主権の虚構性を指摘し，「ポスト主権」の時代の到来を勧める主張もある．主権の意味を「支配」から「責任」へと転換する保護責任論はある意味でこれと符合する．保護責任の発想は，主権の意味変化により，敷衍すれば，個別主権国家の一次的責任のみならず，国連といった国際組織，さらに国家からなる国際共同体の二次的責

その住民を保護すべき責任を認める「2005年国連世界サミット成果文書」を採択した．2006年安保理決議1674は全会一致でこの成果文書の規定（138，139節）を再確認した．

このように「干渉する権利」から「保護する責任」への用語変更は，干渉と主権の間の分離を架橋する連結概念とされ，かつ，保護する責任の実質は「防止する責任」，「対応する責任」および「再構築する責任」の3つの統合的要素からなる．

任を認めることにより，責任主体としての国際共同体を想定しているように思われる．

第 3 章　国家領域

第1節　国家領域の本質

1　国家領域の概念

1. 国際社会における基本的アクターであり，国際法主体である国家は，他のアクターや主体とは異なり，領域をもつことを特徴とする．すべての国家は領域を有し，領域のない国家は存在しない．

領域（territory）それ自体は，地球の物理的区域に関する地理的概念であるが，国際法上，領域とは場所的観念からする支配の限界を指す．国家領域は，その場所的範囲において国家（機関，当局）が，国際法上制限されないかぎり，自由に排他的な支配を行いうる有形の枠組みを構成するものである．

近代国家は，家産国家観念に基づき地縁団体として形成されてきたことから，その支配する陸地が領域（領土）とみなされたが，海洋や上空の利用が可能になるにつれ，一定の海域（領水）および空域（領空）も領域に含まれるようになった．今日では国家領域は領土，領水，領空からなる三次元的空間を意味する．もっとも，領土がなければ領水，領空はありえず，その意味で領土が国家領域の中心を占めることはいうまでもない．

2. 領域の観念は，歴史的には古くからあった．例えば古代ギリシャでも，特定社会の主権の本質的要素として領域観念は存在していた．しかし，中世ヨーロッパ社会では個人や部族が主権者や教会への忠誠に結び付けられ，14世紀になって諸共同体が領域的実体としてみられるようになった．

1648年ウェストファリア講和により一定の定まった領域に対する主権を行使し，地球上いかなる権威にも従属しない諸国家を基礎とする国際秩序の確立が初めて企てられた．この秩序が一定の領域に主権的管轄権の平等な権利を有するすべての独立国家を認めたのである．伝統的国際法は領域の枠内での国家

の排他的権限に基づいて形成,発展してきたのであり,その意味で領域は国際法の基本概念となった.

2 国家領域の性質

1. では,領域はいかなる性質を有するものとみなされてきたか.これをみるためには,普通,「領域主権」と呼ばれる,領域と主権の関係について注意しておく必要がある.領域主権は国家がその領域に行使する権限の性質に関係するものである.領域そのものの概念が主権または主権的権利が行使されうる地理的区域に関係するから,領域と主権は国際法上密接に結びついている.「地球の表面の一部分に関する主権は,その部分を特定国の領域にするために必要な法的条件である」(パルマス島事件判決)とみられる.

領域主権は積極的側面と消極的側面を有し,前者は自国領域に対する国家の排他的権限に関係し,「国家間の関係における主権は独立を意味する.地球の一部分に関する独立は,そこにおいて他のいかなる国家をも排除して,国家の機能を行使する権利である」(同事件判決).後者の消極的側面は,その領域内で,他国の権利を保護する義務に関係する.このように,領域主権は,特定の人民と特定の領域の間の結合(リンク)を表わすのであり,その結果,その区域内でその人民が国家を通じてその管轄権を行使することになる.

2. ここで主権と所有権の区別をする必要がある.ローマ法のもとでは imperium と dominium は区別されていたが,中世封建制度の成立とともに両者は混同されるにいたった.封建法におけるコモン・ローの形成の結果,主権と所有権とは英米法学者にとって区別できない概念となったといわれる.

しかし,国際法はローマ法の imperium と dominium の区別の上に構築されることになった.グロティウスは,無主物を先占する法理を説明するにあたって,imperium と dominium を区別し,国家は1つの行為によって両者を取得しうるとしても,両者は別の概念であり,dominium は臣民や外国人に与えられうるが,そのために imperium が侵害されるわけではない,とした(『戦争と平和の法』第2巻3章4節).ヴァッテルによれば,国家(国民)とそれが居住する領域の関係に関する2つの区別が存在するとし,1つは,国家(国

民）がその必要のため領域を使用し，そこから利益を得，かつそれを処分する所有権（Domaine）であり，他は主権，すなわち，国家（国民）がその領域における事項を思うままに規制し支配する最高管轄権（Empire）である．国家がその主権を及ぼし，その管轄権の範囲を形成する全区域（空間）は領土と呼ばれる（Vattel, *Droit des Gens*, Livre I. Chap. XVIII. paras. 204-205）．

3. 国家と領域の関係の性質については，これまでさまざまの理論が展開されてきた．最も古いものは世襲理論であり，これによれば，家産国家思想のもとで土地は一種の（私法的）土地所有権とみなされて君主諸侯（領主）に属し，領主の遺言や婚姻のさいの嫁資として移転ないし処分されうるものであった．この理論は数世紀にわたって存続し，後に客体説ないし国際法的所有権説（Eigentumstheorie）として展開された．この説は，領域主権の概念を所有権の脈絡において，物権に関するものとして把握した．いいかえれば，国家は，私法上所有者がその所有物を取り扱うと同じく，その領域に対する権限を行使するものとみなされた．

この説は，国家領域の一部を処分する法的事実を説明するには適しているが，連邦構成国の観念を取り扱うさいには問題があり，また，国家はそのすべての領域を処分すれば消滅するかどうかという問題に答えることができない．それにもかかわらず，この説は英米の判例において意味をもっていた．

4. 客体説と対比されるのが，主体説あるいは空間説（Eigenschaftstheorie, Raumstheorie）と呼ばれるものである．それによれば，国家領域は国家自身の人格と区別されたなにものかではなく，その不可欠の部分とみなされる．そのため，国家領域に対する攻撃は国家の所有権に影響を与えるものとしてではなく，犠牲国の人格の侵害であるとされる．したがって，これは dominium ではなく imperium を強調するものである．

この説にもいくつかの短所がある．この説に立てば，割譲であれ取得であれ領域の変更はその国家自身の人格に重大な影響を与えることになると思われる．また，連邦構成国といわゆるコンドミニウム（condominium）——すなわち，領域の一部が二以上の国の共同所有のもとにおかれ，その住民個人に対して共同して主権を行使するもの——を同一視することは困難であり，かつ，租借（3章3節**2 3**参照）の存在を説明するのに問題がある．

5. これとは対照的に，客観説または権限説（Kompetenztheorie）は，オーストリア学派（純粋法学）と結びついて，国家領域を国家管轄権の区域または国家がその管轄権を行使する空間とみなす．ケルゼン（Kelsen, *Principles of International Law* New York, 1952, pp. 240ff.）によれば，「国家領域の統一，それゆえ，国家の領域的統一は，法的統一であって地理的統一ではない，なぜなら，国家の領域は法的には，国家と呼ばれる国家（内）法秩序の有効性の領域的空間にすぎないからである」．

いいかえれば，領域の観念は最小化され，単に国家の権限行使に関する制限的要素とみなされるにすぎないのである．ケルゼンは，国家領域を「国家がその国内法の定めるすべての行為を実施することを一般国際法によって許可された空間または……国家（内）法秩序によって決められた機関が一般国際法にしたがってこの秩序を執行することを許可される空間」であるとした．

この説はかなりの支持を集め，オッペンハイムも「国家領域の重要性は，それが国家がその最高の権限を行使する空間であるという事実にある」とし，ラウターパハトもこのアプローチを客体説の長所と結び付けた．後者によれば，もし国家を絶対的かつ神秘的実体としてよりもむしろ国家に組織された個人の全体としてみるなら，国家を領域の所有者とみなすことについて異議ないし不自然さはない．

客体説は領域の割譲を説明するのに最も魅力ある説ではあるが，領域はまた国家が国際法および国内法にしたがって管轄権を行使する基礎であり，かつその空間であるから，「領域は国家の権利の客体であり，かつ，その主権および管轄権が行使される空間である」．加えて，領域は全体的な要素ではなく，分割されうるのである．この複合的アプローチ（フェアドロスの Mischbegriff）は柔軟性を有し，今日最も受け入れられているものである．

なお，領域の性質に関するこうした論争は国際法上無意味とみる見解もある．

6. 領域主権が国家，人民，および領域の間の特別の関係の関数とみられ，そして領域に関して権限，権利，義務などをその国家が同時的・付随的に取得するとみるならば，かかる権限などはなにに由来するのかという問題が生ずる．

これについては，それらが主権そのものの結果または属性であるという見方と国際法規則によって国家に与えられたものであるという見方が可能である．

前者の見方は国家（国民）とその領域間に存在する心理的結びつきによるのであり，その領域を区画する力（power）の観念に基礎づけられる．この主権的アプローチは国内法の優位を想定する場合にのみ有効である．しかし，少なくとも力の相対的配分に関するかぎり国際法優位を受け入れる方がより適切である．

　ロチュース号事件（1927年）において，常設国際司法裁判所は「国家について要求されうるすべてのことは，国際法がその管轄権に付す制限をこえてはならないということである．これらの制限なしには，管轄権を行使するその権限は主権に依存する」としている．要するに，国際法は国家の権限を制限するが，それをこえれば，自由な行為の分野すなわち国内管轄権が存在する．その意味で，国内管轄分野は国際法の規制が終わるところで始まる．

　しかし，国内管轄権の範囲の確定は国際法の権限内にある．国内法の有効性の理由づけおよびその範囲は，国際法の観念である実効性原則によって決定されるのである．したがって，国家の諸権利は国家性そのものの事実よりむしろ国際法規範から引き出されることになる．そのため，領域主権の概念と結びついた権限は究極的には国際法の規則から引き出されるものである．

　7.　つぎにみる領域取得のさいに問題となる「権原（title）」とは本質的には，領域主権が有効に獲得されまたは維持されうるために，国際法上存在しなければならない事実的要素を指す言葉である．要するに，権利を生み出すものと法が認める事実が権原である．権原の存否は究極的には一定の事実の存在に依存する．それはまた，国家がその領域で行使しうる権限の最大限の範囲を表わし，この意味において，事実的立場よりも理論的立場を反映する．なぜなら，国家は他の国際法主体との合意によってその権限の制限につねに同意しているからである．

　権原の第一の意味は（国際）法が権利を創造するものとして認める既得の事実である．権原は対世的効果をもつが，相対的なものであり，実効的支配の観念と密接に結びついている．

第2節　領域の得喪

1　領域取得の原則と方法

1.　領域取得という表現は不正確であり，この場合にはもっぱら，無主地 (*terra nullius*) または正当な法律行為によって従前の国家権原を免れた地域に対する国家権原の確立を意味する．

　領域取得，すなわち国家権原確立の方法は，伝統的国際法のもとで主につぎの種類のものがあげられてきた．すなわち，無主地の先占，時効，割譲，併合，添付，征服である．

　これらは原始的取得方法と承継的（派生的）取得方法に分けられて，前者には先占と添付，後者には承継，時効，征服，割譲などが当てはまる．この区別はもっぱら，所与の領域が無主地であるか，または権原が主権行為によって移行するという事実に基づいている．しかも，ウェストファリア講和の結果形成されたヨーロッパの近代国家，いわゆる文明国の存在はいわば前提とされ，それら文明諸国の領域（取得）の問題はこれらの分類外とされている．他方，後述のように無主地の先占の法理は，まだ文明国を形成していなかったアジア・アフリカの地域を対象として，既存の文明国がかかる地域の一部を取得するための権原を示すものであった．

　しかし，こうした区別や領域取得の方法は現実に適用が困難な場合があり（例えば先占と時効の方法の区別，征服の地位の問題性），批判を受けてきた．

2.　また，逆に最近，領域主権確立の多様な方法に反対し，実効性，すなわち実効的占有とそれに由来する権限の行使，という唯一の方法に帰せしめる見解がある．この見解は，国際法が分権化されかつ水平的な構造をもつことから，法的効果を生み出すものとして実効性の基準に重要性を付与する傾向に連なる

ものである.

　それによれば, 実効性原則は領域取得に関する最も基本的な理論とみなされる. 先占や時効を成立させる基準は実効的支配の観念をめぐるものである. 指針となる原則が同一であるから, さまざまの領域取得の方式を区別する必要はないとされる. 歴史的権原 (historic title) の強化 (consolidation) 概念についても, 時の経過よりもむしろ実効的支配が本質的な基準であって, その領域の地位が支配の開始に先行していることは重要ではない. 先占と時効のいずれも, 実効的占有と支配による権原の取得に主に基礎づけられるのであるから, 時間要素は (時効にとって重要ではあるが) かかる占有の実効性に関係している.

　実効的支配の原則はさまざまの事態にさまざまの仕方で適用されるが, その本質は領域主権の継続的かつ平和的な表示が権原に値するということである (パルマス島事件, 2 *RIAA*, pp. 829, 839). このような支配は, 一定の時間の経過後に明らかとなるのであるが, 支配を及ぼす意図をもって国家によって行使されなければならない. 実効的支配に当たるものは所与の場合の事情によって, 例えば, その地域の地理的性質や競合する請求の存否によって異なる. (パルマス島事件 (1928年), 2 *RIAA*, pp. 829, 840; 東部グリーンランド事件 (1933年), *PCIJ Series A/B*, no. 53; クリッパートン島事件 (1931年), 2 *RIAA*, p. 1105; マンキエ・エクレオ事件, *ICJ Reports 1953*, p. 47.)

　3. 上記のような実効性理論から, 発見および象徴的併合という初期の理論が権原を生み出すのにそれ自体十分なものとして (パルマス島事件, 2 *RIAA*, p. 846), そしてまた, 地理的近接性 (contiguity) が権原の基礎として引き出されてきた (パルマス島事件, 2 *RIAA*, p. 869; ビーグル海峡仲裁裁判, HMSO (1977), *ILM*, Vol. 17, p. 634).

　他方, 19世紀のアフリカにおける領域についての後背地理論 (hinterland theory) は実行可能な理論として確立されなかった. 1885年ベルリン会議一般議定書35条は, 署名国が「アフリカ大陸の沿岸に彼らによって先占された地域における権限の確立を保証する」義務を認めるものと規定した.

　領域取得に関する支配的原則としての実効性は, 単なる力 (force) による占有よりもより包括的なものである. 戦時占領の規則が占領者に一定の権利を与えながら, 領域主権そのものを与えないことがこれを証明している. 力はそれ

自体権原の源ではなく，争いのある要素に基づいた領域請求を占有によって有効にすることはできない[1]．

4. 実効性について，力の要素をそのまま肯定しえないとしても，「不正から法（権利）は生じない（Ex injuria ius non oritur）」と「事実から法（権利）が生じる（Ex factis ius oritur）」の2つの原則の関係が問題となる．両原則のいずれかが優位すると一般的にいうことはできない．国際法に反する行為の実効的行使は決して権利の行使を正当化しない．それは請求に留まり，国家（当局）の実効的行使によって権利となるわけではない．

しかし，もともと国際法と抵触する請求が将来法的効果を生み出しえないかどうかという問題は残る．もともと国際法の客観的基準に反する事態の存続のため，それが長期にわたり争われなくなったという事実から法的効果を伴う場合がありうる．この場合，国際法に反する行為が有効となるのではないが，長い期間にわたって維持された事実的状態が法的結果を生み出すことになる．その後どの国も国際法のもとの違反を指摘しえず，それゆえ請求国の権利を争いえない．これが「事実から法（権利）が生じる」の原則の適用を意味する．この原則の正当化は事実状態の継続（実効性原則の適用）と他の諸国の黙認に依存する．

しかし，実効性原則を領域取得の唯一の基準とする上の見解は，権原確立の方法とその実質的実現とを混同するものであるとの批判もある．また，今日では，自決権の実現が領域取得の権原の1つとみる見解も現われている．以下には，従来から領域取得の方法（権原）とされてきたものについて順次その要件と問題性を指摘しておきたい．

---

[1] 1961年のゴア事件で，インドはポルトガル植民地を武力により奪い，それを併合したが，インドの主張は，ゴアが約45年間植民地国によって違法に占領されていたインドの一部であるとするものであった．したがって，力は違法な状態からの救済のために使われたといえる．しかし，このような主張は，国際法上，領域主権の移転のための有効な方法とはみなされえない．ゴアの植民地的地位，飛び地としての存在，圧倒的にインドの住民からなる人口はその領域の究極的帰属を条件づける意味で関連要素であるが，領域の権原を獲得する手段として力を行使することを正当化するのに十分とはいえない．

2 領域取得の諸権原

(1) 先占の問題

1. 伝統的国際法のもとで，領域の原始的取得の最も代表的なものは無主地ないし帰属未定の地域の先占（occupation）であった[2]．先占という方法は，ローマ法の occupatio に密接に対応するものであるが，国際法ではどの国の主権にも服していない地域の国家による占有を意味する．その場合，その地域に人が住んでいないことを必要とせず，部族組織のもとで生活する先（原）住民の社会はこの目的上国家とはみなされない．そこに居住地を設立するために力が使われうるのであり，その法的結果が，征服ではなく，先占となる．

この態度は，ヨーロッパの近代国家の意味での「文明」を享有していない人民（先住民族）に対してとられたもので，19世紀後半には当然のこととみなされていた．当時，資本主義の発展期に植民地の獲得を目指すヨーロッパ諸国の利害が主に中央アフリカの地（とくにコンゴ）をめぐって衝突し，それを調整するため先占の問題を規制することが必要となった．1885年2月26日のベルリン一般議定書は，アフリカ大陸の沿岸に対する新しい先占が実効的であるとみなされるために満たさなければならない2つの基本的要件を規定した．1つは実質的要件としての実効性，すなわち，先占しようとする国が公序と通商自由を確保するため十分な権力を現地に確立するといった実質的植民の必要性であった．2つは，形式的要件，すなわち外交ルートによって行われる第三国への通告であった．これらの規定は，沿岸地域にのみ適用された．

無主地に対する実効的占有という実効性理論は，他の諸理論，例えば実効的占有をした国は自動的にそれに隣接する無主地のすべての地域に主権を獲得するという「近接性理論」に対抗するものであった．これはまた，「発見」とそ

---

[2] それ以前には，「新世界」発見以来のヨーロッパ海洋諸国の植民地化をめぐり争いがあった．そのために，1493年5月4日法王アレクサンドロ・ボルジア6世の大教書（inter *coetela*）の公布によってスペインとポルトガルの植民地の拡張が規制された．これによりアゾレス諸島およびカップベルデ諸島の西100マイルの子午線で両国の領域（海を含む）が分けられた．しかし，この解決方法は他の諸国とくにオランダによって受け入れられず，実際的価値をもつものではなかった．

れに続く国旗掲揚などの象徴的行為でよいとする見解をも否定するものであった．もっとも，無主地の島などを発見した国はいわば「未成熟の権原（inchoate title）」を有するのであり，相当期間内に実効的占有を行えば，そこに領域権原を獲得することができるとみられる．

通告の形式的要件とは，実効的占有を行う国家がその領有意思，具体的には自国への編入の宣言，立法上，行政上の措置などを表明することである．もっとも，第三国に通告がなくとも，領有意思が表明されていればよいとされる．

2. ベルリン一般議定書の定めた実質的要件は後に，学説や国際判例（パルマス島事件，東部グリーンランド事件，マンキエ・エクレオ事件など）によって柔軟に表現された．なかでも，1928年4月4日のパルマス島事件判決は，（スペインの）発見によるこの島に対する権原は未成熟な権原であり，（オランダによる）「領域主権の継続的かつ平穏な行使」に勝ることはできない，と述べている（*RIAA*, Vol. 2, pp. 846, 869)[3]．

この表現は，実効性についての機能的定義を表わしている．つまり，実効的占有とは，占有地域に入植し，その土地を使用するという物理的占有より，むしろそこに国家責任と密接に結びついた国家機能の通常的行使という社会的占有を意味するとみなされてきた．通常の占有を基礎づけるために国際的に要求される実効性の程度を計るのは，国家権限の行使の態様，範囲，および期間なのである．

国家実行においては，実効性の要件は植民諸国により，そのときどきの政治

---

[3] これと関連して，この判決でフーバー仲裁人は，行為または法状態の有効性はその時点で有効な法に従って判断されなければならないという時際法の関連原則について検討した．法的事実（行為）はそれに関する紛争が発生しまたは解決される時に有効な法ではなくて，それと同じ時代の法に照らして評価されなければならない．それゆえ，スペインによる発見の効果は16世紀前半に有効な国際法規則によって決定されなければならない．

　引き続く時期によって異なった支配的な法体系のうちどれが特定の場合に適用されるべきかという時際法の問題について，権利の創造と権利の存在とを区別しなければならない．権利を創造する行為を権利が発生する時期に有効な法に従わせる同じ原則は，権利の存在いいかえればその継続的表明が法の進歩の示す条件に従わなければならないことを要求する．

　なお，この判決では，特定事件の事実について一定の日（時期）が「決定的」となる，いわゆるクリティカル・デートの用語が使われた．この事件では，アメリカは1898年12月10日パリ条約においてスペインによるこの島の譲渡によって権原を取得したと主張した．この請求の有効性は，スペインが譲渡した時期にこの島に主権を享有していたかどうかにかかる．この条約の日付は「決定的時点（critical moment）」と呼ばれた．

的利益を支持するための主張としてたびたび利用されてきた．つまり，それは政治的便宜主義の道具でもあった．

3. しかし，今日もはや「無主地」とみなされる場所は地球上にほとんどなくなっている．また，第二次世界大戦後の非植民地の潮流から生まれてきた諸国は，無主地先占の法理を植民地獲得を合法化するもの，またはその残滓として批判してきた．自決権の国際法上の承認は，「先占による植民地」という領域取得の権原を否定する効果をもちうる．

ただ，先占の要件が現代国際法上まったく適用されえないといえるかどうかは疑問である．その要件は，無主地の帰属を決めるためよりも，地形や地図の観点から，また境界条約の解釈について，争われている境界の決定のために用いられることがある．例えば，アルゼンチンとチリの境界決定（*RIAA*, Vol. 16, p. 107) および 1902 年 11 月 20 日の仲裁判決の解釈に関するエリザベス女王の 1966 年 12 月 9 日の裁定（*ILM*, Vol. 17, p. 634)，1962 年 6 月 15 日のプレア・ビヘア寺院事件判決，1960 年 11 月 18 日のホンジュラスとニカラグァの境界紛争事件判決．

また，実効性の要件は，いくつかの領土紛争でもなお援用されている．例えば，西沙諸島の帰属に関する中国，ベトナム，などの間の紛争，ラン・ド・カッチの所属に関するインドとパキスタンの間の紛争における 1968 年 2 月 19 日の仲裁判決，尖閣諸島の帰属をめぐる日本と中国・台湾の争いなど[4]．

(2) 併　合

1. 併合（annexation, incorporation）は，形式的には併合される国との条約によることもあるが，実質的には併合する国の一方的行為である点で先占と共通している．しかし，併合は無主地に対するものではなく，他国（併合される国）の主権のもとにおかれていた地域に対するものである点では先占と異なっている．伝統的国際法のもとで，戦争により戦勝国が戦敗国の領土の全部または一部を一方的に併合する「征服（debellatio）」の権利は，領域取得の権原と

---

[4] 尖閣諸島について井上清『尖閣列島　釣魚諸島の史的解明』（第三書房，1996 年），竹島問題について，竹島問題研究所『竹島問題に関する調査研究報告書』（島根県総務部総務課編，2008 年）参照．

して公然と認められていた.

　しかし, 第一次世界大戦後, 連盟規約10条やいわゆるスチムソン・ドクトリン(『国連法』34頁, 脚注4)参照)の影響のもとで, 併合は違法な行為の性格を帯びるようになっている. また, 併合が「強制による条約」によってなされる場合は無効である(条約法条約52条).

　2. 他国の領域の一部の併合は, 戦時(武力紛争)にも平時にもなされうる. ただし, 戦時の場合, それは軍事(戦時)占領に相当し, 領域取得の有効な権原としての併合とは認められない. 第二次世界大戦において, ヒットラー・ドイツはその国境周辺の広大な地域——ダンチヒ自由市, ポーランド回廊, ポーランド領上部シレジアや西部ポーランドの他の地域, ボヘミア・モラビア(以前にドイツに「割譲」されたズデーデン・ドイツ地域に加えて)——を「保護制度」のもとにおき, アルザス・ロレーヌ, モレスネット, リュクセンブルグ, シュレスヴィクを併合しようとした.

　平時の部分的併合はかつてはよく行われたが, 第二次世界大戦勃発前の1938年9月29日のミュンヘン「協定」(序章5節3(ⅲ)脚注21)参照)によるズデーデン・ドイツ地域のチェコスロバキアからドイツへの「割譲」を除いて, 1961年インドによるポルトガル領の飛び地(ゴア)の併合の例(3章2節1, 脚注1)参照)があるのみである.

　3. 国家全体の併合は, その国の国際人格の存在を終了させることになるから, 全く異なった法的行為である. このタイプの併合も, 戦時と平時に分けられる.

　戦争における国家の完全な崩壊は, 原則として, 戦勝国による併合, すなわち征服をもたらす. 征服が成立するためには, 崩壊する国の領域に対する実効的かつ確定的な支配が行われる必要がある. 征服の結果は降伏文書のような文書に定められることが多いが, 平和条約は必要でない. 例として, 1900年オレンジ自由国および南アフリカ共和国(トランスバール)の降伏文書およびそれに続くイギリスの征服宣言による2つのボーア共和国の征服があげられる.

　征服は多くの場合最終的なものであるが, 例外的に征服犠牲国の復活によって, 征服が覆されることがある. 第二次世界大戦中イタリアの敗北の結果イタリアに征服されたエチオピアは復活したとみなされた. しかし, 崩壊した国の

同盟国がなお戦争を続けているとき——例えば，1990-91 年の湾岸戦争におけるイラクのクウェート併合の企てとクウェートを支援するための「多国籍軍」の軍事行動——，あるいは，戦勝国が崩壊した国を併合する意思（animus debellandi）を欠く場合——例えば 1945 年 5 月に降伏したドイツを征服する連合国の意思の欠如——，は例外である．

なお，戦争が違法化されている現代国際社会において，違法な（武）力による他国の征服は，領域取得の権原として認められないといわねばならない．

4. 平時における一国全体の併合は，さまざまの形態をとる．それにはつぎのようなものが含まれる．(a)政治的圧力や軍事的征服を避けるための降伏（resigned surrender）ないし圧倒的な強国による事実上の一方的行為（例えば 1910 年 8 月 22 日の条約による日本の韓国併合），(b)とくに同一の人種または宗教の国への自発的融合や編入（例えばギリシャやイタリアの国家統一の歴史，なかでも 1859-60 年にかけてイタリア領土内の政治的実体のサルディニア王国（のちのイタリア）への融合．1918 年モンテネグロ王国のセルブ・クロアート・スロベーン王国への併合．1990 年のドイツ民主共和国のドイツ連邦共和国への編入），(c)現存する連邦への国家の任意的加盟（例えば 1835 年 11 月 3 日以来独立国であったテキサスの 1844 年 4 月 12 日条約によるアメリカ合衆国への加盟），(d)植民地主義的拡張（例えば 1874 年フィジーの英帝国への併合，1880 年 6 月 29 日の条約によるタヒチの仏植民地帝国への併合），(e)大国や国際会議の政治的決定の結果（例えば 1846 年オーストリア，ロシア，プロシャの共同決定によるクラカウのオーストリアへの併合，1954 年関係諸国によるトリエステ自由市の併合）．

(3) 割　譲

1. 領域の割譲（cession）とは，国家がその領域の一部に有する権利および権原を他国のために放棄することである．その結果，譲受国は割譲される領域に主権を行使する．割譲は，併合の場合と異なり，つねに合意に基づいて行われる．合意は通常，条約の形式をとるが，割譲の方法は事実上の強制あるいは贈与による無償の領域移転，等価の通貨での売買による移転，交換による相互移転など，さまざまである．

2. 平時には交渉を通じて割譲が取り決められる．例えば，1875（明治 8）

年5月7日日本とロシア間の樺太千島交換条約は，樺太の共有権の日本による放棄，千島の北部・中部18島の日本への譲渡を取り決めた．また，1803年4月30日の条約によって，フランスはルイジアナを6,000万フランでアメリカに割譲した．1819年2月22日の条約で，スペインはフロリダを500万ドルでアメリカに割譲した．1867年3月30日の条約で，ロシアはアラスカを720万ドルでアメリカに割譲した．しかし，今日では領土の売却の例はほとんどない．

3. むしろ，重要でかつ問題を含むのは戦争処理のための平和条約により，敗戦国の領域の一部が戦勝国へ譲渡される場合である．

米西戦争で敗北したスペインは1898年12月10日の平和条約で，プエルトリコ島および西インド諸島における他のスペイン領諸島，マリアナ諸島のグアム島，フィリピン群島をアメリカに割譲した．なお，この条約1条でスペインは「キューバに対する主権および権原のすべての請求権」を放棄した．この放棄に続いて，1901年2月21日キューバ主権共和国憲法が採択され，1901年3月2日同共和国とアメリカとの間の将来の関係に関する8カ条がアメリカ議会によって承認され，1903年5月22日米・キューバ条約が締結された．

1951年9月8日のサンフランシスコ対日平和条約（2条）で，日本はすべての海外領土に対するすべての権利，権原および請求権を放棄したが，どの国がそれらを譲り受けるのかを明記していない[5]．

4. なお，割譲地の主権変更の日付については議論があるが，通常は批准書交換につづく割譲条約の発効の日とされている．

---

5) 千島列島・北方領土の問題——日本が放棄したもののうち，「千島列島」（2条(c)）については，いわゆる「北方領土問題」として日・ソ（今日はロシア）間で争われ，未解決である．千島列島については，1875年樺太千島交換条約によりクリル諸島（ウルップからシュムシュまでの18島）が日本領となったことにより，19世紀の初め以来日本が実効的に支配してきた南千島を含む千島列島の全域が対日平和条約の発効までは日本の固有の領土であった．なお，歯舞と色丹は千島列島に含まれないことについてはほとんど問題はないとして，国後と択捉が「千島列島」に含まれないかについては争いがある．国後と択捉が日本の征服などにより得た領土ではなく，固有の領土であっても，平和条約で放棄の対象とされてはならないわけではない．他方，第二次世界大戦中の1943年11月27日，米・英・中3首脳のカイロ宣言は「同盟国は，……領土拡張の念も有しない」として，いわゆる領土不拡大原則を表明した．1945年7月26日のポツダム宣言でも，カイロ宣言の条項の履行がうたわれた．この領土不拡大原則（を定めた文書）の法的性格は曖昧であるが，戦勝国が戦敗国（侵略国であれ）の領域の一部を平和条約によってであれ割譲させることを否定する意味をもつ．

なお，日本とロシアの外務省が共同で作成した「日露領土問題の歴史に関する共同作成資料集」（1992年9月）参照．

特定国への割譲（または併合）を認めるか否かについて割譲地住民の人民投票（plébiscite）が行われることがある．これは，フランス革命における憲法制定議会が1790年5月22日のデクレにより領土征服の放棄宣言と関係住民意思の解釈との調整方法として人民投票を生み出して以来，領土の変更（割譲）に人民の意思を反映させようとして行われたものである．19世紀後半，民族自決主義の展開とともにとくにフランスやイタリアで人民投票が行われた．

イタリア統一は1860-70年に住民の意思の名でかつ人民投票によって実現した．1860年3月24日チュラン（Turin）条約の規定したサルディニアによるサボアとニースのフランスへの割譲は，1860年4月15日と22日の人民投票で承認された．同条約1条は，フランスへの帰属は人民の強制されない意思により行われねばならないと規定するにとどめた．

第一次世界大戦後，ウィルソン米大統領は1918年2月11日の演説で，「この戦争で関係人民の利益に応えないいかなる領土解決もなされてはならない」と述べ，また同年7月4日の演説でも「領土であれ，政治であれ，または経済であれ，すべての問題の，関係人民の自由な受諾に基づいた解決」を同盟国の戦争の目的の一つとみなした．

1919年から1923年にかけて人民投票が企てられたのは12件に及んだ．なかでも1921年上部シレジアの人民投票とともに，1935年ザール地帯の人民投票は，1919年諸平和条約によって組織されたすべての人民投票のなかでも最も重要なものであった（宮崎繁樹『ザーランドの法的地位』未來社，1964年，参照）．これらの「1919年人民投票」の共通の特徴は，若干の例外を除いて，人民投票が条約によって予め定められた結果を確認するために事後にではなく，つねに領土の移転の前になされていることである．

しかしまた，多くの場合に人民投票が避けられたことも事実である（例えば1919年アルザス・ロレーヌのフランスへの返還など）．これらが示すように，1919年以後もそれ以前と同じく，人民投票は自動的，普遍的に適用される絶対的原則とはみなされていなかったことである．

戦間期および第二次世界大戦後も，人民投票はあまり行われず，むしろ凋落化の傾向にある．同大戦後の唯一の例は1947年2月10日の諸平和条約（例えば対イタリア平和条約2条）に定められたものである．なお，1990年8月31日

のドイツ統一条約は人民投票による政治的統一を詳細に規定した[6].

しかし，必ずしも人民投票の結果が割譲するか否かを決定するわけではなく，一応の参考とされることが多い．割譲地の住民は普通，譲渡国の国籍を喪失し，譲受国の国籍を取得する．そのさい住民に一定期間の猶予を与えて譲渡国と譲受国の国籍の間の選択を認める余地も残されることがある（2章3節**6**参照）[7].

5. しかし，人民の自決権の確立とともに，植民地本国（施政国）による植民地・従属（非自治）地域の「割譲」，いいかえれば，独立主権国家の確立，独立国家の自由な連合もしくは統合，または人民が自由に決定したその他の政治的地位の獲得（友好関係宣言）については，その地域の人民の同意ないし協議が必要とされることになった．

この場合の人民投票による「割譲」（独立，編入，統合）の例としては，1956年5月9日英施政下のトーゴー，1958年10月28仏施政下のトーゴー，1961年2月11，12日カメルーン，1960年5月9日西サモア，1961年9月25日ルアンダ・ウルンジ．1959年と1961年英領カメルーン北部のナイジェリアへの編入（割譲），同南部のカメルーン連合共和国への編入，1962年7月1日アルジェリアの自決の人民投票による独立，1968年スペイン領ギニアの独立，仏領ソマリーランドの1977年ジブチ共和国としての独立，米信託統治地域マリアナの1978年米自治領への移行決定による自治政府北マリアナ連邦の樹立（なお，キャロライン・マーシャル諸島はアメリカと自由連合の関係に入ることになっていたが，1991年国連に加盟した）などがあげられる．

---

6) *ILM*, Vol. 30, p. 457. ドイツ民主共和国の人民との協議は人民議会（Volkskammer）のために選挙形式をとり，かつ，決定的結果を生み出した．1990年3月18日の自由選挙について，Müller, *Der '2+2'-Vertrag und das Selbst-bestimmungsrecht der Völker*, Frankfurt, 1997, pp. 123-124. 山田晟『東西ドイツの分裂と再統一』（有信堂，1995年）440-441頁．

7) 国籍の選択権を認めた例は，すでに普仏戦争後の1871年フランクフルト条約2条にみられるが，1919年諸平和条約は一般に人民投票と同時に選択権を大幅に認め，家族の統一のために18歳未満のこどもに対しては親の選択権，夫婦間では夫に選択権を認め，また，放棄する国にある不動産の保持も認めた．第一次世界大戦後にはソ連も国内法令（1918年7月13日の政令）でこれを認めた．1947年対イタリア平和条約はテンデとブリーグ（19条），トリエステ（20条）の住民に選択権を認めた．対日平和条約は，日本が主権・請求権を放棄した地域の住民の国籍選択権については定めていない．なお，2章3節**9**，6章1節**5-8**参照．

(4) 時効の問題

1. 取得時効 (prescription) は，国家が他国の領域に対して相当の長期間にわたり平穏にかつ継続的に国家権力を行使して，これを取得することである．先占が無主地に対するものであるのに反して，時効は他国領域に対するものであるが，そこに取得国の実効的占有と領有意思が要求される点は先占の場合と同じである．そもそもこの種の時効は，ローマ法の用語 (praescriptione acquisita) を借用した私法からの類推によるもので，国際法上も当然認められるかどうかについても賛否両論がある．

時効の完成に必要な時間の長さについて，国際法上定まったものはない．これは状況により異なり，例えばチャミザル領域 (1911年国際国境委員会) の占有についてアメリカの主張では47年，パルマス島事件 (1928年) ではオランダによるパルマス島の中断のない占有について73年 (1825年から1898年まで)，マンキエ・エクレオ事件 (1953年) でのフランスの主張では1世紀といった具合である．また，正確な期間ではなく，昔からの占有が主張される場合もある．

時効の完成にいたるには，相手国の黙認によるその領域に対する平穏な占有を必要とする．逆に時効の中断のためには，単に (相手国が) 外交的抗議を行うだけでよいのか，それ以上に積極的な措置 (例えば国際裁判への付託) を必要とするかについても統一した見方はない．

ただ，国際裁判で取得時効の権原を認めた例はほとんどない．チャミザル事件ではアメリカの時効主張にもかかわらず，判決は時効問題に立ち入らなかった (*RIAA*, Vol. II, pp. 317, 328)．パルマス島事件の判決でも，同島に対するオランダの継続的かつ平穏な主権行使は時効の権原より，先占の権原を生み出したとされた．

2. なお，公海の一部 (無主地ではない) に対する長期の占有によるいわゆる「歴史的権原 (historic title)」について，また，ノルウェー漁業事件 (1951年) での定式化に基づく (直線基線方式の)「権原の歴史的強化 (historical consolidation of title)」についても，取得時効との関係が議論されている．これらは，従前他国に属していたことが証明されえない領域に適用される点で固有の意味の取得時効とは異なり，海の一部に関して認められるという点で先占と異なり，

また，時間要素が作用しない黙認によってのみならず，異議（反対）の欠如によって完成されうるという点で，国際的承認とも異なる．

(5) 添　付

1. 添付（accretion）とは，国家領域内において新しい土地が形成されることによって，そこに領域主権が自動的に取得され，国家領域（領土）が増加することである．逆に既存の土地が消滅すれば，国家領域（領土）は減少する．

添付は従来，領海内の海底の隆起による島の出現，河口の土砂の堆積などの自然現象に基づく権原とみなされ，上述した諸々の領域権原の取得の場合のように国家の行為や手続は不要とされてきた．しかし，最近では，海岸の埋立地や島の造成が行われるようになり，これら人工的な新しい土地の形成も添付として認められる．もっとも，湾などの内水内の埋立地は領土の増加をもたらすだけであり，外洋に面した領海内での埋立地は領海（したがって領域）を外に延ばすことになる．

2. なお，公海に島が出現した場合の法的効果は異なり，それは無主地として先占の対象となる．なお，海洋法上，島とみなされるためには，「自然に形成された陸地であって，水に囲まれ，高潮時においても水面上にある」ものであり，「人間の居住又は独自の経済的生活を維持することのできない岩は，排他的経済水域又は大陸棚を有しない」（国連海洋法条約121条）（沖ノ鳥島の補強工事参照）．なお，公海または深海底における人工島の構築は，構築した国の領域取得の権原とはならない．

3. なお，国家領域の外にあるが地理的に近接した土地（無主地）や国家領域の自然の延長部分とみなされる土地をその国家の領域権原とみなそうとする見解がある．これは「隣接性の原則」といわれ，海域については沿岸国の権限の行使（接続水域），空域については下土国の権限（識別空域設定）の行使の権原が認められることから，それを領土の取得にも及ぼそうとするものである．

しかし，領域権限の取得の場合，事情は異なるのであり，隣接性の原則は国際判例においても認められていない．パルマス島事件において，同島が地理学上フィリピン群島の一部をなし，この隣接性ないし一体性からフィリピンを支配するアメリカに帰属するという主張は，かかる実定国際法は存在しないとし

て否定された（*RIAA*, Vol. 2, pp. 854-855, 869）．また，西サハラ事件に関するICJの勧告的意見では，西サハラとの地理的一体性を主張するモロッコの見解は認められなかった（*ICJ Reports 1975*, p. 43）．

3 領域紛争の平和的処理（裁判）基準

1. 領域に関する紛争（いわゆる領土紛争）が国際裁判に付託される場合，裁判所は上に列挙したさまざまの領域取得の権原に基づいて，係争地の領有権や国境線を判定するのが普通である．しかし，国際法上認められた権原が係争地について不明確である場合や適用法規が存在しない場合でも，裁判所は裁判不能（non-liquet）を宣言せずに，係争地の所属や配分について判決を下すこともありうる．

たとえば，パルマス島事件の判決において，フーバー仲裁人は，この事件で当事国はこの島に対する主権の請求を確立しなかったから，仲裁人の決定は各当事国によって援用された権原の相対的な強さに基づかなければならないとし，付託合意が紛争の終結を求めているから，当事国の明らかな意思は仲裁判決が裁判不能を宣言することではなく，その島がいずれの当事国の領域の一部であるかを決定しなければならないと判断した（*RIAA*, Vol. 2, p. 869）．このような仲裁人や裁判所が紛争当事国の一方に領域主権を裁定する権限を有するとき，その権限は，一定の拘束力ある規範（上述のような領域取得権原）の適用によって決定することのほか，決定の一定の裁量権を意味することもありうる．

第一次世界大戦を終了させた1919年平和会議の決定で設けられた大使会議（Conference of Ambassadors）はその権限に基づき，戦略的，経済的基準のほか主に人種的（ethnical）基準によって，領域配分や国境の決定を行った．例えば，1923年2月16日の決定によるメメル地域のリトアニアへの帰属，テシェン地域におけるポーランド・チェコスロバキア国境の画定（ヤウォリナ事件におけるPCIJの1923年12月6日勧告的意見に基づく），アルバニアとギリシャおよびユーゴスラビアとの国境画定（聖ナウム僧院事件における常設国際司法裁判所の1924年9月4日勧告的意見に基づく）などである．

したがって，領域紛争に関する判決や決定は同一の性格をもつものではなく，

既存の権原を確認する宣言的性格をもつものや，領域の配分を行う創設的性格をもつものもあるが，現実には両者の区別は必ずしも容易ではなく，こうした判決や決定を領域取得の権原とみなしえよう．

領域紛争が条約規定あるいは他の明確な権原により解決することが困難な場合，第一次世界大戦後の国際判例は，係争地に対する実効的占有をどちらが行っているかを基準として解決をはかる傾向がある（パルマス島事件，マンキエ・エクレオ事件）．

2. なお，19世紀初めのラテン・アメリカ諸国は独立にさいして，スペインやポルトガルの植民地時代に本国の法令によって確立された行政単位に基づき，独立時——南アメリカでは1810年現在，中央アメリカでは1820年現在——の行政区画線によって国境を決定した．これを，（貸主の）不動産の現状維持を損なうことを禁止するローマ法 uti possidetis ita possideatis から借用して，一定時点での現状をそのまま認めるという意味でウティ・ポッシデティス（uti possidetis）の原則と呼んでいる．

この原則は，いくつかのラテン・アメリカ諸国の基本文書——1819年12月17日コロンビア，エクアドルおよびベネズェラを規律する基本法2条，1830年9月24日ベネズェラ憲法5条など——にも定められた．いくつかの仲裁判決もこの原則に言及している．例えば，コロンビアとベネズェラ間の国境事件について1922年3月21日スイス連邦政府の下した仲裁判決は1810年のウティ・ポッシデティスを「憲法および国際法の原則」とみなした（RIAA, Vol.1, pp. 228, 278）．ここから，裁判官（仲裁人）は疑わしい場合にクリティカル・デート（すなわち1810年または1820年）における境界を定めるために適切な公式文書（法令，証書，地図など）に頼る必要が生じる．しかし，この原則を適用しても，19世紀当初のスペイン行政区画線の不正確さから，領域紛争を完全に解決できるとは限らない．例えば，チャコ紛争（1928-38年）において，ボリビアとパラグァイは係争地域についてそれぞれ別の証書に基づいて相手の解釈を争った（RIAA, Vol.3, p.1822）．

しかし，ウティ・ポッシデティスの原則はイギリス，フランスの植民地から独立を達成したアフリカの諸国によっても国境を画定する原則として受け入れられた．1963年アフリカ首脳会議は独立時の境界線の尊重を宣言して，この

原則を承認した.また,最近のユーゴスラビアの解体過程から生まれてきた諸共和国の境界画定においても,この原則が援用されている(ECのユーゴスラビア和平会議の仲裁委員会の意見(1992年1月11日),2章3節**2**,脚注11)).この原則は,今日では,一般的性格を有するとさえみなされている(ブルギナファソとマリの間の国境係争事件, *ICJ Reports 1986*, p.565).

4 極地の帰属

1. 北極地域と南極地域は,従来その地理的,気象的条件の厳しさにより人の接近や居住が拒まれてきたことから,上述の領域取得の権原とくに先占の要件がここでは適用できないとみなされてきた.すでに20世紀初めには,人が居住しうる地球上のほとんどの地域はいずれかの国の領有となり,無主地は極地だけになったことからも,その領有をめざしていくつかの理論,とくにいわゆるセクター主義(sector principle)がとなえられることになった.

2. セクターとは,極を頂点とし2つの子午線と1つの緯度線で囲まれた球面三角形の区域をいう.このセクターを設定する国がその領有を主張してきたのである.しかし,北極地域と南極地域では条件が異なるので,それぞれについてみておきたい.

(1) 北極地域

1. 北極地域には南極のような大陸はなく氷海におおわれて,島が点在しているが,北極点から北緯70度あたりまでの北極圏をロシア,ノルウェー,アメリカ,カナダが取り囲む形になっている.これら諸国のうち,カナダ(1903年)とソ連(当時)(1926年)がセクターを主張したことがある.これはいわば隣接性の原則を拡大適用して,北極の氷海に沿岸をもつ国(北極圏に入るグリーンランドをもつデンマークは本国がこの条件を満たさないとして外された)にセクター内のすべての土地の領有権を認めようとするものであった.

2. しかし,アメリカがこれに非公式に抗議をしていた.例えば1937年5月21日ソ連探検隊による北極点の象徴的占有行為に対するアメリカの抗議.しかし,32年後の1969年4月6日アメリカの原子力潜水艦ホエールの艦長が

北極点にアメリカ国旗を埋めた．

　セクター設定の表明は第三国に対抗しうるものではなかった．また，それは公海自由の原則に反するとみられた．今日これら諸国もセクター主義を離れ，実効的占有を行って領有権を確立している[8]．

(2) 南極地域

1. 南極地域は南極大陸と隣接する諸島からなる．南極大陸に対しても，いくつかの諸国，1908年のイギリスを皮きりに，オーストラリア，ニュージーランド，フランス，ノルウェー，遅れてアルゼンチンとチリがセクターを設定してきた．しかし，北極の場合のように，南極地域に領土のはりだした国はないから「隣接性の原則」は役立たず（ただし，アルゼンチンとチリは自国領域との「近接性」を主張），これら諸国は大陸の沿岸地域の「発見」や「探検」を理由に大陸の広大な地域に対してそれぞれかなり恣意的に引いた線により領有を主張している．そのため，主張するセクター（英，チリ，アルゼンチンの部分）が一部重なっているものもある．

　しかし，アメリカは何度かの公式宣言（1924年5月13日，1946年12月27日，1947年4月9日，1948年8月9日）で自ら南極にいかなる領土要求もしないとする一方，セクター主義による他国の要求をも認めないとし，むしろ南極の国際制度化を主張してきた．アメリカの見解は，人のまだ居住しない南極地域は，その市民的・行政的支配を行いうる国に属するとする（実効的占有の機能的解釈）．

　ソ連（ロシア）もセクター主義を拒否し，セクターを設定するすべての国の要求を非難してきた．しかし，ソ連自身1949年4月にセクターを設定し，1950年6月7日関係国に宛てた覚書でその要求を公にし，また，1959年末ニュージーランドのセクター内の南緯70度，東経163度にある諸島を発見して，スプートニク列島と命名した．1960年6月15日ソ連は南極の一定の地域とくに1820年になされた発見の名目でピュートル1世島の領有を要求した．

---

[8] 1960年以来アメリカの原子力潜水艦シー・ドラゴン号が北極海中を（無害）通航し，1969年9月5-14日アメリカ原油輸送船マンハッタン号がアラスカから大西洋にいたる北極圏の海上を航行した．他方，カナダは1970年6月26日のカナダ法によってその領域に隣接する北極海の汚染を防止するための措置をとった．

なお，日本はサンフランシスコ平和条約において，南極地域のいずれの部分に対する権利もしくは権原またはいずれの部分に関する利益についても，すべての請求権を放棄している (2条(e)).

2. 1957-58年の国際地球観測年に参加した12カ国（セクターを設定している7カ国に加えて，アメリカ，ソ連，南アフリカ，日本，ベルギー）は1959年南極条約を締結した (1961年6月23日発効). 南極条約は，南緯60度以南の地域（すべての氷だなを含む）に適用される (6条). これによって南極地域に国際制度をつくりその平和的目的の利用を認める一方，その領有に関する主張はつぎのように凍結（現状維持）されることになった．

すなわち，いずれかの締約国が，(a)「かつて主張したことがある南極地域における領土主権又は領土についての請求権を放棄すること」，(b)「南極地域におけるその活動若しくはその国民の活動の結果又はその他の理由により有する南極地域における領土についての請求権の基礎の全部又は一部を放棄すること」，(c)「他の国の南極地域における領土主権，領土についての請求権又はその請求権の基礎を承認し，又は否認することについてのいずれかの締約国の地位を害すること」を意味するものと解してはならない．また，南極条約の有効期間中に行われた行為または活動は，南極地域における領土についての請求権を主張し，支持し，もしくは否認するための基礎をなさ，また南極地域における主権を設定するものではない．南極地域における領土についての新たな請求権または既存の請求権の拡大は，南極条約の有効期間中は，主張してはならない (4条).

このような凍結は条約の有効期間に限られているが，南極条約自身は無期限であり，ただその効力発生の日から30年を経過した後，締約国の要請により，この条約の運用について検討するため，すべての締約国の会議が開催されることになっている (12条2項(a))．30年経過をひかえて，1988年南極条約特別協議会議は，南極条約をそのままの形で維持し，したがって，領土権の凍結も維持されることになった．

南極条約締約国中，南極に基地を設置するなど科学的調査活動を行っている28カ国から構成される南極条約協議国会議は，多数の勧告や措置を採択してきたのみならず，「南極あざらし保存条約」(1972年)や「南極の海洋生物資源

の保存に関する条約」(1980年)を採択している．また，南極条約体制を鉱物資源レジームによって一層強化するという認識のもとに，1988年6月2日南極鉱物資源活動規制条約を採択したが，発効に至らなかった．1991年10月同会議の特別会合で採択された「環境保護に関する南極条約議定書」(および5つの付属書)は，南極の環境と生態系を包括的に保護することを目的とし，また，鉱物資源に関するいかなる活動も，科学的調査を除くほか，禁止するに至った(7条)．この議定書は，1998年1月14日効力を発生し，日本はこれを担保する国内法(「南極地域の環境保護に関する法律」1997(平成9)年5月28日)を制定した．これらの条約および勧告や措置を含めて，「南極条約システム」と総称されている．

第3節　国家領域の構成と国家管轄権

1　領域に対する国家管轄権（領域主権）

1.　各国家はその国内法により自国の管轄権の範囲を定めるが，それが競合する場合などにおける配分の基準を提供するのが国際法である．いいかえれば，諸国の管轄権の範囲または限界は国際法に基づいて定められなければならない．

国際法上，管轄権の配分は場所的，人的，または事項的基準に基づいてなされうるが，その中心は場所的配分である[9]．なぜなら，すでにみたように国際法の基本的主体である国家は地縁団体として一定の領土の上に形成されてきたからである．もっとも，国家はその国の領域外にいる自国民に人的管轄権を及ぼしうる場合があり，また，ハイジャックの取締りなどで事項的管轄権を行使する場合がある（後述3章3節4(4)）．

国家の場所的管轄権は領域全体に及ぶ．（もっとも，後述のように国家の管轄権が領域をこえて排他的経済水域などに及ぶ場合もある．）国家は国際法上制限のないかぎりその領域内のすべての人と物に対して管轄権を行使し，また，その領域を処分するという包括的，排他的な権利をもつ．これを「領域権」ないし「領域主権」という．

領域権はきわめて包括的なものであるが，その分割は可能か，または，その一部のみを保持することは可能か，という問題がある．サンフランシスコ平和条約において，日本の琉球諸島・小笠原群島をアメリカを唯一の施政権者とする信託統治制度のもとにおく提案が可決されるまで，アメリカはそれらの領域および住民に対して「行政，立法及び司法上の権力の全部及び一部を行使する

---

[9]　人的または事項的基準に基づく管轄権は属地主義，消極（受動）的属人主義，積極的属人主義，立法管轄権，執行管轄権などに分類される．

権利を有する」ものとされ，日本には「残存主権 (residual sovereignty)」(ダレス米代表の表現) があるとされた．ここでいう残存主権とは，領域権から統治および使用の権利を除いたもの，したがって，当該地域の最終的処分権を意味するものとみられた．つまり，アメリカは琉球諸島などを信託統治制度のもとにおく以外にその地位を変更（処分）しえず，結局，日米間の協定により1968年に小笠原，1972年に琉球諸島が日本に返還され，両者に対する日本の領域権が全面的に回復した．

2. 国家の領域権は包括的なもので，立法・司法・行政のすべての国家権能を行使し，それが領域内のすべての人および事項（国内管轄事項）に及ぶものであるが，国際法による制約を受ける．現代国際関係の緊密化に伴い，例えば国連の機関における国際関心事項が増大するにつれ国内管轄事項が限定されつつあることはすでにみた（第2章4節3（不干渉原則）4）．また，近年，国際法による規制がかなり顕著になりつつある．その規制は2つの面で現れてきた．

1つは領域利用権の強化という側面である．国家が自国領域を自由に使用・開発する権利を有することは当然領域権に含まれている．それにもかかわらず，1950年代以降国連などの場でとくにアジア，アフリカ，ラテン・アメリカの諸国（途上国）が自国領域内の資源開発の権利を主張してきた．これは政治的に独立しても経済的には元の植民地本国など先進国の資本（企業）の支配下におかれ，そのためとくに自国領域内の天然資源を開発する権利が妨げられてきたからである．この権利は国連総会決議1803 (XVII) を皮きりに，「天然の富と資源に対する永久的主権」として定式化されてきた．1972年ストックホルム人間環境宣言も，各国が自国の資源を開発する主権的権利をもつとしている．永久的主権の中心には自国領域内の外国企業およびその財産を国有化する権利が含まれている（8章2節3(1)参照）．

他方，領域利用を抑制する方向に働く規制として，領域の管理責任，とくに環境保護に関する国家の義務が形成されてきた．これは1941年米・カナダ間のトレイル溶鉱所事件に関する仲裁裁判判決 (*RIAA*, Vol.3, p.1905) を国際社会における嚆矢とする．人間環境宣言でも，自国の管轄権内における活動が他国または国家管轄権外地域の環境に影響を与えないようにする責任を負うとして，一般的に領域国の環境保護責任を明らかにした（同宣言原則21）（8章4節参

照).最近は,海洋汚染,大気汚染を防止するための諸条約が締結され,領域国にさまざまな規制が課せられている.

2 領 土

1. 国家はその領土において,上にみたような一般国際法による規制を除いて,いかなる制限も受けない包括的な国家管轄権を行使する.したがって,いかなる外国(あるいは他の国際法主体)にもその領土内での国家権力の行使は許容されない.国家領土内で外国官憲の活動は禁止されている[10].逆に,外国人の出入国,自国領土内にいる外国人(無国籍者も含む)の待遇に対しても,自国の管轄権を行使する(6章2節1,2参照).

2. もっとも,外国との条約によって,その国の領土権に一定の制限を加えることは可能である.例えば,条約によって,外国軍事基地を設定したり,非軍事地帯や非核(兵器)地帯を設立することもできる.基地の場合,普通,その地位に関する特別協定により,軍隊派遣国(外国)がその運営や管理のためにすべての措置をとることができるのであり,また,軍隊構成員やその家族には特権免除が認められ,基地提供国はそこにおける管轄権の行使を制限される(5章4節3参照).また,条約により自国領域を非核(兵器)地帯とした国は,その地帯に核兵器その他核物質を持ち込むことができず,(軍事主権ないし)領域の利用権が制約される[11].もっともこのような管轄権の制約は自国の同意する条約(ないし一方的約束)によってのみなされうるのであり,その意味でその国の主権の行使によるとみることもできる.

3. かつては,伝統的国際法のもとで,西欧文明国が非キリスト教国のトル

---

10) 1960年アイヒマン事件——第二次大戦中ポーランドで多数のユダヤ人をアウシュヴィッツに強制連行したナチス・ドイツの特別行動隊長であったアドルフ・アイヒマンは戦後(1950年以来)偽名でアルゼンチンに潜入したが,イスラエル秘密警察はブエノスアイレスで彼を誘拐し,裁判にかけるためイスラエルに移送した.アルゼンチン政府はこの逮捕を自国の領域主権の侵害であると抗議し,アイヒマンの返還とアルゼンチン法による処罰を要求した.イスラエルは遺憾の意を表明したが,結局国連安保理の決議に基づき,両政府の共同コミュニケにより本件は解決された.

11) なお,日本の「非核3原則」は,条約ではなく1968(昭和43)年政府の表明した国家政策であるが,「核を製造しない,持たない,持ち込みもしない」のスローガンにより領域の非核兵器化を国内外に宣明したもので,領域の自由な利用を制約する効果をもつといえよう.

コや東洋諸国と結んだ領事裁判条約 (Capitulations) により，後者の諸国に住む外国人（前者の国民）が居住国の権限を大幅に逃れ，本国の管轄権（領事裁判権）に従った．

また，自国領域の一部を他国に租貸する場合（いわゆる「租借」），「主権の偽装された割譲」と呼ばれるように，予め定められた租借期間中（例えば25年，50年，99年間），租借国はその対象とされる租貸国の領土に対して完全な主権を行使し，その地域における租貸国の管轄権は排除された．それらは一般に租借国の強制や圧力のもとで結ばれた条約によるものであった[12]．

なお，理論上問題を含むが，「国際地役」は，条約により他国（要役国）の利益のために自国領域（承役地）の利用や処分を制限され，その限りで承役国の領域権の行使が制限を受ける．

また，外国人の出入国やその待遇について，最近条約および一般国際法上も人権や国家責任の視点から国家管轄権の行使に一定の制約を加える傾向にある．

国家領域のなかでも，領水と領空は国際法の特別の規制対象とされることがある．以下にそれぞれについてみておきたい．

3 領　水

(1) 領水の構成，湾，群島水域

(ⅰ) 領水の構成

1. 国家領域のうち領水は，内水（河川，湖沼，港湾，内海）と領海に分けられる．

内水の外（海）側の限界（範囲）は国際法によって定められているわけではないが，内水は領海の基線の陸地側の水域を含む（1958年「領海及び接続水域に関する条約」（以下「領海条約」という）5条1項，1982年「海洋法に関する国際連合

---

[12]　とくに19世紀末の中国を対象に欧米列強と日本が行った例が目立つ．なお，最後の（英）租借地である香港（1898年から99年間）について，1984年9月26日仮調印された中国とイギリスの合意文書（共同宣言）は，イギリスが1997年7月1日香港地区（香港島，九龍，新界を含む）を中国に返還し，中国はこれに対する主権の行使を回復するが，その時から50年間高度の自治権を有する香港特別行政区を設置する，としている．なお，1987年4月13日の中国とポルトガルの合意文書（共同宣言）で，マカオ（1887年葡清条約でポルトガルが領有）が1999年12月20日中国に返還された．

条約」(以下「海洋法条約」という．1994 年 11 月 16 日発効) 8 条 1 項).

2. 国の主権は(その領土および)内水をこえて，その海岸に接続する海域で領海といわれるもの——群島国家の場合には，その群島水域をこえて接続する水域で領海といわれるもの——，領海の海底とその下にも及ぶ(領海条約 1, 2 条，海洋法条約 2 条 1, 2).

(ⅱ) 湾

1. 湾内の水域は内水であり，その外側に領海が存在するから，内水と領海の法的地位が異なる以上，湾の定義が必要になる．国際法上の湾(領海条約 7 条，海洋法条約 10 条)であるための条件として，まず，海岸が単一の国に属し，奥行が湾口の幅との対比において十分に深いため，陸地に囲まれた水域を含み，かつ，単なる海岸の湾曲以上のものを構成する明白な湾入であることが必要である．湾入は，その面積が湾口を横切って引いた線を直径とする半円の面積以上のものでなければならない．湾の天然の入口の両側の低潮線上の間の距離が 24 海里をこえないときは，これらの点を結ぶ閉鎖線(基線)の内側の水域が内水となる．24 海里をこえるときは，24 海里の直線基線(後述(4)(ⅰ))を湾内に引き，その内側の水域が内水となる．なお，このような規則はいわゆる「歴史的湾」には適用されない．

2. 歴史的湾という言葉は，湾に適用される規則によれば内水の一部を構成するには広すぎる範囲に及ぶ沿岸国の湾入に含まれる水域であるが，確立した慣行により内水の一部として，国内法上または条約上認められているものを指すために使われてきた．

これは歴史的水域理論の一適用と考えられ，これを支持するためにたびたび防衛の必要が援用される(脚注 13)の 2 判決参照)．歴史的湾となるための条件としては，その水域に対する沿岸国の主権の実効的な行使がなされていること，古くからの継続的な慣行が確立していること，さらに，第三国の黙認ないし少なくとも異議がないことが必要とされる[13]．

---

13) 歴史的湾として主張されてきたものの例はかなりある．例えば，フランスのグランビル(またはカンカル)湾(幅 17 海里，カキ漁業の利益，1839 年 8 月 2 日の仏英条約 9 条)，イギリスのブリストル水路(幅 20 海里，英国内判例)，ノルウェーのヴァランゲルフィヨルド(幅 30 海里，ロシアに隣接した北極海に位置し，1881 年 1 月 5 日の法令で捕鯨禁止)およびヴェストフィヨルド(幅 60 海里，1951 年 ICJ 判決で内水とみなされる)，ロシアのリガ湾(幅 28 海里，

(iii) 群島水域

1. 群島水域は，海洋法条約によってはじめて規定されたものであるが，全体が1または2以上の群島（その定義は海洋法条約46条）からなる群島国家——例えばフィリピン，インドネシア，フィジー，バハマ，パプア・ニューギニアなど——が群島の最も外側の島およびつねに水面上にある礁の最も外側の点を結ぶ直線の群島基線を引くことができ，このようにして引かれた群島基線により取り囲まれる水域である．

2. その場合，基線の長さは100海里をこえてはならず——ただし，群島を取り囲む基線の総数の3％までについては，100海里をこえて最大限125海里まで延ばすことができる——，かつ，その基線は群島の一般的な輪郭から著しく離れて引いてはならない（同47条）．群島国家の主権は，群島水域（水深または沿岸からの距離を問わない）に及ぶ（同49条）．

そして，群島国家は，その群島水域において内水の境界を定めるための閉鎖線を引くことができる（同50条）．したがって，閉鎖線と群島基線に囲まれた群島水域は，領海ではなく内水とも異なる性質をもつ水域であるといえる．

(2) 内水の国家管轄権

1. 領水において，沿岸国は一般に領土と同様の国家管轄権を行使しうるが，陸地と異なり一般に船舶がその対象とされる．領水を構成する内水と領海の法的条件の相違点は，内水には領海におけるような無害通航権（後述(4)(iii)）が外国船舶に認められていないことである．つまり，慣行や条約上の通航権を除いて，沿岸国は内水へのアクセスを外国船舶に拒否しうる．

領海条約や海洋法条約には内水の法的規則が欠けているが（河口，湾，港の定義はなされている），沿岸国のみが主権を行使して，港湾の利用を規制し，警察

1721年9月10日のロシア・スウェーデン条約）およびウラジオストック（またはピョートル大帝）湾（長さ110海里，幅37海里，国防の必要からソビエト政府の一方的決定），カナダのハドソン湾（長さ900海里，幅520海里，1906年カナダ漁業法），アメリカのいくつかの湾（ペノブスコル湾（幅18海里）など）があげられる．

しかし，これまでの海洋法（法典化）会議は歴史的湾の問題を討議しても，一致が得られず，この問題を解決してこなかった．歴史的湾を取り上げた国際判例としては，1910年9月7日の大西洋漁業事件における常設仲裁裁判所の判決（*RIAA*, Vol. 11, p. 167）と1917年3月9日のホンセカ湾事件における中米司法裁判所の判決があるのみである．

権の行使の条件を定めることができる．外国商船の入港について，今日では一般的かつ永久に許可しないことはできず（1923年12月9日「海港の国際制度に関するジュネーブ規程」2条は，海港における船舶の自由なアクセスの原則を最小の権利として表明した），軍港の場合を除き，秩序維持や伝染病の拡散防止といった重大な理由による一時的閉鎖のみがなされる．ただ，原子力推進船のような一定種類の船舶について，若干の国（1965年トルコ，1962年以来ギリシャ，1964年フランス，1976年オーストラリア）は入港を禁止している．内水において外国商船が沿岸国の秩序，安全，公衆衛生，警察に関する立法管轄に従うことはいうまでもない．内水にある外国商船内で犯された違反行為については，沿岸国が専ら（刑事）裁判権を有している．外国の私有船舶は船内に逃亡してくる者のための庇護権を有しない．

2. 公船，とくに軍艦については，平時において外国軍艦の内水へのアクセス（内水に入ること，入港を含む）は自由である．しかし，この自由は沿岸国の礼譲の結果にすぎず，沿岸国は外国船舶の入港を一定の条件にかからしめ，または禁止することもできる（前記ジュネーブ規程13条は軍艦の明示の例外を定める）．沿岸国は外国軍艦の停泊期間を定める権利を有する．外国軍艦も沿岸国の主権を尊重しなければならず，とくに警察法令，航行規則，衛生規則を遵守しなければならない（5章4節**2**参照）．

(3) 群島水域の通航

1. 群島水域については，その上下を含め群島国家の主権は及ぶが，これを初めて取り扱った海洋法条約は主にそこにおける外国船舶の通航について規定している．まず，群島水域において，すべての国の船舶は無害通航権（後述(4)(iii)）を享受する．もっとも，群島国家は，自国の安全の保護のため不可欠である場合には，その群島水域の特定の区域において，外国船舶の間に法律上または事実上の区別を設けることなく，外国船舶の無害通航を一時的に停止することができる．この停止は，適当な方法で公表された後においてのみ，効力を有する（海洋法条約52条）．

2. さらに，群島国家は，群島水域およびそれに隣接する領海における外国船舶および航空機の継続的かつ迅速な通航に適した航路帯およびその上空にお

ける航空路を指定することができる（同53条）．これに対応して，すべての船舶および航空機は，この航路帯および航空路について群島航路帯通航権を有する．

このように航路帯を設定する群島国家は，当該航路帯内の狭い水路における船舶の安全な通航のため，分離航路方式を設定することができる．群島国家が航路帯や航空路を指定しない場合は，群島航路帯通航権は，通常国際航行に使用される航路において行使することができる．

なお，群島航路帯通航について，国際海峡における通過通航権（後述(5)(iii)）の規定が準用され（同54条），したがって，群島国家はこの通航を妨害してはならず，また，それを停止してはならない．他方，船舶および航空機はこの通航権を行使している間，一定の事項を遵守しなければならない．

(4) 領　海

1. 領海ないし沿岸海の観念は，歴史的にみれば17世紀頃の海洋法論争（4章2節1(1)）を経て，公海から区別され，領海を国家領域に入れるという領海制度が認められてきた．また，領海の法的地位について，グロティウスはこれを所有権を伴わない支配権とみていたが，18世紀中葉のヴァッテルは沿岸海を国家の領有権と支配権の両要素を含むものとみなすようになった（前述3章1節2参照）．この近代的領海理論は主権国家の領土と沿岸海域を同一の平面におき，今日の主権説の下地となった．領海条約，海洋法条約ともに，沿岸国の主権が領海，その海底およびその下に及ぶことを認めている．したがって，沿岸国は，領域の一部としての領海において一定の権利義務や裁判権といった領域権を行使する．

2. しかし，領海は，国際交通の利益という観点から，陸地や内水の場合以上に国際法上さまざまな規制を受けている．それは領海における外国船舶のいわゆる「無害通航権」に集約される．その前に，まず，沿岸国の完全な自由に任されているのではなく，国際法上の制約がある領海の限界ないし幅の決定についてみておきたい．

（i）基　線

1. 領海の外側の限界は海岸からの距離によって決定されるが，その起算点

となる線を領海の「基線」と呼ぶ．通常の基線は，沿岸国が公認する大縮尺海図に記載されている海岸の低潮線である（領海条約3条，海洋法条約5条）．

　海岸線が著しく曲折しているかまたは海岸にそって至近距離に一連の島がある場所においては，適当な地点を結ぶ直線基線の方法を用いることができる（領海条約4条，海洋法条約7条）．直線基線の方法は，1935年ノルウェーの勅令で取り入れられ，1951年国際司法裁判所がノルウェー漁業事件判決でこれを国際法に違反しないとみなして以来，かなり広く採用されるようになった．また，海岸には湾，港，河口などがありうるが，それぞれの基線の引き方が定められている．

　2. 日本の領海法（「領海及び接続水域に関する法律」1977（昭和52）年・法律30号，改正・1996（平成8）年・法律73号）によれば，「基線は，低潮線及び湾口若しくは湾内又は河口に引かれる直線とする」（2条1項）として，直線基線の方法を取り入れていない．なお，「内水としての瀬戸内海については，他の海域との境界として政令で定める線を基線とする」として，領海法施行令（昭和52年・政令210号）では，瀬戸内海の範囲を紀伊水道，豊予海峡および関門海峡以内とし，24海里の閉鎖線を湾に適用する場合の基準をも定めている[14]．

　(ⅱ) 領海の幅

　1. 領海の外側の限界つまり幅は基線から測定されるが，その幅の最大限が何海里であるかについては，公海と領海の二元構造に基づく海洋法のなかで，最も争われてきた問題である．なぜなら，一般に海洋国（遠洋漁業国や海軍大国）は公海における漁業や軍事活動の自由の余地を求めてできるだけ狭い領海の幅を自国の利益に合致するとみなし，逆に，そうでない国々は他国（海洋国）の自国海域近辺での漁業や軍事活動をさせないためにできるだけ広い領海の幅を自国の利益に合致するとみなすからである．

　2. 産業革命を経て経済・軍事力をつけたキリスト教文明国が国際社会の中心的存在であった19世紀から20世紀初頭にかけて，かつて大砲の着弾距離を表わした領海3海里を主張する国が多く（日本も1870（明治3）年普仏戦争のさい

---

14) テキサダ号事件（和歌山地裁判決（1974（昭和49）年7月15日），大阪高裁判決（1976（昭和51）年11月19日））参照．紀伊水道日の岬灯台から6.8海里の海上でのリベリア船テキサダ号と日本船銀光丸の衝突事件で，衝突地点が日本の内水ないし歴史的湾（水域）かが争われた．田畑茂二郎・寿堂鼎編『ケースブック国際法〔新版〕』（有信堂，1992年）136頁参照．

の中立宣言以来3海里を採用してきた），ノルウェーなど北欧諸国が4海里を採用していた．1930年ハーグ法典化会議では，領海の幅として3海里を主張する国とそれ以上を主張する国に分かれ，1958年の第一次海洋法会議でも主張が分かれたままで領海条約にも領海の幅を規定しえなかった．これのみを議題とした1960年第二次海洋法会議においても，領海6海里，その外側に漁業水域6海里とする妥協的提案もわずかの票差で採択されず，幅については未解決のまま残された．

その間，アジア・アフリカの多くの新独立国が国際社会に登場し，それらの多くは広い領海と漁業水域の設定を企ててきた．これに与する他の諸国も増大した．他方アメリカなど西欧諸国のみならずソ連が海軍力を伸ばすにつれ，それらの諸国は軍艦とくに原子力潜水艦の行動の自由を妨げる恐れのある領海をできるだけ狭くする必要を感じた．1973-82年第三次海洋法会議では，他の諸問題の規定（とくに200海里の排他的経済水域と国際海峡における通過通航権）との関連（パッケジディール）のなかで，初めて領海の幅について定めることに成功した．

3. 海洋法条約によれば，いずれの国も基線から測定して12海里をこえない範囲でその領海の幅を定める権利を有する（3条）．つまり，領海の幅は各国が決定しうるのであるが，それは12海里をこえることはできない．12海里は国際法上はじめて定められた国家の自由の限界線となった[15]．

なお，2国の海岸が向かい合っているかまたは隣接しているとき，別段の合意がないかぎり，いずれの国も基線上の最も近い点から等しい距離にある中間線をこえてその領海を拡大することはできない．ただし，これと異なる方法で両国の領海の境界を定めることが歴史的権原その他特別の事情により必要であ

---

15) なお，1988年の統計によれば，12海里領海を設定した国は105カ国，3海里領海としている国は12カ国，12海里以上の領海を設定している国は20カ国（うち13カ国は200海里領海）である．日本の領海法は，「我が国の領海は，基線からその外側12海里の線（……）までの海域とする」（1条）としつつ，「当分の間，宗谷海峡，津軽海峡，対馬海峡東水道，対馬海峡西水道及び大隅海峡（……）については，第1条の規定は適用せず」それぞれ基線からその外側3海里の線およびこれと接続して引かれる線までの海域とするとしている（付則2）．そのため，これら5海峡については，外国船舶と航空機の自由通過の余地が残された．これは，領海12海里なら「国際航行に使用される海峡」となる5海峡において，外国の核艦船が通過通航権を行使すれば，日本の国是とする非核3原則に抵触するおそれがあることを懸念したからであるといわれている．

るときは，この限りではない（領海条約12条，海洋法条約15条）．

(iii) 無害通航権

a 無害通航権をめぐる議論の歴史的展開

1. 領海における外国船舶の無害通航（innocent passage）権については，今日まで議論が絶えない．無害通航がいかなる状況において（平時か戦時か），いかなる船舶に（商船のほか軍艦にもか），いかなる条件で認められるか（通告または許可を必要とするか）をめぐって長い間争われてきた．

近代領海観念を確立したヴァッテルは外国船舶の領海通航には沿岸国の許可を必要とするとしつつ，同時に，無害利用のために嫌疑のかけられない船舶に通航を拒否することはできないとも述べていた．18世紀後半には，戦時において，かつ，中立船舶の通商の自由を守るための領海での通航権の保障こそが問題とされた．19世紀（とくに後半）に入ると，ヨーロッパで大規模な海戦はなくなり，ヨーロッパ諸国による国際通商の拡大を背景に，むしろ平時における通商との関係で，領海の幅員や通航権が取り上げられ，学説上も平時と戦時の区別，商船と軍艦の区別が論じられた．

2. 第一次世界大戦後の戦争違法化の状況のなかで，「戦時」を想定せず，もっぱら「平時」の通航問題が論じられるようになり，1927年万国国際法学会の「平時における領海に関する規則案」とそれをめぐる議論では，商船の無害通航権は航行の一般利益に基づくとして認められる一方，軍艦の通航は沿岸国の安全に影響を与え，軍艦所属国にのみ利益をもたらすとして，「軍艦の自由通航は沿岸国の特別規則に服させることができる」とされた．1930年ハーグ法典化会議においても，戦時の領海制度の問題は考慮外におかれ，平時（この場合もはや戦時と対比する意味ではなくなっている）における通航のみを取り扱い，そこでは商船と軍艦は別々に規定され，どちらにも無害通航権は認められるが，軍艦の場合，沿岸国がその通航の条件を規制する規則をつくる資格を有する（ただし，事前許可を要求する権利はない）とした．そして，領海を通航する外国軍艦が沿岸国の規則を守らず，警告を受けた遵守要求を無視するならば，沿岸国はその軍艦に領海を去るよう要求することができるとした．また，この会議では，通航が「無害でない」とされる場合について，沿岸国の安全，公共政策または財政政策を害するなんらかの行為を行うために船舶が領海を利用す

ること，としている．

 3. 第一次海洋法会議の準備として ILC の作成した 1956 年領海条約草案では，「すべての船舶は領海において無害通航権を有する」（15条1項）としつつ，「沿岸国は領海における軍艦の通航を事前の許可または通告に従わせることができる」（24条）と規定し，その（24条の）コメンタリーでは事前許可または通告の必要の有無について諸国間で意見の相違があるとしている．

 b 無害通航の意味

 1. 無害通航権および無害通航の意味は領海条約および海洋法条約において明示的に規定された．それによれば，これらの条約の規定に従うことを条件として，「沿岸国であるかどうか（内陸国であるか）を問わず，すべての国の船舶は，領海において無害通航権を有する」（領海条約14条1項，海洋法条約17条）．ここでいう「通航」とは，内水に入ることなく（または内水の外にある停泊地もしくは港湾施設に立ち寄ることなしに）領海を通過するため，内水に入るため，または内水から公海に向かうために（または，上の停泊地もしくは港湾施設に立ち寄るために）領海を航行すること，をいう（領海条約14条2項，海洋法条約18条1項）．通航は継続的かつ迅速に行われなければならず，停船および投錨は，航海に通常付随するものである場合，または，不可抗力もしくは遭難により必要とされる場合，または，危険もしくは遭難に陥った人，船舶もしくは航空機に援助を与えるために必要とされる場合に限り，通航に含まれる（領海条約14条3項，海洋法条約18条2項）．

 また，潜水船その他の水中航行機器は，海面上を航行し，かつ，その旗を掲げなければならない（領海条約14条6項，海洋法条約20条）．

 2. 通航の無害性について，領海条約は「通航は，沿岸国の平和，秩序または安全を害しない限り，無害とされる．無害通航は，この条約の規定及び国際法の他の規則に従って行われなければならない」（14条4項）と規定した．

 海洋法条約は19条1項でこれと同様の表現（抽象的基準）を用いるとともに，2項において，外国船舶が領海においてつぎの活動のいずれかに従事する場合には，その通航は沿岸国の平和，秩序または安全を害するものとみなされる，としている．

 すなわち，(a)武力による威嚇もしくは武力の行使であって，沿岸国の主権，

領土保全もしくは政治的独立に対するものまたは国連憲章に規定する国際法の諸原則に違反する他の方法によるもの，(b)武器（いかなる種類のものであるかを問わない）を用いての演習または訓練，(c)沿岸国の防衛または安全を害する情報の収集を目的とする行為，(d)沿岸国の防衛または安全に影響を与えることを目的とする行為，(e)航空機の発進，着船または積込み，(f)軍事機器の発進，着船または積込み，(g)沿岸国の通関上，財政上，出入国管理上または衛生上の法令に違反する商品，通貨または人の積込みまたは積卸し，(h)この条約に違反する故意のかつ重大な汚染行為，(i)漁業活動，(j)調査活動または測量活動の実施，(k)沿岸国の通信系または他の施設もしくは設備の妨害を目的とする行為，(l)通航に直接の関係がない他の活動，である．

3. これらの無害ではない活動の列挙は，船種別規制というよりむしろ態様別規制（行為基準）に依拠していると考えられる．問題は，これらの条約の規定ぶりから，外国商船に無害通航権が認められていることに異論はないとして，従来から争いのある軍艦にもそれが与えられると解釈されうるかどうかである．

第一次海洋法会議では，軍艦の無害通航権について諸国の見解が分かれ，ILCの草案にあったような明示規定は領海条約中に入れられなかった．そのため，領海条約14条4項の無害性の抽象的基準に照らして軍艦の通航が無害かどうかをめぐって見解は対立したままであった．第三次海洋法会議においても状況は基本的には変わらなかった．しかし，海洋法条約19条2項の上の列挙が態様別規制であり，軍艦（その定義は海洋法条約29条）という船種について述べていないことから，軍艦の無害通航権を認める見解に有利な規定となった．

しかし，19条1項の抽象的基準に照らして2項の列挙の場合以外にも無害ではないとみなされる通航がありうるとすれば（さもなければ，1項の存在理由はなくなる），それに軍艦の通航が含まれる余地はないとはいえない．まして，無害か否かを判断するのは第一次的には沿岸国であり，国家実行上も外国軍艦の自国領海通航を事前の通告または許可に従わせる制度を採用している国（エジプト，ルーマニア，スーダン，オマーンなど）もある．

なお，現代の核戦略（核抑止，さらに先制第一撃戦略）のもとで，軍艦とくに原子力潜水艦はつねに臨戦体制のもとにあると考えれば，とくにそれが通航する沿岸国にとって武力による威嚇（海洋法条約19条2項(a)，301条）とみなされ

うる余地がないとはいえない．

4. なお，領海条約に規定はなかったが，海洋法条約では，外国の原子力推進船および核物質または他の本質的に危険もしくは有害な物質を運搬する船舶は，領海において無害通航権を行使している場合には，これらの船舶のために国際協定が定める文書を携行し，かつ，その協定が定める特別の予防措置を遵守しなければならない（海洋法条約23条）．また，沿岸国は，航行の安全を考慮して必要と認める場合には，その領海において無害通航権を行使する外国船舶に対して，（群島水域の場合のように）船舶の航行規制のために沿岸国が指定する航路帯および設定する分離通航方式を使用するよう要求することができる（同22条1項）．とくに，タンカー，原子力推進船および核物質または他の本質的に危険もしくは有害な物質もしくは原料を運搬する船舶については，上の航路帯のみを航行するよう要求することができる（同2項）．沿岸国は，このような航路帯および分離通航方式を海図上に明確に表示し，かつ，その海図を適当に公表しなければならない（同4項）．

c 沿岸国の権利義務

1. 沿岸国は領海における外国船舶の無害通航を妨害してはならない（領海条約15条，海洋法条約24条）．他方，沿岸国は，無害でない通航を防止するため，その領海内において必要な措置をとることができ，自国の安全の保護（武器を用いての演習を含む）のため不可欠である場合には，その領海内の特定の区域において，外国船舶の間に法律上または事実上の差別を設けることなく，外国船舶の無害通航を一時的に停止することができる．このような停止は，適当な方法で公表された後においてのみ，効力を有する（領海条約16条，海洋法条約25条）．

また，つぎの事項について，領海における無害通航に係る法令を定めることができる（海洋法条約21条）．すなわち，(a)航行の安全および海上交通の規制，(b)航行援助施設および他の施設または設備の保護，(c)電線およびパイプラインの保護，(d)海洋生物資源の保護，(e)沿岸国の漁業法令の違反の防止，(f)沿岸国の環境の保全ならびにその汚染の防止，軽減および規制，(g)海洋の科学的調査および水路測量，(h)沿岸国の通関上，財政上，出入国管理上または衛生上の法令の違反の防止，である．

これらの法令は，一般的に認められた国際的な規則または基準を実施する場合を除き，外国船舶の設計，構造，配乗または設備については適用されない．沿岸国はこれらすべての法令を適当に公表しなければならず，領海において無害通航権を行使する外国船舶は，すべての法令および海上における衝突の予防に関する一般的に認められたすべての国際規則に従わなければならない．

2. 沿岸国は，法令の適用にあたり，(a)外国船舶に対して無害通航権を否定しまたは害する実際的な効果を有する要求を出し，(b)特定の国の船舶または特定の国の間にもしくは特定の国のために貨物を運搬する船舶に対して法律上または事実上差別を行ってはならない（海洋法条約24条）．なお，沿岸国はその領海内における航行上の危険で自国の承知しているものを適当に公表しなければならない（コルフ海峡事件参照）．

外国船舶に対しては，領海の通航のみを理由とするいかなる課徴金も課すことができない（領海条約18条，海洋法条約26条）．

d　沿岸国の裁判権

1. 沿岸国の領海を通航中の外国船舶（とくに商船）は，沿岸国の裁判権に服するのが当然と考えられるが，国際交通の一般利益の観点から，その裁判権には大幅な制限が課せられている．外国の商船および商船目的のために運航する政府船舶（商業用政府船舶）に適用する規則はつぎのとおりである．

沿岸国の刑事裁判権（領海条約19条，海洋法条約27条）は，領海を航行している外国船舶内において，その運航中にその船舶内で行われた犯罪に関連していずれかの者を逮捕しまたは捜査を行うために行使してはならない．ただし，つぎの場合は除かれる．

すなわち，(a)犯罪の結果が沿岸国に及ぶ場合，(b)犯罪が沿岸国の平和または領海の秩序を乱す性質のものである場合，(c)当該外国船舶の船長または旗国の外交官もしくは領事官が沿岸国の当局に対して援助を要請した場合，(d)麻薬または向精神剤の不法な取引を防止するために必要である場合，である．

この規定は，沿岸国が，内水を出て領海を通航している外国船舶内において逮捕または捜査を行うため，自国の法令で認められている措置をとる権利に影響を及ぼさない．なお，沿岸国の当局は，逮捕するかしないか，また，いかなる方法によって逮捕するかを考慮するに当たり，航行の利益に対して妥当な考

慮を払わなければならない．

　沿岸国は，海洋法条約第12部（海洋環境の保護および保全）と第5部（排他的経済水域）に規定する場合を除くほか，外国の港を出て内水に入ることなしに単に領海を通航している外国船舶内において，その船舶が領海に入る前に行われた犯罪に関連していずれかの者を逮捕しまたは捜査を行うため，いかなる措置もとることができない．

　2．また，民事裁判権（領海条約20条，海洋法条約28条）については，沿岸国は，領海を通航している外国船舶内にある人に対して民事裁判権を行使するために，その船舶を停止させまたはその航路を変更させてはならない．

　沿岸国は，船舶が沿岸国の水域を航行している間にまたはその水域を航行するためにその船舶について生じた債務または責任に関する場合を除くほか，その船舶に対して民事上の強制執行または保全処分を行うことができない．しかし，領海に停泊しているかまたは内水を出て領海を通航している外国船舶に対し，沿岸国が自国の法令に従って民事上の強制執行または保全処分を行う権利は害されない．

　3．軍艦および非商業的目的のために運航する他の政府船舶（非商業用政府船舶），例えば，巡視船，関税，警察，検疫などの行政目的に使用される公船に適用される規則はつぎのとおりである．

　これらの船舶は沿岸国の裁判権行使から免除される（領海条約22条，海洋法条約32条）．しかし，軍艦が領海の通航に関する沿岸国の法令を遵守せず，かつ，軍艦に対して行われたこの法令の遵守の要請を無視した場合には，沿岸国は，その軍艦に対し領海から直ちに退去することを要求することができる（領海条約23条，海洋法条約30条）．また，軍艦または非商業用政府船舶が領海の通航に関する沿岸国の法令，海洋法条約または国際法の他の規則を遵守しなかった結果として沿岸国に与えたいかなる損失または損害についても，旗国は国際責任を負わなければならない（海洋法条約31条．なお，5章4節**2**参照）．

(5)　国際海峡

（i）　強化された無害通航

1．第三次海洋法会議は，国際海峡においてすべての国の船舶と航空機に通

過通航 (transit passage) 権を認めるという新しい通航制度を設けることになった．その理由は，領海の幅が12海里まで可能になることにより，これまで公海部分を残していたかなりの数（約135）の海峡が海峡国の領海となったことによる．その結果，このような海峡には外国船舶（および航空機）の通航の完全な自由がなくなり無害通航権しか認められなくなり，海洋国側にとって国際交通が制限されるのを懸念したからである．

　すでにコルフ海峡事件判決（*ICJ Reports 1949*, p.28）は，平時において国家は無害であるかぎり事前の許可なしに「*公海の2つの部分を結ぶ国際航行に使用される海峡*」（国際海峡）に自国の軍艦を通航させる権利を有するとし，この事件でのイギリス海軍のコルフ海峡通航はアルバニアの主権を侵害しなかったと判定していた．第一次海洋法会議では，この判決にそって起草されたILC草案の「公海の2つの部分の間の国際航行に通常使用される海峡において，外国船舶の無害通航は停止されてはならない」（17条4項）という表現をめぐって審議の結果，「通常」の語が削除され，「又は外国の領海」の句が追加されて，「*公海の一部分と公海の他の部分又は外国の領海との間における国際航行に使用される海峡においては*」外国船舶の無害通航は停止してはならない（領海条約16条4項）と規定された．なお，公海と外国領海の間の国際海峡とは，チラン海峡を念頭においたものであった．領海条約のもとで，国際海峡にはこのように「強化された無害通航」が認められた．

　2. 他方，1954年1月にはアメリカの最初の原子力潜水艦ノーチラス号が進水し，1958年8月にはソ連の最初の原子力潜水艦がNATOにより観察され，これらの潜水艦は大洋を結ぶ国際海峡を（許可なしに）潜行したまま通過するようになった．第三次海洋法会議では，国際海峡において「強化された無害通航」（しかし，潜水船は潜行したまま通航できず，上空飛行も認められない）以上の自由な通航をめざす米ソなど海洋大国と自国の安全保障や環境保全の上からもそれを阻止しようとする海峡国（スペイン，モロッコ，インドネシア，マレーシア，シンガポールなど）との利害対立の調整から，そして，他の事項（領海の幅や排他的経済水域など）とのパッケジディールとして，つぎのような新しい通航制度が設けられることになった．

(ⅱ) 国際航行に使用される海峡

1. この新しい通航制度（海洋法条約第3部）の適用される「国際航行に使用される海峡」とは，公海または排他的経済水域の一部分と公海または排他的経済水域の他の部分との間における国際航行に使用されている海峡である（37条）．

2. しかし，通過通航制度の適用されない海峡としてはつぎのものがあげられる．(a)国際航行に使用される海峡であって，航行上および水路上の特性に関して同様に便利な公海の航路または排他的経済水域の航路がその海峡内に存在するもの（海洋法条約36条）．これは海峡沿岸国の領海12海里によってオーバーラップされない十分な幅をもつ海峡（例えばフロリダ海峡や台湾海峡）をさしている．(b)海峡が海峡沿岸国の島および本土によって形成されており，航行上および水路上の特性に関して同様に便利な公海の航路または排他的経済水域の航路がその島の海側に存在する場合（同38条1項，45条）．この場合，強化された無害通航が認められる．例えばイタリアとシシリー間のメシナ海峡，カタリナ島（ロサンジェルス近郊）の外側（海側）に航路が存在するサント・バーバラ海峡．(c)公海または1つの国の排他的経済水域の一部分と他の国の領海との間にある海峡（同45条1項(b)）．この場合も強化された無害通航が認められる．例えばチラン海峡，ジョージア海峡，ホンジュラス海峡．(d)とくにその海峡について効力を有する長期間にわたる国際条約により通航が全面的または部分的に規制されている海峡（同35条(c)）．例えば，1936年「海峡制度に関する条約」（モントルー条約）により規律されるトルコ海峡（ボスホラス海峡とダーダネルス海峡），1857年デンマーク条約により規律されるデンマーク海峡．

(ⅲ) 通過通航権

1. 通過通航とは，上記の国際航行に使用される海峡における継続的かつ迅速な通過の目的のためのみに行使される航行および上空飛行の自由をいう．（強化された）無害通航と異なる点は，通航が無害か否かの問題は要件とされていないこと，および，上空飛行の自由が認められることである．ただし，継続的かつ迅速な通過の要件は，海峡沿岸国への入国に関する条件に従って海峡沿岸国への入国または海峡沿岸国からの出国の目的で海峡を通航することを妨げるものではない（海洋法条約38条2項）．すべての船舶および航空機は，妨げら

れない通過通航の権利を共有する（同38条1項）．つまり，すべての国の軍艦も軍用機も，国際航行に使用される海峡およびその上空の通過権を有するのである．しかし，潜水船（とくに原子力潜水艦）の潜水航行については規定がなく，潜水航行がとくに海洋法条約39条1項(c)の「通過の通常の形態」に該当するかどうかの解釈などから，国際航行に使用される海峡において潜水航行が許容されるとする説とそれを否定する説に分かれている．

2. 船舶および航空機は，通過通航権を行使している間，つぎの点を遵守しなければならない（同39条）．すなわち，(a)海峡の通航またはその上空の飛行を遅滞なく行うこと，(b)武力による威嚇または武力の行使を，海峡沿岸国の主権，領土保全もしくは政治的独立に対するものも，また，国連憲章に規定する国際法の諸原則に違反する武力によるものも慎むこと，(c)不可抗力または遭難により必要とされる場合を除くほか，継続的かつ迅速な通過の通常の形態に付随する活動以外のいかなる活動も慎むこと，(d)第3部の他の関連規定に従うこと，である．

また，通過通航中の船舶は，(a)海上における安全のための一般的に認められた国際的な規則，手続および慣行，(b)船舶からの汚染の防止，軽減および規制のための一般的に認められた国際的な規則，手続および慣行，を遵守しなければならない．

通過通航中の航空機は，国際民間航空機関（ICAO）が設定した民間航空機に適用される航空規則などを遵守しなければならない．

外国船舶（海洋の科学的調査および水路測量を行う船舶を含む）は，通過通航中，海峡沿岸国の事前の許可なしにいかなる調査活動または測量活動も行うことができない（同40条）．

3. 他方，海峡沿岸国は，船舶の安全な通航を促進するために必要な場合には，海峡内に航行のための航路帯を指定し，および，分離通航方式を設定することができる（同41条）．海峡沿岸国は，指定したすべての航路帯および設定したすべての分離通航方式を地図上に明確に表示し，かつ，その地図を適当に公表しなければならない．通過通航中の船舶は，これらの航路帯および分離通航方式を尊重しなければならない．

なお，上空飛行のための航（空）路指定については規定がないため，海峡沿

岸国が安全の観点からかかる航（空）路を指定しうるかどうかについても見解が分かれている．

(iv) 海峡沿岸国の権利義務

1. 海峡沿岸国は，つぎの事項について，海峡の通過通航に係る法令を制定することができる（海洋法条約42条）．(a)航行の安全および海上交通の規制，(b)海峡における油，油性廃棄物その他の有害物質の排出に関して適用ある国際規則を実施することによる汚染の防止，軽減および規制，(c)漁船については，漁獲の防止（漁具の格納を含む），(d)海峡沿岸国の通関上，財政上，出入国管理上または衛生上の法令に違反する商品，通貨または人の積込みまたは積卸し，である．

これらの法令は，外国船舶の間に法律上または事実上の差別を設けてはならず，また，適用にあたっては，通過通航権を否定し，妨害しまたは害する実際的効果を及ぼしてはならない．これらの法令は適当に公表しなければならない．通過通航権を行使する外国船舶は，これらの法令を遵守しなければならない．

なお，海峡沿岸国の（刑事・民事）裁判権については，無害通航の場合とは異なり，海洋法条約中に規定はない．もっとも，法令や（海洋法条約第3部の）他の規定に違反して行動した，主権免除を有する船舶の旗国または航空機の登録国は，海峡沿岸国に生じたいかなる損失または損害に対しても国際的責任を負わなければならない（同42条5項）．

2. 海峡沿岸国は，通過通航を妨害してはならず，また，それを停止してはならない．海峡の航行またはその上空の飛行に対する危険で海峡沿岸国が承知しているものを適当に公表しなければならない（同44条）．

(6) 接続水域

1. 領海の外側に接続する水域で，沿岸国の特定の管轄権行使が認められてきたものに接続水域がある．18世紀以来沿岸国が法令を制定して，領海の外側の一定水域に特定の管轄権を及ぼす国家実行が存在してきた．例えば1736年イギリスの徘徊法（当初5海里の密輸取締り），1790年アメリカの関税法（12海里），1791年フランスの関税法（12海里）．このような国家実行に基づく制度が領海条約で接続水域として明文化された．

2. 接続水域は，領海条約では，領海の幅を測定する基線から12海里をこえて拡張することができないとされていたが (24条)，海洋法条約では，それが24海里までに拡張された (33条).

沿岸国は，接続水域において，自国の領土または領海内における通関上，財政上，出入国管理上または衛生上の法令の違反を防止し，また，自国の領土または領海内で行われたかかる違反を処罰するために，必要な規制を行うことができる．つまり，沿岸国は接続水域において，これらの法令違反の防止または処罰のために管轄権を行使しうるのである．

4 領 空

(1) 領空の法的地位

1. 領土と領水の上部空間，すなわち空域 (air space) である領空の地位ないし制度の問題は，国際法 (学) の歴史のなかではかなり新しく，20世紀初めに発明された航空機の領空飛行の国際規制のために，まず学説として論じられた．領空の地位に関しては2つの説が対立した．

1つはフォーシュ (P. Fauchille) や万国国際法学会 (1906年ガン会期, 1911年マドリッド会期) のとる「空域は自由である」とする自由空説であり，もう1つは英米の多数説ともいえる「空域は下土国に属す」という主権説であった．当時の諸国の航空法の制定 (1911年11月21日のフランスのデクレ, 1911年6月2日および1913年2月14日のイギリス法 (Aerial Navigation Act)) は，むしろ主権原則に基づくものであったといえるが，1913年7月26日のフランスとドイツ間の航空協定では，2説のいずれかにはっきり与することなく，各国が飛行禁止空域を任意に決定する権利を認めた．

最初の多数国間条約は，1919年10月13日に第一次世界大戦の同盟諸国と若干のラテン・アメリカ諸国27カ国により署名されたパリ国際航空条約であった．なお，大多数のラテン・アメリカ諸国は1928年2月20日ハバナ条約を締結した．

パリ条約の基本原則は，各国はその領土の上の空間に完全かつ排他的主権を有する (1条) として，主権説に立っている．この基本原則は，上部空間は下

土（領土と領水）の法的状態（主権）の性質を帯びるとするものである．もっとも，パリ条約は，この厳格な原則を緩和させる規定をおいている．その1つは通航の自由（2条）であり，各締約国は平時に他の締約国の航空機に条約の定める条件で無害通航の自由を与えることを約束するとしていることである．もう1つは，政治的理由に基づく差別なく取扱いの平等が保障されていることである（2条2項）．

しかし，パリ条約の制度は，通航の自由が締約国間の厳格な相互主義に基づいていることや商業運輸を認めないことなどを理由に，その後厳しい批判を受け，第二次世界大戦中の2国間交渉を経て，1944年11月1日-12月7日シカゴで交戦国と中立国52カ国（しかし，ソ連と枢軸国は不参加）の国際会議が開かれた．この会議は，96条からなる国際民間航空条約（シカゴ条約）のほか，定期航空業務に関する2協定（国際航空業務通過協定および国際航空運送協定）と12の決議および勧告という種々の文書を採択した．シカゴ条約は1947年4月7日に効力を発生し（1953年に日本は加入，1970年にはソ連も加わる），パリ条約とハバナ条約は効力を終了した．

シカゴ条約は，パリ条約と同じく，「締約国は，各国がその領域上の空間において完全且つ排他的な主権を有することを承認する」（1条）と繰り返すが，「空の5つの自由」（後述(2)3.）を主張するアメリカの提案の影響を受けている．

2. 国家が主権を有する領域上の空間はどこまで及ぶかという領空の上限について，シカゴ条約にも（1967年宇宙条約にも）規定はなく，国際法上今日まで定まっていない．

領空の上限の問題は，1957年以来人工衛星が打ち上げられ，人類による宇宙空間（outer space）の利用が可能になる時代に入ってから，議論されるようになった．

これまでの諸説のうち，下土国の実効的支配の及ぶ高さまでを領空として認めるとする説に立てば，権限を行使する下土国の実質的能力いかんによってそれぞれの領空の高度が異なることになる．また，主権説のなかには領空は無限に国家主権が及ぶとする領空無限説があったが，宇宙空間との区別（境界）が求められている今日，この説はもはや採りえない．

現代においては，空域を定義する2つの方法が提示されている．1つは，高

度の観点から空域と宇宙空間の自然的区別を試みる直接的方法で，空域とは空気の存在する高度までつまり大気圏をさすとか，(海面からの) 高度100キロメートルまでとするという見解である．もう1つは，物体(衛星)の発達やその活動との関係で空域を定めようとする間接的ないし機能的方法であり，例えば人工衛星の地球を回る軌道の高さ(地球への最近接点)より下を空域とする見解がこれにあたる．今日までのところ，国際法上空域の上限を定めるための最終的結論を引き出すにはなお時期尚早ともみられている．

(2) 航空制度

1. 領空においては外国の航空機は，領海の場合(無害通航権)と同じように，一般国際法上無害航空権を有しない．したがって，外国航空機の領空飛行は，条約によって限定的に認められる体制がとられている．多数の国が加わっているシカゴ条約が国際民間航空に関する一般原則(ならびに国際民間航空機関(ICAO)の組織および任務)を定めている．それによると，シカゴ条約は，国の航空機，すなわち軍，関税および警察の業務に用いられる航空機には適用されない．国の航空機は，特別協定その他の方法による許可を受け，かつ，その条件に従うのでなければ，他国領空の上空を飛行し，またはその領域に着陸してはならない(同条約3条(b), (c))．

シカゴ条約は民間航空機のみに適用されるが，その対象となる航空機は，無操縦者航空機を除き，飛行機，ヘリコプター，飛行船であれ種類のいかんを問わない．民間航空機については，不定期飛行と定期航空業務に分けて規定されている．

2. 締約国の航空機で定期国際航空業務に従事しないもの，すなわち不定期飛行の場合は，すべて，事前の許可を得ることを必要とせず，かつ，その航空機が上空を飛行する国の着陸要求権に従うことを条件として，その国の領域内への飛行または同領域の無着陸横断飛行をし，および運輸以外の目的での着陸をする権利を有する．この航空機は，定期航空業務ではなく有償または貸切で行う旅客，貨物または郵便物の運送に従事する場合には，それらの積込みまたは積卸しをする特権をも有する(同条約5条)．これにより，外国領空における(自家用飛行機などによる)非商業航空，不定期飛行は自由となった．もっとも，

締約国は軍事上の必要または公共の安全のため，他の国の航空機が自国の領域内の一定の区域の上空を飛行することを一律に制限し，または禁止することができる（同9条）．

3. 定期航空業務については，締約国の特別の許可その他の許可を受け，かつ，その許可の条件に従う場合を除いて，その締約国の領域の上空を通ってまたはその領域に乗り入れて行うことはできない（同6条）．

この問題は，シカゴ条約とは別の2協定，国際航空業務通過協定および国際航空運送協定で取り扱われた．

前者の協定では締約国の国際定期航空機に，(a)外国（締約国）領空を無着陸で通過する自由，すなわち無害航空権，および(b)運輸以外の目的すなわち燃料補給や修繕のために外国領域内に着陸する自由（テクニカル・ストップ）という2つの基本的自由が認められた．

また，後者の協定では，これら2つの自由に加えて，国際定期航空機が，(c)国籍を有する締約国（登録国）の領域内で積み込んだ旅客・貨物を他の締約国で積み卸す自由，(d)かかる航空機が国籍を有する国向けの旅客・貨物を他の締約国で積み込む自由，および(e)あらゆる締約国領域において旅客・貨物を積み込み，他の締約国の領域にそれらを積み卸す自由，の3つの商業的自由が認められた．

これら5つの空の自由は，シカゴ会議において国際航空事業の自由競争を広範に認めさせようとするアメリカの主張に基づくものであったが，イギリスなどはそれに反対したため，結局包括的な空の自由は国際航空運送協定のなかでしか実現せず，しかもこの協定には参加国がわずかしかなく（1988年末現在11ヵ国，国際航空業務通過協定の締約国は101ヵ国），アメリカも脱退するにいたった．

4. そのため，国際定期航空業務は現実には2国間の航空協定により行われている．現に多数の国が2国間航空協定を結んでいるが，その原型は1946年米・英間の航空協定，いわゆるバミューダ協定である．

この協定で，両国は5つの空の自由を相互的に認め，また運賃は国際航空運送協会（IATA）で決めることに同意した．この協定は1976年にイギリスにより廃棄され，1977年には第二次バミューダ協定が結ばれた．

なお戦後，不定期航空としての貸切り飛行，いわゆるチャーター便が急増す

るに伴い，シカゴ条約では不定期航空の空の自由を認めている（5条）ものの，1952年ICAO理事会は不定期航空を許可制にする解釈決議を行うにいたった．しかし，チャーター便の需要は多く，IATAの運賃協定は意義を失い，1978年には各航空会社による運賃の自由な決定が認められた．

(3) 領空侵犯

1. 領空には無害航空権は存在しないから，条約で認められた場合を除いて，外国航空機が下土国（領域国）の許可を得ずに領空を飛行することは「領空侵犯」となる．とくにスパイ目的で飛行禁止空域（軍事ゾーン，要塞化された地域，核施設などの上空）を意図的に飛行する場合が問題である．（なお，1960年5月1日ソ連上空で撃墜されたアメリカの偵察機のU2型機事件，1978年4月20日カレリア上空でのソ連戦闘機による大韓航空機撃墜事件，1983年9月1日サハリン上空で撃墜された大韓航空機事件参照.）

シカゴ条約には，領空侵犯などの事件を解決するための特別の手続は定められていなかった．領域国は領空侵犯した航空機に警告を発し，必要な場合対抗措置をとることができる．しかし，1983年の大韓航空機事件後，ICAO理事会は民間航空機に対する武力行使が国際行動を規律する規範および基本的な人道的考慮と両立しないとする決議を採択し（1983年9月16日），ついで，1984年5月10日のICAO臨時総会はシカゴ条約に「第3条の2」を追加する議定書を採択した．「第3条の2」は，「(a)締約国は，各国が飛行中の民間航空機に対して武器の使用に訴えることを差し控えなければならず及び，要撃の場合には，航空機内における人命を脅かし又は航空機の安全を損なってはならないことを承認する」とし，他方，「(b)締約国は，各国がその主権の行使として，その領域の上空を許可なく飛行する民間航空機に対し又はその領域の上空を飛行する民間航空機であってこの条約の目的と両立しない目的のために使用されていると結論するに足りる十分な根拠があるものに対し指定空港に着陸するよう要求する権利を有し及びこれらの民間航空機に対しそのような違反を終止させるその他の指示を与えることができることを承認する」と定めた．

2. なお，接続水域の観念を空域に持ち込もうとする考えは従来からある（ジデル G. Gidel）が，とくに第二次世界大戦後の航空機の発達と高速化に対

抗して，いくつかの国は領空に隣接する（公海上の）空域を識別空域として設定している．

アメリカは1950年以来「防衛識別空域（A.D.I.Z.）」を設け，アメリカ領域に向かってこの空域内を飛行するすべての航空機にコントロールを及ぼしている．カナダも1951年にカナダ防衛識別空域（C.A.D.I.Z.）を設け，この空域を飛行するすべての航空機を監視しており，フランスも（アルジェリア沿岸にまで）70海里にも及ぶ同様の安全空域をつくっている．

これらの設定に対して抗議せず沈黙を守る国もあるが，かかる空域での事件を契機に，公海上空飛行の自由の観点からこの設定に抗議する国もある（1961年2月9日のアルジェリア沿岸上空での航空機事件の後，2月11日ソ連のフランスに対する抗議）．今日までこの問題に関する国際的規則は存在しない（なお，シカゴ条約9, 12条参照）．

(4) 航空の安全——航空犯罪の防止

1. 国際航空の安全が最も脅かされるのは，航空機の乗っ取り，すなわちハイジャックの場合である．なお，ハイジャックという言葉は禁制品を力ずくで奪う行為を指すが，元来，アメリカにおいてアルコール飲料禁止法 Volstead Act（第18修正）の適用を失敗させるため，1920年から33年にかけて行われた行動について用いられてきたものである．ハイジャックなどの航空犯罪は1970年以来多発している．これを防止するためのさまざまの方法のうち，犯罪人の厳重な処罰が効果的ともみられるが，そのための刑事裁判権をどの国が有するか（航空機の登録国か着陸国かなど）をめぐって複雑な問題が生ずる．これらの問題はつぎの3つの条約で一応決着がつけられた．しかし，これらの条約でも刑事裁判権は統一されておらず，また，航空犯罪のよく起こる地域の諸国に非締約国が目立っている（6章4節5参照）．

2. 1963年9月14日「航空機内で行われた犯罪その他ある種の行為に関する条約」（東京条約）は，航空機内の犯罪の取締りを目的とし，飛行中または公海もしくは無主地にある航空機内で行われた航空機，機内の人または物に対する犯罪および安全危害行為について，登録国の裁判権を認めた（3条）．これらの行為はハイジャックをも含むが，他の航空機による乗っ取りや地上にある航

空機に対する危害行為には適用されない．登録国以外の国は，自国の領域に影響があるとか，犯罪人または被害者が自国民であるなどの場合を除いて，裁判権行使のため飛行中の航空機に干渉することはできない（4条）．また，機長は，機内犯罪や安全危害行為を行いまたは行おうとしている者に対して，拘束を含む適当な措置をとり，着陸国で降機させ，容疑者を着陸国の当局に引き渡す権限を有する（6，8，9条）．しかし，東京条約は犯罪人に対する刑事訴追などのいかなる措置をも定めていない．

3. 1970年12月16日「航空機の不法な奪取の防止に関する条約」（ハーグ条約）は，ハイジャックの防止を目的とするもので，飛行中の航空機内における，暴力，暴力による脅迫その他の威嚇手段を用いて当該航空機を不法に奪取しまたは管理する行為およびそれに加担する行為（それらの未遂を含む）を「犯罪行為」とした（1条）．各締約国は，この犯罪行為について重い刑罰を科すことができるようにすることを約束している（2条）．

ハーグ条約の適用範囲は東京条約と比べてかなり厳密に規定されている．「飛行中」とは，航空機が，そのすべての乗降口が乗機の後に閉ざされた時から，それらの乗降口のうちいずれか1つが降機のために開かれる時まで，また，不時着の場合には，権限のある当局が当該航空機ならびにその機内の人および財産に関する責任を引き継ぐ時まで，である（3条1項）．

犯罪行為およびその実行にあたり旅客または乗組員に対して行ったその他のすべての暴力行為について，その航空機の登録国，着陸国，賃貸された航空機の運航国は裁判権を設定するために必要な措置をとらなければならず，ほかに，容疑者を引き渡さない場合はその所在国も，同様に必要な措置をとらなければならない（4条）．また，容疑者が領域内で発見された締約国は，その容疑者を引き渡さない場合には，その犯罪行為が自国の領域内で行われたものであるかどうかを問わず，いかなる例外もなしに，訴追のため自国の権限のある当局に事件を付託する義務を負う（7条）．なお，この犯罪行為は，締約国間の犯罪人引渡条約における引渡犯罪とみなされ，かかる引渡条約が締結されていない場合，随意にハーグ条約を犯罪人引渡しのための法的基礎とみなすことができる（8条）（中国民航機不法奪取引渡事件（張振海引渡事件）1990（平成2）年4月20日東京高裁判決，同年4月24日最高裁判決参照）．

4. 1971年9月23日「民間航空の安全に対する不法な行為の防止に関する条約」(モントリオール条約) は，不法かつ故意に行う行為の防止を目的とし，つぎのような広範な行為 (その未遂を含む) を犯罪としている．

すなわち，(a)飛行中の航空機内の人に対する暴力行為 (当該飛行中の航空機の安全を損なうおそれがあるものに限る)，(b)業務中の航空機を破壊し，またはその飛行を不能などにする損害を与える行為，(c)業務中の航空機に，それを破壊するような装置もしくは物質を置かれるようにする行為，(d)航空施設を破壊もしくは損傷し，またはその運用を妨害する行為 (飛行中の航空機の安全を損なうおそれがあるものに限る)，(e)虚偽の情報を通報し，飛行中の航空機の安全を損なう行為，である (1条)．

各締約国はこれらの犯罪行為について重い刑罰を科すことができるようにすることを約束しなければならない (3条)．

ここでいう「飛行中」の意味はハーグ条約の場合と同じであり，また「業務中」とは，ある特定の飛行のため地上業務員または乗組員により航空機の飛行前の準備が開始された時から，着陸の後24時間を経過する時まで，をいう (2条)．裁判権および犯罪人引渡しについてはハーグ条約とほぼ同様であるが，それに加えて，犯罪行為がその領域内で行われた締約国も，裁判権を設定するために必要な措置をとらなければならない (5条)．

第4章　国際公域

第1節　国際化地域

1　国際化地域

1. 国家領域以外の地域（陸地）は，争いのある南極地域を除き，もはやほとんど存在しない．しかし，国家領域である一定地域（区域）の利用が条約（国際合意）によって，領域国以外の諸国や国際社会全体に開かれ，国際化されていたり，またその管理ないし統治が国際機関などに委ねられているものはかなりある．国際河川，国際運河，また信託統治地域や非自治地域と呼ばれているものがこれにあたる．かかる地域を一括してここでは仮に「国際化地域」と呼んでおきたい．

2. なお，国家の領有が国際法上禁止された区域は「国際公域」とも呼ばれ，公海，深海底，宇宙空間・天体がこれにあたるが，これらについては次節以下で検討する．

2　信託統治地域・非自治地域

(1) 委任統治地域

1. 従来，植民地・従属地域はその本国（施政国）が自由にそこを統治していたが，19世紀中頃から奴隷売買を抑圧し，また原（先）住民の保護を目的とする条約によって，一定の制限が課せられるようになった（7章1節1参照）．しかし，このような制限は結局，植民地国家自体の利益を維持するためのものであった．国際連盟の発足とともに委任統治制度が設けられ，施政国の統治に一層の制限が課せられた．

この制度を定めた国際連盟規約22条によれば，第一次世界大戦の結果，従

前支配した国（ドイツとトルコ）の統治から離れた植民地および領土であって，近代世界の激甚なる生存競争状態のもとに未だ自立しえない人民の居住するものに対しては，その人民の福祉および発達を図ることが文明の神聖な使命であるとして，その人民に対する後見の任務を先進国（イギリス，フランス，日本など）が連盟に代わり受任国として引き受けることとされた．そして，委任の性質については，人民の発達の程度，領土の地理的地位，経済状態などに従い差異を設け，Ａ，Ｂ，Ｃの３方式に分けられた．

　Ａ方式は，従前トルコ帝国に属した諸部族で，独立国として仮承認を受けうる発達の程度に達しているが，自立しうる時期にいたるまで施政上受任国の助言と援助を受けるものである．Ｂ方式は，他の人民とくに中央アフリカの人民に，受任国がその地域の施政を行うべきものである．そのさい，受任国は良心および信教の自由を許与し，奴隷の売買，武器もしくは火酒の取引の悪弊を禁止することなどを行わなければならない．Ｃ方式は，西南アフリカおよび太平洋諸島のような地域では，人口の希薄，面積の狭小，文明の中心より遠いことなどのため，受任国領土の構成部分としてその国法のもとに施政すべきものである．Ｂ方式とＣ方式の場合には，自立や独立を促す文言はない．

　2.　各委任の場合において，受任国はその委託地域に関する年報を連盟理事会に提出しなければならない．年報を受理審査し，委任の実行に関する一切の事項につき連盟理事会に意見を具申させるため，常設委員会（委任統治委員会）が設置された．

　しかし，現実に委任統治制度は，年報審査といった微温的な国際監督のもとに戦勝国による戦敗国の植民地の再分割の意図を隠すものであったとみられている．なお，一般に連盟国は，自国の管理に属する地域内の土著住民（公定訳・仏正文は populations indigènes）に対して，公正な待遇を確保すること約束したにすぎなかった（連盟規約23条(ロ)）．

(2)　信託統治地域

　1.　国連は，その権威の下に，国際信託統治制度を設けた．この制度は，個々の協定（信託統治協定）によりこの制度の下におかれる地域（信託統治地域）の施政および監督を目的とするものである（憲章75条）．この制度の下におか

れる地域は, (a)現に委任統治の下にある地域, (b)第二次世界大戦の結果として敵国から分離される地域, (c)施政について責任を負う国によって自発的にこの制度の下におかれる地域, である (77条). その結果, (a)については, 南西アフリカ (後述(4)) を除くすべてのB方式およびC方式委任統治地域が信託統治の下に移され, (b)についてはイタリア領のソマリーランドがこの制度の下におかれたが, (c)についての適用例は存在しない.

信託統治制度の基本目的は, (a)国際の平和と安全を増進すること, (b)信託統治地域住民の政治的, 経済的, 社会的および教育的進歩の促進, ならびに自治または独立に向かっての住民の漸進的発達を促進すること, (c)人種, 性, 言語または宗教による差別なくすべての者のために人権および基本的自由を尊重するよう奨励し, かつ, 世界の人民の相互依存の認識を助長すること, (d)すべての国連加盟国およびその国民のために社会的, 経済的, および商業的事項について平等の待遇を確保し, また, 司法上の平等待遇を確保すること, である (憲章76条).

この基本目的は憲章1条に掲げる国連の目的に従うものであり, 人民の同権および自決の原則 (1条2項) がそれに含まれ, また, 委任統治制度の場合とは異なり, すべての信託統治地域について, 自治に加えて「独立」の促進が掲げられていることが大きな特徴である.

現実には, 信託統治の下におかれた11地域においては, 施政権者たる国家が (委任統治の場合と同じく) 自国領域とほぼ同様の仕方で統治を行ったが, それらの地域のうちほとんどがその後漸次独立を達成した. 最後に残った太平洋地域の米信託統治地域 (北マリアナ諸島, マーシャル諸島, ミクロネシア連邦およびパラオ (ペラウ)) はアメリカと自由連合協定 (Compact of Free Association) などを結び, 信託統治地域を脱した. その結果, 信託統治制度は, その歴史的使命を終えたといえる.

2. 他方, 信託統治制度は, 国際の平和と安全の促進を基本目的の1つとしていることから, 委任統治の場合とは異なり, 信託統治地域を軍事的に利用することを禁止していない. 国際の平和と安全の維持のため戦略上重要なものを, 信託統治協定において戦略地区として指定することができ, その施政権者はこの点に関して安全保障理事会に対して負う義務を履行するに当たり, また, 地

方的防衛などのためにその地域の義勇軍，便益および援助を利用することができる（憲章82条，84条）．現実にはアメリカを施政権者とする太平洋諸島のみが戦略地区とされ，東西冷戦下ではアメリカの軍事基地として利用された．

信託統治地域に対する監督は，通常の地域には総会およびその権威のもとに信託統治理事会が，戦略地区には安全保障理事会が行う．信託統治理事会は，施政国，安全保障理事会の常任理事国のなかで施政を行っていないもの，総会により3年の任期で選挙される他の加盟国，の3者から構成される（施政国とそれ以外の国を同数とする）（憲章86条）．しかし，信託統治地域の独立につれ施政国が減少したため，この規定は適用できなくなり，1975年以来安全保障理事会の5常任理事国だけで構成されることとなった．

総会と信託統治理事会は，(a)施政権者の提供する報告の審議，(b)請願の受理と審査，(c)地域の定期視察，などを行う（憲章87条）．信託統治理事会は，各信託統治地域の住民の政治的，経済的，社会的および教育的進歩に関する質問書を作成し，施政権者はこの質問書に基づいて，総会に年次報告を提出しなければならない（憲章88条）．

戦略地区に関する安全保障理事会の監督は，信託統治理事会の援助を利用するものの，安全保障の考慮から，かなり緩和されており（憲章83条），なかでも施政権者が「閉鎖地区」として指定する地域には，憲章87，88条の規定の適用が制限されている．

(3) 非自治地域

1. 第二次世界大戦末になお存在していた植民地・従属地域（委任統治地域を含む）のうち信託統治地域とされたものはわずかであった．その他の地域について，国連憲章は「非自治地域に関する宣言」と題する第12章を設けて，その住民の福祉を増進することを施政国に求める趣旨の規定をおいた．それによれば，人民がまだ完全には自治を行うにいたっていない地域，すなわち非自治地域の施政国は，この地域の住民の利益が至上のものであるという原則を承認し，かつ，この地域の住民の福祉を憲章の確立する国際の平和と安全の制度内で最高度まで増進する義務，ならびにつぎの(a)-(e)を行う義務を神聖な信託として受諾する（憲章73条）．

すなわち，(a)関係人民の文化を十分尊重し，この人民の政治的，経済的，社会的および教育的進歩，公正な待遇ならびに虐待からの保護を確保すること，(b)各地域およびその人民の特殊事情ならびに人民の進歩の異なる段階に応じて，自治を発達させ，人民の政治的願望に妥当な考慮を払い，かつ，人民の自由な政治制度の漸進的発達について人民を奨励すること，(c)国際の平和および安全を増進すること，(d)諸目的の達成のために，建設的な発展措置を促進し，研究を奨励し，かつ，専門国際団体と協力すること，(e)非自治地域における経済的，社会的および教育的状態（政治的状態を含まず）に関する専門的性質の統計その他の資料を，安全保障および憲法上の考慮から必要な制限に従うことを条件として，情報用として事務総長に定期的に送付すること，である．

これらの義務のうち，(e)の情報の定期的送付のみが具体的なものであり，また，信託統治制度の基本目的の場合とは異なり，(b)に人民の「自治」の発達はあげられているが，「独立」への言及はない．もっとも，憲章を採択したサンフランシスコ会議においては，ここにいう「自治」は独立を排除するものではないとの了解のもとで採択された．

このように，憲章上非自治地域に対する施政国の義務と国連の監督機能はきわめて微温的なものにすぎないが，この問題に関する国連の実践とそれに基づく憲章的慣行は，信託統治制度にも似た非自治地域「制度」をつくりあげてきた．

2. 国連の実践では，憲章1条2項や55条にあげられた人民の同権および自決の原則を手がかりに，非自治地域ないし植民地の問題は憲章2条7項の国内管轄事項とみなされえなくなった．そして，政治的情報をも含む情報の送付が施政国に求められ，それを審議する非自治地域情報委員会が設けられた．

アジア・アフリカの新興諸国が一挙に国連に加盟した1960年，「アフリカの年」に「植民地独立付与宣言」（総会決議1514（XV））が採択された．この宣言は，すべての人民は自決の権利をもち，政治的，経済的，社会的または教育的準備が不十分なことをもって独立を遅延する口実としてはならないとし，「信託統治地域および非自治地域，またはまだ独立を達成していない他のすべての地域において」その人民が完全な独立と自由を享受しうるようにするため，なんらの条件または留保もつけず，すべての権力を彼らに委譲するため，早急な

措置が講ぜられなければならない，とした．

　この宣言の適用を審議し，その履行について勧告するため，翌年，植民地独立付与宣言履行特別委員会（いわゆる「非植民地化委員会」）が設置された．この委員会は総会決議に基づくものであるが，宣言の適用されるべき地域を決定し，施政国に質問状を送付し，現地住民からの請願を受理し，施政国の同意を得て現地視察を行うなど，憲章上信託統治地域に対して信託統治理事会に認められている任務や権限と類似の活動を行ってきた．さらに，1970年に採択された「植民地独立付与宣言の完全な履行のための行動計画」（総会決議2621（XXV））は，植民地主義の継続を国際犯罪とみなしている．

(4) ナミビアの国際統治

1. 植民地独立付与宣言の適用を受ける非自治地域のなかでも特殊な国際的地位をもつとみられるのは，南西アフリカと呼ばれてきたナミビアである．この地域は，1884-85年のベルリン会議でドイツの保護領とされたが，第一次世界大戦の結果ドイツから分離され，南アフリカ連邦（後に南アフリカ共和国となる，以下「南ア」と略称する）を受任国とするC方式委任統治地域となった．

　第二次世界大戦後，南アは，委任統治に基づく義務は連盟の解散により消滅したから，南西アフリカの将来の地位は南アが決定する権限を有するとし，これを信託統治制度のもとにおくよう求める国連総会の再三の勧告を無視して，1949年にはこの地域を自国領に併合した．そのため，総会は国際司法裁判所に南西アフリカの国際的地位に関して勧告的意見を求め，1950年同裁判所は，南アが依然委任統治協定に基づく義務を負っており，これを信託統治協定のもとにおく義務はないが，その国際的地位を一方的に変更できず，国連の同意を必要とするという意見を下した (*ICJ Reports 1950*, p. 128)．この勧告的意見に基づいて，総会は委任統治の監督機能を行おうとしたが，南アの協力が得られなかった．そのため，連盟加盟国であったエチオピアとリベリアが委任統治協定の条項に基づき，南アの委任統治義務違反の確認を求めて国際司法裁判所に提訴した．1966年同裁判所 (*ICJ Reports 1966*, p. 6) は，原告国家がこの請求内容について自己の法的権利または利益を立証しなかったため，請求資格を欠くとして棄却の判決を下した．

2. この判決は多くの国（とくにアフリカ諸国）から批判を受け，1966年10月，国連総会は，南アの委任統治を終了させ，南西アフリカを国連の直接責任のもとにおくとする決議（2145（XXI））を採択した．翌年7月この問題を討議するために開催された特別総会は，「国連南西アフリカ理事会」を設置した．この理事会は，南西アフリカの独立までできるだけ同地域人民の参加を得て施政すること，施政に必要な法令を制定すること，同地域人民と協議の上憲法制定議会の設立に必要な措置をとること，独立宣言とともに同地域人民にあらゆる権限を委譲することなどを任務とした．この理事会が南ア当局と接触することとされ，また（理事会が必要とする）行政上の任務を委託するための国連南西アフリカ弁務官も任命された．

しかし，南アはこれを無視し，南西アフリカの占拠と統治を継続したため，安全保障理事会も委任状の終了を承認し，同地域からの即時撤退を南アに求める決議を採択し，さらに，1968年6月，総会は南西アフリカ人民の希望にそい以後同地域を「ナミビア」と呼ぶこととし，理事会も「国連ナミビア理事会」に改称された．

このような変化に応じる形で，安全保障理事会の諸問にこたえて，1971年6月21日，国際司法裁判所は勧告的意見において（*ICJ Reports 1971*, p. 3），南アによる委任統治条項の重大な違反のため監督者たる国連に委任統治を一方的に終了させる権利が与えられたとし，総会が委任統治を終了させたことを有効と認め，したがって，ナミビアにおける南アの居座りは違法であり，その施政と占拠をやめる義務があるとした．

3. その後も，南アの「占拠（居座り）」が依然続いたため，1977年11月安全保障理事会は憲章7章に基づいて，南アに対する武器の禁輸などを命ずる強制措置を決定した．他方，国連ナミビア理事会は，対外的には，ナミビアを代表して種々の国際会議に代表を派遣し，国際機構に加盟（FAO，ILO，UNESCO）ないし準加盟（WHO）し，国連海洋法条約には「国連ナミビア理事会により代表されるナミビア」として署名した（海洋法条約305条）．

また，国連ナミビア理事会は1974年9月「ナミビアの天然資源の保護に関する布告」第1号を出した．この布告は，理事会の許可を得ずにナミビアの天然資源の探査・開発を禁止し，許可なしに持ち出された天然資源およびその輸

送手段は押収され没収されるとし、この布告に反する個人、団体または法人は将来の独立ナミビア政府から損害賠償の責めを負わされる、とした。このような国連ナミビア理事会の活動は、ナミビアが国連の直接統治する一種の国際統治地域であることに基づくが、この特殊な方式は南アの「占拠」の継続に対抗してナミビア人民の自決権を実現させるための過渡的なものである。

4. その後米ソの働きかけと長期の交渉の結果、1988年12月22日アンゴラ、キューバ、南ア間に3国協定が締結され、ナミビアの独立移行手続を定めた安全保障理事会決議435 (1978) の1989年4月1日からの実施、南ア軍のナミビアからの撤退などが定められた。

決議435は、国連の監視と統制のもとで行われる公正な選挙を通じてナミビアの独立を達成することを定めている。また、独立への移行手続を実施するため、国連独立移行支援グループ (UNTAG) が設置された。このグループなどの管理のもとに1989年11月には自由選挙が実施され、その結果解放団体の南西アフリカ人民機構 (SWAPO) が過半数を獲得し、1990年3月21日ナミビアは独立を達成した。

3 国際河川

1. 河川は一般に国家領域の一部を構成する内水であるから、当然領域国の管轄に属し、外国船舶の河川の航行を禁止することも自由である。これを国内河川という。しかし、河川が2つ以上の国の境界を形成したり、2つ以上の国を貫流し、かつ航行可能である場合、国際交通の便宜のために、関係諸国の合意により他国の船舶の自由航行や水利用などを認めているものを国際河川と呼んでいる(オーデル川国際委員会事件 (1929年) (PCIJ, Series A, No. 23, p. 25) 参照)。

国際河川の制度は、19世紀にヨーロッパにおいて次第に形成されてきた。その最初のものは、1815年ウィーン会議最終議定書 (108-116条) とその付属書でヨーロッパのすべての国際河川の航行可能な部分における航行の自由を認める一般原則が宣言されたことである (最終議定書109条)。この原則はただちに適用されるのではなく、会議後この原則に従って、個々の国際河川について

関係国間で具体的規則を定めるものとされた．

その後締結された個別の条約としては，ダニューブ川の自由航行に関する1856年のパリ条約，ライン川に関する1868年のマンハイム条約，ライン川・エルベ川・オーデル川・ダニューブ川などの国際化を規定する1919年のヴェルサイユ条約（331-339条）がある．

2. さらに，国際河川に関する一般条約として，1921年4月20日「国際的利害関係を有する可航水路に関する条約」（バルセロナ条約または国際河川条約）とその付属書としての規程（国際河川規程）が国際連盟のもとで締結された．

それによれば，数ヵ国の境界を構成し，または数ヵ国間を貫流する川であって，海へまたは海から自然に航行可能なもの（規程1条1項）はすべて国際可航水路とされ，そこにおいて，他のすべての条約締約国の船舶（私的船舶）は航行の自由を認められる（同3条）．ただし，軍艦，警察，行政その他公権を行使する船舶はこの限りではない（同17条）．航行にあたって，締約国の船舶などはすべての関係で完全な平等待遇を受け，提供された役務に対する支払いとしての料金は水路の維持・改善の費用を支弁し，航行の利益のための費用に充当するもののほかは課せられず，船舶などの通過に対する税金も課せられない．もっとも，沿岸国は自国の2つの港間の運輸を自国船だけに許すことができ，また水路の航行に関する規則を発布し実施する権能と義務を有している．

このようにバルセロナ条約の定める国際河川制度は国際法上一般に認められることを目指し，国際河川法上重要な一段階を示している．しかし，この制度は条約締約国間にのみ適用されるものであり，しかもこれに加わる国が少ないため，実際にはそのめざした一般的適用は実現していない．

3. 他方，個別の河川の国際化を定めたいくつかの条約は，すべての国の船舶に航行の自由を認めているほか，各沿岸国の河川行政を統一し監督する国際河川委員会が設けられている．

とくに，（前述パリ条約の設置した）ダニューブ川ヨーロッパ委員会の管轄（管轄区域は河口からブライラまでの海ダニューブ）は立法・行政・司法上の事項にも及んでいた．また，第一次世界大戦後新たに設置された国際委員会は川ダニューブ（ブライラからウルムまで）を管轄区域とした．どちらの委員会にも沿岸国（ルーマニア，ブルガリア，ユーゴスラビア，ハンガリー，チェコスロバキア，オース

トリア，ドイツの7カ国）のほか非沿岸国である英・仏・イタリアの代表で構成されていた．

しかし，第二次世界大戦後1946年のルーマニアなどとの諸平和条約では国際管理機関についての意見の一致が得られず，ソ連と社会主義沿岸国の間で1948年「ダニューブ川の航行制度に関する条約」が結ばれた．この条約により，これまでの2つの委員会は廃止され，新たなダニューブ川委員会が設置された．この委員会は各沿岸国の代表者から構成され，ウルムから海までを管轄し，その事項は立法・司法・行政に及んでいる．なお，この条約は，すべての国の国民，商船および貨物に航行の自由を認めているが，軍艦の航行は禁止している（1, 30条）．

4. 最近，河川の国際化ないし国際協力の問題は航行の自由に限られず，水資源の農工業利用や河川の汚染防止の問題にも及んでいる．これらをめぐる紛争を解決しまたは防止するために，いくつかの条約が結ばれてきた．

水利用に関しては，1959年ナイル川の利用に関するアラブ連合（エジプト）・スーダン条約，1960年インダス川の利用に関するインド・パキスタン条約，1963年ニジェール川の利用に関する流域9カ国間協定が結ばれている．（なお，ラヌー湖事件（1957, *RIAA*, Vol. 12, pp. 314-317）参照）．

汚染防止に関しては，1963年ライン川に関する西ドイツ・仏・オランダ・ルクセンブルグ・スイス間条約（1973年にECが加入）がライン川汚染委員会を設置している．

5. 国際法協会（ILA）は，1966年に「国際河川水路利用のヘルシンキ規則」を作成している．また，ILCは自ら起草し，1994年採択した「国際水路の非航行的利用の法」に関する条文案を国連総会に付託した．国連総会は，1997年にこれを採択している（決議51/229，未発効）．この条約は，航行以外の国際水路とその水の利用，ならびにかかる利用に関する保護，保存および管理の諸措置に適用される（1条1項）．一般原則として，水路国は，それぞれの領域において，衡平かつ合理的な方法で国際水路を利用するものとし，とくに国際水路は，その水路の適切な保護と合致する関係水路国の利益を考慮に入れて，その最適かつ持続可能な利用およびそこから得られる利益を達成するために水路国により利用されかつ発展されねばならないとしている（同5条1項）．ま

た，水路国は，その領域にある国際水路の利用に当たって，他の水路国に重大な（significant）損害を引き起こすことを防ぐためにすべての適切な措置を取らなければならない（同7条1項）．

4 国際運河

(1) 国際運河の定義

1. ここで問題とする運河は，2つの公海（海域）をつなぐ人工水路であり，そこを通って公海から他の公海に船舶が航行しうるものである．このような運河も普通沿岸国の内水を構成し，その国の領域主権に服するが，それらのうち，関係国間の国際条約により第三国ないしすべての国の船舶に自由航行を認め，国際化されている（国際制度に従う）ものを国際運河という．

2. 公海を結ぶ交通の要路となる運河でも，条約によるのではなく国内法によって第三国の船舶に自由航行が認められているものは，国際運河とは呼ばれない．例えば1822年に掘削され北海と大西洋を結ぶスコットランド北部のカレドニア運河（115キロメートル），1883-93年に掘削されイオニア海とエーゲ海を結ぶギリシャのコリント運河（63キロメートル），およびバルチック海とスカゲラークを結ぶスウェーデンのゲタ運河（Gôta canal）がこれにあたる．

今日国際運河と呼ばれるものは，スエズ運河とパナマ運河である．なお，キール運河については（かつては国際運河であったが）今日その地位はかなり不明瞭である[1]．

---

1) キール運河（ドイツ名はカイゼル・ヴィルヘルム運河）（長さ98キロメートル）は，1887-95年にドイツによって戦略目的で掘削され，1907-15年に拡幅され，バルチック海と北海を結ぶ交通の要路となり，1919年まではドイツ帝国の内水路であった．しかし，1919年ヴェルサイユ平和条約380-386条により国際化され，運河はドイツと平和関係にあるすべての国の船舶（商船と軍艦）に平等に開放された（380条）．さらに，この条約には運河地帯の要塞建設禁止条項（195条）も含まれていた．交戦国であっても，ドイツとの平和関係にあるかぎり，その軍艦および商船にもこの航行の自由は認められた．

1923年のウィンブルドン号事件で，常設国際司法裁判所は，ロシアと戦争中のポーランド向けの戦時禁制品（武器）を輸送する商船の航行をドイツ当局が禁止したのに対して，ドイツは中立義務を理由として運河の航行の自由を妨げえないと判示した（PCIJ Series A, No. 1,）．もっとも，1919年の平和会議で，ヴェルサイユ平和条約のキール運河に関する諸規定の適用を監視するための国際委員会は，それを求める英・仏の提案にアメリカが反対したため，設置されなかった．他方，ドイツ政府は1936年11月14日の覚書で，平和条約のすべての河川条項とともに，

(2) スエズ運河

1. スエズ運河（長さ160キロメートル，幅40-100メートル，深さ12メートル）は，スエズ地峡を通って地中海と紅海を結ぶ交通の要路であるが，エジプト副王（当時宗主国トルコの付傭国）から運河建設のコンセッションを得たフランス人レセップスの万国スエズ運河会社によって，1859年にその掘削が始められ，1863-66年中断の後，1869年に完成された．

コンセッション契約文書――1854年11月30日のトルコ外交（行政）文書，後に修正――は，運河がすべての船舶に平等に開放されることを定めていた．トルコはこれを後に確認したし，できるだけ多くの船舶が運河を航行することは会社の利益となることでもあった．1875年イギリスはイスマイル・パシャの株を取得して，会社の主たる株主になりその利益を保護するために，1882年にエジプトを軍事占領した．長い間運河には特別の規制はなされなかったが，1877年露土戦争や1881年エジプトの騒擾などにより，運河の安全保障の問題が諸国の関心を引き，条約による規制が必要と考えられるようになった．

その結果1888年コンスタンチノーブルでの国際会議（トルコ，当時ヨーロッパの6大国すなわちイギリス，オーストリア，フランス，ドイツ，イタリア，ロシアのほか，スペイン，オランダが参加）で「スエズ運河の自由航行に関する条約」（コンスタンチノーブル条約）が採択された．

2. この条約はつぎの3つの原則を定めている．

(a)平時においても戦時においても，国旗の区別なくすべての商船（および軍艦）は常に運河の通航の自由が認められること（商業航行の自由）（1条），(b)軍艦にも通航の自由が認められるが，交戦国の軍艦は最もすみやかに運河を通過

キール運河の国際制度を一方的に破棄し，同時に，1937年1月15日以後，外国軍艦の通航を事前許可に従わせた．

第二次世界大戦後，ドイツの裁判所がヴェルサイユ条約の規定は失効し，その国際運河としての性質はなくなったと判決したが，ドイツのイギリス占領地区の最高裁判所は1950年6月1日の判決（*ILR*, 1950, case no. 33, pp. 133-135）で，キール運河がヴェルサイユ条約により国際化されても，条約規定は運河で衝突した船舶の船主間の紛争を解決するためのドイツの裁判所の権限を排除していないとし，国際水路の真の性格は航行の自由と沿岸国の領域主権の制限にある，とした．要するに，イギリスとフランスは同運河の国際化の継続を認める立場をとった．アメリカは一時，同運河がドイツの国内水路になったという見解をとったが，1953年以来この見解を放棄し，英仏の立場に与するようになった．

第1節　国際化地域　　　　　　　　　299

しなければならず，停止してはならず，運河およびその出入港内で糧食・需品を補給し，あるいは軍隊・武器・軍用資材を陸揚げまたは搭載することができないこと（軍艦の通航の自由）（4条2項，5条），(c)運河は絶対に封鎖されてはならず，たとえトルコ帝国（現在のエジプト）が交戦国の1つとなる場合でも，運河およびその出入港ならびに出入港から3海里の範囲内でいかなる交戦権もいかなる敵対行為も行ってはならないこと（運河の中立化）（1条3項，4条1項），である．

　そのほか，(b), (c)に関連して，交戦国の軍艦のポートサイドおよびスエズ停泊所内での滞留は24時間をこえることができず，1つの出入港からの交戦国の船舶の出発とその敵国に属する船舶の出発との間には，常に24時間の間隔を保たなければならない（4条3項）という「24時間規則」も定められている．

　なお，コンスタンチノープル条約はこれに署名しなかった諸国が加入しうる開放条約である（16条）．

　このようにスエズ運河の徹底した国際化を定めた条約の規定もコンスタンチノープル会議でイギリスの行った留保によって弱められた．その留保によれば，条約規定はエジプトの過渡的かつ例外的状態と両立する限りでのみ，かつ，エジプト占領期間中イギリスの行動の自由を妨げない限りでのみ，適用されるとするものであった．この留保は，1904年エジプトに関する英・仏宣言によって撤回された．

　3. コンスタンチノープル条約の国際制度は，2度の世界大戦中を除いて——とくに第二次世界大戦中運河は枢軸国から空爆を受け，合計76日間閉鎖された——，全体としてはよく遵守されてきた．

　第二次世界大戦後，エジプトは第一次パレスチナ戦争（1948年5月15日）の当初から運河の通航を制限し，条約10条の認める「必要に応じて執るべき措置」としてこれを正当化した．また，1954年10月19日の英・エジプト協定によって，1936年英・エジプト同盟条約でスエズ運河隣接地帯に駐留してきたイギリス軍が撤退した後，エジプトは1956年にスエズ運河の国有化を宣言し，国際スエズ運河会社を接収した．（会社とエジプト副王とのコンセッション契約は運河開設から99年間会社に運河を経営する権利を認めていたので，1968年までまだその権利は残っていた．）そのため，エジプト・イスラエル間の第二次中東戦

争中に英仏軍が派遣されたが，国連の介入（国連緊急軍（UNEF）の派遣）により両軍は撤退した．エジプトによる船舶破壊の結果，1956年11月3日から1957年4月10日までの5ヵ月の間運河は利用不可能となった．

エジプトは1957年4月24日の一方的宣言（しかし，国連事務局に登録）により，コンスタンチノープル条約の諸条項（1条）および国連憲章の諸規定（2条）を「尊重し，遵守し，かつ適用し続ける」とし，通航の自由は条約の定めた限界内で（3条）中断されずに保障され，運河の管理はエジプトの自治機関（スエズ運河当局）によって確保されるとした．しかし，イスラエル船舶の運河通航は認めなかった．1967年第三次中東戦争（いわゆる六日戦争）の結果，今度は1967年6月6日から1975年6月5日までの8年にわたって運河は閉鎖された．1979年3月26日のエジプト・イスラエル平和条約（5条1項）は，イスラエルからのまたはイスラエル向けの非軍事船荷の運河通過の自由を確認し，4月にはイスラエル船も運河を自由航行した．

(3) パナマ運河

1. パナマ運河（長さ80キロメートル，海抜28メートル，水深100-330メートル）はコロンで大西洋とパナマで太平洋を結ぶもので，スエズ運河の場合とは異なり，1904年の掘削開始以前に運河の制度が条約によりつくられていた．

すでに1850年4月19日のクレイトン・バルワー条約により，アメリカとイギリスは将来の運河制度の一般原則（第三国の排他的管理の不存在，平等待遇，非要塞化，中立化）を予め定めていた．しかし，次第にアメリカが単独管理を主張するようになり，この条約に代わる1901年11月18日のヘイ・ポンスフォート条約は両国が将来の運河の地位を尊重し，それを独占せず，要塞化しないことを規定した．この条約は，同時に，運河がアメリカ政府の庇護のもとに開削されねばならず，そのためアメリカは掘削に関するすべての権利を享有し，運河に関する規則の制定およびその管理を行う排他的権利を享有することを認めた．

他方，運河建設予定のパナマ地域を領有していたコロンビアのボゴタ政府の抵抗にあったアメリカは自国民の利益の保護を口実にパナマ地域に派兵し，1903年11月3日そこに分離主義者の反乱が起こるやコロンビア正規軍の介入

を妨げた．翌4日パナマ共和国の独立が宣言され，13日アメリカはこれを承認した．

　数日後の1903年11月18日ヘイ・ビュノー・ヴァリヤ条約により，アメリカはパナマから運河の建設と管理のために必要な幅10マイルの地域の使用，占有および支配の権利を永久に取得した（2条）．この地区の内部においてアメリカはパナマ共和国の主権の諸権利の行使を排除して領域主権がアメリカに属するかのように行使するすべての権利，権限を行使しうることになった（同3条）．運河はヘイ・ポンスフォート条約3条（自由航行）の定める条件の下で永久に中立でありかつ開放される（同23条）．

　2.　ヘイ・ポンスフォート条約の定める制度はコンスタンチノープル条約の制度と似ているが，つぎの点で異なっている．

　①まず，パナマ運河の制度はスエズ運河の場合のように多数国間条約に基づくのではなく，加入条項のない2つの2国間条約によって定められていることである．

　②つぎに，ヘイ・ポンスフォート条約3条は，スエズ運河の自由航行に関するコンスタンチノープル条約中に実質的に示された諸規則を採用している．すなわち，(a)運河はすべての国の商船および軍艦に対し，全く平等の条件のもとで自由とされ，かつ開放される．(b)運河は絶対に閉鎖されてはならず，運河内では交戦権が行使されまたは敵対行為が行われてはならない．(c)交戦国の軍艦は，運河内で糧食または需品を補給することができない．(d)交戦国は，運河内で，軍艦，武器または軍用資材を搭載しまたは陸揚げすることができない．(e)この条の規定は，運河の各端より3海里内の隣接水域に適用され，いわゆる24時間規則が適用される．しかし，「平時においても戦時においても」という表現は存在しない．つまり，アメリカが交戦国であるとき，通航の自由を保障する規定はなく，また，上の3条によれば，アメリカは不法および騒擾に対し運河を保護するために必要な軍事警察力を運河に沿って維持する自由を有している．

　③さらに，ヘイ・ビュノー・ヴァリヤ条約23条により，アメリカは運河を要塞化することが認められ，その後アメリカの海軍・空軍基地が建設された．

　3.　これらの条約によるパナマ運河の制度は，2度の世界大戦を含めてかな

りよく運用されてきた．第一次世界大戦開戦直後，アメリカはパナマ運河が交戦国に開放されていることを宣言したが，アメリカの参戦後，1917年5月23日宣言および1917年6月15日法により運河通航中の船舶を臨検する権利がアメリカ政府に与えられた．

　戦間期の1936年3月2日米・パナマ友好関係条約（ハル・アルファロ条約）はパナマなどの都市におけるアメリカの干渉権を廃止し，両政府が国際紛争の場合などに共同の合意により防衛措置をとることを定めた．

　第二次世界大戦においては，1940年7月末から運河の出入口に機雷が敷設され，運河を通航する船舶はパトロール隊の直接管理下におかれた．アメリカの対日参戦（パナマも参戦）後，船舶の通航は昼間に限られ，また戦争中アメリカは基地の数を増やした．

　4.　戦後パナマでアメリカによる運河地帯の永久支配に反対する機運が高まり，1955年1月25日の「友好および相互協力条約」でパナマに対して若干の譲歩がなされたもののアメリカの権利は基本的には損なわれなかった．その後両国間の長期にわたる交渉の結果，1977年9月7日両国は新たな2つの条約，「パナマ運河条約」および「パナマ運河の永久中立と運営に関する条約」（と付属議定書）に署名した．パナマ運河のこの新しい制度は15の補充文書中に詳細に規定されている．パナマ運河条約は，その発効（1978年6月16日）によりヘイ・ビュノー・ヴァリヤ条約（および1936年条約，1955年条約）を終了させた（1条1項）．

　その結果，アメリカの運河地帯の永久的支配権（租借権）はなくなり，パナマ共和国が領域主権者として，この条約の有効期間中（1999年12月31日まで）運河の船舶通航を規制し，かつ運河を管理・維持・改善・保護・防衛する権利をアメリカに与えることになった（同1条2項，3条1項）．アメリカはパナマ運河委員会を設立して運河の管理・運営に当たるが，この委員会のパナマ構成員を次第に増やして段階的に管理責任をパナマに移行させ，条約の失効後は完全にパナマが管理・運営することになっている．条約の期間中，アメリカが運河の保護・防衛の第一次的責任を負う（同4条）．他方，パナマ運河委員会のアメリカ委員はパナマ共和国におけるいかなる政治活動ならびにその内政への干渉をも差し控えなければならない（同5条）．1977年10月14日の両国首脳によ

る解釈宣言（後に合意覚書として条約と一体化する）は，パナマの国内事項へのアメリカの不干渉を再確認した．

　5.「パナマ運河の永久中立と運営に関する条約」は，パナマ運河が国際水路として永久に中立であることを宣言し（1条），運河は「平時においても戦時においても」すべての国の船舶の平和的通航に対して完全な平等の条件の下に安全に開放されるとした（2条）．アメリカとパナマは，この条約に基づき設立される中立制度を維持することに合意した（同4条）．なお，両国の軍艦および補助艦船は，この条約の他のいずれの規定にもかかわりなく，また，その艦内管理，推進方法，出発地，目的地，装備または積載貨物のいかんにかかわらず，運河を（迅速に）通航することができる（同6条）．

　この条約付属の議定書は，世界のすべての国の加入のために開放されており，その締約国が，戦時においても平時においても，パナマ運河の永久中立制度を遵守し尊重することに同意するものとしている．この議定書への多数の国の加入によって，運河の永久中立制度は一般化し強化されることになろう．

第2節　国際化海域——海の国際制度

1　公　海

(1)　公海の性質と範囲

1.　海洋は，歴史的には近世初頭のヨーロッパにおけるスペインやポルトガルの海洋領有の主張とそれに反対するオランダやイギリスの主張との対抗関係，17世紀のグロティウスとセルデンの海洋法論争などを経て，各沿岸国の領海とその外側の広大な公海という2つの部分に分けられ，それぞれ別の制度が適用される二元的構造をもつものとみなされてきた．領海が沿岸国の主権の及ぶ海域（国家領域）（3章3節3参照）であるのに対して，それが及ばない公海はどのような法的性質をもつのか．

従来から理論的には，公海を何人にも属さない無主物（terra nullius）とみなす説，あるいはすべての者の利用に供せられる共有物（res communis）とみなす説があった．しかし，両説とも公海の現実の法状態に必ずしも適合するものではない．公海においても国家の権限（管轄権）が行使されうるから無主物説は正確ではなく，また，共同主権をもつ利用国のコンドミニウム（condominium）の行使が公海で認められるわけではないから共有物説も適切ではない．また，理論上のこの争いは公海の実定法上の制度の発達にほとんど影響を与えてこなかった．

公海制度については，1958年「公海に関する条約」（以下「公海条約」という）および1982年国連海洋法条約第7部に詳細に定められた．

2.　公海とは，公海条約では「いずれの国の領海または内水にも含まれない海洋のすべての部分」（1条）であるが，海洋法条約ではさらに排他的経済水域と群島水域を公海の範囲（第7部の規定の適用範囲）から除いている（86条）．し

かし，排他的経済水域には，この水域の制度（海洋法条約第5部の規定）に反しないかぎり，公海に関する規定（第7部88-115条）が適用される（海洋法条約58条2項）．

なお，一国の領域内に含まれた閉鎖海（例えば死海）は公海とはみなされない．またカナダのセクターで囲まれた氷海の北極海には公海制度とくに公海の自由（航行の自由）が適用されないかどうかをめぐって議論がある．

(2) 公海自由の原則

1. すでにみた領海制度（3章3節3(4)参照）とは対照的に，公海制度は「公海自由の原則」を軸として展開されてきた．この原則は，「いかなる国も公海のいずれかの部分をその主権の下におくことを有効に主張することができない」（公海条約2条，海洋法条約89条）という「帰属からの自由」に中心的意味を与え，その結果として，公海はすべての国（民）に，また沿岸国にも非沿岸国にも，開放され，自由に使用することができるという「使用の自由」の意味が引き出される．

代表的な「使用の自由」として，航行の自由，漁獲の自由，海底電線および海底パイプラインを敷設する自由，公海の上空を飛行する自由（以上，公海条約2条），さらに，国際法によって認められる人工島その他の設備を建設する自由，科学的調査の自由（以上，海洋法条約87条）があげられる．

なお，これらの自由は，すべての国により，公海の自由を行使する他国の利益に——および，深海底における活動に関する海洋法条約に基づく権利に——「合理的な考慮」を払い，行使されなければならない（公海条約2条，海洋法条約87条2項）．

2. 公海「使用の自由」は上記のものに限定されないが，公海での一定の軍事活動が使用の自由に含まれるかどうかをめぐって議論がある．

もっとも，かつては戦時において，また，国連憲章体制のもとにおいても武力紛争時において，公海は交戦国が敵対行為を行いうる海域である．この場合，海洋法，ここでは「公海自由の原則」が適用されうるかどうかについては，公海条約にも海洋法条約にも規定がない．これらの条約の起草過程において，戦時の適用問題への言及が回避されたからである．ただ，海洋法条約では，締約

国はこの条約に基づく権利義務を行使するにあたり，国連憲章の武力行使禁止原則に従うべき旨を規定し（301条），さらに，公海は，平和的目的のために留保されるとしている（88条）．このことに照らして，平時において，公海の軍事利用は制限されないかという問題が生じうる．

もっとも，国連憲章の下でもまだ完全軍縮が実現していないため，自衛のための軍備保持は禁止されているとはいえず，また平和目的には自衛（防衛）のための軍事利用も含むという立場からは，公海における軍事活動は国連憲章や平和目的に反しないという理由から禁止ないし制限されないということになろう．しかし，平時における公海でのいくつかの種類の軍事活動ないし軍事利用については，公海自由の原則に反するという見方もあり，また現実にかかる活動や利用に対して諸国から抗議がなされることもある．よく問題とされる軍事活動ないし利用は，海軍演習，大陸間ミサイル発射[2]，および核実験である．

公海における大気圏核実験については，1954年5月21日ビキニ環礁（マーシャル群島）でのアメリカの水爆実験とその周辺の漁船の被災（第五福龍丸事件など）を契機に，公海の自由との関係で議論されてきた．一方には，公海自由

---

2) 海軍演習は従来から公海において行われてきたが，ソ連海軍の増強の結果，NATOの海軍演習中衝突や事故の危険が増大したことを反映して，1961年と1962年バレンツ海およびカラ海でのミサイルを発射するソ連海軍演習や公海（バルト海）における外国船舶の航行禁止区域の設定にノルウェーが抗議を行った．1978年6月6-12日千島列島海域でのソ連の海軍演習に対して日本はこれを「非合理的でかつ違法である」として抗議した．1970年3月と5月クレブラ（Culebra）島付近で行われたアメリカの海軍演習中の事故に対してプエルトリコ政府（米国自治連邦区）が抗議したため，アメリカは1975年10月18日の行政命令でこの海域でのこの種の演習の禁止を決定した．

ミサイル発射実験については，1960年以来ソ連がカザフスタンや中央アジアにある基地から太平洋（ミッドウェイ，カロリン，マーシャル諸島近辺）に向けて実験のためロケットやミサイルを発射し，そのため数週間から数カ月にわたって公海の広範な海域の航行とその上空飛行を禁止した．日本は少なくともその当初（1961年9月12日，1963年11月28日，1965年1月14日の覚書で）この実験を公海の自由に反するとして抗議した．1975年以来ソ連はバレンツ海で同様の実験を行い，ノルウェーおよびイギリス政府が抗議した．

朝鮮民主主義人民共和国（以下，「北朝鮮」という）が，2006年7月4日日本海に向けて弾道ミサイル（テポドン2号？を含む）を発射する実験を行った．オーストラリアはこれを極めて挑発的であると非難した．また，2009年4月5日，飛翔体を発射し，それは日本（東北地方）上空数百キロメートルを通過した．日本の防衛大臣は予め破壊措置命令を出していたが，日本領域への被害がないとして迎撃しなかった．北朝鮮は飛翔体を人工衛星（光明2号）であると発表したが，日米等は後に弾道ミサイル（テポドン2号改良型？）とみなした．4月13日国連安保理は弾道ミサイルの開発中止を求めた安保理決議1718に違反するとした安保理議長声明を全会一致で採択し，同決議に基づく制裁履行の徹底を国連加盟国に要請した．

の原則は相対的で進歩するものであるとし，この原則の「合理性」の基準（および自衛権）に照らして核実験は既存の合法的な種々の国家実行と同類のものであるとして，この実験の合法性を引き出す見解（マクドゥーガル）がある．他方には，この実験のため公海の広範な部分（海域）から他のすべての利用を排除する危険区域の設定が海軍演習のための禁止区域と比較にならず（つまり，それはこの区域における核実験国の一種の主権の暫定的しかし実効的制度の設定にも等しく），さらに放射性廃棄物により海が汚染されることからも，絶対的な性質の公海の自由に反するとみる見解がある．この両者の見解が従来から対立してきた．

核実験事件において国際司法裁判所は，フランスのムルロア環礁での大気圏核実験による放射性降下物の他国（オーストリアなど）領域での堆積を避けることを仮保全措置として求めつつも，かかる実験をもはや行わないとのフランスの一方的宣言により訴訟目的が消滅したとして，海洋法を含む国際法に照らして公海における核実験が合法か違法かの判断を避けた（*ICJ Reports 1973*, p. 99 ; *ICJ Reports 1974*, p. 253）．

(3) 船舶の地位──旗国主義

1. 公海の自由は，上述のように，公海がいかなる国の領域主権に服することをも認めず，したがって公海において他国の船舶にその権限（管轄権）を行使することも禁止する反面，自国の船舶については管轄権を行使することによって，公海における秩序の維持がはかられる．

沿岸国であるかどうかを問わず，いずれの国も，自国の旗を掲げる船舶を公海において航行させる権利を有している（公海条約4条，海洋法条約90条）．そのため，各国は，船舶に対する国籍の付与，自国の領域内における船舶の登録，および自国の旗を掲げる権利に関する条件を定めなければならない（公海条約5条，海洋法条約91条）．（例えば日本の船舶法．(1899（明治32）年3月8日法律46号，最終改正2005（平成17）年7月26日法律87号1，2条））

船舶は，その旗を掲げる権利を有する国の国籍を有することになる．つまり，船舶はただ1つの国籍をもち，かつ，名称をもつ．国籍概念の船舶への適用について，ときには批判もあるが，これは慣行としても確立しており，船舶と旗

国との間の法関係を国籍により説明することは必ずしも不合理とはいえない．各国は，自国の旗を掲げる権利を許与した船舶に対して，その旨の文書を発給するものとなっている．

　その国と当該船舶（商船・私船）との間には，「真正な関係 (genuine link)」が存在しなければならない．真正な関係の基準となるのは，船舶所有者の国籍，あるいは船長，職員および乗組員の国籍である．

　2. ところが，国籍付与のための条件は国によって異なるため，船主（船舶所有者）は，真正の関係がないにもかかわらず，税制や（労務）管理の法令面などでできるだけ厳しくない国の国籍を取得しがちである．かかる国籍を取得した船舶は便宜国籍船または便宜置籍船 (flag of convenience, pavillon de complaisance) と呼ばれている．このような実行は，長い間 PANLIBHONCO——パナマ，リベリア，ホンジュラス，コスタリカ——グループの船舶について行われてきた．なお，ホンジュラスとコスタリカは 1959 年以来この実行を止め，かわりに，キプロスやバハマといった他の諸国がこれを始めた．便宜国籍船の最大の顧客はギリシャの船主オナシスなどであった．

　便宜国籍船は，海運の過当競争を激化させるのみならず，旗国の管理や規制が不十分なため事故や汚染を引き起こしがちである（IMCO 海事安全委員会の構成に関する ICJ の勧告的意見（*ICJ Reports 1960*, p. 150）参照）．そのため，1986 年「船舶の登録条件に関する国連条約」が採択され，船舶の所有や船員配乗に自国民を参加させるなど，少しでも真正な関係の確保をめざしている．

　3. 公海上において船舶は一国のみの旗を掲げて航行しなければならず，航海中または寄港中にその旗を変更できず，かつ，旗国の排他的管轄権に服する（公海条約 6 条 1 項，海洋法条約 92 条 1 項）．この状態はかつては「船舶領土 (territorialité du navire)」ないし「浮かぶ領土」とも呼ばれたことがあるが，今日ではこれを「旗国主義」という．旗国主義とは，その船舶には旗国の法令が適用され，その船舶に関連する事件は旗国の行政庁あるいは裁判所で審理されるのであり，原則として旗国以外の国のいかなる権限にも服さないことを意味する（1927 年ロチュース号事件，PCIJ Series A, No. 10, p. 25）．

　そのため，2 以上の国の旗を便宜に使用して航行する船舶は，そのいずれの国の国籍をも第三国に対して主張することができず，このような船舶は国籍の

ない船舶とみなされうるのである（公海条約6条2項，海洋法条約92条2項）．もっとも，これらの規定（旗国主義）は，国連，その専門機関または原子力機関の公務に使用され，これら機関の旗を掲げる船舶の問題に影響を及ぼすものではない（公海条約7条，海洋法条約93条）．

4. 他方，いずれの国も自国を旗国とする船舶に対し，行政上，技術上および社会上の事項について有効に管轄権を行使し，有効に規制を行わなければならない（海洋法条約94条）．そのために，旗国はとくにその船舶の登録原簿を保持し，その船舶ならびにその船長，職員および乗組員に対し，当該船舶に関する行政上，技術上および社会上の事項につき国内法に基づく管轄権を行使しなければならない．旗国はまた，その船舶について，とくに(a)船舶の構造，設備および堪航性，(b)船舶における乗組員の配乗ならびに乗組員の労働条件および訓練，(c)信号の使用，通信の維持および衝突の予防，に関して海上における安全を確保するために必要な措置をとらなければならない．これらの措置をとるにあたって，旗国は，一般に認められた国際的な規則，手続および慣行を遵守し，その遵守を確保するための必要な措置をとることを要求される．

なお，公海における軍艦，および国が所有しまたは運航する船舶で政府の非商業的役務にのみ使用されるものは，旗国以外のいずれの国の管轄権からも完全に免除される（公海条約8, 9条，海洋法条約95, 96条）．

(4) 海上衝突事故の刑事裁判権

1. 公海上における国籍の異なる船舶間での衝突事故の場合，どちらの国がその乗組員に対する刑事裁判権をもつのか．1927年のロチュース号事件判決において，常設国際司法裁判所は，公海上の船舶で発生した事件はその船舶の旗国の領土で行われたものとみなし，犯罪結果の発生した船舶の旗国（所属国）が違反者を訴追することを禁止する国際法は存在しないとして，加害船の乗組員に対する刑事裁判権を被害船の旗国に認めた（PCIJ Series A, No. 10, p. 25）．しかし，この判決の立場にたてば，船舶の旗国以外の国（の官憲）がその船舶を調査のため拿捕・抑留・捜査し，その乗組員を逮捕するなどの行為を行いうることになるため，海上交通に不安を与えるとして海運界から不評をかった．

2. その後，この判決とは逆の立場が国際条約によって認められるようにな

った．1952年「衝突事故等の刑事裁判権に関するブリュッセル条約」は，船舶の旗国のみが刑事裁判権を有する（しかし，乗組員の本国による裁判権行使を妨げない）とした（1，3条）．公海条約（11条）や海洋法条約（97条）では，公海上の船舶について衝突その他の航行上の事故が生じた場合において，船長その他その船舶に勤務する者の刑事上または懲戒上の責任が問われるときは，これらの者に対する刑事上または懲戒上の手続は，その船舶の旗国またはこれらの者が属する国の司法当局または行政当局においてのみ執ることができる，とされた．

なお，懲戒上の問題に関しては，船長免状その他の資格または免状の証明書を交付した国のみが，交付された者がその国の国民でない場合においても，法律上の正当な手続を経てそれらを取り消す権限を有する．もっとも，船舶の拿捕または抑留は，調査の手段としても，旗国の当局以外の当局が命令してはならない．

(5) 海上警察権（海上犯罪の取締り）

(i) 臨検の権利

1. 公海の秩序維持のために，公海上で特定の違法行為を行う船舶に対する旗国以外の国の取締り行為（臨検）が認められる場合がある．しかし，これは旗国主義，すなわち旗国の排他的管轄権の原則，に対する例外であるから，厳格な条件に従わなければならない．また，このような例外的な海上取締り行為の対象とされるのは，商船および商業目的のために用いられる政府船舶であり，軍艦や非商業的役務にのみ使用される政府船舶は旗国以外の国の管轄権から完全に免除されるから，その対象とはならない．また，臨検などの取締り行為を行いうるのは，主に軍艦であるが，そのほか，軍用航空機，および，政府の公務に使用されていることが明確に表示されたかつ識別可能な他の船舶または航空機で正当な権限を有するもの（海洋法条約110条4，5項）にも認められる．

2. 公海において完全な免除を有する船舶以外の外国船舶（外国商船）に遭遇した軍艦がその商船を臨検することは，条約上の権限に基づく（干渉行為の）場合を除き，つぎのいずれかのことを疑うに足りる十分な根拠がない限り，正当と認められない．

すなわち，その船舶が，(a)海賊行為を行っていること，(b)奴隷取引に従事していること，(c)外国の旗を掲げているかまたはその船舶の旗を示すことを拒否したが，実際にはその軍艦と同一の国籍を有すること（以上は公海条約22条），さらに（海洋法条約110条によって追加されたものとして），(d)許可を得ていない放送に従事していること（かつ，当該軍艦の旗国が海洋法条約109条の規定に基づき管轄権を有すること），(e)国籍を有していないこと，である．

これらの場合において，軍艦は，外国船舶がその旗を掲げる権利を確認することができる．このため，軍艦は，嫌疑がある船舶に対し士官の指揮の下にボートを派遣することができ，また，書類を検閲した後もなお嫌疑があるときは，その船舶内においてさらに検査を行うことができるが，その検査はできる限り慎重に行わなければならない．嫌疑に根拠がないことが証明され，かつ，臨検を受けた船舶が嫌疑を正当とするいかなる行為をも行っていなかった場合には，その船舶は，被った損失または損害に対する補償を受けることになる．

上記のそれぞれの場合における軍艦などの権限行使について，さらに詳細な規定がある．

(ⅱ) 海賊行為

1. 公海上で暴行や略奪など海賊行為を行う者は古来から「人類一般の敵 (hostis humani generis)」とみなされ，いずれの国（の軍艦）も海賊を捕らえ自国において処罰しうるものとみなされていた．公海条約（14条）や海洋法条約（100条）も，すべての国は，可能な最大限度まで，公海その他いずれの国の管轄権にも服さない場所における海賊行為の抑止に協力するものとしている．ここでいう海賊行為とは，つぎのように定義される．

すなわち，(a)私有の船舶または航空機の乗組員または旅客が私的目的のために行うすべての不法な暴力行為，抑留または略奪行為であって，①公海における他の船舶もしくは航空機またはこれらの内にある人もしくは財産，あるいは②いずれの国の管轄権にも服さない場所にある船舶，航空機，人または財産に対して行われるもの，(b)その船舶または航空機を海賊船舶または海賊航空機（その定義は，公海条約17条，海洋法条約103条）とするような事実を知って船舶または航空機の運航に自発的に参加するすべての行為，(c)(a)または(b)の行為を煽動しまたは故意に助長するすべての行為，である（公海条約15条，海洋法

条約 101 条).

　要するに，国際法上の海賊行為たるためには，つぎの条件が揃わなければならない．①軍艦や軍用航空機ではなく私有の船舶または航空機によること．ただし，乗組員が反乱を起こして支配している軍艦または政府船舶もしくは航空機が行うものは，私有の船舶が行う行為とみなされる（公海条約16条，海洋法条約102条）．②私的目的をもつ行為であること．したがって，政府に対する反乱や騒擾を引き起こすなどの政治目的をもつ行為の場合は除かれる．③他の船舶または航空機に対する行為であること．したがって，1 船舶内における暴力行為や略奪行為，あるいは乗組員や旅客が乗船している船舶を乗っ取る行為はここでいう海賊行為ではない．1961 年サンタ・マリア号事件および 1985 年アキレ・ラウロ号事件は，乗客である反徒の乗っ取り行為あるいはテロ行為であるため，海賊行為には該当しない．④公海またはいずれの国の管轄権にも服しない場所（無主地など）での行為であること，である．

　2. いずれの国も，海賊船舶，海賊航空機または海賊行為によって奪取され，かつ，海賊の支配下にある船舶または航空機を拿捕し，および，その船舶または航空機内の人を逮捕しまたは財産を押収することができる．拿捕は，軍艦もしくは軍用航空機，またはそのための権限をあたえられた政府船舶または航空機によってのみ行われうる（公海条約 21 条，海洋法条約 107 条）．

　拿捕した国の裁判所は，科すべき刑罰を決定することができ，また，善意の第三者の権利の尊重を条件として，その船舶，航空機または財産についてとるべき措置を決定することができる（公海条約 19 条，海洋法条約 105 条）．

　なお，海賊行為の嫌疑に基づく船舶または航空機の拿捕が十分な根拠なしに行われた場合には，拿捕した国はその船舶または航空機の国籍国に対し，拿捕によって生じたいかなる損失または損害についても責任を負わなければならない（公海条約 20 条，海洋法条約 106 条）[3]．

---

[3]　2000 年頃から多発した東南アジア諸国沿岸とくにマラッカ海峡近辺でのライフルや迫撃砲を使った海上武装強盗の「海賊」状況について，多くは公海上ではなくて沿岸国領海で行われているため，国際法上の海賊行為の条件に合致しない場合が多い．最近，IMO など国際機関において，航行安全のための話し合いが行われ，沿岸国と利用国との協力体制を築くことが求められている．日本は海峡沿岸国や海峡利用国との間で 2004 年アジア海賊対策地域協力協定（ReCAAP）を結んだ．
　　最近（2008 年ころから）盛んになってきたアフリカの東部ソマリア周辺海域での「海賊」行

（ⅲ）奴隷運送

1. 奴隷運送は，伝統的国際法の時代には一般に禁止や規制がなされていなかったが，19世紀末になると条約により締約国間で相互に奴隷取引を規制し（1890年「奴隷取引の防止に関するブリュッセル一般議定書」），一定の海域において相手国船舶に対して臨検も行われた（『国際法講義Ⅱ』7章1節1参照）．（なお，1872年のマリア・ルース号事件（1875年6月10日仲裁裁判所判決）参照.）

2. 公海条約および海洋法条約は，つぎのような一般規定をおいている．すなわち，いずれの国も，自国の旗を掲げることを認めた船舶による奴隷の運送を防止しおよび処罰するために，ならびに，奴隷の運送のために自国の旗が不法に使用されることを防止するために，実効的な措置をとらなければならない（公海条約13条，海洋法条約99条）．そのため，奴隷取引に従事している嫌疑のかかる外国船舶に対して，臨検の権利が認められる．

しかし，臨検の結果，奴隷運送を行っていることが判明した場合にも，その裁判権はその船舶の旗国または奴隷運送者の本国が有している．なお，いずれの船舶（旗国のいかんを問わない）に避難する奴隷も，避難したという事実によって自由となる．

（ⅳ）無許可放送

1. 公海上の（外国）船舶または海上施設から沿岸国に向けて許可を得ていない放送（いわゆる海賊放送）を行う活動例が1960年代からとくにヨーロッパの沿岸で目立つようになった．このような活動が公海使用の自由に含まれるとはいえないものの，沿岸国がこれを取り締まることは旗国主義のもとで困難である．

為について，国連安保理のいくつかの決議とくに決議1851（2008）は，この問題を国連憲章7章の「平和に対する脅威」とみなし，各国がソマリア国内で海賊行為を抑圧するためにあらゆる必要な措置をソマリア暫定政府の要請に基づきとることを認めた．また，2009年万国国際法学会ナポリ大会で採択された「海賊に関する宣言」は，国連海洋法条約に定められているように，公海においてかつ1船舶によって他の船舶に対して行われる暴力行為に限定している海賊に関する現行国際法は国際航行の安全を危険にさらすすべての暴力行為を十分包含していないことを認識し，海賊に関する現行国際法の範囲を，とくに領海において行われた行為および船舶に対する武装略奪（armed robbery）を含めるように拡大しかつ適応させる上記の安保理諸決議を歓迎している．さらに同宣言は，海賊行為者および海上で行われた他の暴力行為の実行者を訴追し，かつ，1988年の「海洋航行の安全に対する不法な行為の防止に関する条約」の実施に対する諸国の躊躇について関心を表明し，海賊および海上で行われる他の暴力行為に関する効果的な国内法および手続を発展させることを，諸国に要請している．

2. そのため，海洋法条約はつぎのような規定（109条）をおいた．すべての国は，公海からの許可を得ていない放送の防止に協力しなければならない．ここでいう「許可を得ていない放送」とは，国際規則に反して公海における船舶または設備から行われる音響放送またはテレビジョン放送の送信であって，一般公衆による受信を意図しているもの（ただし，遭難呼出しの信号を除く）をいう．

許可を得ていない放送に従事する者は，(a)船舶の旗国，(b)設備の登録国，(c)その者が国民である国，(d)放送を受信することのできる国，(e)許可を得ている無線通信が妨害を受ける国，の裁判所に訴追することができる．これらの管轄権を有する国は，その者を逮捕し，またその船舶を拿捕することができ，さらに，放送機器を押収することができる．

（v） 麻薬取引

1. 公海における麻薬の不法な取引の防止についても，海洋法条約にはじめて規定された．すなわち，すべての国は，船舶が公海において国際条約に反して麻薬および向精神剤の不法な取引を行うことを防止するために協力しなければならない．旗国は，その船舶が麻薬または向精神剤の不法な取引を行っていると信ずるに足りる合理的な理由がある場合には，この取引を防止するため他国の協力を要請することができる（108条）．

2. しかし，旗国以外の国（の軍艦など）による麻薬取引の疑いのある船舶に対する臨検の権利はここでは認められていない．もっとも（2国間）条約で個別的にこれを認めることは可能であり，1981年英米麻薬取締臨検協定は，一定海域（公海）において麻薬取引を行うイギリス船に対するアメリカの臨検を許した．また，1971年「麻薬・向精神剤の不正取引防止条約」が結ばれているが，1988年「麻薬・向精神薬の不正取引防止国連条約」は，船舶が麻薬の不正取引に従事していると信ずる合理的根拠をもつ国は，その旗国に通報し許可が得られれば，その船舶を臨検または拿捕することができるとしている（17条）．つまり，許可方式による臨検の制度である（7章1節**2**，**4**参照）．

(6) 沿岸国の追跡権

1. 沿岸国は，その法令に違反して逃走する外国船舶を公海にまで追跡して

拿捕する権利，すなわち追跡権ないし継続追跡権 (right of hot pursuit) をもっている．このような公海における追跡権は，沿岸国の管轄権の拡大を示すものであり旗国主義の例外をなす．これは，20世紀に入る頃から国家実行や仲裁裁判において認められるようになり，とくにアメリカの酒類取締水域（違反船舶の一時間航程）からの追跡権が仲裁裁判（1935年アイム・アローン号事件における英米合同委員会の裁定，*RIAA*, Vol. 3, p. 1613）でも争われ，公海条約（23条）にその条件が明記された．

2. それによると，この追跡は，外国船舶またはそのボートが追跡国の内水，領海または接続水域にあるときに開始しなければならず，また，中断されない限り（沿岸国の他の船舶または航空機に引き継ぐ場合を含む），領海または接続水域の外において引き続き行うことができる．領海または接続水域にある外国船舶が停船命令を受けるときに，その命令を発する船舶も同様に領海または接続水域にあることは必要ではない．外国船舶が接続水域にあるとき，追跡は接続水域の設定によって保護しようとする権利の侵害があった場合に限り，行うことができる．

海洋法条約（111条2項）によれば，排他的経済水域または大陸棚においてそれらに適用される沿岸国の法令の違反が行われる場合に，追跡権は準用される[4]．

3. 追跡権は，軍艦もしくは軍用航空機またはとくにこのための権限を与えられたその他の政府船舶または航空機のみが行使することができる．追跡は，視覚的または聴覚的停止信号をその外国船舶が視認しまたは聞くことができる

---

4) 2002年12月22日，日本の海上保安庁の航空機が，鹿児島県・奄美大島西北の日本のEEZ内での国籍不明の船（船名は「長漁3705」と書かれ，100トン前後．日本で「不審」船と呼ばれた）を確認した．この船は同庁巡視船の停船命令を無視して逃走したため，漁業法違反（立入り検査忌避）の疑いで追跡し，中国のEEZ内で5回威嚇射撃を行ったが停船しないため，船尾に11回の船体射撃を行った．これにより不審船は甲板部分から出火し一時停船したが，再び逃走を開始した．そのため，別の巡視船が接舷し停止させ捕捉措置を講じようとしたが，また逃走を開始したため船体射撃を再開し，海上保安官が乗り移る準備を開始したところ不審船乗組員が巡視船に向けて13ミリ機銃または自動小銃で乱射し，巡視船航海長などが負傷した．その後不審船は沈没した（自沈の可能性もある）．本件において，EEZからの追跡権行使の根拠（不審船を船名から漁船とみなし，EEZ内での日本の関係法令（漁業法）違反の嫌疑か，あるいは国籍不明のためか）および第三国（中国）のEEZ内でもかかる追跡権を引き続き有するのか，その場合，不審船からの発砲に対する巡視船による船体射撃を自衛措置とみなしうるのかという問題が提起された．

距離から発した後にのみ，開始することができる．

　追跡権は，被追跡船舶がその旗国または第三国の領海に入ると同時に消滅する．なお，追跡権の行使が正当とされない状況の下に公海において船舶が停船され，または拿捕されたときは，その船舶は，これにより被った損失または損害に対する補償を受けることができる．

(7) 海底電線・海底パイプラインの保護

　1. すべての国は，公海の海底に海底電線および海底パイプラインを敷設する権利を有する．これは公海使用の自由に属する．したがって，沿岸国はそれらの敷設または維持を妨げることはできない（公海条約26条1, 2項）．ただし，大陸棚上に海底電線および海底パイプラインを敷設するに当たっては，すでに敷設されているものに妥当な考慮を払い，これらを補修する可能性を妨げてはならない（海洋法条約112条，79条5項）．

　2. いずれの国も，自国を旗国とする船舶または自国の管轄権に服する者が，故意または過失により電気通信を中断しまたは妨害することとなるような方法で，公海にある海底電線，海底パイプライン，海底高圧電線を破損することが処罰すべき犯罪であることを定めるために必要な法令を制定しなければならない（海洋法113条）．また，いずれの国も，公海にある海底電線または海底パイプラインの所有者で自国の管轄権に服する者が，それらを敷設しまたは補修するにさいして他の電線またはパイプラインを破損した場合には，補修の費用を負担すべきであることを定めるために必要な法令を制定しなければならない（同114条）．

2　排他的経済水域

(1) 排他的経済水域の形成

　1. 排他的経済水域（EEZ）は，伝統的に領海と公海の二元的構造を基礎にもつ海洋法にとって，新しい概念である．

　従来，すべての国は公海（使用）の自由の原則により漁業の自由を有する反面，2以上の国民が公海の同じ漁場において同種類の魚種その他の海洋生物資

源の漁業に従事している場合に，これらの国が影響を受ける生物資源の保存のために必要な措置を合意（条約）によって定めてきた（1958年「漁業及び生物資源の保存に関する条約」4条）．このような合意による漁業の規制は，合意に加わらない国には規制が及ばないうえ，合意する国は平等の立場に立つので，沿岸国に優先的地位を認めるものではない．

そのため，1958年大陸棚条約において領海外側の海底の天然資源に対する沿岸国の主権的権利が認められたことに刺激され，漁業資源の保存のためにも，沿岸国が領海外側の一定海域を管理しようとする動きが現われた．1960年の第二次海洋法会議において提案された「距岸12海里の漁業水域」の観念が，以後の国家実行において排他的漁業水域として取り入れられ，この水域を設定する権利は慣行として認められるようになった（1974年アイスランド漁業管轄権事件（*ICJ Reports 1974*, p.3））．国連総会の1962年「天然資源に対する永久的主権」決議も，領海外の沿岸海域の漁業資源をも沿岸国の天然資源とみなし，それに対する永久的主権を認める根拠を与えた．

2. このような背景のもとに，中南米やアフリカの諸国が会議の宣言などで排他的経済水域の概念を提唱しはじめた．なかでも1972年カリブ海諸国の海洋法の諸問題に関する特別会議で採択されたサント・ドミンゴ宣言は，沿岸国が距岸200海里までの海域のすべての天然資源（生物・非生物資源）に対する主権的権利をもつとするパトリモニアル海（patrimonial sea）の概念を示した．また，同年ヤウンデにおけるアフリカ諸国の海洋法地域セミナーの宣言も，各国がその領海外側にすべての生物・非生物資源の開発に関する排他的管轄権を行使する海域を設定することを勧告した．

また，1970年代には多くの国が国内立法措置などにより200海里漁業水域を設定した．日本は1977年「漁業水域に関する暫定措置法」において200海里漁業水域を設定した．

3. これらの動きを受けて，第三次海洋法会議は，距岸200海里の排他的資源水域に関する多数の提案のもとに，排他的経済水域の概念をコンセンサスで認めることになり，海洋法条約第5部にこの制度を定めた．この会議中およびその後も排他的経済水域を設定する国家実行は続いており——1983年3月10日のアメリカ大統領宣言，1984年2月28日のソ連の最高会議幹部令など——，

国際判例（1985年リビア対マルタ大陸棚事件判決（*ICJ reports 1985*, pp. 33-34））においても，このような国家慣行を通じて排他的経済水域設定がすでに慣習法化したことが認められている．

なお，排他的経済水域は沿岸国が立法措置などにより設定することによってはじめて存在するようになるのであり，それにしたがって，この水域に関する沿岸国の権利義務が生ずることになる．

(2) 排他的経済水域の制度

1． 排他的経済水域は，領海をこえてこれに接続する区域であって，領海の幅を測定するための基線から200海里をこえて拡張してはならない（海洋法条約55, 57条）．この水域は第5部に定める法制度に従うのであり，この法制度の下では，沿岸国の権利および管轄権，ならびに他の国の権利および自由は，海洋法条約の関連規定によって規律される（同55条）．したがって，排他的経済水域の法的地位については，第三次海洋法会議でも議論されてきたが，海洋法条約の定める特別の法制度に従う，領海でも公海でもない第三の独自の（sui generis）水域の地位を有するとみなしえよう．

排他的経済水域における沿岸国の権利，管轄権および義務と他のすべての国の権利義務はつぎにみるようにバランスが図られている．

2． 沿岸国は，排他的経済水域において，つぎの権利，管轄権および義務を有する（海洋法条約56条）．(a)海底の上部水域と海底，その下の天然資源（生物，非生物を問わない）の探査，開発，保存および管理のための主権的権利，ならびにこの水域の経済的な探査・開発のための他の活動（海水，海流および風からのエネルギーの生産などを含む）に関する主権的権利，(b)人工島，設備および構築物の設備と利用，海洋の科学的調査，海洋環境の保護および保全に関する管轄権，(c)海洋法条約の定める他の権利および義務，である．

沿岸国は，この水域における自国の権利義務の行使に当たって，他の国の権利および義務に妥当な考慮を払い，海洋法条約と両立するように行動しなければならない．

また，沿岸国は，排他的経済水域において，人工島，上記（56条）の定める目的その他の経済的目的のための設備および構築物，その水域における沿岸国

の権利の行使を妨げることのある設備および構築物を建設し，ならびに，それらの建設，操作および利用を許可しおよび規制する排他的権利を有する（同60条1項）．なお，これらの人工島，設備および構築物は，島の地位を有せず，それ自体の領海を有しない（同8項）．

3. 他方，すべての国（沿岸国，内陸国を問わない）は，排他的経済水域において，海洋法条約の関連規定に従うことを条件として，航行と上空飛行の自由，海底電線・海底パイプラインの敷設の自由，ならびに他の国際的に適法な海洋の利用の自由を享受する（海洋法条約58条）．さらに，公海に関する諸規定（同88-115条）および国際法の他の関連規則は，排他的経済水域について適用される．

また，いずれの国も，この水域における自国の権利義務の行使に当たって，沿岸国の権利義務に妥当な考慮を払い，この部の規定に反しない限り，沿岸国が制定する法令を遵守しなければならない．

なお，海洋法条約が排他的経済水域において沿岸国または他の国に対して権利または管轄権を帰属させていない場合，沿岸国の利益と他の国の利益との間に紛争が生じれば，その紛争は，紛争当事国および国際社会全体にとっての利益の重要性を考慮し，衡平の原則に基づき，かつ，すべての関連事情に照らして解決しなければならない（同59条）．

(3) 生物資源の保存・利用

1. 沿岸国は，排他的経済水域における生物資源の漁獲可能量を決定し，また，その最適利用を促進しなければならない．そのために，沿岸国は，自国にとって入手可能な最良の科学的証拠を考慮して，この水域における生物資源の維持が過度の漁獲によって危険にさらされないことを適当な保存措置および管理措置を通じて確保しなければならない（海洋法条約61条2項）．また，沿岸国は，この水域における生物資源に対する自国の漁獲能力を決定し，自国が漁獲可能量のすべてを漁獲する能力を有しない場合には，協定その他の取極により，漁獲可能量の余剰分の漁獲を他の国に認めなければならない（同62条2項）．この水域において漁獲を行う他の国の国民は，保存措置および沿岸国の法令に定める他の条件を遵守しなければならない（同3項）．なお，保存の確保や最適

利用の促進については，高度回遊性魚種，海産哺乳動物，遡河性資源，降河性魚種，定着性種族といった魚種別に規制されている（同 64-68 条）．

　内陸国や地理的不利国は，同一の小地域または地域の沿岸国の排他的経済水域における生物資源の余剰物の適当な部分の開発に衡平の基礎の下で参加する権利を有する（同 69，70 条）．

　2．　沿岸国は，排他的経済水域における主権的権利を行使するに当たって，海洋法条約に従って制定する法令の遵守を確保するために必要な措置（乗船，臨検，拿捕および司法的手続を含む）をとることができる（海洋法条約 73 条）．拿捕された船舶およびその乗組員は，妥当な供託金の支払いまたはその他の保証の提供の後に速やかに釈放される．この水域における漁業法令の違反に対する沿岸国の刑罰には，拘禁または他のいかなる体罰も含んではならない．

(4)　排他的経済水域の境界確定（後述 3(4)参照）

3　大陸棚

(1)　大陸棚制度の形成

　1．　海底は一般に沿岸から緩い傾斜で沖に向かい，水深 130 メートルあたりから急角度で深くなる．この緩やかな傾斜の海底部分を地質学上大陸棚 (continental shelf) と呼ぶ．さらに，大陸棚の先端から水深 3,000 メートルあたりまでの急傾斜のところを大陸斜面（コンチネンタル・スロープ）と呼び，その下端から再び緩やかになる傾斜の部分をコンチネンタル・ライズという．さらに，その先の海底は深海底になる．そして，大陸棚，大陸斜面，コンチネンタル・ライズを合わせて，大陸縁辺部（コンチネンタル・マージン）と呼ぶ．

　2．　第二次世界大戦後，技術革新が進み海底の鉱物資源の採取が可能になると，大陸棚資源が注目されるようになった．1945 年 9 月 28 日の「大陸棚の地下および海底の天然資源に関するアメリカ合衆国宣言」，いわゆるトルーマン宣言は，公海の下にあり，アメリカの沿岸に接続する大陸棚の地下と海底の天然資源を，アメリカに属しかつその管轄と管理に服するものとした．

　この宣言に触発されて，その後中南米その他のかなりの数の諸国が類似の宣

言を行い，あるいは国内立法で自国沖合の大陸棚の資源に対する管轄権や主権的権利を主張した．その1つとして，1952年1月18日の李承晩韓国大統領の海洋主権宣言では，朝鮮半島周辺の最長190海里にも及ぶ広大な海域の大陸棚を含む海底のみならず，水面・水中の天然資源に対する主権の行使が主張された．（このいわゆる「李承晩ライン」は，1965年の日韓漁業協定を含む日韓国交正常化により事実上解消した．）

3. このような動きを受けて，1958年第一次海洋法会議は「大陸棚に関する条約」（以下「大陸棚条約」という）を採択し，ここに大陸棚に関する新しい制度が設立された．大陸棚条約は，大陸棚の定義や沿岸国の権利を規定した．しかし，その後海底開発技術は急速に進歩し，第三次海洋法会議では排他的経済水域や深海底の制度の設立とも関連して，大陸棚は再定義を要請され，この制度は海洋法条約第6部に規定された．

(2) 大陸棚の定義

1. 大陸棚条約の規定の適用上，大陸棚とは，(a)海岸に隣接しているが領海の外にある海底区域の海底およびその下であって上部水域の水深が200メートルまでのもの，または(b)その限度をこえる場合には，上部水域の水深が上記の海底区域の天然資源の開発を可能にする限度までのもの，をいう（1条）．なお，島の海岸に隣接している同様の海底区域の海底およびその下も，ここにいう大陸棚に含まれる．

この定義は，地質学上の大陸棚に合致するものではなく，国際法上のものである．しかし，水深200メートルと開発可能性という2つの基準のうち，その後の海底開発技術の進歩により，前者の基準はほとんど意義をもたなくなり，また，後者の基準では海底はどこまでも大陸棚とみなされうることになる．

2. そのため，海洋法条約では，沿岸国の大陸棚とは，(a)沿岸国の領海をこえてその領土の自然の延長をたどって大陸縁辺部（コンチネンタル・マージン）の外縁まで延びている海面下の区域の海底およびその下，または，(b)大陸縁辺部の外縁が領海の幅を測定するための基線から200海里の距離まで延びていない場合には，その基線から200海里までの海面下の区域の海底およびその下，

とされた (76条1項).

(b)は距離方式を適用したもので，これにより，沿岸国の海底の地形のいかんを問わず沿岸から少なくとも200海里までの海底区域（その上部水域は排他的経済水域となりうる）は大陸棚に含まれることになった．また，(a)から，外縁部が200海里をこえて外側に延びているなら，その延びている部分はその上部水域（公海）とは別に海底の地形に従って大陸棚とみなされる．

もっとも，このような大陸棚の外側が深海底となるのであるから，200海里をこえて延びる大陸縁辺部にも限界が設けられている．すなわち，この大陸棚縁辺部の外縁は，①堆積岩の厚さが大陸斜面脚部までの最短距離の少なくとも1％である最も沖合側の定点を結ぶ直線，または，②大陸棚斜面脚部から60海里をこえない定点を結ぶ線とするが，①，②ともに長さ60海里をこえてはならない．こうして海底に引かれた直線は，領海の基線から350海里をこえてはならず，または2,500メートル等深線（水深を結ぶ線）から100海里をこえてはならない（同条4-7項）．

なお，沿岸国は200海里を超える大陸棚の限界に関する情報を，大陸棚の限界に関する委員会（海洋法条約付属書II）に提出し，その勧告に基づいて沿岸国が設定した大陸棚の限界は最終的なものとされ，かつ，拘束力を有する（同条8, 9項）．

(3) 沿岸国の権利

1. 沿岸国は，大陸棚を探査し，およびその天然資源を開発する主権的権利を有する．この権利は排他的なもので，他のいかなる国もその沿岸国の明示的な同意を得ないで，その大陸棚の探査・開発の活動を行い，または大陸棚に対して権利を主張することができない（大陸棚条約1条1, 2項，海洋法条約77条1, 2項）．

大陸棚に対する沿岸国の権利は，実効的または観念的な先占にも，また明示的な宣言にも依拠するものではなく，当然かつ当初から認められているものである（1969年北海大陸棚事件判決（*ICJ Reports 1969*, p. 22））．もっとも，大陸棚に対する沿岸国の権利は，大陸棚の上部水域または上空の法的地位に影響を及ぼすものではない（大陸棚条約3条，海洋法条約78条）．

ここにいう天然資源には，海底およびその下の鉱物その他の非生物資源のみならず，定着種類に属する生物，すなわち，収穫期において海底の表面もしくは下部で静止しておりまたは海底もしくはその下に絶えず接触していなければ動くことができない定着性の生物（貝類や甲殻類）も含まれる（大陸棚条約2条4項，海洋法条約77条4項）．北海大陸棚事件判決では，大陸棚条約1-3条に規定される基本的部分は慣習法化しているとみなされた（*ICJ Reports 1969*, p.39）．

2. 沿岸国は，大陸棚の探査およびその天然資源の開発のために適当な措置をとる権利を有し，必要な設備その他の装置を建設しおよび維持または運営し，それらの設備および装置の周囲に安全地帯を設定し，ならびにその安全地帯においてそれらの設備および装置の保護のために必要な措置をとる権利を有する．しかし，このような探査や開発は，航行，漁業または海洋生物資源の保存を不当に妨害することとなってはならず，また，上記の設備または装置，および安全地帯は，国際航行に不可欠な承認された航路の使用の妨害となるような場所に設けてはならない（大陸棚条約5条）．また，沿岸国は，大陸棚における海底電線または海底パイプラインの敷設または維持を妨げてはならない（大陸棚条約4条，海洋法条約79条）．

大陸棚における人工島，設備および構築物については，海洋法条約の排他的経済水域におけるこれらに関する規定（60条，前述2(2)2．）が準用される（海洋法条約80条）．トンネルの掘削により海底（水深のいかんを問わず）の下を開発する沿岸国の権利は，大陸棚に関する規定により害されない（大陸棚条約7条，海洋法条約85条）．

3. なお，海洋法条約が大陸棚の外側に人類の共同財産とみなされる資源を開発する深海底制度（後述4(1), (2)）を設けたことと関連して，沿岸国は，領海の基線から200海里をこえる大陸棚の非生物資源の開発に関して，毎年一定の割合で支払いまたは現物による拠出をしなければならない．この支出または拠出は，国際海底機構（後述4(3)）を通じて発展途上国，とくに後発展途上国および発展途上内陸国の利益および必要に考慮を払って，衡平な配分基準に基づいて締約国に配分される（revenue sharing）（海洋法条約82条）．

(4) 境界画定

1. 大陸棚の境界画定については，資源の配分とも絡んでいるため，議論が多い．大陸棚条約（6条）によれば，①相対する海岸を有する2以上の国の領域に同一の大陸棚が隣接している場合，その大陸棚の境界は，それらの国の合意により決定され，合意がない場合には，特別の事情により他の境界線が正当と認められない限り，いずれの点をとってもそれぞれの国の領海の基線上の最も近い点から等しい距離にある中間線とし，②2つの隣接する国の領域に同一の大陸棚が隣接している場合，その大陸棚の境界は，それらの国の間の合意により決定され，合意がない場合には，境界は，特別の事情により他の境界線が正当と認められない限り，それぞれの国の領海の基線上の最も近い点から等しい距離にある（等距離線）という原則を適用して決定される．

2. しかし，その後の国際実行や国際判例では，このような（等距離線による）境界画定方式は慣習法規則とはみなされていない．1969年北海大陸棚事件判決では，大陸棚の境界は，衡平原則に従い，各（当事）国の領土の海中へ向かう自然延長を構成する大陸棚の部分をできるかぎり残すような仕方で，すべての関連ある事情を考慮に入れて，関係国間の合意により画定すべきであるとされた（*ICJ Reports 1969*, pp. 44-45, 53-54）．また，1977年英仏大陸棚事件に関する仲裁判決は，等距離線原則と特別の事情とは一体化したものであり，関係国間に合意がなされない場合，衡平の原則に基づき大陸棚の境界を画定すべきであるとした．

3. 第三次海洋法会議では境界画定の基準をめぐって，中間線や等距離線を支持する主張と衡平の原則に基礎づける主張に分かれたが，海洋法条約はどちらにも触れない境界画定方式を採用している．すなわち，向かい合っているか，または隣接している海岸を有する国の間における大陸棚の境界画定は，衡平な解決を達成するために，国際司法裁判所規程38条に規定する国際法に基づき合意により行う，とするものである（83条）．関係国は，この合意が得られるまでの間，実際的な性質の暫定的取極を締結するためあらゆる努力を払わなければならず，また，合理的な期間内に合意が得られない場合には，第15部（紛争の解決）に定める手続に付さなければならない．

なお，この規定は排他的経済水域の境界画定の場合にも適用される（同74条）．

4． 海洋法条約採択後も，国際司法裁判所はいくつかの事件で大陸棚の境界画定の問題を取り扱ってきた——1982年チュニジア・リビア大陸棚事件（*ICJ Reports 1982*, p. 18），1984年カナダ・アメリカ間のメイン湾海域境界画定事件（*ICJ Reports 1984*, p. 246），1985年リビア・マルタ大陸棚事件（*ICJ Reports 1985*, p. 13）．これらの判決から，境界画定のなんらかのはっきりした基準を引き出すことはできない[5]．

4　深海底

(1) 深海底制度の形成

1． 科学技術の進歩につれ，水深5,000メートルあたりの海底に大量のコバルト，銅，マンガン団塊があることがわかり，大陸棚とともに，その外側に広がる深海底（deep seabed）はその資源開発の観点から注目を集めるようになった．1967年の国連総会において，パルドー・マルタ代表は，世界中の海底開発が可能になるとその資源が先進国の利益のみのために開発されることを危惧して，大陸棚の範囲の明確化を求めるとともに，その外側の深海底とその資源を「人類の共同財産（common heritage of mankind）」とする新しい国際制度を設けるよう提案した．

2． このパルドー提案に基づき，国連に海底平和利用委員会が設置され，深

---

5) 大陸棚の境界画定をめぐる争いは日韓間および日中間にも存在する．日韓の間では，大陸棚境界画定を50年間棚上げにし，双方の主張の重なり合う海域を共同開発区域とする日韓大陸棚南部協定（1974年）が締結された．日中間については，東シナ海の海底境界をめぐり主張が対立している．日本は，両国基線間の距離が400海里未満の水域での境界画定は両国間の中間線を基本とすべきであると主張している．中国は，自国基線から沖縄トラフ（南西諸島の西約100キロメートル付近の窪み）までを中国大陸の自然延長による1つの大陸棚とみなしている．2004年中国側は中間線付近の西側海域に位置する春暁（日本名：白樺）でガス油田の採掘施設の建設に着手した．地下のガス層が中間線東側に及んでいることから，日本側は懸念を表明し，2005年に中間線の東側海域における採掘権設定を帝国石油に許可した．これに対して中国は抗議し，中間線を境界画定基準として認め難い旨表明した．2008年6月18日，日中間で，東シナ海の境界画定が実現するまでの過渡的期間において，日中双方の立場を損なうことなく，①共同開発区域を定め，その中の地点での共同開発を行うこと，および，②春暁／白樺の油ガス田の開発への日本法人の参加を中国企業が歓迎する旨の了解が両国政府により発表された．

海底資源の開発制度の検討が始まった．ついで，1969年の深海底の資源利用に関するいわゆるモラトリアム決議（総会決議2574D（XXIV））は，海底平和利用委員会の審議を基礎に深海底制度が設立されるまでの間，いずれの国も深海底の資源開発を差し控え，深海底とその資源に対するいかなる権利主張も認めないとした．翌1970年の「深海底を律する原則宣言」（総会決議2749（XXV））は，深海底制度の基本枠組みとなるべき指導原則を列挙し，なかでも，深海底の区域と資源は人類の共同財産であって，今後合意される国際制度に基づかなければその資源を取得してはならず，かつ，資源の開発利益は発展途上国の利益と必要をとくに考慮して国家間に平等に分配されるべきことを強調した．

第三次海洋法会議では，深海底の開発の主体や方法などをめぐり先進国と発展途上国の間で基本的立場の対立もみられたが，海洋法条約第11部には深海底制度とそれを運用する国際海底機構について詳細な規定がおかれることになった．しかし，この部の規定に不満な若干の先進国（アメリカ，イギリス，ドイツ）は，この条約に参加しない意図を表明し，（公海使用の自由を援用して）独自の深海底の開発を企てるにいたった．

3. そのため，当時まだ未発効の海洋法条約の枠外での交渉として，国連事務総長の非公式協議において海洋法条約第11部の見直し作業が行われ，条約の効力発生直前の1994年7月28日に国連総会は第11部の実施に関する協定を採択した（賛成121，反対なし，棄権7）．この深海底制度実施協定は条約第11部を実質的に修正したものである．この協定の締約国は，この協定に従って条約第11部の規定を実施することを約束し（協定1条），協定と条約第11部は単一の文書として一括して解釈・適用され，両者に抵触がある場合には協定が優先するものとされた（協定2条1）．

(2) 深海底制度を律する原則

1. 海洋法条約によれば，深海底およびその資源は，「人類の共同財産」であり（136条），したがって，国は，深海底のいかなる部分またはその資源についても，主権または主権的権利を主張しまたは行使してはならず，国，自然人，もしくは法人は，深海底のいかなる部分も専有してはならない（137条1項）．

深海底の資源に関するすべての権利は，人類全体に付与されるものとし，国

際海底機構は，人類全体のために行動する（同条2項）．国，自然人もしくは法人は，第11部の規定に従う場合を除き，深海底から採取された鉱物について権利を主張し，取得しまたは行使してはならず，そのような権利のいかなる主張，取得または行使も認められない（同条3項）．

2. 締約国は，深海底における活動が第11部の規定に従って行われることを確保する責任を負う．この活動は，締約国，締約国の国営企業，締約国の国籍を有する自然人もしくは法人または締約国もしくはその国民により効果的に支配される自然人もしくは法人のいずれにより行われるかを問わない．国際機関の行う深海底に関する活動に関しては，その国際機関について同一の責任が適用される．締約国または国際機関による第11部の規定に基づく責任の不履行に起因する損害については賠償責任が生ずる（同139条）．

深海底における活動は，沿岸国であるか内陸国であるかの地理的位置にかかわりなく，また，発展途上国ならびに非自治地域の人民の利益およびニーズに特別の考慮を払って，人類全体の利益のために行う（同140条）．深海底は，無差別に，かつ，すべての国による専ら平和的目的のための利用に開放される（同141条）．

3. これらの深海底を律する諸原則は，公海の自由に基づく個別国家の資源開発とは異なり，人類の共同財産である深海底資源を人類全体のために行動する機構の管理のもとで開発し，その利益をとくに途上国などに考慮して，人類全体の利益のために衡平に還元する制度を確立しようとするものである．

これらの法原則なかでも人類の共同財産の原則がユース・コゲーンスの性格をもつとみる見解も現われている．

(3) 国際海底機構

1. 海洋法条約第11部の規定に基づいて任務を行う国際海底機構（以下「機構」という）が設立され，この機構は，締約国がそれを通じて，とくに深海底の資源を管理するため，深海底における活動を組織し，および管理する機関である（156，157条）．機構は海洋法条約のすべての締約国から構成され，すべての構成国の主権平等の原則に基づく．機構の主要機関として，総会，理事会，および事務局を設置する（同158条）．また，深海底における活動を直接に行い，

かつ，そこから採取される鉱物の輸送，精錬および販売を行う機構の機関として，事業体（エンタープライズ）も設置される（同170条）．

2. 総会は，機構のすべての構成国からなる唯一の機関であり，機構の最高機関であって，機構の権能の範囲内の問題または事項に関して一般的な政策を定める権限を有する（同160条）．総会の各構成国は1票を有し，手続問題の決定は出席しかつ投票する構成国の過半数により行われ，実質問題の決定は3分の2以上の多数により行われる（同159条）．

理事会は，機構の執行機関であり，海洋法条約や総会の定める一般的な政策に基づき，機構の権能の範囲内の問題または事項に関して，機構が遂行する個別の政策を定める権限を有する（同162条）．理事会は，総会が選出する機構の36の構成国からなり，その選出はつぎの順序で行われる．(a)深海底から採取される種類の鉱物の大量の消費国である締約国のうちから4理事国（うち東欧地域の社会主義国から1国と最大の消費国を含む），(b)深海底活動の準備と実施の最大の投資を行っている8締約国から4理事国（少なくとも東欧地域の社会主義国から1国を含む），(c)深海底から採取される種類の鉱物の主要な純輸出国である締約国から4理事国（少なくともその鉱物の輸出がその経済に重要な関係を有する2開発途上国を含む），(d)開発途上国のうちから特別の利益を代表する6理事国，(e)衡平な地理的配分を確保する原則に従って選出される18理事国，である．

選出は総会の通常会期に行われ，理事国は4年の任期で選出され，再選も可能である．各理事国は1票を有し，手続問題についての決定は，出席しかつ投票する理事国の過半数による議決で，実質問題についての決定は，問題により3分の2以上の多数あるいは4分の3以上の多数による議決で，あるいはコンセンサス方式によって行われる（同161条）．

3. 事務局は事務総長と職員で構成され，彼らは国際公務員である．事業体（エンタープライズ）は，機構の国際的な法人格の枠内で，海洋法条約付属書Ⅳの規程に定める法律上の能力を有し，この条約，機構の規則および手続ならびに総会の定める一般政策に従って活動し，かつ，理事会の指示および管理に服するものである（同170条）．

(4) 深海底資源の探査・開発方式

1. 深海底における活動は，(a)事業体（エンタープライズ），(b)機構と提携する場合には，締約国，国営企業または（締約国の国籍を有するか締約国もしくはその国民に効果的に支配されている）自然人または法人であってその締約国によって保証されるもの，が行う（153 条 2 項）．つまり，機構の直接開発と機構と提携する国家や私企業の開発という並列（パラレル）方式が採用されている．また，国家や私企業が申請する場合，同等の経済的価値をもつと見込まれる 2 つの鉱区を提示し，その一方で開発の権利を取得し，他方を機構の留保鉱区に指定するというバンキング制度が採られることになっている（付属書 III，8 条）．

2. 深海底資源の開発を行う国家や私企業には，申請料，鉱区料，生産賦課金または収益分配金が賦課され，これらは機構を通じて国際社会に衡平に分配されることになる（同 13 条）．国家や私企業は，深海底の開発を行う場合の条件として，事業体（エンタープライズ）や開発途上国への技術移転を促進し，それらの要員がその活動への参加を通じて科学技術の訓練を受ける機会を与えられるようにしなければならない（海洋法条約 144 条，付属書 III，5，15 条）．なお，深海底からの鉱物資源の採取はその資源の陸上生産国に影響をもたらすから，同種の鉱物を陸上で生産する開発途上国を保護するため，深海底資源（とくにニッケル）の採取量について制限が加えられている（海洋法条約 151 条）．

このような開発方式を定めている海洋法条約第 11 部や関連する付属書の規定を再検討するため，総会は，最初の商業的生産開始後 15 年が経過した年に，再検討会議を招集する（同 155 条）．

(5) 先行投資の保護

1. 第三次海洋法会議では，1982 年 4 月 30 日「多金属性の団塊に関連する先行活動に対する予備投資に関する決議 II」，いわゆる「先行投資保護決議 II」が採択された．これは海洋法条約の効力発生までの間（60 番目の批准書または加入書の寄託後 12 カ月で発効する——308 条），深海底における各国の先行投資活動を促し調整するためのものである．この決議は，1982 年末までに一定水準以上の活動を行ってきた 8 企業体を先行投資者として指定した．それらは，フラ

ンス，インド，日本およびソ連の政府プロジェクトまたは企業の4事業体，および，ベルギー，カナダ，西ドイツ，イタリア，日本，オランダ，イギリスならびにアメリカの企業から構成される4国際企業連合（コンソーシャム）である．

これらの8企業体は，国際海底機構の準備委員会に登録することにより，海洋法条約の効力発生前に特定鉱区で探査活動に従事する排他的権利を得，条約の効力発生後も機構から開発許可を受けるにさいして優先権をもつことになる．上記の4事業体を構成する諸国は上の決議IIに基づく開発の方法を選んだが，この条約への不参加を表明していたアメリカ，イギリス，ドイツなどはアメリカの国内法に準拠する4コンソーシャムを結成し，海洋法条約の枠外で独自の開発を行おうとした．

2. 登録された先行投資者は，条約発効後かつ先行投資保護決議に基づく準備委員会が同決議IIの遵守を証明した場合，探査のための事業計画を機構に申請すれば，自動的に承認されるのである（決議II 8(a)）．しかし，先行投資者として準備委員会に登録されていない主体は，条約発効後，登録した先行投資者と比較して，不利な取扱いを受けることになる．

第11部実施協定は，この取扱いの違いを解消し，登録されていない主体（アメリカ系企業）がほぼ同じ扱いを受ける規定をつくりあげた．こうして，実施協定は，先行投資保護決議の実施についても，条約第11部の修正に応じて，必要な変更を加えた．

上記の準備委員会は，先行投資者の登録の作業のほか，機構と国連との協定等の原案の作成，深海底資源の開発に伴う開発途上国の経済への影響の研究，深海底における多金属性団塊の概査および探査のための規則や手続の作成作業を行ってきた．そして，これらの作業は機構に引き継がれることになった．

(6) 機構の活動

1. 機構はキングストン（ジャマイカ）に設置され，当初は130カ国以上が協定を暫定的に適用する国であり，そのほとんどは機構の暫定的構成国の地位にあった．しかし，協定の暫定的適用も終了し，暫定的構成国もなくなり，機構は組織的・行政的課題および実質的な業務に取り組んでいる．機構の発足後直面した組織問題での重要な問題は，理事会の構成国の選出であった．暫定的

構成国であったアメリカ（未だ海洋法条約・実施協定の締約国になっていない）は，ロシアとともに自動的にグループ(a)の理事国として選ばれた．1996年3月には36カ国の理事会の構成について合意が達成された．国連など他の国際機構との関係について，機構は国連におけるオブザーバーの地位を認められ，また，1997年11月には「国際連合と国際海底機構の関係に関する協定」が締結された．機構と受入れ国との関係については，1999年8月に機構とジャマイカ政府との間で機構の本部に関する協定が締結された．

　2．機構の実質的業務については，協定附属書 I-5(a)-(k)に11項目の業務が列挙されている．それらのうち，探査のための業務活動の承認に関する業務についていえば，準備委員会で登録済みの7つの先行投資者は，1997年8月19日に探査のための業務計画の承認申請を提出し，理事会はその申請を承認し，事務総長に契約の形で業務契約を発給できるよう必要な措置をとることを要請した．しかし，取り交わすべき契約の項目，内容，形式などに関する統一した基準がなかったので，「マイニングコード（minig code）」と呼ばれる「深海底における多金属性団塊の概査及び探査のための規則及び手続」が作成され，2000年7月に理事会で承認された．

　その他の活動として，とくに深海底活動が海洋環境に及ぼす影響を評価するためのガイドラインを策定する作業，深海底の活動に関係する訓練活動などが行われてきた．また，機構における情報の管理やセキュリティ確保のための基礎的なシステムが構築されている．

5　海洋環境の保護・保全

(1) 海水の汚染防止

　1．船舶からの油による海水汚染の問題は以前から存在するが，第二次世界大戦後国際的関心を引くようになり，諸々の条約でその規制が企てられてきた．1954年の「油による海水の汚濁の防止のための国際条約」（海水油濁防止条約）は，距岸50海里以内における船舶からの油および油性混合物の排出規制と船舶の旗国による違反の処罰を定めた（6条）．この条約は1969年と1971年の改正により，すべての海域での油の故意による排出を禁止した．

公海条約も，すべての国が，船舶もしくはパイプラインからの油の排出または海底およびその下の開発および探査により生ずる海水の汚染の防止のための規則を作成すべきものとした (24条).

いずれの条約も，公海自由の原則のもとでの旗国主義に立つ規定であった.

2. しかし，1967年英仏海峡で座礁し，大量の油の流出により沿岸国に被害を与えたトリー・キャニオン号事件を契機に，沿岸国の保護問題が提起され，1969年政府間海事協議機関（IMCO）——後に国際海事機構（IMO）となる——は「油による汚染を伴う事故の場合における公海上の措置に関する国際条約」と「油による汚染損害についての民事責任に関する国際条約」の2つの条約を採択した.

前者の条約は，公海上における外国船舶の事故により沿岸国に重大かつ急迫の油汚染の危険がある場合，沿岸国は均衡の原則に基づいて，必要な予防措置を旗国などと協議し，また，極度に緊急の場合には協議さえせず一方的に公海上で措置をとりうることを認めた．これは旗国主義に対する例外として，沿岸国に外国船舶に対する緊急時の一定措置を許すものである．

後者の条約は，油濁事故から沿岸国領域内に生ずる損害について船舶所有者を民事責任の主体とし，その責任限度額などを定めている．この損害賠償が不十分な場合や賠償責任が生じない場合について，1971年「油による汚染損害補償のための国際基金の設立に関する国際条約」（基金条約）は，石油会社からの拠出基金による損害賠償の補填を定めている．

3. さらに，1972年のストックホルム国連人間環境会議の準備過程で起草された「廃棄物その他の物の投棄による海洋汚染の防止に関する条約」（海洋投棄規制条約）は，陸上廃棄物の海洋投棄をいくつかの場合に分けて規制し，1973年IMCOの海洋汚染防止会議で採択され（1978年に改正され）た「船舶からの汚染の防止のための国際条約」（海洋汚染防止条約）は，海水油濁防止条約をさらに強化したもので，各有害物質毎に規則を設け，油以外の汚染物質の船舶からの排出をも規制している．もっとも，これらの条約も，旗国主義による汚染防止をはかるものである．

4. これらのさまざまな条約による規定の積み重ねを背景に，海洋法条約は，「海洋環境の保護および保全」と題する部（第12部）を設け，いずれの国にも，

海洋環境を保護しおよび保全する義務を課す（192条）とともに，陸上起因汚染，海底開発起因汚染，海洋投棄起因汚染，船舶起因汚染，大気経由汚染といったすべての汚染源からの海洋汚染を防止するための措置を定めている．

なお，海洋法条約は，海洋汚染防止に関する国の法令や執行は国際規則に準拠すべきという国際基準主義を採用した（197条）．そして，汚染防止の具体的国際基準は，既存または将来の専門的な国際条約や国際機関の決議などで決定される仕組み（アンブレラ・アプローチ）を採っている．

(2) 船舶起因汚染の防止

1. 諸々の汚染源のうち，とくに船舶起因汚染について，海洋法条約は旗国の責任を強化する一方，従来の旗国主義を補う形で，入港国および沿岸国にも一定の措置をとることを認めている．

まず，旗国は，その船舶からの海洋環境の汚染を防止し，軽減しおよび規制するための法令を制定しなければならず，これらの法令は，一般的に認められた国際的な規則および基準と少なくとも同等の効果を有するものでなければならない（海洋法条約211条2項）．旗国は，これらの法令を自国の船舶が遵守することを確保し，違反の発生地のいかんを問わず，法令などの効果的な執行のために必要な措置をとり，とった措置およびその結果を要請国および権限ある国際機関に迅速に通報しなければならない（同217条）．

2. つぎに，外国船舶の入港国は，入港——内水に入ること，自国の沖合の係留施設に立ち寄ることを含む——の条件として海洋環境の汚染を防止し，軽減しおよび規制するための特別の要件を定める場合，その要件を適当に公表し，権限ある国際機関に通報しなければならない（同211条3項）．寄港国は，その内水，領海または排他的経済水域の外で行われた船舶からの国際的な規則や基準に違反した排出について，調査を行うことができ，また，事実が証拠により裏付けられた場合には，手続を開始することができる（同218条1項）．この手続は，他国の内水，領海または排他的経済水域における排出の違反については開始してはならないが，他国，旗国もしくは排出の違反により損害もしくは脅威を受けた国が要請する場合は，この限りではない（同条2項）．

3. 沿岸国は，無害通航中のものを含む外国船舶からの海洋汚染を防止し，

軽減しおよび規制するための法令を制定することができる（同211条4項）．沿岸国は，その排他的経済水域において国際的な規則および基準に違反した場合には，その船舶に対し情報を提供するよう要請することができ，また，この違反により海洋環境に対し著しい汚染をもたらしまたはもたらすおそれのある実質的な排出が生じたと信ずる明白な理由がある場合において，違反に関連する事項について船舶の物理的な検査を行うことができる．さらに，この違反により沿岸国の沿岸もしくは関係利益に対しまたは領海もしくは排他的経済水域の資源に対し著しい損害をもたらしまたはもたらすおそれのある排出が生じたとの明白な客観的な証拠がある場合には，自国の法律に従って，船舶の抑留を含む手続を開始することができる（同220条）．

4. なお，入港国および沿岸国は，調査の目的のために必要とする以上に外国船舶を遅延させてはならず，また，外国船舶の物理的な検査は，一般に特定の文書の審査に制限される（同217条）．入港国および沿岸国の領海を超える水域における外国船舶による規則や基準の違反について刑罰を科すための手続は，旗国が最初の手続の開始の日から6カ月以内に同一の訴因について刑罰を科すための手続をとった場合には，停止される（同228条）．なお，領海を越える水域における外国船舶による国内法令または国際規則や基準の違反については，金銭上の刑罰のみを科すことができる（同230条1項）．

6 海洋の科学的調査

(1) 科学的調査の権利

1. 海洋の科学的調査について，公海の場合は，従来から公海の自由に含まれると考えられてきた．公海条約はこれを明示していないが，海洋法条約では，第6部（大陸棚）および第13部（海洋の科学的調査）の規定に従うことを条件として，科学的調査の自由は公海の自由の1つとして列挙されている（87条）．

問題は公海以外の海域における沿岸国以外の国家または国際機構による科学的調査が海洋法上認められるかどうかである．大陸棚条約は，大陸棚に関する調査でそこで行われるものについては，沿岸国の同意を得なければならないとしつつ，沿岸国は資格のある機関が大陸棚の物理的または生物学的特質につい

て純粋に科学的な調査を行う目的で要請を行うときは，通常，同意を与えることを拒絶することができないとした．ただし，沿岸国は，希望するときは，その調査に参加し，または代表者を派遣する権利を有し，また，調査の結果はいかなる場合にも公表されなければならない（大陸棚条約5条8項）．第三次海洋法会議は第13部の起草にあたって，とくに排他的経済水域における沿岸国の権限と外国船舶による科学的調査の遂行との調整に留意しつつ，条文を作成した．

 2. 海洋法条約は，地理的位置のいかんを問わずすべての国および権限ある国際機関が，この条約に規定する他の国の権利および義務に従うことを条件として，海洋の科学的調査を実施する権利を有するとし（238条），主権および管轄権尊重の原則に従い，かつ相互の利益を基礎として，平和的目的のために海洋の科学的調査における国際協力の促進をうたっている（242条）．

(2) 科学的調査の規制

 1. いずれの沿岸国も，自国の領海における海洋の科学的調査を規制し，許可しおよび実施する排他的権利を有する．領海における海洋の科学的調査は，沿岸国の明示の同意を得られ，かつ，沿岸国の定める条件に基づく場合に限り，実施することができる（海洋法条約245条）．

 2. 沿岸国は，自国の排他的経済水域内または大陸棚上において他国または権限のある国際機関により専ら平和的目的で，かつ，すべての人類の利益のために海洋環境に関する科学的知識を増進させる目的で，この条約に従って実施される海洋の科学的調査計画については，通常の状況においては，同意を与えなければならない（同246条3項）．しかし，沿岸国はこの科学的調査計画の実施について，つぎの場合には自国の裁量により同意を与えないことができる．(a)天然資源の探査・開発に直接影響を及ぼす場合，(b)大陸棚の掘削，爆発物の使用または海洋環境への有害物質の導入を伴う場合，(c)人工島，設備および構築物の建設，操作または利用を伴う場合，(d)計画の性質および目的に関し伝達される情報が不正確である場合，または調査国もしくは国際機関が前に実施した調査計画について沿岸国に対する義務を履行していない場合，である（同条5項）．

海洋の科学的活動は，沿岸国の主権的権利および管轄権を行使して沿岸国が実施する活動を不当に妨げてはならない（同条8項）．調査国や国際機関は，説明書の提出や調査結果の利用などについて一定の具体的義務を負っている（同248，249条）．

第3節　宇宙空間と天体

1　宇宙空間の基本的法制度

(1)　規制経緯

1.　宇宙空間の国際法による規律が求められるようになるのは，人類の宇宙活動が 1957 年 10 月の人工衛星スプートニク 1 号の打ち上げ以来現実のものとなってからである．国連は 1959 年の総会決議 1472（XIV）で，宇宙空間の平和利用を全人類の共同利益とみなし，この「新世界」には諸国間の敵対的関係を拡大させないために，宇宙空間平和利用委員会を設け，法的・技術的諸問題の検討を委ねた．この委員会の報告をもとに，1963 年総会において「宇宙空間の探査および利用における国家活動を律する法原則宣言」（総会決議 1962（XVIII））が全会一致で採択された．この法原則宣言は，宇宙空間と天体を国家の専有物とせず，全人類の利益のためにすべての国が自由に探査・利用しうるものとした．

2.　さらに，宇宙空間平和利用委員会は米ソのイニシアチブのもとに，法原則宣言に基づいた条約案を起草し，総会決議 2222（XXI）による採択を経て 1967 年 1 月 27 日「月その他の天体を含む宇宙空間の探査及び利用における国家活動を律する原則に関する条約」（以下「宇宙条約」という）が署名のために開放された．

その後，1979 年 12 月 5 日には「月及び他の天体における国家活動を律する協定」（以下「月協定」という）が採択された．

(2)　基本原則

1.　宇宙条約は，宇宙環境に適用される諸原則，規則および手続を定めるが，

「平和目的のための宇宙空間の探査及び利用の進歩が全人類の共同の利益である」(前文) ことを一般原則としている．これに基づく宇宙空間の基本的法制度は，つぎのとおりである．

すなわち，月その他の天体を含む宇宙空間の探査および利用は，すべての国の利益のために，全人類に認められる活動分野である．したがって，すべての国がいかなる種類の差別もなく，平等の基礎に立ち，かつ，国際法に従って，自由に探査しおよび利用することができるものとし，また，天体のすべての地域への立入りは自由である (1条)．

このような探査・利用の自由は，宇宙条約の中心原則とみなされる．

2. したがって，このような宇宙空間は，主権の主張，使用もしくは占拠またはその他のいかなる手段によっても国家による取得の対象とはならず (2条)，そこにおける活動も，国連憲章を含む国際法に従って行われなければならない (3条)．

ここにあげられた宇宙空間の自由やその領有禁止の原則は，宇宙条約を離れても，すでに慣習法化しているとみられる．

月協定は，月の領有を禁止するのみならず，月およびその天然資源は人類の共同財産であり，月の天然資源の開発が実現可能となるときには，適当な手続を含め，月の天然資源の開発を律する国際的レジームを設立することを約束している (11条)．

(3) 軍事利用

1. 宇宙条約は，軍事利用の規制について，宇宙空間と月その他の天体を区別している．

宇宙空間については，上の基本原則に反しない限り，一般的にその軍事利用を禁止する明示の規定はおかれていない．ただ，核兵器および他の種類の大量破壊兵器については，それらを運ぶ物体を地球を回る軌道に乗せること，これらの兵器を天体に設置することならびに，他のいかなる方法によってもこれらの兵器を宇宙空間に配置すること，は禁止される (4条1項)．「地球を回る軌道に乗せる」とは，完全な軌道を描く物体についてのみ当てはまり，限定された軌道を回るにすぎないもの (部分軌道弾道ミサイル (FOBS)) はそれに含まれ

ず、また、大量破壊兵器を運ぶ物体（大陸間弾道ミサイル（ICBM））を宇宙空間に「配置」するのではなく、そこを「通過（transit）」することは禁止されない、と解釈される余地が残されている。

　月協定は、この物体を月を周回する軌道、月または月の周回軌道に到達するその他の飛行経路に乗せることを禁止している（3条3項）。

2. 月その他の天体そのものについては、宇宙条約は「もっぱら平和的目的のために」利用されるものとし、天体上においては、軍事基地および防備施設の設置、あらゆる型の兵器の実験ならびに軍事演習の実施、を禁止している（4条2項、月協定3条4項も同様の規定）。この禁止事項の列挙は例示的であって、限定的なものではない。ただ、科学的研究その他の平和的目的のために軍の要員を使用すること、および、月その他の天体の平和的探査のために必要なすべての装備または施設を使用すること、は禁止されない。

　もっとも、ここにいう「平和的目的」について、宇宙条約では明確な意味が与えられておらず、宇宙空間平和利用委員会においても、これを非軍事的とみる見解（ソ連など）と非侵略的とみる見解（アメリカなど）に分かれていた。後者の見解によれば、平和的目的は軍事・非軍事利用のどちらをも含みうるのであり、軍事利用でも防衛的ではなく侵略的目的で意図的に使用される場合のみが平和的目的とはみなされないことになる[6]。

　月協定は、平和的目的の利用を、月面上もしくは月内部に限定しておらず、また、月（その他の天体も同様）におけるいかなる武力による威嚇、武力の行使その他のいかなる敵対行為またはその威嚇をも禁止している。同様に、地球、月、宇宙船、宇宙船の要員もしくは人工宇宙物体に関して、そのような行為または威嚇を行うために月を利用することも禁止される（3条1、2項）。

---

[6] 2008（平成20）年5月21日に成立した日本の「宇宙基本法」は、第2条（宇宙の平和的利用）で、宇宙開発利用は、宇宙条約「等の宇宙開発利用に関する条約その他の国際約束の定めるところに従い、日本国憲法の平和主義の理念にのっとり、行われるものとする」と定める。この表現は、憲法の制約の下にではあるが、平和的利用を従来の政府解釈による「非軍事利用」から「非侵略利用」の意味へと変更したものと解されている。そして、第14条で、「国は、国際社会の平和及び安全の確保並びに我が国の安全保障に資する宇宙開発利用を促進するため、必要な施策を講ずる」としている。その結果、国連の平和維持活動等のための自衛隊派遣の場合や「自衛」のための——ここでは「専守防衛」のため。ただし、憲法解釈上集団的自衛権の行使は許されない——人工衛星の利用（場合によっては、通常兵器を搭載する衛星破壊（ASAT）兵器の使用）が認められる可能性さえある。

なお，平和的目的の意味のいかんを問わず，核兵器その他の大量破壊兵器を天体に設置することは禁止され（宇宙条約4条1項），また，これらの兵器を月面上もしくは月内部に配置しまたは月面上もしくは月内部で使用することも禁止される（月協定3条3項）．

(4) 国際協力

1. 宇宙条約の当事国は，月その他の天体を含む宇宙空間の探査・利用において，協力および協議の原則に従い，かつ，他のすべての当事国の対応する利益に妥当な考慮を払って，すべての活動を行わなければならない．当事国は，宇宙の有害な汚染および地球外物質の導入から生ずる地球の環境の悪化を避けるように，その研究および探査を実施し，必要な場合には，このための適当な措置をとらなければならない（宇宙条約9条）．また，当事国は，国際協力を促進するために，打ち上げる宇宙物体の飛行を観測する機会を他の当事国に与えることについて，平等の原則に基づいて考慮が払われなければならないし（同10条），また，その活動の性質，実施状況，場所および結果について，国連事務総長，公衆および国際科学界に対して，実行可能な最大限度まで情報を提供することに同意しなければならない（同11条）．月その他の天体上のすべての基地，施設，装備および宇宙飛行機は，相互主義に基づいて，他の当事国の代表者に開放される（同12条）．

2. さらに，宇宙飛行士を宇宙空間への人類の使者とみなし，事故，遭難または他の当事国の領域もしくは公海における緊急着陸の場合には，その宇宙飛行士にすべての可能な援助を与えなければならない．宇宙飛行士は，そのような着陸を行ったときは，その宇宙飛行機の登録国へ安全かつ迅速に送還されなければならない（同5条）．

(5) 宇宙活動に関する責任

1. 宇宙条約の当事国は，自国の宇宙活動について，それが政府機関によって行われるか非政府団体によって行われるかを問わず，国際的責任を有し，自国の活動が宇宙条約の規定に従って行われることを確保する国際的責任を有する．非政府団体の活動は，関係当事国の許可および継続的監督を必要とし，ま

た，国際機関が活動を行う場合は，その国際機関およびこれに参加する当事国の双方が責任を有する（宇宙条約6条）．つまり，私人の行う活動であれ当然に国家の活動とみなされ，国家に責任が集中されるのである（月協定14条参照）．

したがって，当事国は，宇宙空間に物体を発射しもしくは発射させる場合，またはその領域もしくは施設から物体が発射される場合には，その物体またはその構成部分が地球上，大気空間または月その他の天体を含む宇宙空間において，他の当事国またはその自然人もしくは法人に与える損害について国際的に責任を有することになる（宇宙条約7条）．

2. この責任の裏返しとして，宇宙空間に発射された物体が登録されている当事国（登録国）は，その物体およびその乗員に対し，それらが宇宙空間または天体上にある間，管轄権および管理の権限を保持する．その物体（天体上に着陸させられまたは建造された物体を含む）およびその構成部分の所有権は，それらが宇宙空間もしくは天体上にあることまたは地球に帰還することによって影響を受けない．その物体または構成部分が登録国の領域外で発見されたときは，その登録国に返還されなければならない（同8条）．

2 宇宙法の展開

(1) 救助・損害責任・登録

1. 宇宙条約の定めた基本原則にそった細目は，その後一連の条約によって定められ，それらは全体として「宇宙法」を構成するにいたっている．1968年「宇宙飛行士の救助及び送還並びに宇宙空間に打ち上げられた物体の返還に関する協定」（宇宙救助返還協定）は，宇宙船の乗員が，事故に遭遇した旨，または，自国領域，公海もしくは無主地に緊急または意図しない着陸をした旨の情報を入手し，またはこれらの事実を知った場合には，締約国が打ち上げ機関および国連事務総長に通報しなければならない（1条）とし，救助措置，乗員の引渡し，宇宙物体の降下した旨の通報などについて規定している．

2. 1972年「宇宙物体により引き起こされる損害についての国際的責任に関する条約」（宇宙損害責任条約）は，「打ち上げ国」，すなわち①宇宙物体の打ち上げを行い，または行わせる国，②宇宙物体が，その領域または施設から打

ち上げられる国（1条）の責任について詳しく規定している（9章4節2，3参照）．

　打ち上げ国は，自国の宇宙物体が，地表において引き起こした損害または飛行中の航空機に与えた損害の賠償について無過失責任を負う（宇宙損害責任条約2条）．損害が地表以外の場所において引き起こされた場合には，打ち上げ国は，その損害が自国の過失または自国が責任を負うべき者の過失によるものであるときに限り，責任を負う（同3条）．

　宇宙物体の衝突により地表以外の場所において引き起こされた第三者損害について，損害がその第三国に対して地表においてまたは飛行中の航空機について引き起こされた場合には，打ち上げ国はその第三国に対して無過失責任を負い，損害が第三国の宇宙物体に対して地表以外の場所において引き起こされた場合には，打ち上げ国はその第三国に対し，過失があるときに限り責任を負う（同4条）．

　2以上の国が共同して宇宙物体を打ち上げる場合には，これらの国は，引き起こされるいかなる損害についても連帯して責任を負う（同5条）．

　損害を被った国または自国の自然人もしくは法人が損害を被った国は，その損害の賠償につき，打ち上げ国に対し請求を行うことができる（同8条）．損害の全部または一部が請求国または請求国により代表される自然人もしくは法人の重大な過失または作為もしくは不作為により引き起こされたことを打ち上げ国が証明した場合には，その限度において無過失責任が免除される（同6条）．

　なお，1978年1月のソ連の原子炉衛星コスモス954号のカナダ領域への落下事件で，カナダはこの条約および国際法の一般原則に基づいて一定額の損害賠償を請求した．また，最近，人工衛星の衝突などにより放出された多くのスペースデブリ（宇宙のちり）による損害発生の場合，どこ（打上げ国？）に責任を負わせるべきかが提起されている．

　3.　1975年「宇宙空間に打ち上げられた物体の登録に関する条約」（宇宙物体登録条約）は，宇宙物体が地球を回る軌道にまたは地球を回る軌道の外に打ち上げられたときは，打ち上げ国は，その保管する適当な登録簿に記入することによりその宇宙物体を登録し，国連事務総長に登録簿の設置を通報しなければならない．登録簿の内容および保管の条件は，登録国が決定する（宇宙物体

登録条約2条).

　登録国は，登録したそれぞれの宇宙物体に関し，できる限り速やかに国連事務総長に，(a)打ち上げ国の国名，(b)宇宙物体の適当な標識または登録番号，(c)打ち上げられた日および領域または場所，(d)基本的な軌道要素，(e)宇宙物体の一般的機能（平和目的か軍事目的かも含まれうる）の情報を提供する（同4条）．追加の情報も随時国連事務総長に提供することができる．

　国連事務総長は，これらの情報を記録する登録簿を保管し，そこに記載されているすべての情報は公開される（同3条）．これまで多数の宇宙物体が，この条約に従って，登録されているが，上の「宇宙物体の一般的機能」について軍事目的を有するとしたものはないといわれている．

　4. 1988年には日・米・カナダおよびヨーロッパ宇宙機関の加盟国の間で「宇宙基地協力協定」が締結された．この協定は，平和目的のために常時有人の民生用宇宙基地の詳細設計，開発，運用および利用を行うことに関する参加主体間の長期的な国際協力の枠組を確立することを目的としている．

(2) 直接放送衛星・地球資源探査衛星

　1. 宇宙における人類の活動は，ニューメディアの出現により直接テレビ放送や地球の資源探査のために人工衛星を利用することにも及んできている．宇宙空間平和利用委員会は，直接放送衛星や地球資源探査（リモート・センシング）の規制について審議してきた．

　直接放送衛星は他国への直接テレビ放送を可能にするものであるから，一方では伝送の自由や情報の自由の側面からこれを肯定する見解（西側先進国）と，他方では情報交換の南北格差のもとで受信国の通信主権，情報主権の観点からこれを規制しようとする見解（主に発展途上国）の対立があり，受信国の同意や国際責任などの問題をめぐって，ユネスコ（1976年「新世界情報通信秩序」，1978年「マスメディア宣言」）や国連総会——「国際直接テレビジョン放送のための衛星の使用に関する原則」総会決議37/92——で検討が続けられている．

　2. 地球資源探査衛星については，遠隔探査を促進しようとし，またはそれが必要であるとみる諸国（先進国）と遠隔探査により自国の天然資源についての情報やデータが公表されてしまうことを恐れる諸国（発展途上国）の主張の

対立があり，これを調整するため，国連では被探査国の利益の保護や探査国の国家責任などの問題が検討されている．

3. そのほか，宇宙通信については，国際電気通信連合（ITU）が1973年新しい国際電気通信条約を作成し，1989年には国際電気通信連合条約もできている．また，国際電気通信衛星機構（インテルサット）に関する恒久協定が発効し，国際海事衛星機構（インマルサット）も設立され，宇宙空間の実用化のための法的整備が進められている．

第 5 章　国家機関

第1節　在外国家機関

1　在外国家機関の種類

1. 国家を対外的に代表して，外交交渉，条約の締結，友好関係の維持・発展，国際協力，自国民の保護などの任務を遂行する国家機関はさまざまである．それらは，特別の任務を帯びて一時的に外国に派遣されるものと外国に常駐するものに大別される．前者には，公務で外国を訪問する国家元首・政府の長・外務大臣など，経済・技術協力などで派遣される政府職員・専門家・技術者などの特別使節団，国際機構の会合（国連総会など）や国際会議にその都度派遣される政府代表団などが含まれる．後者は，常置外交使節，領事機関，国際機構へ派遣される国家（政府）代表部，通商代表部などである．

2. そのほか，国家間の合意（条約）により一時的に派遣されまたは長期に外国に駐留する軍事的国家機関，すなわち軍隊・軍艦・軍用航空機とその構成員・乗組員，国が所有しまたは運航する非商業的政府船舶（公船）・航空機（公航空機）も国家機関に含まれる．

以上のような国家機関のうち，常駐外交使節および領事機関の地位や特権免除については，従来から慣習法としてあるいは近年一般条約として外交分野での国際法すなわち外交関係法を形成するにいたっている（5章2, 3節）．ここではまず一時的に外国に派遣される特別使節，とくに元首と外務大臣からみていきたい．

2　国家元首

1. 国家元首は，対外関係全般にわたり国家を代表するが，その地位は国内

法により定められる．国家元首は君主国では国王（君主），共和国では大統領といった単一人（個人）であるが，まれには合議制機関——フランス革命時の総裁政府（directoire）やスイスの連邦評議会（Conseil fédéral, Bundesrat）——であることもある．また，単一人がいくつかの国の元首である場合（身上連合）もありうる．国家元首の地位は革命などにより変更しうる（国王から大統領へ，またはその逆）が，それは国内法上の問題である．

対外関係における国家元首の役割はかつては大きかったが，今日では一般に国家を代表する任務に限られている．しかし，最近，さまざまのサミットと呼ばれる首脳会議が行われ，そこに出席する元首は外交交渉や合意文書の締結（署名）といった任務を負っている．なお，国家元首は，外国から派遣されてきた大使の信任状を受理し（5章2節3参照），かつ，大抵の憲法制度のもとでは，条約を批准する（序章5節1(1)参照）．

2. 外国領域内にある国家元首に対する特別の保護は，国際礼譲および元首が代表する国家の独立を確保する必要から与えられる．国家元首の身体の不可侵は，滞在国の刑法により特別に保障された保護とみなされるが，これは純粋な礼譲に基づくという見解（シュトルップ）もある．この保護のために国家元首への危害を特別の犯罪とする国内法を制定している国もある（イタリア刑法295条，スペイン刑法238条，オランダ刑法115条，スウェーデン刑法27条）[1]．

---

1) なお，1891（明治24）年の大津事件について，田岡良一『大津事件の再評価〔新版〕』（有斐閣，1983年）参照．自国領域において外国元首に加えられた危害に対する滞在国の国際責任の問題は，国際法上必ずしも明確ではない．1934年10月9日マルセイユでのクロアチア民族主義反徒（Oustachis croates）によるユーゴスラビア国王・アレキサンダー1世殺害事件の結果，フランス政府によって一定の行政的制裁措置（責任者罷免）がとられた．また，連盟規約の解釈についての一連の問題に関して連盟理事会により諮問された法律家委員会は，ギリシャ・アルバニア境界委員会の委員長テリニ元帥（イタリア）の殺害について，1923年9月26日つぎのように回答した（1924年3月13日の理事会で全会一致で受け入れられた）．「自国領域における外国人に対して犯された政治犯罪に対する国家の責任は，その国が犯罪を予防するため，かつ，犯罪人の訴追，逮捕，および裁判のために，すべての適切な措置をとることを怠った場合にのみ，認められる．外国人が有する認められた公的性格，その者が国家領域に滞在する事情により，その国はその者に対する特別の注意義務を負う」．

国家元首に対するその他の危害，例えば，言葉による侮辱，報道（新聞），本，演劇，ラジオ，テレビによる悪口（名誉棄損）に対しては，その元首の国家からの抗議が出されるのが普通であるが，他方，意見の自由，報道の自由がよく援用される．これについて刑事的抑圧をしない国も，新聞や出版物の押収や発行停止などの防止措置をとることがある．1938年仏新聞「カナール・アンシェネ（Canard enchaîné）」がシャーの風刺記事を掲載したため，仏・イラン関係が断絶するに至ったが，記者が裁判所に出頭したことで，本件は落着した．なお，20世紀後半になる

3. 国家元首は国家を代表するものとして若干の免除を享有する．その根拠は，「対等なものは互いに支配権をもたず（par in parem non habet imperium）」の原則（国家免除——5章5節参照）あるいは治外法権の思想に基礎づけられてきたが，今日では，国家独立の原則の結果であるとか，より単純に，国際礼譲に基づく慣行であるといわれる．

この免除の享有者としての国家元首は，できるだけ広く解され，国内法上の名称のいかんを問わない．また，国家元首の家族の構成員への免除の拡大は，法原則によるというよりも国際礼譲に基づいている．副大統領あるいは大統領の妻（配偶者）が国家元首にかわって外国を公式訪問する場合も同様である．

免除は税と裁判権について認められる．税免除については，国家元首，その家族および随員は，すべての直接または間接税，関税，贈与税の支払いを免除される．もっとも，外国に所有している不動産に課せられる税，相続税は免除されない．

4. 裁判権免除は民事および刑事裁判権の2種類が関係する．元首の滞在国の民事裁判権からの免除は絶対的である．しかし，もし元首が任意で，例えば原告として訴訟を提起するためにあるいは自己に対する召喚に応えて，外国の裁判権を受け入れる場合は別である．

国家元首が微行（incognito）で外国を旅行する場合の裁判権の免除について見解は分かれているが，免除を認める見解が有力である．

時間的適用範囲（ratione temporis）については，裁判権免除は国家元首の地位にある間しか存続しない．退位した国家元首に名誉と特権を認める実行は，礼譲の慣行にすぎず，法的義務に基づくものではない．

刑事裁判権からの免除については，国家元首——その家族および随員も同様——は外国の刑事裁判権にいかなる場合にも服さないという古典的理論のもとでは，その絶対的性質は争われなかった．しかし，今日この免除は，国際法違反が国家元首に帰責される場合には，放棄されたとみなければならない．すでにヴェルサイユ平和条約227条は，ドイツ皇帝ヴィルヘルム2世を「国際道義および条約の神聖な権威に対する最高の犯罪」を犯したかどで，連合国の特別

と外国元首のこの種の強化された保護は次第に薄れてきている．SFDI, *Le chef d'Etat et le droit international*, Pédone, 2002, pp. 269 et s. 参照．

裁判所（米・英・仏・日・イタリアの裁判官から構成）で裁くことを予定していた．ニュルンベルク国際軍事裁判所および極東国際軍事裁判所も国家元首を含む主要戦争犯罪人（いわゆる A 級戦犯）を裁くための管轄権を有していた[2]．

3 政府の長・外務大臣

1. 政府の長（首相）および外務大臣は，対外関係において，元首の全権委任状を提示することなく，国家を代表しうる（条約法条約 7 条 2 項）．サミットに参加する政府の長は，上述の元首と同じく，国を代表して高度の外交交渉や協議を行い，また外交文書または法文書に署名する．

外務大臣は国家元首または議会（の外交委員会）のコントロールの下で外交を指揮し，外国の外交使節と常時接触をもち，また，特別使節として，外交交渉においては重要な任務を負っている．外務大臣は，条約の起草に直接参加し，とくに簡略形式による条約を締結（署名）し（序章 5 節 1(1)），また，条約についてその国の解釈を示すこともある．

2. 1969 年 12 月 16 日に国連総会は，国際法委員会（ILC）の作成した草案を基礎にして「特別使節団に関する（ニューヨーク）条約」（以下「特別使節団条約」という）を採択した（1985 年 6 月 21 日効力発生）．この条約は，国際慣行によるのみならず，新しい規則を採り入れており，国際法（外交法）の法典化よりむしろ漸進的発達を示している．

それによると，特別使節団の種類は，国家元首・政府の長・外務大臣などを

---

[2] なお，ピノチェト事件参照．チリの元大統領ピノチェトは 1973 年クーデターで軍事政権樹立後反対派に対する殺人，誘拐，拷問など大規模な人権弾圧を指揮・命令してきたが，国家元首辞任後病気療養のためイギリス滞在中，スペインから犯罪人引渡請求を受け，仮拘禁令状により逮捕された．英国貴族院は，1999 年 3 月 24 日の判決で，ピノチェトの引渡手続の継続を支持したが，引渡犯罪については内務大臣の再考を求めた．判決（多数意見）のなかで，元国家元首は英国国家免除法（20 条 2 項）に基づき，在職中国家元首の公的資格で行った行為につき元外交官と同等の刑事管轄権からの免除を享有する．しかし，拷問禁止条約に定める拷問行為は元首の任務遂行の行為に当たらず，大規模な拷問は人道と強行規範に対する国際犯罪であり，拷問禁止条約は普遍的管轄権を設定し，「引渡または訴追の原則（aut dedere aut punire）」を認めており，任務終了後に残存する事項的免除を認めることは条約目的および規定と相いれない．そのため，ピノチェトは拷問とその謀議の罪により事項的免除の対象とはならないとした．Regina v. Bow Street Metropolitan Stipendiary Magistrate and others, *ex parte* Pinochet Ugarte, [1999] 2 WLR 827.

長とし，友好親善や高次の政治的協議・交渉を行うため派遣される高級特別使節団，外国の慶事・弔事にさいして派遣される儀礼的使節団，事務レベルでの交渉などを行う各種使節団に分けられる．

　これらの種類の性格や任務に適合するように特権・免除についても規定されるが，その内容は常置外交使節に関するウィーン外交条約（後述2節5）と類似している（特別使節団条約21-35条）[3]．もっとも，特別使節団の派遣または接受のためには，予め外交関係ないし領事関係が存在していることを必要としないし（同7条），全権委任状または信任状の提出を任務開始の条件ともしない（同13条）．

---

[3]　外務大臣の特権・免除について，ICJの「逮捕状事件」（コンゴ民主共和国対ベルギー）判決において，現職外務大臣（本件ではコンゴのイェロディア）の刑事管轄権からの免除と不可侵について，慣習国際法上，外務大臣はその在任中，外国において完全な刑事裁判権からの免除と不可侵を享有するとされた（*ICJ Reports 2002*, p.3, paras. 47-55）．戦争犯罪や人道に対する罪の場合でもかかる免除を有するが，それは不処罰を意味するのではなく，外務大臣の職を離れた後，在任中の行為でも私的な資格でなされたものについては，他国の裁判所で裁かれうるし，また，国際的な刑事裁判所での訴追の対象となりうる（*ibid.* paras. 56-61）とされた．

第2節　外交使節

1　外交使節制度の沿革

1. 国家が常置使節を相互に派遣する慣行は，ヨーロッパにおいてはルネサンス時代にヴェネチア，フィレンツェなどイタリアの都市国家間で生まれ，17世紀以来の啓蒙時代に，とくにウェストファリア諸条約を機にヨーロッパの諸国間において一般化された．

この制度は，派遣という能動的側面と接受という受動的側面の両面で示される使節権（droit de légation）を実施するものと考えられた．この制度が安定化するにつれ，常置の外交使節権が認められるようになり，これは19世紀当初には十分に確立し，1815年のウィーン会議において「外交官の席次に関する規則」（以下「ウィーン規則」という）として法典化された．ウィーン規則の規定を除いて，常置外交使節の制度は長く慣習法として認められてきたが，1961年4月18日の「外交関係に関するウィーン条約」（以下「ウィーン外交条約」という）の作成によって，条約上の基礎を与えられた．ウィーン外交条約は，この制度の諸規則を集大成したものであり，多数の国が当事国となっているが，なお「この条約の規定により明示的に規制されていない問題については，引き続き国際慣習法の諸規則によるべきこと」（前文）を確認している．

なお，1973年12月14日国連総会で採択された「国際的に保護される者（外交官を含む）に対する犯罪の防止及び処罰に関する条約」（以下「外交官等保護条約」という）は，国家元首や外交使節など国際的に保護される者の殺人，誘拐その他身体や自由に対する侵害などの犯罪行為を犯した容疑者を裁判にかけまたは引き渡し，あるいは情報を提供するといった国際的体制をつくりあげようとしたものである．

2. このように長年にわたる慣習法と条約に基礎づけられる外交関係法は，独自の完結した制度ともみられ（在テヘラン米国大使館等人質事件，*ICJ Reports 1980*, p.40），外交使節の特権・免除とその濫用に対する接受国のペルソナ・ノン・グラータ（persona non grata）の通告や最終的には外交関係の断絶にいたりうる対抗措置を定めるものである．

3. なお，使節権により，いかなる国も他国との公式の関係の確立を正当には拒否しえないから，外交関係の設定が義務づけられるという考えは，ウィーン外交条約の草案を起草したILCにおいて提起されていたが，この条約には採り入れられなかった．つまり，承認した国と被承認国の間に外交関係を開設することは，外交関係法上義務づけられず，諸国間の外交関係の設定および常駐使節団の設置は，相互の同意によって行われる（ウィーン外交条約2条）．既述のように国家承認（2章2節）は一方行為であるのに対して，外交関係の開設や常駐使節団の設置は双方の合意によって行われなければならず，したがって，承認後も両国間に外交関係を開設しないままでいることも可能である．

2　外交使節の種類・階級・席次

1. 長い間，外交使節はすべて同じ地位にはなく，会議の席などでその席次をめぐって争われることがたびたびあった．ウィーン規則およびそれを補う1818年11月28日の「弁理公使の席次に関する規則」(エクス・ラ・シャペル議定書）は，この問題を解決するために，つぎのような階級を定めた．①大使およびローマ法王の派遣する大使（nuncios），②全権公使およびローマ法王の派遣する公使（internuncios），③弁理公使，④代理公使，である．席次は階級の順序に従い，各階級の外交使節相互間の席次は，その着任の正式通知の日に従って定められる（ウィーン規則4条）．こうした外交使節の階級を改める問題は，1926年国際法の漸進的法典化のための連盟の専門家委員会で取り上げられたが，決着をみなかった．

ウィーン外交条約は，あまり用いられず廃止された（désuétude）とみられる弁理公使を除いて，3階級をなお維持している．それによれば，外交使節，すなわち，使節団の長は，①国の元首に対して派遣された大使またはローマ法王

の大使（nuncios）およびこれらと同等の地位を有する他の使節団の長，②国の元首に対して派遣された公使およびローマ法王の公使（internuncios），③外務大臣に対して派遣された代理公使，に分けられる（14条1項）．しかし，席次および儀礼に関する場合を除いて，階級によって使節団の長を差別してはならない（同条2項）．

2. そのため，ほとんど実益のない3階級の区別に対する批判もなされている（とくにスイス）．とくに第二次世界大戦後多数の新独立国が登場して以来，この規定と国家実行の間にはかなりのずれがみられる．例えば，フランスはその使節団の長のすべてに大使の地位を与えており（ただし，モナコには総領事が派遣されている），パリ駐在のすべての外国の使節団の長は大使である．日本は外交使節の地位について大使・公使――公使の上に特命全権公使があり，大使を補佐する――，参事官，一等書記官，二等書記官，三等書記官および外交官補に分けている．ほかに，陸・海・空の防衛駐在官（武官）が使節団に付属される．なお，日本は現在公使館は開設しておらず，使節団の長としての公使は派遣していない．

なお，大使が病気で任務を遂行できず，あるいは一時帰国などで不在のとき，使節団の一員がその職務を臨時に代行する場合，臨時代理大使または臨時代理公使と呼ばれる（同19条1項）．これは一時的な職務代行者の職名にすぎず，外交使節としての代理公使と混同されてはならない．

3. 外交使節団は，その長，すなわち，その資格において行動する任務を派遣国により課せられた者，および職員から構成される．使節団の長と職員をあわせて，使節団の構成員という．使節団の職員は，外交職員（外交官の身分を有する者），事務職員および技術職員――例えば会計・通信・タイプなどの業務に従事する被雇用者――，ならびに役務職員――例えば受付係・運転手・料理人――からなる（同1条）．

接受国に派遣された使節団の長の全体は，外交団（corps diplomatique）と呼ばれる．ウィーン外交条約はこれについて言及していないが，接受国領域で行われる公式の儀式への参列など儀礼的性格を有する代表的任務，およびその構成員の権利の侵害の場合における特権の擁護などの法的任務を有する．外交団は，外交団長（doyen）によって主宰され，外交団長は公の儀式において使節

第2節　外交使節

団の長の代弁者となる．外交団長は，慣行上，法王の大使（nuncios）または最古参の外交使節が務める．

3　外交使節の派遣・接受

1. 各国はその外交使節を国内の手続に従って自由に選びうる．ただし，使節団の外交職員は，原則として，派遣国の国籍を有するものでなければならず，また，接受国の同意のないかぎり，接受国の国籍を有する者の中から任命してはならない（ウィーン外交条約8条）．使節団の長は，接受国によって受け入れられうる人，すなわちペルソナ・グラータ（personna grata）として認められる人でなければならない．派遣国は接受国に対して外交使節団の長としてある者を派遣する前に，その者を受け入れ，その者の有する資格に同意するかどうかを接受国に対して問い合わせなければならない．この手続をアグレアシオン（agréation）という．これに対して，接受国の与える同意をアグレマン（agrément）という．接受国は，アグレマンを拒否しても，派遣国に対して，その理由を示す義務を負わない（同4条）．

2. 派遣された外交使節は，自己の信任状（lettres de créance）を接受国に提出しなければならない．信任状は，接受国の元首（代理公使の場合には，外務大臣）に宛てた派遣国の元首の署名した文書であり，外交使節の任命を通告するものである．信任状の提出は正式の儀式であり，国によってそのやり方は異なる．しかし，信任状の提出日が，その外交使節の任務の開始日となる．ウィーン外交条約は，任務の開始について，接受国において一律に適用されるべき一般的な習律に従い，信任状提出の時のほか，自己の到着を接受国の外務省に通告し，かつ，自己の信任状の真正な写しを外務大臣に提出した時をもあげて，選択の余地を与えている（同13条）．

　なお，派遣国の元首が変わりあるいは体制が変更した場合には，信任状は改めて提出される．これは元首（君主）を国家と同一視する古い考えの残滓ともみられるが，接受国の憲法体制の変更にもかかわらず外交使節が任務を継続することは，新国家または新政府（接受国）の黙示の承認（2章2節**5**参照）にも相当するものである．

使節団の長を除く，外交使節の他の構成員（使節団の職員）の任命には，接受国のアグレマンを必要としない（同7条）．この場合，任命の通告があれば，反対の証拠がないかぎり，受け入れられたものと推定される．

3. もっとも，接受国は，いつでも（接受国領域に到着する前においても），理由を示さないで，派遣国に対して，使節団の長もしくは使節団の外交職員である者が受け入れられない人，すなわちペルソナ・ノン・グラータ（persona non grata）であること，または，使節団の他の職員である者が受け入れ難い者であることを通告することができる．その通告を受けた場合には，派遣国は，状況に応じて，その者を召喚し，または使節団におけるその者の任務を終了させなければならない．派遣国がこの義務の履行を拒否し，または相当の期間内に履行しなかった場合，接受国はその者を使節団の構成員と認めることを拒否することができる（同9条）．

4. 外交使節の任務の終了は，(a)派遣国が，接受国に対し，その外交官の任務が終了した旨の通告を行ったとき（召喚の場合など），(b)接受国が，派遣国に対し，その外交官をペルソナ・ノン・グラータとして，使節団の構成員として認めることを拒否する旨の通告を行った時，である（同43条）．召喚は，接受国との外交関係の断絶の場合に行われやすい．

ほかに，接受国の体制変更や消滅の場合，外交官の死亡の場合にも，その任務は終了する．

4 外交使節の任務

1. 外交使節の任務は，ウィーン外交条約3条に列挙されている．しかし，その列挙は任務の順序（序列）を示すものではなく，また，必ずしも限定的なものでもない．実際には，外交使節の任務は，派遣国と接受国との間の仲介的役割，および接受国領域における派遣国国民の保護，の2種類に大別される．

前者については，①接受国において派遣国を代表すること（ウィーン外交条約3条1項(a)）．外交使節は派遣国の名で，条約の締結，通告，抗議，請求，説明要求，国際会議への参加など，の行為を行いうる．②接受国の政府と交渉すること（同(c)）．交渉は，条約の準備であれ，2国間の問題の討議であれ，公式に

または非公式に行われる．③接受国における諸事情をすべての適法な手段によって確認し，かつ，これらについて派遣国の政府に報告すること（同(d)）．情報収集は，「適法な手段」で行われねばならず，接受国の公務員を利用したり，秘密の方法による不正な収集は，スパイ活動とみなされ，それを行う者または教唆する者はペルソナ・ノン・グラータであると通告されうる．しかし，例えば，外交使節が接受国の反政府勢力と接触することは，その接触が公開で行われ，接受国の国内事項への介入の口実とされないかぎり許される．

後者については，接受国において，国際法が認める範囲内で派遣国およびその国民の利益を保護すること（同(b)）．この任務は，2つの側面を含んでいる．1つは，自国民の権利や利益が侵害されたときの外交的保護権の行使（9章5節4参照）であり，2つは，自国民が接受国の領域で行う私法上の行為のための援助である．接受国の少なくとも黙示の同意を得て，外交使節が領事任務を行うことは自由である（同3条2項）．

2. 外交使節の任務の遂行について，外交使節に課せられる義務と接受国に課せられる義務が存在する．

前者については，外交使節は接受国の法令を尊重しなければならず，接受国の国内問題に介入してはならない義務を負うことである（同41条1項）．政治，経済，軍事面の秘密情報を系統的に探ること，接受国政府の反対勢力をわざと支持すること，派遣国の政府に敵対する国民を逮捕あるいは拉致するため，接受国領域に秘密警察を組織すること，などは，最近目立つ外交使節の介入行為ないし権限の濫用である．また，外交使節の公式の請求は，接受国政府に対してのみ宛てられ，それ以外の当局に対して向けられてはならない．

このような不介入義務に対する違反の制裁は厳しく，それに関係した外交使節はペルソナ・ノン・グラータと宣言され，ただちにまたは短い猶予期間の後，接受国領域からの退去を求められる．国外退去は，国内問題への介入に対する通常の制裁方法である．

3. 後者，すなわち接受国の義務としては，その領域において外交使節に自由な任務遂行を保障しなければならないことである．この義務にはいくつかの側面がある．①外交使節の安全を確保する義務．これは外交使節の身体に対する危害を防止する義務，危害を加えた者を処罰する義務を含む．近年テロ・グ

ループによる外交官の拉致あるいは人質の増加のため，1973年外交官等保護条約が作成された．若干の国はこの分野において特別の措置をとっている．②外交使節の移動の自由を確保する義務（後述5(3)(ⅲ)）．③大使館への自由なアクセスを確保する義務．

5 外交特権

(1) 外交特権の意味

1. 外交使節には，接受国において一般の外国人よりもはるかに手厚い保護を受けるさまざまの特権や免除が認められる．それらを一括して外交特権と呼び，それは外交使節のみならず，外交使節団の他の構成員，さらに，使節団の公館や文書にも及ぶ．ただ，厳格な意味の強行法的性格を有する特権および免除（不可侵権，裁判権免除など）と礼譲的性格の単なる便宜（旅行や駐車の便宜など）とは区別しなければならない．

2. 外交特権は慣習法上認められてきたものであるが，ウィーン外交条約22-40条に規定され，条約上の基礎をもつことになった．また，国内法令で外交特権を詳細に規定している国もある．例えば，1964年イギリス外交特権法（Diplomatic Privileges Act），1967年と1978年のアメリカ外交関係法（Diplomatic Relations Acts）である．

(2) 外交特権の根拠

1. 外交特権の認められる根拠については従来からいくつかの説が主張されてきた．その代表的なものとして，治外法権説，威厳説（または国家代表説）および機能説がある．

治外法権説は，古くはグロティウスにまで遡る治外法権の考えによって免除を説明しようとするもので，外交使節の公館は派遣国の領土の一部であるとみなし，使節は自国領土を決して離れなかったというフィクションを使って接受国の支配を逃れるとするものである．この説は外交的庇護を認め，さらに公館内で生じた犯罪に対して権限をもつ裁判所は接受国の裁判所ではないということにまで導きうるものである．しかし，この説は今日ほとんど受け入れられて

いない.

2. 威厳説は, 外交使節が派遣国を代表するものとして, その名誉と威厳を体現するから, 特権免除が必要であるとするものである. この説は, 外交使節を君主の代表とみなし宮廷外交の行われた時代には, 適合性を有したとも思えるが, 外交使節の役割も変わった今日では, 有力ではない.

3. 機能説は, 外交使節が任務を十分に遂行するためには独立であることを確保する必要があるとする考えで, 今日一般に採られているものである. ウィーン外交条約は,「このような特権及び免除の目的が, 個人に利益を与えることにあるのではなく, 国を代表する外交使節団の任務の能率的な遂行を確保することにある」ことを認めている (前文). これは威厳説の考えを若干加味しつつ, 機能説に立っていることを示すものである.

(3) 外交使節団の特権免除

外交使節団および使節団の長は, 使節団の公館 (使節団の長の住居を含む) および使節団の長の輸送手段に派遣国の国旗および国章をかかげる権利を有する (ウィーン外交条約20条). 使節団の特権免除の中心は公館および公文書・通信の不可侵である.

（i） 公館の不可侵

1. 使節団の公館は不可侵である (同22条1項). 中世・近世において公館は接受国領土の外にあると考えられ, その不可侵は公館の存在する地区全体に及ぶ地区特権 (franchise du quartier) ともいわれた. しかし, それは18世紀には廃止され, 今日では不可侵権は大使館 (または公使館) の建物およびその敷地 (franchise de l'ambassade) に認められる.

接受国の官吏 (警察その他の官憲) は, 使節団の長が同意した場合を除くほか, 公館に立ち入ることができない (同1項). しかし, 公館の火災の場合——例えば1962年7月28日ロンドンのルーマニア大使館の火事——や人命にかかわる緊急の必要がある場合——例えば1984年4月ロンドンのリビア大使館内からの発砲によるイギリス婦人警官の死亡事件——など, 使節団の長の同意が得られず, または同意を求める時間的余裕がなければ, 接受国の消防隊や官憲が同意を得ずに公館内に入りうるかどうかという問題が提起される.

慣例上，このような緊急必要の場合には例外的に，同意なしの立入りが認められていた．ウィーン外交条約の草案過程では，人命，公衆衛生，財産に対する重大な，急迫した危険の除去のため，または国家の安全保障のため，極度に必要な場合に「緊急の例外」を明記することを求める見解と，とくに国家の安全保障のための例外は濫用の危険が大きいとしてそれに反対する見解が対立し，その結果，この条約はこの例外の場合について規定していない．したがって，緊急の例外が全く許されないわけではないとしても，その場合は厳格に解さなければならない．

2. また，接受国は，侵入または損壊に対し使節団の公館を保護するため，および公館の安寧の妨害または公館の威厳の侵害を防止するため適当なすべての措置をとる特別の責務を負う（同条2項）．この特別の責務は，秩序維持のための一般的義務を果たすための措置以上の特別の措置をとる義務であり，強制的な性格をもつとみられる（在テヘラン米国大使館等人質事件，*ICJ Reports 1980*, p.33）．公館の安寧妨害あるいは侵害になりうるのは，デモ隊などによる公館の一時占拠の場合——1963年11月20日ロンドンのイラク大使館の占拠，以来1978年までに15年間に96件あったといわれる（*RGDIP*, 1974, pp.741-746）——あるいは大使館に対するデモが重大な騒擾となるなどの場合であり，大抵は接受国の警察により排除されている．

なお，使節団の公館，公館内にある用具類その他の財産および使節団の輸送手段（自動車など）は，捜索，徴発，差押えまたは強制執行を免除される（同条3項）．この免除により，裁判所の命令に基づくものでも，公館に入れないことを意味する．また，令状の送達について，規定はないが，令状は送達人によって公館に送達されてはならない．

3. 公館の不可侵から，公館には外交的庇護（diplomatic asylum）が認められるかどうかの問題が争われてきた．公館周辺の地区特権が治外特権とみなされていた時代から，公館に逃亡してきた犯罪人を庇護する例は多い（ルイ14世はこの特権に固執し，法王イノッセント11世と争いを起こしたといわれている）．ラテン・アメリカ諸国では，1928年2月6日「庇護に関するハバナ条約」，1933年12月27日「政治的庇護に関するモンテビデオ条約」，1954年3月28日「外交的庇護に関するカラカス条約」といった条約により一定の条件のもとで政治犯

に対する庇護権が認められてきた．

　もっとも，この場合でも，庇護を与えることは，外交使節にとって義務ではない．しかし，その領域で犯罪を犯した者に外交的庇護を与える決定は，その領域国（接受国）の主権を侵害し，国内事項に干渉することになるから（庇護事件, *ICJ Reports 1950*, p. 274），一般（慣習）国際法上，外交的庇護権は認められているとはいえない．もっとも，政治犯とみられる者が大使館に逃亡する事例は今日でも絶えず，その多くは関係国間の協議で処理されている．なおまた，派遣国の本国において犯罪を行った者を，その外交公館に留置し，あるいはその者を本国に送還するために公館内に監禁するといった権力行為は，公館の不可侵を理由に認められるわけではない（1896年ロンドンの清国公使館に監禁された孫逸仙事件，1974年西ドイツ韓国大使館での韓国人学生監禁・送還事件）．

　4. なお，外交関係の断絶または使節団の召喚の場合にも，公館の不可侵は存続する．武力紛争が生じたときも，接受国は，使節団の公館ならびに使節団の財産および公文書を尊重し，かつ，保護しなければならない（ウィーン外交条約 45 条(a)）．

（ⅱ）　公文書の不可侵・通信の自由

　1. 使節団の公文書および書類は，いずれの時およびいずれの場所においても，不可侵である（同 24 条）．秘密の文書や書類だけが不可侵なのではなく，使節団のすべての文書や書類が，公館内のみならず，公館外にある場合（自動車の中や使節団構成員の居宅内にある場合など）でも不可侵である．この不可侵は絶対的なものであり，外交関係の断絶によってもまた武力紛争中にも存続する．

　通信の自由は，外交使節の任務の遂行に不可欠なものである．接受国は，すべての公の目的のためにする使節団の自由な通信を許し，かつ，これを保護しなければならない．使節団は，外交伝書使および暗号または符号による通信文を含むすべての適当な手段を用いることができる（同 27 条 1 項）．使節団の公用通信，すなわち使節団およびその任務に関するすべての通信は，不可侵である（同条 2 項）．

　通信の自由は，接受国の安全の要請との調整が求められ，微妙な均衡が図られている．例えば接受国を誹謗する内容の情報誌の公館による発行が接受国により規制される場合（1951 年フランス政府のソ連外交代表団に対する覚書）がある．

最近，公館内に取りつけられた隠しマイクによる会話の盗聴が増えている．

なお，無線通信機の設置および使用には，接受国の同意が必要である．この無線通信のためには強力な送信機や中継局さえ必要とすることがあり，また使用しうる周波数にも制限があるためである．この同意は，通信機の設置と使用の両方について必要であり，同意を得て設置された通信機の使用が濫用されるなら，接受国はその使用の同意のみを撤回する場合もありうる．

2. 通信のために外交封印袋やそれを運ぶ外交伝書使が用いられる．外交封印袋は，開きまたは留置することができない（27条3項）．外交封印袋である包みには，そのことを外部から識別できる記号を付さねばならず，そのなかには外交上の書類または公の使用のための物品のみを入れることができる（同条4項）．なお，これには数量の制限がなく，古くはグランドピアノが袋に入れて送りうる最大のものといわれていた．また，この袋が覚醒剤の密輸などのために利用され，濫用される例もある．

外交伝書使は，自己の身分および外交封印袋の数を示す公文書が交付されていることを要し，その任務の遂行について接受国により保護を受ける．その外交伝書使は，身体の不可侵を享有し，いかなる方法によっても抑留または拘禁されない（同条5項）．正規の外交伝書使は，外務省書使課の常勤職員で，伝書使旅券を交付されているが，派遣国またはその使節団は臨時（アド・ホック）の外交伝書使を指名することもできる（同条6項）．また，外交封印袋は，商業航空機の機長にその輸送を委託することもできる（同条7項）．

1989年にILCは「外交伝書使および外交伝書使に伴われない外交封印袋の地位に関する条文案」および「普遍的国際機構の伝書使および封印袋の地位に関する条文案」ならびに後者に関する2つの選択議定書を採択した．

（ⅲ）　便宜供与

1. 接受国は，使節団に対し，その任務の遂行のため十分な便宜を与えなければならない（ウィーン外交条約35条）．それには，移動の自由も含まれる．接受国は，国の安全上の理由により立入りが禁止されまたは規制されている地域に関する法令に従うことを条件として，使節団のすべての構成員に対し，自国領域内における移動の自由および旅行の自由を確保しなければならない（同26条）．

2. 移動の自由は慣習法上認められてきたもので，その規制や禁止は原則に対する例外であり，とくに立入り禁止地帯は国家安全の理由で法令により定められていることが必要である．しかし，実際には，東西冷戦のもとで移動の自由は著しく後退した．1952 年以来，東西陣営の諸国の間では，自国に派遣された相手陣営の外交使節の移動に制限措置がとられた（首都周辺 40-60 キロメートルの区域に限定）．1962 年から中国や若干のアフリカ諸国（アルジェリア，コンゴ・ブラザビル，ガボン，ザンビア）が，1972 年からインドネシアが類似の措置をとった．

(4) 外交官の特権免除

(i) 不可侵権

1. 外交使節団の長および外交職員，すなわち外交官は，公務に従事しているか否かを問わず，その身分自体から，通常の外国人とは異なる特権的地位が認められる．まず，外交官の身体は不可侵とされ，いかなる方法によっても抑留し，または拘禁することはできない（ウィーン外交条約 29 条，在テヘラン米国大使館等人質事件, *ICJ Reports 1979*, p.46）．接受国は，相応な敬意をもって外交官を待遇し，かつ，外交官の身体，自由または尊厳に対するいかなる侵害をも防止するため，すべての適当な措置をとらなければならない（同 29 条）．

これについての具体的な措置は国際法上定められているわけではないが，例えば，外交官の身体または名誉を傷つけた者に対して，普通人に対するよりも刑法上重い刑罰を定めている国もある．（日本の刑法 91 条は，外国の元首・使節に対する暴行・脅迫の場合の特別刑を定めていたが，昭和 22（1947）年の改正のさい削除された．）

もっとも，外交官の身体の不可侵は，国際実行上古くから認められているが，絶対的性格を有するものではない．ウィーン外交条約の草案を起草した ILC では，自衛または例外的事情の場合に，不可侵の例外とする（外交官の逮捕を認める）見解もあったが，この条約はこの点について規定していない．しかし，第二次世界大戦後の実行においても，麻薬取引などの現行犯の場合，外交官の逮捕された例はある．

2. 外交官の個人的住居は，公館と同様，不可侵および保護を享有する．外

交官の書類，通信，およびその財産も，不可侵である．ただし，民事・行政裁判権からの免除を享有しない財産については，不可侵ではなく，外交官に対する強制執行の措置はとられうる（同30条2項，31条3項）．

(ⅱ) 裁判権からの免除

a 刑事裁判管轄権からの免除

1. 外交官は，接受国の刑事裁判権からの免除を享有する（同31条1項）．この免除は絶対的な性格のものであり，接受国は重い軽いを問わず刑法違反を犯した外交官を訴追し，処罰することはできない．もっとも，接受国は，その外交官の召喚を派遣国に要求し，あるいはペルソナ・ノン・グラータとして国外退去を命ずることはできる．また，緊急の場合，一時その身柄を拘束することはできる．麻薬取引および関税違反の現行犯の場合を除いて，外交官の現行犯でも，刑事裁判権は免除される．スパイ行為の場合も，それを行った外交官の召喚の要求または国外追放を行いうるだけである．

2. ただ，戦争犯罪には刑事裁判権の免除は適用されないかについては議論がある（極東国際軍事裁判所における元ドイツ大使大島浩の起訴，逮捕状事件（*ICJ Reports 2002*, p.3, paras, 36-61）参照）．なお，免除が認められるのは，外交官が接受国の法令の適用を受けないことによるわけではないから，外交官の任務を遂行するための行為ではなく，個人の立場で犯した犯罪行為については，外交官の特権享有期間の終了後，接受国がその者を訴追・処罰することは認められる（ウィーン外交条約39条2項参照）．

b 民事・行政裁判権からの免除

1. 外交官は，民事裁判権および行政裁判権からの免除を享有する．この免除の範囲は広い．ただし，つぎの訴訟の場合は除かれる．すなわち，(a)接受国の領域内にある個人の不動産に関する訴訟，(b)外交官が個人として，遺言執行者，遺産管理人，相続人または受遺者として関係している相続に関する訴訟，(c)外交官が接受国において自己の公の任務の範囲外で行う職業活動または商業活動に関する訴訟，である（同31条1項）．外交官に対する強制執行の措置は，上の(a), (b), (c)に規定する訴訟の場合にのみ行いうるが，その場合でも外交官の身体または住居の不可侵を害してはならない（同31条3項）．外交官は，証人として，証言を行う義務を負わない（31条2項）．

第2節　外交使節

2.　この免除の影響として最近目立つのは，外交官の起こす交通事故の場合，その被害者が裁判所で損害賠償を請求する機会が奪われることである（1964（昭和39）年，アヤトリ・マレーシア大使館二等書記官事件参照）．ウィーン外交条約を作成した外交会議は，「民事請求権の審議に関する決議」を採択し，派遣国が，その外交官の任務遂行に支障のないかぎり，この場合の民事訴訟につき免除を放棄するか，または，被害者の請求に正当な解決をもたらすよう努力することを求めた．しかし，この決議は勧告にすぎず，法的義務を課すものではない．なお，免除は外交官の保険業者には及ばないから，犠牲者が事故を起こした外交官の保険業者に対して訴訟を提起しうるのであり，この場合，保険契約に基づくのではなく，接受国の国内法（道路交通法など）に基づくのである．

c　免除の放棄

1.　以上のような刑事・民事・行政裁判権からの免除について，それを放棄することが認められている．派遣国は，外交官および他の免除享有者（同37条——後述（iv））に対する裁判権からの免除を放棄することができる．この放棄は，その外交官個人によってはなされえない．使節団の長は，他の外交官についての免除を放棄しうるが，自らについての免除放棄は，その派遣国の同意が必要とみるべきであろう．免除の放棄は任務上の必要によるものであって，また，接受国の圧力による放棄の偽装を防がねばならないからである．

2.　なお，外交官または他の免除享有者が訴えを提起した場合には，本訴に直接関連する反訴について裁判権からの免除を援用することはできない（同32条3項）．

また，民事・行政訴訟に関する裁判権からの免除の放棄は，その判決の執行についての免除の放棄をも伴うものではない．判決の執行についての免除の放棄のためには，別にその放棄をしなければならない（同条4項）．

なお，上述のような接受国の裁判権の免除は，その外交官を派遣国の裁判権から免れさせるものではない（同31条4項）ことに注意しなければならない．

（iii）　行政権からの免除——課税の免除

1.　外交官はその他さまざまの免除を受けるが，それらは主に礼譲に基づくものである．外交官は，その不可侵権（前述（i））により抑留，拘禁されてはならない（同29条）ほか，すべての人的役務，公的役務，ならびに徴発，軍事

上の金銭的負担および宿舎割当に関する義務のような軍事上の義務を免除される（同35条）．

2. 最も重要なのは課税の免除である．もっとも，課税が外交官の独立性を損なうわけではないから，その免除は法的要求であるというより本来礼譲ないし行政的寛容に由来するものである．しかし，この免除は長い間すべての国によって与えられてきたのであり，今日ではウィーン外交条約に規定され，条約上の根拠をもつといえる．

外交官は，人，動産または不動産に関し，国または地方公共団体のすべての賦課金および租税を免除される．つまり，免除される直接税は国税，地方税を問わない．ただし，つぎのものは免除されない．すなわち，(a)商品または役務の価格に通常含められる間接税，(b)接受国の領域内にある個人の不動産に対する賦課金および租税，(c)接受国によって課せられる遺産税または相続税，(d)接受国内に源泉がある個人的所得に対する賦課金および租税，ならびに接受国内の商業上の企業への投資に対する資本税，(e)給付された特定の役務に対する課徴金，(f)登録税，裁判所手数料もしくは記録手数料，担保税または印紙税であって，不動産に関するものである（同34条）．

3. 輸入物品の関税および手荷物検査も免除される．関税については，(a)使節団の公の使用のための物品，(b)外交官またはその家族の個人的な使用のための物品，には免除が認められる（同36条1項）．

検査については，手荷物中に免除の適用を受けない物品または輸出入が禁止されまたは検閲規則によって規制されている物品が含まれていると推定すべき重大な理由がある場合には，免除されない．その場合，検査はその外交官または委任を受けた者の立会いの下においてのみ行われなければならない（同36条2項）．

そのほか，外交官は，派遣国のために提供された役務について，接受国で施行されている社会保障規程（具体的には，養老年金，健康保険，失業保険など）の適用を免除される（同33条1項）．

　(iv)　特権免除の享有者

1. 外交官の家族の構成員でその世帯に属する者は，接受国の国民でない限り，外交官と同じ特権免除を享有する（同37条1項）．外交官以外の職員，例

えば使節団の事務職員および技術職員ならびにその家族の構成員でその世帯に属する者は，接受国の国民でない場合または接受国に通常居住していない場合には，原則として外交官と同じ特権免除（関税および検査の免除は除かれる）を認められる．

ただし，民事裁判権および行政裁判権からの免除は，その者が公の任務の範囲外で行った行為には及ばない（同条2項）．役務職員は，その公の任務の遂行にあたって行った行為についての裁判権からの免除，自己が雇用されていることによって受ける報酬に対する賦課金および租税の免除，社会保障に係る免除を受ける（同条3項）．個人的使用人は，報酬に対する賦課金および租税を免除される（同条4項）．

2. 以上に述べた外交官その他の職員の特権免除は，それらの者が接受国の国民でない場合に関するものである．接受国の国民である外交官または接受国に通常居住している外交官は，その任務の遂行について行った行為についてのみ裁判権からの免除および不可侵権を享有する（同38条1項）．外交職員以外の使節団の職員または個人的使用人であって，接受国の国民であるものまたは接受国に通常居住しているものは，接受国によって認められている限度まで特権および免除を享有する（同条2項）．

（v）特権免除の享有期間

1. 特権免除の享有者は，赴任のため接受国の領域に入った時，または，すでに接受国の領域内にある場合には，自己の任務が外務省に通告された時から，特権免除を享有する（同39条1項）．

2. 任務が終了した場合には，通常その者が接受国を去る時に，または，接受国を去るために要する相当の期間が経過した時は，その時に消滅する．なお，その者が任務を遂行するに当たって行った行為についての裁判権からの免除は，その者の特権免除の消滅後も引き続き存続する（同条2項）．

（vi）第三国の義務

1. 外交特権は，接受国の領域またはその排他的に管轄する場所（公海上にある接受国の船舶や航空機を含む）内において認められる．かかる特権は第三国領域内において当然に認められるわけではない．

2. しかし，ウィーン外交条約によれば，外交官が赴任，帰任または帰国の

途中において，第三国の領域を通過しまたはその領域内にある場合，その第三国はその外交官に，不可侵およびその通過または帰還を確実にするため必要な他の免除を与えなければならない（同40条）．外交官の家族が同行する場合なども同様である．

(5) 国際機構・国際会議への国家代表

1. 現代国際社会において，さまざまの政府間国際機構が設立され，また政府間国際会議がたびたび開催されるようになると，それらの国際機構または国際会議に派遣される国家代表の地位や待遇の問題，いいかえれば「使節権」の問題が議論されるようになってきた．しかし，この「使節権」は，長い歴史をもつ外交使節の使節権と比べて歴史が浅く，一般に十分確立しているとはいえない．のみならず，派遣国が所与の国際機構の加盟国である場合とない場合があり，さらに，その国際機構の所在地国または国際会議の開催国，すなわち受入れ国（ホスト国）に承認されている場合と承認されていない場合があるなど，それらの関係は複雑である．国際機構や国際会議は国家のような主権をもつわけではなく，それらと派遣国とは，非対称的である．

しかも，とくに普遍的な国際機構の受入れ国はアメリカ，スイス，オーストリアなど少数であり，そのため外交使節の派遣国と接受国の場合とは異なり，派遣国と受入れ国の間の利害関係は必ずしも相互的ではない．そのため，国際機構や国際会議への国家代表の地位や待遇について単純な規則をつくりだすことは困難ともいえる．もっとも，国連およびその専門機関に対する加盟国の代表者については，一定の特権免除が認められている（1946年国連特権免除条約4条，1947年専門機関特権免除条約5条）．

2. ILCは1963年以来国家と国際機構間の関係の問題を検討してきたが，1971年にそれに関する条約草案を作成し，それを基礎に1975年3月14日ウィーン外交会議において「普遍的性質の国際機構との関係における国家代表に関するウィーン条約」(以下「ウィーン国家代表条約」という）が採択された．

この条約は，国際機構や国際会議のうち普遍的性質をもつ世界的規模のものについて取り扱い，それに参加する国家代表の地位や特権免除，すなわち国際機構（または会議）の「受動的使節権」の原則について統一的な規則を定めて

第2節　外交使節

いる．（なお，ILC における国際機構の「能動的使節権」の問題の検討は遅れている．国連憲章 105 条，国連特権免除条約，専門機関特権免除条約，参照．）しかし，受入れ国となることの予定される諸国は，この条約に批判的で，この条約を発効させることは困難ともみられる．

3.　ウィーン国家代表条約によれば，(a)国際機構加盟国のその機構への常置使節団と非加盟国の常置オブザーバー団（5条），および(b)国際機構内の諸（内部）機関と国際会議に派遣される代表団およびオブザーバー代表団に分けて規定されている．

(a)の常置使節団と常置オブザーバー団の国際機構における任務および特権免除に適用される規則はほぼ同じである．それらの規則は，国際機構の非主権性や受入れ国の利益を考慮に入れつつも，常置外交使節に対する場合にほぼ相当する待遇を常置使節団に与えている．例えば，使節団の長や外交職員の身体と財産の不可侵（同 28, 29 条），受入れ国の刑事裁判権の免除，および民事・行政裁判権の原則的免除（同 30 条），課税，税関，手荷物検査などの免除（同 32-35 条）などである．特権免除の多くは，使節団の長や外交職員の家族，事務・技術職員およびその家族にも認められる（同 36 条）．また，派遣国は，使節団の構成員を自由に任命することができる．他方，外交使節の場合のように，受入れ国が好ましくないとみなす者を国外追放しうるかどうかについて，ペルソナ・ノン・グラータを宣言することが国際機構にとっては馴染まないため，規定がおかれていない．もっとも，受入れ国は，自らを保護するために必要な措置をとる権利は認められている（同 77 条 4 項）．

(b)の国際機構の内部機関や国際会議に派遣される代表団やオブザーバー団に関する規定については，主に 1969 年「特別使節団条約」に依拠している．それによると，代表団の長，長以外の代表および外交職員は，身体，住居ならびに財産について不可侵権を有し（同 58, 59 条），受入れ国の刑事裁判権および公務執行中の行為について民事・行政裁判権から免除され（同 60 条），さらに，課税なども免除される（同 62, 63 条）．また，その家族，事務・技術職員もこれらの特権免除の多くを享有する（同 66 条）．

第3節 領　事

1　領事制度の沿革

1. 領事制度の起源は，外交使節のそれとは全く異なるもので，中世のヨーロッパにかなり固有の社会機構のなかに求められる．当時，イタリア商業都市――ヴェニス，ピサ，ジェノア，アマルフィ，ナポリなど――では，技術上あるいは職業上の組合が商工業活動を営み，国王や領主から与えられた広い自治権をもち，また，組合員相互間の争いなどを処理する権限をもつ固有の裁判官をも有していた．この裁判官は，今日の領事の語源であるコンスル（consul，ラテン語では consulere）と呼ばれた．

11-13 世紀にかけて地中海東岸の東方諸地域の都市や港に移住したイタリア，スペイン，南フランスなどの商人たちは，そこに商館を建て同様の組合をつくり，裁判官を選挙により選んだ．この裁判官は海外コンスルと呼ばれ，組合員間における警察や司法の任務を担った．海外コンスルは現地の政府と直接に交渉する権限をも有していた．ヨーロッパからみて東方諸地域で発達したこのような領事制度が，その後 13 世紀にはヨーロッパ諸地域に伝わり，商業都市において選ばれた領事はそこに住む商人たちに対して広い権限を有するようになった．

そこでの商工業上の組織が消滅してからも領事制度は存続したが，近世になり近代国家が萌芽し君主の権力が強大となるにつれ，領事は君主ないし政府により直接任命されるようになった．領事の裁判権も制限され，その地域の自国民の利益を保護することが主たる任務となった．また，17 世紀頃から常置外交使節が発達してくると，領事は接受国政府と直接交渉する資格をも奪われることになった．

第3節 領事

　その後一時,領事制度は衰退する——1697年リスヴィック条約30条,1713年ユトレヒト条約38条は領事の認可を拒否——が,19世紀頃には産業や海運の発達に伴い国際貿易が拡大し,移民や旅行者が増加するにつれ,再び領事制度の重要性が認識されるようになった.公的性格をもつようになった領事の地位は,まず平和条約や友好通商条約で,ついで領事条約で定められた.最初の領事条約は,1769年3月13日にパルドで署名されたフランスとスペイン間の条約である.

　他方,東方諸地域,とくにトルコ帝国の諸地域では,トルコがヨーロッパ諸国と結んだ領事裁判条約 (Capitulations) により,それら諸国における領事の自国民に対する警察権や裁判権は存続した.中国,日本などの東洋諸国も,「開国」にあたり西欧諸国と結んだ条約のなかで,自国領域内における類似の領事裁判制度を認めた.トルコは,1923年のローザンヌ平和条約 (28条と同条約付属) および裁判管轄に関する条約 (15条) によって領事裁判制度から解放され,ついに「東洋における治外法権」の制度は消滅した.

　2.　領事は,外国領域内においてその派遣国の経済的利益や派遣国国民の利益を保護する一種の行政機関であり,領事の任務や待遇などは接受国の許容に基づくものである.したがって,それらは,国内法令——例えば,イギリスの1825年7月5日領事法,1949年4月26日領事条約法 (Consular Conventions Act)——や国内判例で認められてきたが,同時に,派遣国と接受国の間の領事条約や通商航海条約などの2国間合意によっても定められてきた.これらの条約は大体共通した内容をもち,あるいは条約中の最恵国条項を通じて同様の待遇が与えられることになる.また,領事の待遇などについて慣習法化しているものも存在する.

　そのため,国連において領事関係に関する一般条約の作成がもくろまれ,1961年のウィーン外交条約に続いて,1963年4月24日外交会議において「領事関係に関するウィーン条約」(以下「ウィーン領事条約」という) が採択された.この条約は,そこに明示的に規定されない問題については,「引き続き国際慣習法の規則により規律されること」(前文) を確認している.また,ウィーン領事条約は,領事関係の多様性を考慮して,諸国がこの条約の規定を確認し,あるいは補充・拡大する国際取極を締結することを妨げないとしており (73条

2項），事実諸国家はこの条約を指針として，個別的に2国間条約を結んでいる.

3. 一般（慣習）国際法上，国家は領事関係を開設すべき義務を負わず，開設は国の間の相互の同意によって行われる（ウィーン領事条約2条1項）．領事機関（後述 **2-2.**）は，接受国の同意がある場合にのみ，接受国の領域内に設置される（同4条）．もっとも，2国間の外交関係開設の同意は，別段の意思表示がない限り，領事関係の開設についての同意をも意味するとみなされる（同2項）．しかし，逆に，外交関係の断絶自体は，領事関係の断絶をもたらすものではないことに注意しなければならない（同3項）．

2 領事官の種類・階級

1. 領事官，すなわちその資格において領事任務を遂行する者には，本務領事官（consules missi）と名誉領事官（consules electi）の2種類がある（ウィーン領事条約1条2項）．本務領事官は領事を本務としており，その任務遂行のため本国から派遣された者であり，当然本国政府から俸給を受ける.

名誉領事官は，領事が本務ではなく，委嘱を受けてその任務を行う者であるから，任務遂行に対する一定の報酬は得ても，俸給を受けるわけではない．名誉領事官には接受国の国民であるその地方の有力者（とくに商工業者）が任命されることが多い．いずれの国も，名誉領事官の任命または接受について自由に決定することができる（同68条）．オランダ（1956年時点で本務領事官20人に対して名誉領事官500人）のように，本務領事よりはるかに多数の名誉領事を任命している国もある.

2. 領事機関は，総領事館，領事館，副領事館または代理領事事務所の4つとされる（同1条1項(a)）．総領事館は一般に，派遣国と接受国の経済的・文化的交流が密接な地域あるいは派遣国の国民が多数居住する地域の主要都市に設置される．領事館以下については，その地域の重要性などに応じて適宜設置される．領事機関の所在地および種類，ならびに領事管轄区域は，派遣国が決定するが，その後の変更を含めて，接受国の承認を得なければならない（同4条2，3項）．

領事機関の長，すなわちその資格において行動する責務を有する者は，それ

それ，総領事，領事，副領事，代理領事の4階級に分けられる（同9条1項）．総領事は，多数の領事の上にあって，それら領事の管轄区域を総括し監督するか，あるいは，重要な区域を独立して管轄する．領事は，独立の管轄区域をもち，あるいは総領事館で総領事を補佐し，副領事は（総）領事館分館（副領事館）の長であり，または総領事を補佐する．

もっとも，国は領事機関の長以外の領事官の名称を定める権利を有する（同条2項）．3階級に分ける国（スイスなど）や5階級に分ける国（エクアドル）もあるが，一般に大国（アメリカなど）は，4階級に分けている．なお，総領事館で総領事を補佐する領事や副領事は領事機関の長ではない．

領事機関の構成員には，領事官のほか，事務技術職員および役務職員も含まれる．また，領事機関の職員とは，領事機関の長以外の領事官，事務技術職員および役務職員をいう．

3 領事官の派遣・接受

1. 領事機関の長は，派遣国によって任命され，接受国によって任務の遂行を承認される（ウィーン領事条約10条）．2国間に同数の領事官を相互に派遣するというパリティの原則が主張されることもある．1938年ソ連政府は，14カ国との領事関係を厳格なパリティに基づいて再調整するため，この原則を援用した．

任命の手続は，派遣国の法令や慣行に定められ，その承認の手続は接受国の法令や慣行に定められるのであり，外交使節の場合のように接受国のアグレマンを予め求める手続は必要ではない．もっとも，ソ連の実行は，領事官の任命の前に接受国の同意が与えられることを求めており，日ソ領事条約（1967（昭和42）年8月23日発効）も，任命前にアグレマンと類似した手続を定めている．

派遣国は，領事機関の長の資格などを証明する委任状またはこれに類する文書を，外交上その他の適当な経路を通じて接受国に送付する（ウィーン領事条約11条）．これに対して，接受国は認可状（exequatur）と称する許可書（様式のいかんを問わない）を交付して，領事機関の長の任務遂行を承認する．認可状は，領事官にその任務を遂行することを許可する権原（title）を構成するものであ

る．接受国が認可状の付与を拒否する場合，派遣国に対して拒否の理由を示す義務を負わない（同12条）．また，接受国は，いつでも，理由を示さないで，領事官である者がペルソナ・ノン・グラータであると通告することができる．通告を受けた派遣国は，状況に応じて，その者を召喚し，または，その者の任務を終了させなければならない（同23条）．

2. 領事機関の構成員の任務は，なかんずく，派遣国がその構成員の任務終了を接受国に通告した時，認可状が撤回された時，接受国がその構成員を領事機関の職員として認めることをやめた旨の通告を派遣国にした時，に終了する（同25条）．任務終了後の接受国領域からの退去については，武力紛争が発生した場合においても，接受国の国民でない領事機関の構成員，個人的使用人ならびにこれらの世帯に属する家族（国籍のいかんを問わない）に対して，接受国は必要な時間的余裕および便益を与えなければならない．とくに必要な場合には，これらの者およびその財産のために必要な輸送手段を提供しなければならない（同26条）．

4　領事官の任務

1. 領事任務は，領事機関によって遂行される．しかし，場合によっては，この任務は外交使節団によっても行われることができる（ウィーン外交条約3条）．逆に，派遣国が外交使節団を有しておらず，かつ，第三国の外交使節団によっても代表されていない国においては，領事官は，接受国の同意を得て，領事官としての地位に影響を受けることなく，外交活動を遂行することを認められる．ただし，このような外交活動の遂行は，その領事官に外交上の特権免除を要求する権利を与えるものではない（同17条1項）．

2. 領事任務は多様であるが，ウィーン領事条約は，つぎの諸事項を列挙している（同5条）．(a)接受国における派遣国およびその国民（自然人であるか法人であるかを問わない）の利益の保護，(b)派遣国と接受国との間の通商，経済，文化および科学上の関係の発展助長と友好関係の促進，(c)接受国の通商，経済，文化および科学上の活動状況と進展の把握，派遣国政府への報告，ならびに情報の提供，(d)旅券や査証などの発給，(e)派遣国国民の援助[4]，(f)公証人または

身分事項登録者としての任務遂行, (g)死亡による相続の場合の派遣国国民の利益の保護, (h)未成年者その他の無能力者の利益の保護, (i)派遣国国民の権利・利益の保全のための援助, (j)裁判上の文書送達など, (k)派遣国の船舶・航空機やその乗組員の監督・検査, (l)これらの船舶・航空機やその乗組員への援助, 航海中の事故調査など, (m)派遣国が領事機関に委任した他の任務, である. これらのうち, (a), (d)などは, 接受国における自国民の保護や行政事務代行の性格をもつ領事の伝統的な任務であるが, (b)の派遣国と接受国の間の友好関係の促進や(c)の接受国の状況把握などの事項は, 領事任務の拡大を示している.

3. なお, 領事官は, 派遣国を正式に代表する者ではないため, その任務の遂行に当たって, 通常, その管轄区域内の権限ある地方当局と通信(交渉)しうるにとどまる. しかし, ウィーン領事条約によれば, 接受国の法令や慣行, または関係ある国際取極によって許容される範囲内で, 接受国の権限のある中

---

4) なお, ウィーン領事条約36条は, 派遣国の国民に関する領事任務の遂行を容易にするために, 「(a)領事官は, 派遣国の国民と自由に通信し及び面接することができる. 派遣国の国民も, 同様に, 派遣国の領事官と通信し及び面接することができる」と定める. さらに「(b)接受国の権限ある当局は, 領事機関の領事管轄区域内で, 派遣国の国民が逮捕された場合, 留置された場合, 裁判に付されるため勾留された場合又は他の事由により拘禁された場合において, 当該国民の要請があるときは, その旨を遅滞なく当該領事機関に通報する. 逮捕され, 留置され, 勾留され又は拘禁されている者から領事機関にあてたいかなる通信も, 接受国の権限のある当局により, 遅滞なく送付される. 当該当局は, その者がこの(b)の規定に基づき有する権利について遅滞なくその者に告げる」とし, また「(c)領事官は, 留置され, 勾留され又は拘禁されている派遣国の国民を訪問し, 当該国民と面談し及び文通し並びに当該国民のために弁護人を斡旋する権利を有する. 領事官は, また, 自己の管轄区内で判決に従い留置され, 勾留され又は拘禁されている派遣国の国民を訪問する権利を有する」としている.

この規定の適用(意味)が争われた判例として ICJ のラグラン事件判決 (2001年6月23日, *ICJ Reports 2001*, p.466) は, ドイツ国民であるラグラン兄弟 (ウォルターは兄, カールは弟) が米国で犯した殺人強盗事件で死刑判決を受けたが (ウォルターの死刑執行はその停止を求める ICJ の仮保全措置命令 (1999年3月3日) の直後になされた), 逮捕後ラグラン兄弟は領事の援助を受ける権利 (36条(b)) について告知されず, また, ドイツ領事への通報もなされなかったことから, アメリカに同条約36条1項違反があったと判示した (paras. 73-74). なお, ラグラン兄弟の権利について, 1項(b)の規定「その者が――有する権利」から, これが人権の性質を有するかどうかについて, 裁判所は, 権利侵害を認定した以上検討する必要はないとした (para. 78). また, アメリカの各州における全部で54人にも及ぶメキシコ人死刑囚ついて, 同36条の違反が争われた ICJ のアヴェナ等メキシコ国民事件判決 (2004年3月31日, *ICJ Reports 2004*, p. 12) も, 36条1項(b)は, ①個人の権利, ②領事機関の権利, ③接受国の義務の3つの要素からなるが, ①について51人に対してアメリカは個人の権利を告知する義務を果たさず, ②について49人のケースで侵害がある (paras. 91-97) とし, 36条2項の違反を認定した (paras. 107-114). また, 1項(b)が個人の権利を含むとしつつ, ラグラン事件判決を踏襲して, それが人権か否かの判断を避けた. (なお, 1999年米州人権裁判所勧告的意見, 参照.)

央当局と，通信することができる（同38条）．

5 領事特権

(1) 領事特権の根拠

領事特権は，一般に派遣国と接受国の間の条約により規定されており，その意味で，慣習法として形成されてきた外交特権と異なり，むしろ条約上に基礎づけられる．しかし，ウィーン外交条約についで，ウィーン領事条約のような一般条約が成立したことから，そこに規定された領事特権も外交特権と比較されうるようになりつつある．もっとも，領事特権の目的は，国家を代表することに由来する外交特権の根拠とは異なり，「領事機関が自国のために行う任務の能率的な遂行を確保すること」（ウィーン領事条約前文）にあるから，領事特権は外交特権と比べてかなり制限され，その範囲は狭い．

(2) 領事機関の特権免除

1. 領事機関は，その任務遂行のため，接受国から十分な便益を与えられる（ウィーン領事条約28条）．領事機関の専有する建物やその長の住居，および長の使用する輸送手段（公用で使用される場合のものに限る）には，派遣国の国旗および紋章を掲げることができる（同29条）．ただし，この権利の行使に当たっては，接受国の法令および慣行に対して考慮を払わなければならない．

2. 領事機関の特権免除は，ウィーン領事条約にかなり詳しく規定されており，それらはウィーン外交条約の定める外交使節の特権免除とかなり類似している．それらを列挙すれば，領事機関の公館の不可侵（同31条），かかる公館に対する課税の免除（同32条），領事機関の公文書および書類の不可侵（同33条），移動の自由（同34条），通信の自由（同35条），派遣国国民との通信および接触（同36条），派遣国国民の死亡，後見または財産管理ならびに難破および航空機事故の場合の通報（同37条）などである．これらのうちすでにみた外交特権の場合とかなり相違しているのは，つぎの点についてである．

3. 領事機関の公館は，「ウィーン領事条約31条に定める限度において」不可侵である．つまり，同条によれば，接受国の当局は，領事機関の長の同意が

第3節 領事

ある場合を除くほか，領事機関の公館で「専ら領事機関の活動のために使用される部分」に立ち入ってはならない．ただし，火災その他迅速な保護措置を必要とする災害の場合には，領事機関の長の「同意があったものとみなす」のである．また，領事機関の公館，その用具類ならびに領事機関の財産および輸送手段は，国防または公共事業の目的のためのいかなる形式の徴発からも免除されるが，外交公館の不可侵の場合のような，それらの捜索，差押えまたは強制執行からの免除については言及されていない[5]．

上記の目的のために収用を必要とする場合には，領事任務の遂行の妨げとならないようあらゆる可能な措置をとれば，領事機関の公館の収用は禁止されない．もっとも，その場合，接受国は派遣国に対して，迅速，十分かつ有効な補償を行わなければならない．

通信の自由に関して，領事封印袋を開封しまたは留置することができないが，定められた公文書以外のものを含んでいると信ずる十分な理由がある場合には，接受国の権限ある当局はその立会いの下に派遣国の委任を受けた代表による開封を要求することができ，それが拒否されれば，その封印袋は発送地に返送される（同35条）．

(3) 領事官の特権免除

領事官の特権免除の範囲は，外交官のそれよりも一般に狭い．

(i) 領事官の身体の不可侵

1. 接受国は，相応の敬意をもって領事官を待遇するとともに，領事官の身

---

[5] 領事公館に逃げ込んできた者の庇護については，（外交的庇護権が認められていないこと以上に）領事的庇護権なるものは，一般に認められていない．
　　なお，在瀋陽日本総領事館事件が領事条約上の問題を提起している．2002年5月17日同総領事館に北朝鮮人とみられる5名が入館を試み，入口付近で中国公安当局と揉み合いになり，うち2名は館内に入り，他の3名は取り押さえられた．館内の2名は査証待合室に駆け込んだが，駆けつけた中国側武装警察が2名を連行した．日本側は，領事機関の長の同意なしの武装警官の立入りをウィーン領事条約31条違反であるとして抗議し，関係者5名の引渡しを要求した．中国側は，総領事館員（総領事は不在）の対応から「同意」があったとし，また，同31条2項但し書（火災その他の迅速な保護措置の場合）に沿っており（つまり，総領事館員の保護目的で行ったのであり）違法ではないと主張した．
　　なお，その後締結された日中領事協定（2008年10月24日署名，2010年1月17日批准書交換）6条では，「領事機関の公館は，不可侵とする」とされ，火災その他災害の場合の「領事機関の長の同意があったものとみなす」旨の規定は入っていない．

体，自由または尊敬に対するいかなる侵害も防止するためのすべての措置をとらなければならない（ウィーン領事条約40条）．領事官は，抑留されず，または裁判に付されるため拘禁されない（41条1項）．領事官は，最終的効力を有する司法上の決定の執行の場合を除くほか，拘禁されずまたは身体の自由に対する他のいかなる制限も課せられない（同条2項）．

領事官は，自己について刑事訴訟手続が開始された場合，権限のある当局に出頭しなければならない．もっとも，この手続は，領事官としての公の地位に相当の敬意を払いつつ行われ，領事任務の遂行をできる限り妨げない方法で行わなければならない（同条3項）．

2. ただし，これらの場合でも，重大な犯罪において権限ある司法当局の決定があったときは別である．この場合，領事官の逮捕や拘禁は妨げられない．領事官が抑留，拘禁または訴追された場合，接受国はその旨を速やかにその領事機関の長に通報しなければならない（同42条）．

なお，領事官の個人的住居や書類・通信の不可侵は認められていない．

（ⅱ）裁判権からの免除

1. 領事官および事務技術職員は，領事任務の遂行に当たって行った行為のみについて，接受国の司法当局または行政当局の裁判権に服さない．その場合でも，つぎのような民事訴訟にはこの免除は適用されない（同43条）．すなわち，(a)領事官または事務技術職員が，派遣国のためにする旨を明示的にも黙示的にも示すことなく締結した契約に係る民事訴訟，(b)接受国において，車両，船舶または航空機により引き起こされた事故による損害について第三者の提起する民事訴訟，である．したがって，交通事故の被害者が提起する損害賠償訴訟に対して，領事官は免除を主張できない．

証言の免除もきわめて制限されている．領事機関の構成員に対して，司法上または行政上の手続において証人として出頭するよう要求することができるが，領事官については，出頭または証言を拒否した場合においても，いかなる強制的措置または刑罰も適用してはならない．領事官の証言を要求する当局は，領事官の任務の遂行を妨げないようにしなければならない．領事官の構成員は，任務の遂行に関連する事項に関してのみ，証言を行う義務ならびにその事項に関する公の通信文および公の書類を提出する義務を負わない（同44条）．

2. なお，派遣国は，上に述べた領事官の身体の不可侵，裁判権からの免除，証言の義務からの免除を放棄することができる．放棄は，すべての場合において明示的に行われ，接受国に対し書面により通告される（同 45 条 2 項）．民事訴訟または行政訴訟に関する裁判権からの免除の放棄は，その訴訟の判決の執行についての免除の放棄を意味するものではなく，そのためには，別個の放棄が必要である（同条 4 項）．領事官または事務技術職員が裁判権からの免除を享有しうる事項について自ら訴えを提起した場合には，本訴に直接係る反訴について裁判権からの免除を援用することができない（同条 3 項）．

(iii) 行政権からの免除——課税の免除

1. 領事官および事務技術職員，ならびにこれらの世帯に属する家族は，人，動産または不動産に関し，国または地方公共団体のすべての賦課金および租税を免除される（同 49 条 1 項）．この免除は，それに対する例外の場合（49 条に列挙）を含めて，外交官の課税に対する免除の場合とほぼ同様である．役務職員は，自己の役務について受領する賃金に対する賦課金および租税を免除される（同条 2 項）．

関税および関税検査の免除（同 50 条）も外交官の場合に準じている．そのほか，外国人登録および在留許可に関する免除（同 46 条），就労許可に係る免除（同 47 条），社会保障に係る免除（同 48 条），人的役務および金銭的負担の免除（同 52 条）についても規定されている．

(4) 名誉領事の特権免除

1. 上述の特権免除は本務領事に関するものであるが，それに比べて名誉領事の特権免除は一層狭いものである．名誉領事が接受国の国民または接受国に居住する者である場合，特権免除の範囲はさらに制限される．

国旗や紋章の使用，通信の自由，派遣国国民との通信や接触，職務行為についての裁判権免除，証言義務の免除などは，本務領事官の場合と大体同じである（ウィーン領事条約 58 条）が，名誉領事官を長とする領事機関の公館について，その侵入または損壊からの保護のためなどの理由で接受国は必要な措置をとらなければならない（同 59 条）が，その不可侵には言及がない．

また，この領事機関の公文書および書類は，いずれの時およびいずれの場所

においても，不可侵であるが，これらの公文書および書類が他の文書および書類（個人的な通信など）と区別して保管されていることを条件としている（同61条）．さらに，派遣国によりかかる領事機関に供給される物品についてすべての関税，租税および課徴金は免除される（同62条）が，名誉領事官に対する税関検査の免除については言及がない．

2. 名誉領事官は，自己について刑事訴訟手続が開始された場合には，権限のある当局に出頭しなければならない．もっとも，刑事訴訟手続は，名誉領事官としての公の地位に相当の敬意を払いつつ行われ，また領事任務の遂行をできる限り妨げない方法で行わなければならない（同63条）．

第4節　軍事的国家機関

1　軍事的国家機関の種類

　軍事的国家機関としては，軍隊，軍艦，軍用航空機およびそれらの構成員や乗組員のほか，国が所有しまたは運航する非商業的政府船舶（公船）や航空機（公航空機）も含まれる．これらのものが他国領域内にある場合，領域国から一定の特権免除が与えられる．これらは主に軍事的国家機関の派遣国とそれが駐留ないし入港（空港）する国との合意（条約）によって定められるが，慣習法や多数国間条約で規律されているものもある．以下には，とくに軍艦・軍用航空機と軍隊・軍事基地の場合についてみておきたい．

2　軍艦・軍用航空機

　1.　軍艦とは，従来国際法上定義されていなかったが，海洋法条約（29条）では，一国の軍隊に属する船舶であって，その国の国籍を有するそのような船舶であることを示す外部標識を掲げ，その国の政府によって正式に任命された士官の指揮の下にあり，かつ，正規の軍隊の規律に服する乗組員が配置されているもの，をいう．
　慣習法（海洋法）上，軍艦は，公海においては旗国の完全な支配の下にあり，いかなる外国もこれに管轄権を行使することはできず，また，外国の領水内にあるときには，その沿岸国から特権免除が与えられてきた．その理由として，軍艦は，かつては船舶領土説により「浮かぶ領土」とも呼ばれていたが，この表現は適切ではないとしても，国家の威厳を表わすことがあげられた．今日では主に，国家の軍事機関としての任務遂行の必要に基づくと考えられている．

もっとも，軍艦は，領海の無害通航の場合（3章3節3(4)）を除いて，外国の領水に入るには，通常その国の同意が必要である．また，軍艦は沿岸国の法令を尊重しなければならないが，それを遵守しない場合にも，沿岸国はその軍艦に対して領海からの即時退去を要求しうるのみである（領海条約23条，海洋法条約30条）．

2. 外国の領水内（港を含む）において，軍艦は不可侵権を有しており，沿岸国の官憲は艦長の許可なく軍艦内に立ち入ることはできない．したがって，例えば犯罪人が軍艦内に逃げ込んだ場合も，沿岸国はその者の引渡しを要求しうるのみであり，軍艦内に立ち入ってその身柄を強制的に拘束することはできない．もっとも，軍艦は逃げ込んだ（普通）犯罪人を庇護する権利は有していないとみる見解が有力である．

　軍艦は沿岸国の民事・刑事の裁判権から完全に免除される．軍艦内で発生した犯罪については，その犯罪人が旗国の国民であるか否かを問わず，軍艦の本国（旗国）が排他的な裁判管轄権を有している．軍艦の乗組員が上陸中に犯した犯罪については，その者が公務中であったか否かによって，沿岸国がその裁判権をもつかどうかに影響する．乗組員が公務のため沿岸国の承諾を得，上陸して犯した犯罪行為については，沿岸国の刑事裁判権は適用されない．しかし，公務と直接関係のない目的（休養や娯楽）で上陸して犯した犯罪行為の場合には，沿岸国が刑事裁判権を有する（神戸英水兵事件（大阪高判1952（昭和27）年11月5日）参照）．この場合も，上陸中にその乗組員の身柄を拘束すれば沿岸国は裁判を行いうるが，その者の帰艦後に逮捕のために艦内に立ち入ることはできない．

　非商業用公船，すなわち密輸取締船や巡視艇などは，外国の同意のもとにその領水内にあるときには，軍艦のような不可侵権は有しないが，一定の特権免除を与えられ，沿岸国の裁判権に服さない．（国家の所有または運航する船舶の裁判権免除について，後述5節2参照．）

3. 軍用航空機については，領域国の特別の許可のもとに着陸する場合，原則として軍艦と同様の特権免除が与えられる．もっとも，これは，軍用航空機の本国とそれが派遣されまたは駐留する国（基地提供国）との合意（条約）（後述3参照）で取り決められるのが普通である．

税関用や警察用の公航空機は，事前の許可を得て他国領域内に入った場合，非商業用公船の場合と類似した特権免除が与えられる．しかし，軍用航空機の特権免除と比べて，その範囲は一般に狭い．

3 軍隊・軍事基地

1. 軍隊――その1つの定義は，「国際武力紛争の犠牲者に関し1949年8月12日のジュネーブ諸条約に追加される第一議定書」43条1項参照――は，他国の領域内に入る（通過を含む）にはその国の同意が不可欠である．同意なしに他国に入ることは，その国の領域（主権）侵犯，さらには侵略行為ともみなされうる．軍隊の他国への派遣または駐留は，共同防衛や治安維持のための協力などを名目に，派遣国と領域国（基地提供国）の間で締結される駐留軍隊に関する地位協定（SOFA）に基づいて，実施されることが多い．

このような協定は，とくに第二次世界大戦後の冷戦状態のもとで，アメリカとその同盟諸国の間あるいはソ連とその同盟諸国の間に多く結ばれてきた．北大西洋条約やワルシャワ条約のもとでの駐留軍隊の地位協定，なかでもNATO諸国間の軍隊の地位に関する1951年6月19日のロンドン条約（以下「NATO地位協定」という），日米安全保障条約（旧安保条約）に基づく行政協定や日米相互協力及び安全保障条約（新安保条約）に基づく地位協定（以下「日米地位協定」という）などはその例である．

とくにアメリカが諸国と締結する地位協定は行政取決めのような簡略形式における条約であるものがほとんどで，その内容が公表されないこと――例えば1972年米・ギリシャ間協定――や締結の日付さえ秘密にされているもの――1972年夏の，原子力潜水艦の補給のためのマダレナ島基地の貸与に関する米・イタリア間協定――もある．駐留軍隊の地位や待遇は，この種の協定のなかに規定される．

2. 軍隊の駐留する基地は一般に不可侵であり，基地提供国の官憲は基地司令官の同意（許可）のないかぎり，基地内に立ち入ることはできない．基地外で犯罪を犯した軍隊構成員が基地内に戻れば，基地提供国の官憲は司令官の同意なくして基地内に入り，その者を逮捕することはできない．ただ，従来の慣

行によれば，その国から要求があれば，司令官は犯罪人の引渡しを拒否してはならない．

3. さまざまの地位協定には，軍隊構成員に対する関税その他の課徴金の免除や課税の免除などが規定されている．最も争われるのは裁判権の免除についてである．

民事裁判権については，あまり問題はない．軍隊構成員は私法上の活動に関して滞在国（領域国）の裁判権に服することが一般に認められている．ただし，軍隊の機関（例えばNATO）と滞在国国民との間の雇用契約に基づく争訟については別である．（米軍厚木基地のファントム機墜落事件，損害賠償請求事件（横浜地判1987（昭和62）年3月4日）参照．なお，日米地位協定18条，NATO地位協定8条参照．同8条のもとで，NATOの軍隊構成員が関係する争訟事件の大多数は交通事故に関するものである．）

4. 刑事裁判権については，地位協定によって定め方が異なっている．この問題については，第二次世界大戦以後，つぎのような3つの方式が採られてきた．1つめは，基地施設を利用する国の軍当局がその軍隊構成員に対して，その犯罪行為が公務中であるか否かを問わず，完全な裁判権を保持するものである．この定式はアメリカがいくつかの国（1950年韓国，1951年グリーンランドに関してデンマーク，1952年日本（1951年9月8日署名（52年4月28日発効）の日米安全保障条約第3条に基づく行政協定），1953年エチオピア）と結んだ協定において採用された．基地利用国の排他的裁判権を認めるこの制度は，今日では廃止されている．

2つめは，犯罪行為が行われた場所によって裁判権を決める地理的分配の方式である．これは軍隊が一般住民と関係をもたずに特定の区域に駐留する実行から第一次世界大戦中にみられた方式であり，その後もいくつかの協定——1945年米・フィリピン間協定，1950年バハマに関する米・英間協定，1951年米・サウジアラビア間協定など——でこの制度が採用された．

3つめは，軍隊派遣国と領域国の裁判権の競合を認めるものである．この方式は，派遣国の裁判権免除を尊重しつつ，領域国の領域主権の要請を満たそうとするもので，NATO地位協定7条[6]をモデルとし，今日では最もよく採用されている[7]．

これに従ったとみられる1960年の日米相互協力及び安全保障条約第6条に基づく日米地位協定17条によれば，①アメリカ軍当局は，その軍法に服するすべての者に対して，その法令により与えられたすべての刑事および懲戒の裁判権を日本において行使する権利を有し，日本の法令によっては罰することができないものについては，専属的裁判権を行使する権利を有する．②日本国の当局は，アメリカ軍の構成員・軍属・家族に対して，日本の領域内でその法令によって処罰することができるものについて，裁判権を有し，アメリカの法令によっては罰することができないものについて，専属的裁判権を行使する権利を有する．③裁判権を行使する権利が日米両国で競合する場合には，アメリカ軍当局は，もっぱらアメリカの財産もしくは安全のみに対する罪，またはもっぱらアメリカ軍隊の他の構成員・軍属・家族の身体もしくは財産のみに対する罪，あるいは，公務執行中の作為または不作為から生ずる罪について，第一次の裁判権を有し，日本国の当局は，その他の罪について第一次の裁判権を有する．

ここにいう「公務執行中」の意味について，日本の判例では，公務執行に「際して」またはその「過程で」と解され，勤務時間中でも公務と関係のない個人的行為は「公務執行中」とはみなされない（ジラード事件（前橋地判1958

---

6) 同7条は大要つぎのとおり規定する．1項(a)：軍隊派遣国当局はその軍法に従うすべての者に刑事・懲戒裁判権を軍隊滞在国領域において行使する権利を有する．同(b)：滞在国当局は，滞在国で犯されかつその国で処罰される違反行為について，軍隊構成員または文民に対して裁判権を行使する権利を有する．2項(a)：軍隊派遣国当局は，その国の法律により処罰される違反行為とくに同国の安全を脅かす違反行為でかつ滞在国の法律の下に入らない違反行為について，派遣国の軍法に従う者に対して専属的裁判権を行使する権利を有する．同(b)：滞在国は，その国の法律によって処罰される違反行為とくにその国の安全を脅かす違反行為で軍隊派遣国の法律の下に入らない違反行為について，軍隊構成員または文民に対して専属的裁判権を行使する権利を有する．3項：裁判権が競合する場合，つぎの規則が適用される．(a)派遣国の軍当局はつぎの場合，軍隊構成員または文民に対してその裁判権を優先的に行使する権利を有する．(i)もっぱらその国の安全または財産を脅かす違反行為またはもっぱらその軍隊構成員または文民の身体または財産を脅かす違反行為，(ii)公務執行において行われたすべての行為または怠慢に基づく違反行為．(b)他のすべての違反行為の場合に，滞在国当局はその裁判権を優先的に行使する．
7) なお，地位協定（SOFA）に基づく駐留軍構成員の駐留国における裁判権免除と国際刑事裁判所ローマ規程の下での国際刑事裁判所（ICC）の（重大な国際犯罪を犯した者に対する）裁判管轄権の関係が議論されている．ICCローマ規程98条により，基地提供国であるローマ規程締約国は，重大な国際犯罪を犯した駐留軍構成員に対するSOFA上の裁判所免除を認めねばならず，その者をICCに引き渡してはならないかどうかの問題である．基地提供国はSOFA上の義務とICC規程上の義務の狭間に立つことになる．

(昭和33) 年11月19日) 参照).

第5節　国家免除

1　国家免除原則の沿革

1. 上述の外交使節や領事の特権免除，とくに裁判権免除の問題とは別に，国家およびその国有財産は一般に外国の国家権力とりわけ裁判権に服さないことが，国際法上原則的に認められている．これは「国家免除」——または「主権免除」，「国家の裁判権免除」ともいう——の原則と呼ばれてきた．

　国家免除の原則は，国家主権あるいは国家平等の結果であり，「対等なるものは互いに支配権をもたず」の原理に依拠するといわれることが多い．しかし，歴史的にみると，17-18世紀のヨーロッパ国家系を基盤とする伝統的国際法の形成期の学者，なかでも国家の主権平等を強調したヴァッテルさえ，国家免除の問題には全く言及していない．この原則は，それより遅れて19世紀中頃，レッセ・フェールの影響のもとで国家機能が著しく縮小した状況のなかで，英米やヨーロッパ大陸諸国の国内裁判所の判例を通じて認められ，形成されてきたものである．こうした判例が国家主権観念と結びつけられ，国際法上の原則として認められるようになったのである．

　したがって，この原則をめぐっては，19世紀以降それら諸国の実行ときわめて豊富な国内判例が蓄積されてきた．1812年のアメリカ連邦最高裁判所のスクーナー船エクスチェンジ号事件判決（11 U.S.（7 Cranch）137）は，アメリカと平時関係にある外国軍艦に対して，主権者の平等独立を理由に，外国の「主権的権利」の保護を強調して，国内裁判所の管轄権を免除した．また，1880年イギリス破棄院のパルルマン・ベルジュ号事件判決においても，外国の主権者（ベルギー国王）の所有と管理に服する公船に対するイギリスの裁判管轄権が否定された．1928年の日本の判例——松山哲雄対中華民国事件，大

審院昭和3年12月28日——も，国家免除の原則を国際法上の原則として確認している．

  2. 19世紀当時，国家の活動領域は主に主権的事項に限られていた反面，それらの事項に対する裁判権免除は包括的であり，これは絶対免除主義と呼ばれた．他方，国家の活動分野が次第に拡大し，一般に私人の取り扱う事項（経済活動）にも及ぶようになると，裁判権免除の範囲を限定しようとする制限免除主義が主張されるようになった．

  もっとも，19世紀においても絶対免除主義が必ずしも一般に受け入れられていたとはいいきれない．ヨーロッパ大陸諸国のなかには主権的事項でない行為について裁判権免除を否定するもの（イタリア，ベルギーなど）もあった．1926年「国有船舶の免除についての若干の規則の統一に関するブリュッセル条約」は，通商に従事する政府船舶を，訴訟に関しては私商船と同様に取り扱い，裁判権免除を否定した．

  しかし，20世紀に入って社会主義国家が登場し，国家貿易によって直接商業活動を行うようになり，また，第二次世界大戦後の新独立国も多少とも類似した国家活動を行うようになると，それらの国により絶対免除主義が強調されてきた．

  他方，その結果，これらの諸国と取引する私人（企業）が裁判による請求を求めえず，その保護が不十分になるとして，先進資本主義諸国は国内法や条約によって制限免除主義への転換を始めた．従来絶対免除主義を維持していたアメリカは，1952年のテート・レターを契機に制限免除主義にふみきり，1976年「外国主権免除法」(FSIA, Public Law 94-583, 28 U. S. C. Secs. 1330, 1602-11)でそれを成文化した．イギリスは，1978年「国家免除法」(SIA)で多数の免除制限の場合を列挙し，事実上制限免除主義を採用した．

  その後，1979年シンガポール，1981年南アフリカ，1981年パキスタン，1982年カナダも同様の法律を採択し，オーストラリアも1985年「外国免除法」を制定した．このようにコモン・ロー諸国の国内立法が相次いでいるが，地域的条約としては，1972年5月16日ヨーロッパ理事会の採択した「ヨーロッパ国家免除条約」（ヨーロッパ理事会条約74号）が制限免除主義に立脚している．なお，この条約は，オーストリア，ベルギー，ドイツ，ルクセンブルグ，

オランダ，スイス，イギリスが批准し，1976年6月11日に発効した．この条約の追加議定書は1985年5月22日に発効したが，上の諸国のうちドイツとイギリスは批准していない．

なお，ILCは，1978年以来国家免除の問題を検討してきたが，1991年に「国家およびその財産の裁判権免除に関する条文案」(22カ条)(以下「ILC国家免除条文案」という)を採択した．これを基礎にして，国連総会は，2004年12月2日の総会決議59・38付属書で，「国および国の財産の裁判権免除に関する国際連合条約」(以下，「国連裁判権免除条約」という)(33カ条)を採択した(現在(2009年10月)まで未発効．日本は2007年1月11日署名)．

2 国家免除の対象——免除基準

1. 今日の国際社会においては一般に絶対免除主義から制限免除主義への方向が認められるとしても，その場合どのような国家行為が裁判権を免除されまたは免除されないかという基準の問題が存在する．諸国の実行上その基準は必ずしも一律ではないが，一般には，対象とされる国家行為を主権的行為 (acta jure imperii) (権力行為または公法的行為ともいわれる) と職務的行為 (acta jure gestionis) (業務管理の行為または私法的行為ともいわれる) に分け，前者に関する訴訟を免除し，後者に関する訴訟の免除を認めないとするものである．

しかし，この区別の基準を具体的に適用することは容易ではなく，さまざまの見解 (例えば免除を認められない国家行為の列挙方式) が示されてきたが，そのうち最も代表的なものは，国家の行為目的を基準とする説と行為の性質を基準とする説である．前者の行為目的説は，国家の行為の目的に着目し，国家の主権的または公的目的を達成する行為，例えば国防のような国家の権力活動に直接関係する行為，かどうかを基準とするものである．後者の行為性質説は，国家行為の客観的性質に着目し，立法行為や裁判拒否などの公法行為か，あるいは契約や不法行為などの本来私人が行いうる行為か，によって分けるものである．この説に属するともいえる通商活動基準説は，国家の行為が通商活動に関するものであるか否かのみを基準とする (アメリカ外国主権免除法4条a)．

2. 国連裁判権免除条約は，主権的行為と職務的行為の区別を若干の修正を

加えて取り入れている。それによると、国家が外国の自然人または法人との商取引に従事し、かつ、適用可能な国際私法の規則によれば当該商取引に関する紛争が他国の裁判所の裁判権に属する場合には、当該商取引から生ずる訴訟手続において当該裁判権からの免除を援用することができない（同10条1項）。このような国家の商取引の裁判権免除からの例外は、条約のなかでも最も重要なものである。他の例外、例えば知的および工業所有権（同14条）、会社または他の団体（法人格のいかんを問わない）への参加（同15条）、国家の所有または運航する船舶（同16条）、仲裁合意の効果（同17条）の問題は、商取引の延長ないし拡大とみられる。

ここにいう「商取引（commercial transaction）」とは、①物品の販売またはサービスの提供のための商業契約（commercial contract）または商取引、②融資契約または金融的性質を有するその他の取引（そのような融資または取引についての保証または賠償の義務を含む）、③商業的、産業的、貿易的または職業的性質を有するその他の契約または取引（ただし、人の雇用契約は含まない（同11条））、という広い範囲に及ぶものである（同2条1項(c)）。

契約または取引がここにいう「商取引」か否かを決定するにあたっては、第一義的にはその契約または取引の「性質」を参照すべきである。もっとも、その契約もしくは取引の当事者が合意している場合または法廷地国の実行においてその目的がその契約もしくは取引の非商業的性格の決定にあたり意味をもつ場合には、その目的を考慮に入れなければならない（同2条2項）。つまり、ここでは行為性質基準（nature test）に一応は従うとしても、国家実行に照らして、行為目的基準（purpose test）も採り入れられているのであり、しかも、この国家実行は法廷地国の国内裁判所が決定しうるとみられる。この点は多数の途上国の要求を反映しているとみられ、制限免除主義の範囲を狭めることになる。

商取引に関する免除の例外を狭める傾向は、つぎの点にも表われている。まず、国家間の商取引の場合には、その性質または目的が全く商業的なものであれ、免除例外とはみなされない（同10条2項(a)）。また、国家が外国の自然人または法人と商取引に関する紛争を仲裁裁判に付託する取決め（書面による合意）を結ぶ場合にのみ、その取決め（仲裁合意）の有効性または解釈または適

用などについて，管轄権を有する他国の裁判権からの免除を援用しえない（同17条）．国家の所有または運航する船舶について，訴訟提起の時に，その船舶が「統治にかかわる非商業的目的以外のために」使用されていたなら，その運航に関する訴訟手続において，管轄権を有する他国の裁判所で裁判権からの免除を援用することができない（同16条1項）．

　この免除例外は，軍艦や軍の支援船（補助艦）にも，国家が所有または運航するその他の船舶で統治にかかわる非商業役務にのみ使用しているものには，適用されない（同条2項）．国家が所有または運航する船舶による貨物の運搬に関する訴訟手続においても，その船舶が統治にかかわる非商業的目的以外のために使用されていた場合には，管轄権を有する他国の裁判所で裁判権からの免除を援用することができない（同3項）．国家が所有または運航する船舶，または国家が所有する貨物の統治にかかわり非商業的な性格に関する問題が訴訟手続において生じた場合には，当該国の外交代表またはその他の権限ある機関の署名した証明書がその船舶または貨物の性格の証拠として役立つものとしている（同6項）．これは1926年ブリュッセル条約の趣旨を取り入れた規定であるが，船舶や貨物の「商業性」の基準は必ずしも明確ではない．

　3．　さらに追加的基準として，領域的関係や国籍の基準が挙げられることがある．ヨーロッパ国家免除条約は，絶対免除主義と制限免除主義の妥協として，免除例外を狭い仕方で限定された法廷地との領域的関係の要請に従わせている．アメリカの外国主権免除法（FSIA, Section 1605(a)(2)）は，商業活動に関連して，アメリカとの明確な関係を要求している．

　国連裁判権免除条約は，免除と裁判権を区別しつつ（10条参照），領域関係や国籍関係の基準を導入している．国家に帰属すると主張される作為または不作為による人的傷害または有形財産の損害や滅失に対する金銭賠償に関する訴訟手続について，その作為または不作為の全部または一部が他国の領域で行われ，かつ，その行為者がその領域内にいた場合には，管轄権を有する他国の裁判所で裁判権からの免除を援用することができない（同12条）．したがって，国家の越境汚染行為や犯罪行為は，免除例外には含まれない．国家は，他国領域内で行われたまたは行われる労働のための自国と個人との間の雇用契約に関する訴訟手続において，管轄権を有する当該他国の裁判所で裁判権からの免除

を援用することができない（同11条1項）．

そのほか，法廷地のある国内に存在する不動産（同13条），その国内で保護される知的財産権もしくは工業所有権（同14条），その国内で設立された会社またはその他の団体への国の参加（同15条）の場合にのみ，その国の裁判権からの免除の例外が認められる．

国籍関係についても，国が自国の私人と商業活動を行う場合，また国が自国の私人と紛争の仲裁裁判への付託を取り決める場合に，その私人が外国にいるとしても，国は外国の裁判権から免除されることになる（同10，17条参照）．雇用契約についても，被雇用者が訴訟手続が開始された時点で雇用国の国民であるならば，雇用国は外国の裁判権から免除される（同11条2項(e)）．

4. もっとも，国家が所与の事項または事件について，国際合意（協定），文書契約，または裁判所における宣言などによって，他国の裁判所による裁判権の行使に明示的に同意を与えているならば，その裁判権からの免除を援用することはできない．ただし，他国の法律の適用のための国家の合意は，当該他国の裁判所による裁判権行使に同意を与えたものと解釈されてはならない（同7条）．

また，国家が自ら他国の裁判所に訴訟を提起し，または訴訟手続に参加した場合，裁判権免除を援用しえない（同8条1項）．もっとも，免除を援用し，または，訴訟対象の財産に対する権利や利益を主張する目的のためのみに，訴訟参加することは，他国の裁判権行使に同意したものとはみなされない．他国の裁判所に国家代表が証人として出廷することも，また，国家の側が外国の裁判所の前に出廷しないことも，同じくその裁判権行使に対する同意とはみなされない（同8条2-4項）．

外国の裁判所に訴訟を提起した国家またはその訴訟に参加する国家は，主たる請求またはその訴訟参加国の提起した請求と同じ法関係または事実から生ずる反訴について，その裁判所の裁判権からの免除を援用することはできない．外国の裁判所における自国に対する訴訟に反訴を提起する国家は，主たる請求について外国の裁判権からの免除を援用しえない（同9条）．

3 国家免除の享有主体

1. 国家免除が各国の国内判例を通じて形成されてきたことから，その免除の認められる主体についても判例上必ずしも統一されたものはない．しかし，その主体に，まず主権国家が含まれることはいうまでもない．その他，連邦構成国，地方公共団体，中央銀行なども免除享有主体として認められることもある．

国連裁判権免除条約は，そこでいう「国家」につぎのものを含めている（2条1項(b)）．すなわち，(a)国家およびその政府諸機関，(b)連邦国家の構成単位または国の政治下部機構であって，主権的機能を行使する権限を有し，かつ，その資格で行動しているもの，(c)その国家の外部機関その他の団体，ただし，当該国家の主権的権能を行使する権限を有し，かつ，実際に行使している場合に限る．(d)国家の代表者であって，その資格で行動しているもの（国家元首，政府の長など），である．

2. このような広義の国家と区別されるものに，独立の法人格およびつぎの能力——すなわち，(a)訴えかつ訴えられる能力，および(b)財産を取得し，所有または占有し，処分する能力——を有する国営企業または国家が設立したその他の団体が，自らが従事する商取引に関する訴訟手続に関与する場合（同10条3項）があり，これは免除を享有する主体ではない．しかし，かかる国営企業や団体に対する請求に係る訴訟は，この企業や団体を設立した国家自体の免除に影響を与えない．

3. なお，国連裁判権免除条約は，国家の外交使節団，領事機関などの任務の遂行に関して，国家が国際法上享有する特権および免除（5章2節**5**，3節**5**）に影響を及ぼすものではない．また，この条約は，国家元首に対してその地位を理由として国際法上与えられる特権および免除（5章1節**2**）に影響を及ぼすものではない[8]．

---

8) 万国国際法学会ナポリ会期（2009年）で採択された「国際犯罪および国家とその機関の管轄権からの免除」決議によれば，国家やその機関の管轄権からの免除と国際犯罪から生ずる請求の間の重要な抵触を考慮して，「条約および慣習国際法により，国家は国際犯罪を防止しかつ抑圧する義務を負っている．免除はこの決議が宛てた犯罪の犠牲者が資格を有する適切な賠償に対す

4　強制執行の免除

1.　裁判権の免除が認められずまたは放棄された結果，外国裁判所で訴訟が行われ，その判決を執行するために，差押えなどの強制執行の必要が生じることがある．しかし，ここでも強制執行の免除の問題が存在する．なぜなら，訴訟の対象とされた国家財産の外国による差押えなどは，「対等なるものは互いに支配権をもたず」の原理に反し，外国による裁判権行使以上に，その国の主権に対する一層重大な侵害を構成するものとみなされてきたからである．

したがって，裁判権免除の放棄から，当然に，強制執行免除の放棄が引き出されるわけではない．国内判例のなかには，裁判権免除が認められないことから，強制執行の免除も認められないとするものもあるが，一般には，強制執行にはきわめて慎重であり，そのためには，あらためて強制執行免除の放棄が必要とされる．さらに，強制執行免除が認められない場合にも，強制執行の対象とされうるもの（財産）とされえないものの区別がなされうる．

2.　ILC国家免除条文案では，強制執行の免除に関する一般原則といくつかの例外があげられていた．まず，その前提として，裁判権行使の同意つまり裁判権免除の放棄は，強制執行の同意を含むものではなく，そのためには別の同意が必要であるとされていた（18条2項）．国連裁判権免除条約も同様に，強制措置についての同意が必要となる場合，裁判所の行使についての同意は，強制措置がとられることについての同意を意味するものではない（20条）としている．一般原則としては，国家財産の差押えや処分のような強制執行は，他国の裁判所の訴訟手続と結び付けて行われてはならない．つまり，強制執行の免除が原則である．

国連裁判権免除条約は，この点について，国の財産に対しては，他国の裁判所での訴訟手続と関連して，差押え，仮差押えのような「判決前の強制措置」（18条），また「強制執行のような判決後の強制措置」（19条）をとることはで

る障害を構成してはならない」（2条2項），「国家は国際犯罪がその機関によって犯されたとされる場合，免除を放棄することを考慮しなければならない」（同3項），また，「国際法に従った人的免除以外に，管轄権からのいかなる免除も国際犯罪に関して適用がない」（3条1項）としている．

きないとしている.

　ただし,つぎの場合には,その限りにおいて強制措置をとることができる.すなわち,(a)国家が,そのような強制措置がとられることについて,国際協定,仲裁合意または書面による契約,あるいは,裁判所での宣言または当事者間に紛争が生じた後の書面による通知,のいずれかの方法で明示的に同意している場合,または,(b)国家が訴訟手続の目的である請求を満足させるために財産を割り当て,または留保している場合である(同 18, 19 条).なお,「判決後」の強制措置については,さらに,(c)国家が,財産を統治にかかわる非商業的目的以外のために使用し,または使用することを意図しており,かつ,当該財産が法廷地国の領域内にあることが確認された場合にも,訴訟の対象とされる団体と関連を有する財産に限り,強制執行ができるのである(同 19 条(c)).

　3.　強制執行免除に対するこれらの例外のうち,最も重要なのは,上記(c)のような,統治にかかわる非商業目的以外のための財産,すなわち商業財産であろう.このような財産が,訴訟対象と結びついていること(アメリカの外国主権免除法 FSIA, Section 1610(a)(2)参照),および法廷地にあること,が強制執行のためには必要とされる.法廷地が判決を下した国を意味するなら,外国判決の執行は禁止されることになる.この商業財産に含まれない財産の部類,いいかえれば,上記(c)のいう「国家が統治にかかわる非商業目的以外のために使用したは使用することを意図している財産とはみなされないもの」として,つぎのものがあげられている(同 21 条).それらは,(a)銀行口座を含む財産で,その国家の外交使節団,領事機関,特別使節団,国際機構に対する使節団や代表団などの任務の遂行にあたって使用しまたは使用することを意図しているもの,(b)軍事的性格を有する財産または軍事的任務の遂行にあたって使用し,もしくは使用することを意図している財産,(c)その国家の中央銀行その他の通貨当局の財産,(d)その国家の文化遺産の一部またはその公文書の一部を構成する財産であって,販売していないまたは販売することを意図していないもの,(e)学術的,文化的または歴史的意義を有する物の展示の一部を構成する財産であって,販売していないまたは販売することを意図していないもの,である.

　この列挙は,網羅的ではないから,ほかにも強制執行を免除される財産は考えうる.この列挙のなかで,(c)の中央銀行の財産については,純粋な商業活動

のためにも使われうることから,強制執行を免除されないという国内判例もあり,一致していない(ナイジェリア中央銀行事件に関するフランクフルト地方裁判所判決(*ILR*, Vol. 65, p. 131)参照).

4. 仮差押えのような予防措置の執行の免除については,ILC 国家免除条文草案には規定がなかったが(FSIA, Section 1610(d); SIA, Section 13(2)(a)and(3)),国連裁判所免除条約では,前述のように(18, 19条),原則として,判決前または判決後の強制措置として,仮差押えもできないとして,かかる予防措置の執行の免除を認めている.

なお,仲裁判決の執行の免除については,国家実行は一致をみない.裁判判決の執行の通常の規則が仲裁判決にも及ぼされるとみる見解もある.ILC 国家免除条文案や国連裁判権免除条約によれば,仲裁合意で執行が明示されている場合には,強制執行されうるが,この合意にかかる言及のない場合,執行免除を求めることは妨げられないであろう.

参考文献

I　全体に関するもの

1. 一般参考文献

横田喜三郎『国際法 II (新版)』有斐閣, 1972 年
田畑茂二郎『国際法 I (新版)』有斐閣, 1973 年
田岡良一『国際法 III (新版)』有斐閣, 1973 年
経塚作太郎『現代国際法要論』中央大学出版部, 1973 年
高野雄一『国際組織法 (新版)』有斐閣, 1975 年
筒井若水『国際法 II』青林書院, 1982 年
高野雄一『教養国際法　明日の国際社会と日本』東京大学出版会, 1983 年
宮崎繁樹『国際法綱要』成文堂, 1984 年
高野雄一『国際法概論上・下 (全訂版)』弘文堂, 1985年, 1986 年
小田滋・石本泰雄・寺沢一『新版　現代国際法』有斐閣, 1986 年
金東勲・芹田健太郎・藤田久一『ホーンブック　国際法』北樹出版, 1987 年
香西茂・太寿堂鼎・高林秀雄・山手治之『国際法概説 (第三版)』有斐閣, 1988 年
寺沢一・山本草二・広部和也編『標準国際法』青林書院, 1989 年
島田征夫ほか訳『ブラウンリー国際法学』成文堂, 1989 年
高林秀雄・山手治之・小寺初世子・松井芳郎編『国際法 I・II』東信堂, 1990 年
田畑茂二郎『国際法新講上・下』東信堂, 1990 年, 1991 年
横田洋三編著『国際機構論』国際書院, 1992 年
家正治・川岸繁雄・金東勲編『新版・国際機構——平和と協力を考える』世界思想社, 1992 年
松井芳郎ほか『国際法 (新版)』(S シリーズ) 有斐閣, 1993 年
島田征夫『国際法 (補正第 2 版)』弘文堂, 1993 年
山本草二『国際法 (新版)』有斐閣, 1994 年
村瀬信也・奥脇直也・古川照美・田中忠『現代国際法の指標』有斐閣, 1994 年
杉原高嶺ほか『現代国際法講義 (第 2 版)』有斐閣, 1995 年
藤田久一編『現代国際法入門 (改訂版)』法律文化社, 1996 年
波多野里望・小川芳彦編『国際法講義 (新版増補)』有斐閣, 1998 年
栗林忠男『現代国際法』慶応義塾大学出版会, 1999 年
エイクハースト=マランチュク (長谷川正国訳)『現代国際法入門』成文堂, 1999 年
広部和也・荒木教夫『導入対話による国際法講義』不磨書房, 2000 年
国際法学会編『日本と国際法の 100 年』全 10 巻, 三省堂, 2001 年
初川満訳『ヒギンズ国際法 (改正版)』信山社, 2003 年
松井芳郎『国際法から世界を見る：市民のための国際法入門』(第 2 版) 東信堂, 2004

年
小寺彰『パラダイム国際法』有斐閣, 2004年
大沼保昭『国際法をはじめて学ぶ人のために』東信堂, 2005年
中谷和弘ほか『国際法』有斐閣アルマ, 2006年
杉原高嶺『国際法学講義』有斐閣, 2008年
中村道『国際機構法の研究』東信堂, 2009年
植木俊哉編『ブリッジブック国際法』(第2版) 信山社, 2009年
家正治・小畑郁・桐山考信編『国際機構』(第4版) 世界思想社, 2009年
柳原正治・森川幸一・兼原敦子編『プラクティス国際法講義』信山社, 2010年
Brierly, J. L., *The Law of Nations*, 6th ed., Oxford, Clarendon Press, 1963
Wengler, W., *Völkerrecht*, 2 Vols., Berlin, Springer, 1964
Kelsen, H., *Principles of International Law*, New York, Rinhehart, 1966
Guggenheim, P., *Traité de droit international public avec mention de la pratique suisse internationale*, 2 Vols., 1953-54, ; 2e éd., t. 1, 1967
De Visscher, Ch., *Théories et réalités en droit international public*, 4e éd., Paris, Pédone, 1970, (長谷川正国訳)『国際法における理論と現実』成文堂, 2007年
O'Connell, D. P., *International Law*, 2nd ed., 2 Vols., London, Stevens, 1970
Rousseau, Ch., *Droit International Public*, 5 Vols., Sirey, Paris, 1970-83
Virally, M., *L'organisation mondiale*, Paris, Armand Colin, 1972
Tunkin, G. I., *Theory of International Law*, Translated by W. E. Butler, Harvard University Press, 1974
Schwarzenberger, G., Brown, D. J. L., *International Law—A Manual*, London, Stevens, 1976
Verdross, A., Simma, B., *Universelles Völkerrecht—Theorie und Praxis*, Berlin, Dunker und Humboldt, 1976
Jiménez de Aréchaga, E., *El derecho internacional contemporáneo*, Madrid, Tecnos, 1980
Reuter, P., *Droit International Public*, Paris, P. U. F., 1983
Seidl-Hohenveldern, I., *Völkerrecht*, Köln, Carl Heymans, 1984
Cassese, A., *Le droit international dans un monde divisé*, Berger-Levrault, 1986
Akehurst, M. B., *A Modern Introduction to International Law*, 6th ed., London, Allen and Unwin, 1987
Nguyen Quoc Dinh, Dailler, P., Pellet, A., *Droit International Public*, 3e édition, Paris, L. G. D. J., 1987
Starke, J. G., *Introduction to International Law*, 10th ed., London, Butterworths, 1989
Virally, Michel, *Le droit intenrational en devenir: Essais écrits au fil des ans*, Paris, Presses Universitaires de France, 1990
Jennings, R., Watts, A., (ed.,) *Oppenheim' International Law*, Vol. I, 9th ed., London, Longmans, 1992
Reuter, Paul, *Le développement de l'ordre juridique international: Ecrits de droit international*, Paris, Economica, 1995
Brownlie, I., *Principles of Public International Law*, 6th ed., Oxford, Clarendon Press, 2003
Dupuy, Pierre-Marie, *Droit International Public*, 9e éd., Paris, Dalloz, 2008

2. 判例集・判例研究
横田喜三郎『国際判例研究 (I), (II), (III)』有斐閣, 1933年, 1970年, 1981年
波多野里望・松田幹夫 (編著)『国際司法裁判所 判決と意見』第1巻 (1948-63年), 国際書院
波多野里望・尾崎重義 (編著)『国際司法裁判所 判決と意見』第2巻 (1964-93年), 国際書院
高野雄一『判例研究 国際司法裁判所』東京大学出版会, 1965年
皆川洸『国際法判例集』有信堂, 1975年
祖川武夫・小田滋編著『わが国裁判所の国際法判例』有斐閣, 1978年
波多野里望・筒井若水編『国際判例研究 領土・国境紛争』東京大学出版会, 1979年
宮崎繁樹編『国際法』(基本判例双書) 同文館, 1981年
波多野里望・東寿太郎編『国際判例研究 国家責任』三省堂, 1990年
田畑茂二郎・太寿堂鼎編『ケース・ブック国際法 (新版)』有信堂, 1991年
祖川武夫・小田滋編著『日本の裁判所による国際法判例』三省堂, 1991年
山本草二・古川照美・松井芳郎編『国際法判例百選』有斐閣, 2001年
松井芳郎 (編集代表)『判例 国際法』(第2版) 東信堂, 2006年
波多野里望・広部和也編著『国際司法裁判所——判決と意見 (3) 1994～2004年——』国際書院, 2007年
杉原高嶺・酒井啓亘編『国際法基本判例』三省堂, 2010年

3. 条約・資料集
外務省国際法局『条約集:多数国間条約』国立印刷局
外務省国際法局『条約集:二国間条約』国立印刷局
奥脇信也 (編集代表)『国際条約集』(各年版) 有斐閣
松井芳郎 (編集代表)『ベーシック条約集』(各年版) 東信堂
松井芳郎編集代表『ハンディ条約集』東信堂
杉原高嶺編集代表『コンサイス条約集』三省堂
田畑茂二郎・竹本正幸・松井芳郎・薬師寺公夫編『国際人権条約・宣言集 (第2版)』東信堂
芹田健太郎『国際人権条約・資料集』有信堂
藤田久一・浅田正彦編『軍縮条約・資料集 (第3版)』有信堂高文社
高野雄一・小原喜雄編『国際経済条約集』有斐閣
香西茂・安藤仁介 (編集代表)『国際機構条約・資料集』東信堂
国際女性法研究会編『国際女性条約・資料集』東信堂
地球環境法研究会編『地球環境条約集 (第3版)』中央法規
大沼保昭編著『資料で読み解く国際法』東信堂

Ⅱ　各章参考文献

1. 序章

コロービン，E. A.,『過渡期国際法』改造社，1933 年
寺田四郎『国際法学界の七巨星』立命館出版部，1936 年
パシュカーニス，イェー・ベー（山之内一郎訳）『ソヴェート国際法概論』改造社，1937 年
田畑茂二郎『国家平等観念の転換』秋田屋，1946 年
横田喜三郎『国際法の基礎理論』有斐閣，1949 年
フーゴ・グロチウス（一又正雄訳）『戦争と平和の法(1)-(3)』巌松堂出版，1950-51 年
田岡良一「国際法の法源」国際法学会編『国際法講座』第 1 巻，有斐閣，1953 年
祖川武夫「カール・シュミットにおける「戦争観念の転換」について（一）」法学 17 巻 2 号，1953 年
伊藤不二男『スアレスの国際法理論』有斐閣，1957 年
田畑茂二郎『国家平等思想の史的系譜』同文書院，1958 年
ミルキヌ＝ゲツェヴィチ（小田滋・樋口陽一訳）『憲法の国際化』有信堂，1964 年
伊藤不二男『ビトリアの国際法理論——国際法学説史の研究——』有斐閣，1965 年
田畑茂二郎『国際法〔第二版〕』岩波書店，1966 年
入江啓四郎『中国古典と国際法』成文堂，1966 年
経塚作太郎『条約法の研究』中央大学出版部，1967 年
松井芳郎「近代日本と国際法（上），（下）」科学と思想 13，14 号，1974 年
経塚作太郎『続・条約法の研究』中央大学出版部，1977 年
藤田久一「現代国際法の法源」田中成明・長尾龍一編『現代法哲学　第 3 巻』東京大学出版会，1983 年
伊藤不二男『グロティウスの自由海論』有斐閣，1984 年
岩沢雄司『条約の国内適用可能性——いわゆる"self-executing"な条約に関する一考察——』有斐閣，1985 年
小森光夫「国際法の学説における慣習法概念の位置づけの変遷」千葉大学法学論集 5 巻 1 号
藤田久一「国際立法について」関西大学法学論集 36 巻 3・4・5 号，1986 年
島田征夫「慣習国際法の形成と法的確信の要件」宮崎繁樹教授還暦記念『二十一世紀の国際法』成文堂，1986 年
大沼保昭編『戦争と平和の法——フーゴ・グロティウスにおける戦争・平和・正義——』東信堂，1987 年
小川芳彦『条約法の理論』東信堂，1989 年
広部和也・田中忠編集代表（山本草二先生還暦記念）『国際法と国内法——国際公益の展開——』勁草書房，1991 年
山根裕子『新版　EC/EU 法　欧州連合の基礎』有信堂高文社，1993 年
藤田久一（研究代表者）『条約法条約の逐条的研究』平成 4-5 年科学研究費補助金（総

合研究 A) 研究成果報告書, 1994 年
芹田健太郎『普遍的国際社会の成立と国際法』有斐閣, 1996 年
石本泰雄『国際法の構造転換』有信堂高文社, 1998 年
柳原正治『ヴォルフの国際法理論』有斐閣, 1998 年
村瀬信也ほか編 (山本草二先生古稀記念)『国家管轄権　国際法と国内法』勁草書房, 1998 年
大沼保昭『人権, 国家, 文明:普遍主義的人権観から文際的人権観へ』筑摩書房, 1998 年
国際法事例研究会『条約法』慶応義塾大学出版会, 2001 年
村瀬信也『国際立法――国際法の法源論――』東信堂, 2002 年
藤田久一「国際法の法源論の新展開」山本手治・香西茂 (編集代表)『国際社会の法構造:その歴史と現状』東信堂, 2003 年
坂元茂樹『条約法の理論と実際』東信堂, 2004 年
シュミット, カール (新田邦夫訳)『大地のノモス:ヨーロッパ公法という国際法における』慈学社出版, 2007 年
中川淳司・寺谷広司編『国際法学の地平:歴史, 理論, 実証』(大沼保昭先生記念論文集) 東信堂, 2008 年
明石欽司『ウェストファリア条約――その実像と神話――』慶応義塾大学出版会, 2009 年
西平等「実証主義者ラウターパクト」坂元茂樹編『国際立法の最前線』有信堂, 2009 年
佐藤義明「国際法の脱国家化と「世界市民法」の生成」坂元茂樹編『国際立法の最前線』有信堂高文社, 2009 年
Laurent, F., *Histoire du Droit des Gens et des Relations Internationales*, Tomes I-XVIII, Gand, Paris, 1855-1870
Lorimer, James, *The Institutes of the Law of Nations Treatise of the Jural Relations of Separate Political Communities*, Vol. 1, Edinburgh and London, 1883
Nys, Ernest, *Les origines du droit international*, Paris, Albert Fontemoing, Editeur, 1894
Walker, Thomas Alfred, *A History of the Law of Nations*, Cambridge, The University Press, 1899
Triepel, von Heinrich, *Völkerrecht und Landesrecht*, Leipzig, C. L. Hirschfeld, 1899
Vollenhoven, C. Van, *Les trois phases du droit des gens*, La Haye, Martinus Nijhoff, 1919
Gény, François, *Méthodes d'interprétation et sources en droit privé positif, Essai critique*, 2ème éd., Paris, 1919, tome 1
Redslob, Robert, *Histoire des grands principes du droit des gens*, Paris, Rousseau 1923
Corbett, P. C. "The Consent of States and the Sources of the Law of Nations," *BYIL*, Vol. 6, 1925
Butler, Sir Geoffrey and Maccoby, Simon, *The Developement of International Law*, 1928

参考文献

Anzilotti, D., *Cours de Droit International*, Traduction française, Paris, 1929
De Visscher, F., "Des traités imposés par la violence", *RDILC*, 1931
Garner, "The International Binding Force of Unilateral Oral Declarations", *AJIL*, Vol. 27, 1933
Scelle, Georges, "Essai sur les sources formelles du droit international", Recueil d'études sur les sources du droit en l'honneur de François Gény, Paris, Recueil Sirey, 1935, Tome 3
Wegner, Arthur, *Geschichte des Völkerrechts*, Stuttgart, Verlag Van W. Kohlhammer, 1936
Kopelmanas, Lazare, "Essai d'une théorie des sources formelles du droit international", *Revue de Droit International*, 1938/I
Quadri, Rolando, *La Giurisdizine sugli stati stranieri*, Milano, A. Giuffrè, 1941
Nussbaum, Arthur, *A Concise History of the Law of Nations*, 1947 (広井大三訳『国際法の歴史』こぶし社, 1997年)
Guggenheim, P., "La validité et la nullité des actes juridiques internationaux", *RCADI*, Tome 74, 1949-I
Hyde, C. C., *International Law: Chiefly as interpreted and applied by the United States*, 2nd rev. ed. Boston, Little, Brown, 1951
Kelsen, Hans, *Principles of International Law*, New York, 1952
Ago, Roberto, "Science juridique et droit international", *RCADI*, 1956-II, Tome 90
Ago, Roberto, "Diritto positivo diritto internazionale", *Scritti di Diritto internazionale in onore di Tomaso Perassi*, Milano, 1957, Vol. 1
Fitzmaurice, Sir Gerald G., "Some Problems regarding the Formal Sources of International Law", *Symbolae Verzijl*, the Hague, 1958
Guggenheim, Paul, "Contribution à l'histoire des sources du droit des gens", *RCADI*, Tome 94, 1958-II
Reuter, Paul, "Principes de droit international public", *RCADI*, 1961-II tome 103
Lord McNair, *Law of Treaties*, Oxford, Clarendon Press, 1961
Suy, Eric, *Les actes juridiques unilatéraux en droit international public*, Librairie générale de droit et de jurisprudence, 1962
Parry, Clive, *The Sources of International Law*, 1965
Bin Cheng, "United Nations Resolutions on Outer Space: 'Instant' International Community Law?" *Indian Journal of International Law*, Vol. 5, 1965
Carnegie Endowment for International Peace (ed.), *The Concept of Jus Cogens in Public International Law, Papers and Proceedings*, Genève, 1967
Cahier, Ph. "Le comportement des Etats comme source de droits et d'obligations", *Recueil d'études de droit international en hommage à Paul Guggenheim*, Genève, 1968
Skubiszewski, Krzysztof Jan. "A New Source of the Law of Nations: Resolutions of International Organizations", *Ibid.*, 1968
De Visscher, Charles, *Les effectivités du droit international public*, Paris, Pédone, 4ème éd., 1970
Reuter, Paul, *La Convention de Vienne du 29 mai 1969 sur le droit des traités*, Paris, Armand Collin, 1970
D'Amato, A., *The Concept of Custom in International Law*, 1971
Thirlway, H., *Internatinal Customary Law and Codification*, the Hague, Sijthoff,

1972
Jacqué, Jean-Paul, *Eléments pour une théorie de l'acte juridique en droit international public*, Librairie générale de droit et de jurisprudence, 1972
Dupuy, R. J., "Coutume sauvage et coutume sage", *La communauté internationale, Mélanges à Charles Rousseau*, Paris, Pédone, 1974
Sztucki, J., *Jus Cogens and the Vienna Convention on the law of Treaties. A Critical Appraisal*, Wien, New York, Springer-Verlag, 1974
Rozakis, C., *The Concept of Jus Cogens in the Law of Treaties*, Amsterdam, New York, Oxford, North Holland Publishing compagny, 1976
Bos, Maarten, "The Recognized Manifestation of International law, A New Theory of 'Sources'", *GYIL*, Vol. 20, 1978
Weil, Prosper, "Vers une normativité relative en droit international", *RGDIP*, Tome 86, 1982
Haggenmacher, Peter, *Grotius et la doctrine de la guerre juste*, Paris, Presses Universitaires de France, 1983
Haggenmacher, Peter, *Grotius et la doctrine de la guerre juste*, Paris, Presses Universitaires de France, 1983
Sinclair, I., *The Vienna Convention on the Law of Treaties*, 2nd Ed., Manchester, M. U. P., 1984
Bos, Maartens, *A Methodology of International Law*, Amsterdam/New York/Oxford, North-Holland, 1984
Villiger, Mark E., *Customary Intertational law and Treaties*, Dordrecht/Boston/Lancaster, Martinus Nijhoff Publications, 1985
Haggenmacher, P., "La doctrine des deux éléments du droit coutumier dans la pratique de la Cour internationale", *RGDIP*, 1986
Lachs, Manfred, *The Teacher in International Law Teachings and Teaching*, Second Edition, Dordrecht/Boston/Lancaster, Martinus Nijhoff Publishers, 1987
Torrione, H., *L'influence des conventions de codification sur la coutume en droit international public*, Fribourg, 1989
Sur, Serge, "La coutume", *Juris-classeur de droit international*, Paris, Editions techniques, 1989
Barberis, Julio, "La coutume est-elle une source de droit international?" *Le droit international au service de la paix, de la justice et du développement, Mélanges Michel Virally*, Paris, Pédone, 1991
Verzijl, J. H. W *International Law in Historical Perspective*, Dordrecht, M. Wijhoff, 1992
Abi-Saab, Georges, "Les sources du droit international: Essai de déconstruction", *El Derecho Internacional en un Mundo en Transformacion Liber Amicorum en Homenaje al Profesor Eduardo Jiménez de Aréchaga*, II, Montevideo, 1994
Reuter, Paul, *Introduction au droit des traités*, 3ème éd., Paris, P. U. F., 1995
Jouannet, Emmanuelles, *Emer de Vattel et l'émergence doctrinale du droit international classique*, Paris, Pédone, 1998
Grewe, Wilhelm G., *The Epochs of International Law*, Translated and revised by Michael Byers, Berlin/New York, Walter de Gruyter, 2000
Koskenniemi, Martti, *The Gentle Civilzer of Nations: the Rise and Fall of International Law 1870-1960*, Cambridge, Cambridge University Press, 2001

Kolb, R., *Théorie du ius cogens international*, Paris, P. U. F., 2001
Buzzini, Gionata P., "La Théorie des sources face au droit international général: Réflexions sur l'émergence du droit objectif dans l'ordre juridique international", *RGDIP*, Tome 106/2002/3
Laghmani, Slim, *Histoire du droit des gens du jus gentium impérial au jus publicum europaeum*, Paris, Pédone, 2003
Ben Achour, Yadh, *Le rôle des civilisations dans le système international Droit et relations internationales*, Editions Bruyant; Editions de l'Université de Bruxelles, 2003
Koskenniemi, Martti, *From Apology to Utopia: The Structure of International Legal Argument Reissue with New Epilogue*, Cambridge, Cambridge University Press, 2003
Lesaffer, Randall (ed.), *Peace Treaties and International Law in European History: from the late Middle Age to World War One*, Cambridge, Cambridge University Press, 2004
Laly-Chevalier, Caroline, *La violation du traité*, Bruxelles, Edition Bruylant-Editions de l'Université de Bruxelles, 2005
Corten, Olivier, et Klein, Pierre (sous la direction de), *Les Conventions de Vienne sur le droit des traités Commentaire article par article*, I, II, III, Bruxelles, Bruylant, 2006
Corten, Olivier, *Le discours du droit international pour un positivisme critique*, Paris, Pédone, 2009
Dupuy, Pierre-Marie, "Théorie des sources et coutume en droit international contemporain", *Ibid*
Schachter, Oscar, "New Customs: Power, Opinio Juris, and Country Practice", *Essays in honour of K.Skubiszewski*, The Hague/London/Boston, Kluwer Law International, 1996

2. 第1章

高野雄一『国際組織法〔新版〕』有斐閣, 1975 年
家正治『国際連合と民族自決権の適用』神戸市外国語大学外国学研究所, 1980 年
宮崎繁樹編『多国籍企業の法的研究』(入江啓四郎先生追悼) 成文堂, 1980 年
福田菊『国連と NGO : いま NGO は』三省堂, 1988 年
佐藤哲夫『国際組織の創造的展開：設立文書の解釈理論に関する一考察』勁草書房, 1993 年
藤田久一『国連法』東京大学出版会, 1998 年
佐藤哲夫『国際組織法——The law of international organizations——』有斐閣, 2005 年
最上俊樹『国際機構論　第2版』東京大学出版会, 2006 年
Stosic, B., *Les organisations internationales non gouvernementales et les Nations Unies*, Genève, Droz, 1964
Knitel, Hans G., *Les Délégations du Comité International de la Croix-Rouge*, Etudes et Travaux de l'Institut Universitaire de Hautes Etudes Internationales, No. 5, Genève, 1967
Bettati, M., Dupuy, P. M., *Les O.N.G. et le droit international*, Paris, Economi-

ca, 1986
Koojimans, P. H., "The Security Council and Non-State Entities as Parties to Conflicts", in Wellens, K. (ed.), *International Law: Theory and Practice*, The Hague, Martinus Nijhoff, 1998, pp. 333-346
Zegveld, *Accountability of Armed Opposition Groups in International Law*, Cambridge, Cambridge University Press, 2002
Nijman, Janne Elisabeth, *The Concept of International Legal Personality An Inquiry Into the History and Theory of International Law*, The Hague, T. M. C. Press, 2004
Manin, Philippe, *Droit constitutionnel de l'Union européenne*, Nouvelle édition, Paris, Pédone, 2004
Lindblom, Anna-Karin, *Non-Governmental Organizations in International Law*, Cambridge, Cambridge University Press, 2005
Roucounas, E., "Non-State Actors: Areas of International Responsibility in Need of Further Exploration", in Ragazzi, M. (ed.), *International Responsibility Today: Essays in Memory of Oscar Schachter*, Leiden, Brill, 2005, pp. 391-404
Clapham, Andrew, *Human Rights Obligations of Non-State Actors*, Oxford, Oxford University Press, 2006
Crawford, James, *The Creation of States in International Law*, Second Ed., Oxford, Oxford University Press, 2006
Dupuy, Pierre-Marie, and Vierucci Luisa (eds), *NGOs in International Law: Efficiency in Fliexibility?* Cheltenham, Edward Elgar Publishing, 2008

3. 第2章

田畑茂二郎『国際法と国家主権』日本評論社, 1950 年
田畑茂二郎『国際法における承認の理論』日本評論社, 1955 年
広瀬善男『現代国家主権と国際社会の統合原理』佑学社, 1970 年
国際法事例研究会『国家承認』日本国際問題研究所, 1983 年
国際法事例研究会『国交再開・政府承認』慶応通信, 1988 年
王志安『国際法における承認 その法的機能及び効果の再検討』東信堂, 1999 年
松井芳郎「現代国際法における人道的干渉」藤田久一・松井芳郎・坂元茂樹編『人権法と人道法の新世紀』東信堂, 2001 年
望月康恵『人道的干渉の法理論』国際書院, 2003 年
広瀬善男『国家・政府の承認と内戦』上, 下, 信山社, 2005 年
松田竹男「現代国際法と内政不干渉の原則（上）（下）」科学と思想 54 号, 1984 年
Stowell, Ellery C., *Intervention in International Law*, Washington, D. C., 1921
Cavaglieri, A., "Effets juridiques des changements de souveraineté territoriale, " Institut, *Annuaire*, 1931, pp. 185-256
Udina, M., "La succession des Etats quant aux obligations internationales autres que les dettes publiques, " *RCADI*, Tome 44, 1933, pp. 665-773
Raestad, A., "La cessation des Etats d'après le droit des gens, " *RDILC*, 1939, pp. 441-449
Lauterpacht, H., *Recognition in International Law*, Cambridge, Cambridge University Press, 1947
Castren, G., "Aspects récents de succession d'Etats, " *RCADI*, Tome 78, 1951

Chen, Ti-Chiang, The International Law of Recognition, London, Stevens, 1951
Marek, K., *Identity and Continuity of States in Public International Law*, Geneva, Libr. E Droz, 1955
Charpentier, J., *La reconnaissance internationale et l'évolution du droit des gens*, Paris, Pédone, 1956
O'Connell, D. P., *The Law of State Succession*, Cambridge, Cambridge U. P., 1956
O'Connell, D. P., *State Succession in Municipal Law and International Law*, 2 Vols., Cambridge, Cambridge U. P., 1967
United States Recognition of Foreign Governments, *Hearings before the Committee on Foreign Relations United States Senate*, Ninety-First Congress, First Session, 1969
Nguyen-Huu-Tru, *Quelques problèmes de succession d'Etats concernant le Viêt-Nam*, Bruxelles, 1970
Bedjaoui, M., "Problèmes récents de succession d'Etats dans les Etats nouveaux," *RCADI*, Tome 130, 1970
O'Connell, D. P., "Recent Problems of State Succession in Relation to New States," *RCADI*, 1970, Tome 130
Salmon, Jean J. A., *La reconnaissance d'Etat*, Paris, Armand Colin, 1971
Belkherroubi, Abdelmadjid, *La naissance et la reconnaissance de la République algérienne*, Bruxelles, 1972
Lillich, Richard B. (edited), *Humanitarian Intervention and the United Nations*, Charlottesville, University Press of Virginia, 1973
Verhoeven, J., *La reconnaissance internationale dans la pratique contemporaine*, Paris, Pédone, 1975
Ando, N., "The Recognition of Governments Reconsidered", *Japanese Annual of International Law*, Vol. 28, 1985
Stefan Oeter, "German Unification and State Succession," *ZAORV*, Vol. 51/2, 1991, at 358-378
Burdeau, G., et Stern, B. (dir. publ.), *Dissolution, continuation et succession en Europe de l'Est*, CEDIN-Paris I, Cahiers internationaux, no. 9, Montchrestien, 1994
Ruiz Fabri, H., et Boniface, P. (dir. publ.), Succession d'Etats en Europe de l' Est et avenir de la sécurité en Europe, CEDIN-Paris XIII, Cahiers internationaux, no. 11, Paris, Montchrestien, 1995
Decaux, E., et Pellet, A. (dir. publ.), *Nationalité, minorité et succession en Europe de l'Est*, CEDIN - Paris X, Cahiers internaionaux, no. 10, Paris, Montchrestien, 1996
Eisemann, P. M., Koskenniemi, M., *La succession d'Etats: la codification à l' épreuve des faits*, Centre d'étude et de recherche de l'Académie de droit international de La Haye, session de 1996, Dordrecht, Martinus Nijhoff Publishers, 1997
Stern, B. (dir. publ.), *Dissolution, Continuation and Succession in Eastern Europe*, The Hague, Martinus Nijhoff Publishers, 1998
Eisemann, P. M., Koskenniemi, M. (dir. publ.), *La succession d'Etats: la codification à l'épreuve des faits*, La Haye, Martinus Nijhoff Publishers, 2000
Bühler, K. G., *State Succession and Membership in International Organizations. Legal Theories versus Political Pragmatism*, The Hague, Kluwer Law, Interna-

tional 2001
Hamant, Hélène, *Démembrement de l'URSS et problèmes de succession d'Etats*, Editions Bruylant/Editions de l'Université de Bruxelles, 2007
Dumbarry, Patrick, *State Succession to International Reponsibility*, 2007

4. 第3章

高野雄一『日本の領土』東京大学出版会, 1962年
桐山孝信「自決権行使と領有権問題――西サラハ事件を手がかりにして――」法学論叢 117巻1, 3号, 1985年
安藤仁介「国家領域の得喪――とくに『権原』と領土紛争について――」寺沢一・内田久司編『(別冊法学教室) 国際法の基本問題』有斐閣, 1986年
国際法事例研究会『日本の国際法事例研究 (3) 領土』慶応通信, 1990年
濱本正太郎「『武力併合』と『時効』をめぐる実効性と合法性との対立――違法な武力行使の結果としての領域権原取得の可能性――」法学論叢141号2号 (1997年), 142巻4号 (1998年)
大寿堂鼎『領土帰属の国際法』東信堂, 1998年
芹田健太郎『島の領有と経済水域の境界画定』有信堂高文社, 1999年
国際法学会編『日本と国際法の100年 第2巻 陸・空・宇宙』三省堂, 2001年
芹田健太郎『日本の領土』中央公論新社, 2002年
許淑娟「領域権原論再考 (1)-(6完)」国家学会雑誌122巻1・2, 3・4, 5・6号, 7・8, 9・10, 11・12号, 2009年
奥脇直也「領域主権の概念をめぐって――ウェストファリア・パラダイムの行方」『日本と国際法の100年 第2巻』所収
Jèze, G., *Etudes théoriques et pratiques sur l'occupation comme mode d'acquérir les territoires en droit international*, Paris, 1896
Keller, A., Lissitzen, O., and Mann, F., *Creation of Rights of Sovereignty through Symbolic Acts (1400-1800)*, New York, 1938
McNair, Lord, *International Law Opinions*, Vol. 1, Cambridge, 1956
Bastid, Suzanne, "Les problèmes territoriaux dans la jurisprudence de la Cour Internationale de Justice," *RCADI*, III Tome 107, 1962
Jennings, R. Y., *The Acquisition of Territory in International Law*, Manchester, 1963
Blum, Y. Z., *Historical Titles in International Law*, The Hague, Nijhoff, 1965
Verzijl, J. H. W., *International Law in historical perspective*, Vol. III, *State Territory*, Leyde, 1971
Symonides, J., *Le territoire étatique à la lumière du principe d'effectivité*, Turin, 1971
Pop, I., *Voisinage et bon voisinage*, Paris, Pédone, 1980

5. 第4章

田岡良一『委任統治の本質』有斐閣, 1941年
横田喜三郎『海の国際法 上巻』有斐閣, 1967年

高林秀雄『領海制度の研究』有信堂, 1968 年
安藤仁介「スエズ運河自由航行の保障——コンスタンチノープル条約の規定と実践——」京都大学教養部政法論集 2 号, 1968 年
小田滋『海の国際法　下巻増訂版』有斐閣, 1969 年
小田滋『海の資源と国際法 (I) (II)』有斐閣, 1971・72 年
池田文雄『宇宙法論』成文堂, 1971 年
小田滋『海洋法研究』有斐閣, 1975 年
山本草二「宇宙開発」山本草二ほか『未来社会と法』筑摩書房, 1976 年
高林秀雄『海洋開発の国際法』有信堂高文社, 1977 年
栗林忠男『航空犯罪と国際法』三一書房, 1978 年
山本草二『放送衛星をめぐる自由と規制』玉川大学出版部, 1979 年
松井芳郎『現代の国際関係と自決権』新日本出版社, 1981 年
家正治『ナミビア問題と国際連合』神戸市外国語大学外国学研究所, 1984 年
小田滋『注解国連海洋法条約　上巻』有斐閣, 1985 年
曽我英雄「新パナマ条約体制論」三重大学法経論叢 3 巻 1 号, 1985 年
山本草二・杉原高嶺編『海洋法の歴史と展望』（小田滋先生還暦記念）有斐閣, 1986 年
山本草二『海洋法と国内法制』日本海洋協会, 1988 年
小田滋『海洋法の源流を探る』有信堂高文社, 1989 年
城戸正彦『領空侵犯の国際法』風間書房, 1990 年
杉原高嶺『海洋法と通航権』日本海洋協会, 1991 年
桑原輝路『海洋国際法』国際書院, 1992 年
五十嵐正博『提携国家の研究　国連による非植民地化の一つの試み』風行社, 1995 年
水上千之『日本と海洋法』有信堂, 1995 年
芹田健太郎『島の領有と経済水域の境界画定』有信堂高文社, 1999 年
栗林忠男・杉原高嶺編『海洋法の歴史的展開』有信堂高文社, 2004 年
青木節子『日本の宇宙戦略』慶応義塾大学出版会, 2006 年

Gidel, G., *Le droit international de la mer*, 3 vols., Paris, Sirey, 1932-34
Boutros-Ghali, B., Chlala, V., *Le canal de Suez 1854-1957*, Alexandrie, imp. Al Bassir, 1958
Mateesco-Matte, N., *Droit aérospacial*, 3 Vols. Pédone, Paris, 1969, 1976, 1982
Lapidoth, Ruth, *Les détroits en droit international*, Paris, Pédone, 1972
Queeney, M. A., *Direct Broadcast Satellites and the U.N.*, Leyden, Sijthoff, 1978
Vitanyi, B., *The International Regime of River Navigation*, Leyden, Sijthoff, Alphen, 1979
Dupuy, René-Jean, *L'Océan partagé*, Paris, Pédone, 1979
Extavour, W. C., *The Exclusive Economic Zone*, Genève, IUHEI, 1979
Koh, K. L., *Straits in International Navigation, Contemporary Issues*, Oceana, 1982
Christol, C. Q., *The Modern International Law of Outer Space*, New York, Pergamon Press, 1982
Mateesco-Matte, N., *Les télécommunications par satellites*, Paris, Pédone, 1982
Perruchod, R., *Le régime de neutralité du canal de Panama*, IUHEI, P. U. F. 1983

Churchill, R., Lowe, V., *The law of the Sea*, Manchester U. P., 1983
Bardonnet, D., Virally, M., *Le nouveau droit international de la mer*, Pédone, Paris, 1983
Lammers, J. G., *Pollution of International Water Courses*, The Hague, Nijhoff, 1984
Orrego Vicuna, F., *The Exclusive Economic Zone, A Latin American Perspective*, Boulder, Westview Press, 1984
Zhukov, G., Kolosov, Y., *International Space Law*, New York, Praeger, 1984
Dupuy, R. J., Vignes, D., *Traité du nouveau droit de la mer*, Paris, Economica, 1985
Weil, Prosper, *Perspectives du droit de la délimitation maritime*, Paris, Pédone, 1988
Lucchini, Laurent et Voelkel, Michel, *Droit de la Mer.* Tomes 1, 2, Paris, Pédone, 1990, 1996

6. 第5章
横田喜三郎『外交関係の国際法』有斐閣, 1963年
波多野里望「交通事故と外交特権」ジュリスト318号, 1965年
竹本正幸「外交関係と免除」法学論叢80巻3, 6号, 1966, 1969年
月川倉夫「外国軍隊の刑事裁判権」産大法学創刊号, 1967年
横田喜三郎『領事関係の国際法』有斐閣, 1974年
西井正弘「外交官等保護条約の意義」島大法学27号, 1978年
太寿堂鼎「民事裁判権の免除」『新・実務民事訴訟講座』第7巻, 日本評論社, 1982年
松井芳郎「駐留外国軍隊に対する国内法の適用」法律時報57巻11, 12号, 1985年
岩沢雄司「外国国家・国有企業との国際取引上の問題点」総合研究開発機構編『多国籍企業と国際取引』三省堂, 1987年
国際法事例研究会『4 外交・領事関係』慶応義塾大学出版会, 1996年
本間浩『在日米軍地位協定』日本評論社, 1996年
水島朋則「外務大臣の刑事管轄権免除に関する「慣習国際法」――逮捕状事件判決における国際立法の側面――」坂元茂樹編『国際立法の最前線』有信堂高文社, 2009年
Robin, *Des occupations militaires en dehors des occupations de guerre*, Paris, 1913
Genet, R., *Traité de diplomatie et de droit diplomatique*, 3 Vols., Paris, Pédone, 1931
Barton, G. P., "Foreign Armed Forces: Immumity from supervisory jurisdiction", *BYBIL*, 1949, p. 380
Lalive, J. F., "L'immunité de juridiction des Etats et des Organisations internationales," *RCADI*, 1953 II, pp. 209-290
Freeman, Alwyn V., "Responsibility of States for unlawful sets of their armed forces," *RCADI*, Tome 88, 1955
Levie, Howard S., "Some Legal Problems arising under the N. A. T. O. Status of Forces Agreement and the Administrative Agreement with Japan," 17 *Federal Bar Journal*, 1957
Baxter, R. R. Major, "Criminal Jurisdiction in the N. A. T. O. Status of Forces Agreement," *ICLQ*, January 1958

Levie, Howard S., "The N. A. T. O. S. O. F. A. : legal safeguards for American serviceman," *American Bar Association Journal*, April 1958
Lee, L. T., *Consular Law and Practice*, London, 1961
Jenks, C. W., *International Immunities*, London, Stevens, 1961
Cahier, Ph., *Le droit diplomatique contemporain*, Genève/Paris, Droz/Minard, 1962
Zourek, J., "Le statut et les fonctions des consuls", *RCADI*, 1962 II, pp. 357-497
Lazareff, Serge, *Le statut des forces de l'OTAN et son application en France*, Paris, Pédone, 1964
Satow, Ernest, *A Guide to Diplomatic Practice*, 4th Edition (edited by Sir N. Bland), London, Longmans, 1967
Do Nascimento e Silva, G. E., *Diplomacy in International Law*, Leiden, Sijthoff, 1973
Ahmad, M. A., *L'Institution consulaire et le droit international*, Paris, L. G. D. J., 1973
Sucharitkul, S., "Immunities of Foreign States before National Authorities," *RCADI*, 1976 I, Vol. 149
Denza, Elleen, *Diplomatic Law: Commentary on the Vienna Convention on Diplomatic Relations*, 2nd Ed., Oxford, Clarendon Press, 1998
Fox QC, Hazel, *The Law of State Immunity*, Oxford, Oxford University Press, 2002

事項索引

ア 行

ILO 行政裁判所　152
ILC　296, 353, 356, 368, 389
ILC 国家免除条文案　389, 394, 396
アイヌ民族　147
アイヒマン事件　259
アキレ・ラウロ号事件　312
アグレアシオン　355
アグレマン　355, 356, 373
アジア海賊対策地域協力協定（ReCAAP）
　312
アナン事務総長報告書　227
油による汚染損害についての民事責任に関する
　国際条約　332
油による汚染損害補償のための国際基金の設立
　に関する国際条約（基金条約）　332
油による汚染を伴う事故の場合における公海上
　の措置に関する国際条約　332
アフリカ人民機構（SWAPO）　294
アフリカ統一機構憲章　224
アムステルダム条約　141
アメリカ合衆国対外関係法第三リステイトメン
　ト　42
アメリカとの国連本部協定　159
アラバマ号事件　15
アラブ諸国連盟憲章　224
あらゆる形態の人種差別撤廃に関する国際条約
　152
アルマ・アタ宣言　138, 201
アレクサンドロ・ボルジア6世の大教書
　241
アンドラ　135
EEC 条約　126
EC 裁判所　126, 152
EC 法　140
一貫した反対国（persistent objector）理論
　40-42
5つの空の自由　280
一般国際法　31, 38, 236
一般多数国間条約テーゼ　84

一般郵便連合　14
一方的行為（約束）　28, 35, 53-56, 186, 192
一方的宣言　99, 300, 307
委任統治委員会　288
委任統治協定　292
委任統治制度　18, 287, 289
委任統治地域　287
imperium　234, 235
EU 法　126
岩　250
インスタント慣習法（理論）　29, 38
インダス川の利用に関するインド・パキスタン
　条約　296
インドネシア問題　227
ウィーン会議最終議定書　294
ウィーン国家代表条約　368, 369
ウィーン領事条約　375, 376
ウェストファリア講和　8, 233, 238
ヴェルサイユ（平和）条約　99, 106, 152,
　212, 298, 297, 349
宇宙基地協力協定　343
宇宙基本法　339
宇宙救助返還協定　341
宇宙空間平和利用委員会　337, 343
宇宙空間の探査および利用における国家活動を
　律する法原則宣言　337
宇宙条約　337, 339
宇宙損害責任条約　114, 341
宇宙飛行士　340
宇宙物体登録条約　342
ウティ・ポッシデティス（uti possidetis）の
　原則　202, 252
英・エジプト間条約　108
衛星破壊（ASAT）兵器　339
英米麻薬取締臨検協定　314
エクス・ラ・シャペル議定書　353
エジプト・イスラエル中東和平条約　192,
　300
S.P.A. → 他者のための規定
エストッペル理論　55, 61, 89
エストラーダ主義　188

エビアン協定　211, 212
エンタープライズ　328, 329
大津事件　348
オーデルナイセ線　202, 203
オタワ方式　163
オランダ東インド会社　12

カ　行

海峡制度に関する条約 → モントルー条約
海軍演習　306
外交関係条約　67, 75
外交関係の断絶　109
外交関係に関するウィーン条約（ウィーン外交条約）　351-355, 358, 360, 363, 366, 376
外交関係法　347, 353
外交官等保護条約　352, 358
外交官の席次に関する規則（ウィーン規制）　352
外交官の特権免除　363
外交使節に対する犯罪防止条約　67
外交団　354
外交団長　354, 355
外交的庇護　358, 360, 361
外交的庇護に関するカラカス条約　360
外交的保護権　21, 151, 161, 357, 377
外交伝書使　361, 362
外交伝書使および外交伝書使に伴われない外交封印袋の地位に関する条文　362
海港の国際制度に関するジュネーブ規程　263
外交封印袋　362
外国軍事基地　203, 218, 259
外国主権免除法（FSIA）　388, 391, 395
解釈宣言　87, 303
海水油濁防止条約　331, 332
海賊　151
海賊行為　311, 312
海賊に関する宣言　313
海賊放送　313
海底電線　316, 319, 323
海底パイプライン　316, 319, 323
海底平和利用委員会　325, 326
開発の国際法　219
開放条約　76, 84, 102, 299
外務大臣　350, 351
海洋汚染防止条約　332
海洋航行の安全に対する不法な行為の防止に関する条約　313
海洋投棄規制条約　332
海洋の科学的調査　334, 335
海洋法条約　268, 269, 272, 304, 305, 310, 313, 314, 318, 319, 323, 324, 326, 327, 330, 333-335, 381
海洋法条約第11部実施協定　326, 330
海洋法論争　264, 304
カイロ宣言　60
核実験　306
学説　7, 51
核戦略　269
核兵器に関する共同措置についての協定　202
核兵器不拡散条約（NPT）　78, 202
加重投票制　219, 220
割譲　238, 244, 245, 247, 248
『過渡期国際法』　19
神奈川条約　15
加入　76
神の休戦（Treuga Dei）　10
『神の国』　10
神の平和（Pax Dei）　10
樺太・千島交換条約　246
仮署名　78
仮保全措置　307
カレドニア運河　297
環境保護に関する南極条約議定書　256
韓国人学生監禁・送還事件　361
韓国併合　245
完全外交承認　185
カンボジア代表権問題　193
カンボジア紛争の包括的政治解決に関する協定　193
簡略形式の条約　73, 74, 78, 79, 350, 383
キール運河　297, 298
旗国主義　307, 308, 310, 313, 315, 332
基線　265, 276, 266
帰属からの自由　305
寄託者　80, 83, 204
北大西洋条約機構　20, 383
既得権　210
客観的地位を設定する条約　104
旧安保条約　125
旧ユーゴスラビア国際刑事裁判所　95
境界確定条約　115, 116
境界条約（ゲルリッツ条約）　202

事項索引 413

強化された無害通航　273, 274
強行規範（jus cogens）　21, 63-65, 95, 101, 110, 111, 169, 181, 202, 327
教皇庁（Holly See, Saint-Siège）　134, 175
強制執行免除の放棄　394
行政取決め　73, 74
行政連合 → 国際行政連合
共同声明　60
共同宣言書　73
京都議定書　25
共有物（res communis）　304
漁業及び生物資源の保存に関する条約　317
漁業水域　266
極東国際軍事裁判所　94, 153, 364
拒否権　220, 228
均衡性（または比例性）（proportionality）の原則　50
均衡の原則　332
近接性理論　241
国および国の財産の裁判権免除に関する国際連合条約（国連裁判権免除条約）　389, 391, 393, 394, 396
国の代表者に対する強制　92
クラカウ　245
グラチアヌス教会法　10
クリーンスレート（clean slate）の原則　199, 200, 202, 203
クリティカル・デート　242, 252
クレイトン・バルワー条約　300
軍艦　263, 272, 310, 315, 381, 382
　　――の不可侵権　382
　　――の無害通航権　269
軍事演習　339
軍事（戦時）占領　175, 198, 244
軍事的, 政治的または経済的強制に関する宣言　93
軍隊　383
群島基線　262
群島航路帯通航権　264
群島国家　262-264
群島水域　262, 263
軍用航空機　310, 315, 382
経済権利義務憲章　215
形式自由の原則　46, 77
継続性の原則　199, 202
継続追跡権　314, 315, 316
契約条約　74, 75

ゲタ運河　297
権原（title）　237
権原の歴史的強化　249
元首　355
原子力推進船　263, 270
原子力潜水艦　275
原子炉衛星コスモス954号　342
原子論的国際法　13
ゴア事件　240
合意覚書　73, 106
合意議事録　73
合意は第三者を害しも益しもせず → 条約は第三者を害しも益しもせず
公海自由の原則　65, 254, 305, 306, 332, 334
公海使用の自由　313, 316
公海条約　304, 310, 313, 315
光華寮　207
交換公文　73, 79
交換書簡　73
公館の不可侵　359
工業所有権保護同盟　14
航空機内で行われた犯罪その他ある種の行為に関する条約（東京条約）　282, 283
航空機の不法な奪取の防止に関する条約（ハーグ条約）　283
航空犯罪　282
交戦団体　142
交戦団体承認　189, 190, 194, 195
交通事故　365, 378, 384
合同行為　30, 46, 118
後背地理論　239
後発的（履行）不能　54, 107
衡平　48, 51, 52
　　――及び善　52
衡平原則　319, 324
後法は前法を破る　62, 64
公務執行　385
拷問禁止条約　350
国際運河　297
国際NGO　162, 163
国際海峡　272, 273
国際海事衛星機構（インマルサット）　160, 344
国際海事機構（IMO）　332
国際海底機構　116, 323, 326, 327, 330
国際河川　294, 295
国際河川委員会　295

国際河川規程　295
国際河川条約→バルセロナ条約
国際河川水路利用のヘルシンキ規則　296
国際慣習法　36, 352
国際機関の規則　113, 159
国際機関の承継　116
国際機構間条約　76
国際機構条約法条約　67, 76, 113, 115, 116
国際機構設立条約　104
国際機構の設立文書　156, 157
国際機構の法主体性　156
国際基準主義　333
国際行政連合　14, 155
国際共同体（international community）　5
国際軍事裁判所条例→ニュルンベルク国際軍事裁判所
国際刑事裁判所（ICC）　153, 154, 157, 385
国際原子力機関（IAEA）　202
国際航空運送協会（IATA）　280
国際航空運送協定　278, 280
国際航空業務通過協定　278, 280
国際航行に使用される海峡　274
国際司法裁判所　110
国際社会の一般法益　21
国際人権規約　21, 120, 145, 153
国際司法裁判所　293, 325
国際信託統治制度　288
国際人道法　163
「国際水路の非航行的利用の法」に関する条文案　296
国際地役　260
国際直接テレビジョン放送のための衛星の使用に関する原則　343
国際電気通信衛星機構（インテルサット）　160, 344
国際電気通信連合条約　344
国際犯罪　21
「国際犯罪および国家とその機関の管轄権からの免除」決議　393
国際紛争平和処理一般議定書　82, 83
国際法学者の学説　51
国際法（学）の英雄時代　13, 179
国際法協会（ILA）　16, 66, 296
国際法主体　129, 130
国際法宣言案　12, 13
国際法典編纂　16

国際法典編纂委員会　66
国際法の（一般）原則　50
国際法の漸進的発達および法典化　66
国際法の創始者　13, 62
国際法のフラグメンテーション　6, 25, 26, 69, 70
国際法は国内法を破る　120
国際民間航空機構（ICAO）　81, 275, 279
国際民間航空条約（シカゴ条約）　278, 279, 281
国際立法　63, 66, 68
国際約束　73, 74, 79, 81
国際礼譲　36, 348
国際連合と国際海底機構の関係に関する協定　331
国際連盟規約　17, 108
国際労働機関　18
国際労働条約　82
国籍選択権　212, 248
国内管轄事項　224, 226, 227
国内法は国際法を破る　120
国内法優位の一元論　117
国有船舶の免除についての若干の規則の統一に関するブリュッセル条約　388
国連海洋法条約　68, 146, 293
国連環境計画（UNEP）　163
国連カンボジア暫定統治機構（UNTAC）　193
国連行政裁判所　152
国連緊急軍（UNEF）　113, 300
国連憲章　19, 55, 58, 75, 108, 224
　──103条　64
国連国際法委員会（ILC）　22, 25, 67, 69, 70, 72, 78, 112, 214
国連コソヴォ暫定統治ミッション（UNMIK）　172
国連事務総長　83, 111
国連世界サミット成果文書　228
国連総会決議　21, 28, 38, 40, 55-57, 59, 66
国連大学協定　76
国連独立移行支援グループ（UNTAG）　294
国連ナミビア理事会　156, 293, 294
国連南西アフリカ弁務官　293
国連南西アフリカ理事会　293
国連の特権免除に関する条約　83, 156
国連貿易開発会議（UNCTAD）　162
国連本部協定　76

事項索引 415

個人の出訴権　152
個人の法主体性　149
コソヴォ（共和国）　172, 173
黒海非軍事化条約　105
国家契約　45, 161, 210
国家元首　77, 79, 347-350, 393
国家（の）結合　200, 210
国家財産等承継条約　67, 199, 205-207, 209
国家債務　209
国家主権（尊重）の原則　216, 221
国家承継　101, 108, 191, 198
国家承継条約　73, 74
国家承継に関する自然人の国籍に関する条文（案）　213
国家責任条文　67
国家と他の国家の国民との間の投資紛争の解決に関する条約　152
国家に対する強制　93
国家の一方的行為　29, 34
国家の基本的権利義務　214
国家の継続性　173, 174
国家の権利義務に関する宣言案　215, 223
国家の権利義務に関するモンテビデオ条約　167
国家の裁判権免除　387, 388
国家の同一性　174, 176
国家の分離　201
国家の分裂　201, 202
国家平等原則　216, 218, 220
国家連合（Confederated States, Staatenbund, Confédération d'Etats）　135, 136, 141
国境確定条約　104, 109, 202
コミュニケ　60
コメコン　206
コモンウェルス（British Commonwealth of Nations, 英連邦）　138
コモンウェルス市民　140
コモンウェルス条項　140
コリント運河　297
混合委員会　14
混合仲裁裁判所　152
コンゴ国連軍（ONUC）　113
コンゴ条約　15
コンスタンチノープル条約　298-301
コンセッション　298
コンセッション協定（契約）　210, 299

コンセンサス方式（手続）　68, 82, 87, 328
コンドミニウム（condominium）　235, 304
根本規範　31, 118

サ 行

最恵国待遇　151
裁判管轄に関する条約　371
裁判権からの免除の放棄　379
裁判権免除　349, 378, 392, 394
在瀋陽日本総領事館事件　377
裁判不能　251
詐欺　91, 92, 111
錯誤　90
サミット　348, 350
残存主権　258
サンタ・マリア号事件　312
暫定協定（modus vivendi）　185
暫定適用　79, 81
サント・ドミンゴ宣言　317
サンフランシスコ会議　224, 291
サンフランシスコ平和条約　257
サンホセ人権協定　143
自衛権　224
ジェイ条約　13, 14
ジェノサイド条約　75, 150, 153, 227
ジェンダー法学　25, 69
事業体（エンタープライズ）　328, 329
自決権　148, 169, 170, 181, 223, 226, 243, 294
時効　238, 239
時効制度　178
時際法　93, 94, 242
事実から法（権利）が生じる（Ex factis ius oritur）　240
事実上の承認　184
事情の根本的変化　54, 103, 108, 109, 115, 116
事情変更の原則　44, 108, 109, 201
使節権　352, 353, 368
使節団の公館　359, 360
自然法　12, 28, 29
自治提携国　84
実効性原則（事実主義）　167, 169, 188, 237, 239, 240
実効性理論　241
実質的法源　28
実証主義　16, 19

実定国際法　11
自動執行的条約（Self-Executing Treaty）　122, 125
司法上の自己制限　196
島　250, 319
市民社会　5, 24, 70, 129, 131
市民的及び政治的権利に関する国際規約　153
市民的及び政治的権利に関する国際規約の選択議定書　152
自由意思による同意の原則　46
重大な条約違反　106
集団安全保障　18-20
集団殺害罪の防止及び処罰に関する条約→ジェノサイド条約
集団的自衛権　20
自由連合協定　289
主権制限論　216
主権平等の原則　218, 219, 228
主権免除　276, 387
取得時効　249
ジュネーブ議定書　17
ジュネーブ協定　211
ジュネーブ諸条約共通3条　142
純粋な政治的約束　56, 61
純粋法学　31, 118, 236
上位規範は下位規範を破る（lex superior derogat inferior）　64
承継協定　101, 199, 204, 206, 208, 211
証拠（evidence）　27
少数民族（minorités）　131, 147
少数民族保護条約　147
常設国際司法裁判所　18, 107, 309
　——規程　82, 83
常設仲裁裁判所　15
尚早の承認　180, 184, 187, 190
常置オブザーバー団　369
常置外交使節　352
常駐外交使節　347
衝突事故等の刑事裁判権に関するブリュッセル条約　310
商取引　390
承認の撤回または取消　185, 188
条約からの脱退　104, 105
条約境界移動の原則　200, 201
条約承継条約　67, 199, 203
条約の違憲審査　125

条約の運用停止　104, 112
条約の可分性　91
条約の終了　104, 109-111
条約の署名　83
条約の廃棄　105
条約の分割　96
条約の無効　89, 110
条約は第三者を害しも益しもせず　47, 96
条約法に関するウィーン条約（条約法条約）　45, 63, 67, 72, 75, 77, 79, 81, 112
植民地独立付与宣言　145, 146, 291, 292
植民地独立付与宣言履行特別委員会　292, 292
諸国家の経済権利義務憲章　161
深海底（deep seabed）　322, 325
深海底制度　323, 326
深海底制度実施協定　326
深海底の資源利用に関するモラトリアム決議　326
深海底を律する原則宣言　326
『神学大全』　10
信義誠実→信義則
信義則　35, 49, 55, 61, 78, 89
新強行規範　110-112
人権委員会　152
人工衛星　278, 279
人工衛星スプートニク1号　337
新興国→新独立国
人工島　250, 318, 319, 323
新国際経済秩序　20
新国際人道秩序　227
新国家　97, 192
紳士協定　60
人種差別撤廃委員会　152
人種差別撤廃条約　85
身上連合（Personal Union, Union personnelle）　135, 182, 348
真正な関係（genuine link）　308
信託統治協定　288, 289, 292
信託統治制度　289
信託統治地域　213, 288
信託統治理事会　290
人道のための干渉　150, 222, 227
新独立国　20, 42, 43, 181, 198-200, 204-206, 208, 210, 211, 266, 354, 388
人民（民族）自決権→民族自決権
人民投票　247, 248

事項索引　417

新ユーゴスラビア連邦　176, 205
侵略国に関する条約　100
人類の共同財産　21, 323, 325-327, 338
スエズ運河　297, 298, 301
スエズ運河の自由航行に関する条約 → コンスタンチノープル条約
スコラ哲学の正当戦争論　11
スチムソン・ドクトリン　181, 244
ストックホルム人間環境宣言　258
スペイン内戦　187, 190
制限免除主義　388, 390, 391
西沙諸島　243
誠実に交渉する義務 → pacta de contrahendo
誠実の原則 → 信義則
政治的債務　209
政治的庇護に関するモンテビデオ条約　360
政治的約束 → 非法律的合意
政治犯罪　348
西南アフリカ　288
政府間国際機構　155
政府承認不要論　189
征服（debellatio）　21, 238, 241, 243-245
政府の長（首相）　350
勢力均衡　12, 17
世界人権宣言　21, 57
赤十字国際委員会（CICR, ICRC（英文略称））　113, 163
セクター主義　253, 254
接続水域　276, 277, 315
絶対免除主義　388, 391
セネガンビ　136
セルビア王国　176
セルブ・クロアート・スロベーン王国　245
全会一致方式　82
尖閣諸島　243
1977 年第二追加議定書　142
全権委任状　77, 79, 80, 350, 351
宣言的効果説　183-185, 194
先行投資保護決議 II　329, 330
先住民族（indigenous peoples）　147, 148, 241
先住民族の権利に関する国連宣言　147
潜水船　268, 273, 275
先　占　15, 20, 43, 238, 239, 241, 243, 249, 253
戦争違法化　18, 19, 267
戦争（人道）法　142, 190

戦争と平和の法　11
戦争犯罪　364
選択条項受諾宣言　18, 139
全当事国の同意原則　86
船舶からの汚染防止のための国際条約 → 海洋汚染防止条約
船舶起因汚染　333
戦略地区　289, 290
総加入条項　47
宗主国　133
創設的効果説　182, 183, 194, 195
属地的債務　209
属地的（localized）条約　201, 203
租借　235, 260
租借権　302
ソビエト国際法学　150, 156
ソビエト国際法理論　33
ソフト・ロー　21, 33, 59, 65, 66, 162
空の 5 つの自由　278
ソ連の対外債務・資産の承継に関する条約
孫逸仙事件　361

タ　行

対イタリア平和条約　212
大韓航空機事件　281
大韓航空機撃墜事件　281
大教書（inter coetela）　241
第五福龍丸事件　306
第三次中東戦争（六日戦争）　300
大使会議　251
対人地雷禁止条約　25
対世的（erga omnes）規範　43-45, 63-65, 95
大西洋憲章　60
対等なるものは互いに支配権をもたず（par in parem non habet imperium）　349, 387, 394
第二次世界大戦　21
大陸間弾道ミサイル（ICBM）　339
大陸棚条約　75, 317, 321, 334
大陸棚制度　320
大陸棚の限界に関する委員会　322
大陸棚の境界画定　324, 325
台湾海峡　274
竹島問題　243
多国籍企業　129, 131, 160, 161
多国籍企業行動指針　161

他者のための規定　98, 101-103
ダニューブ川委員会　296
ダニューブ川の航行制度に関する条約　296
ダニューブ川ヨーロッパ委員会　295
単一規範論　219
単一（構成）要素理論　29, 37
タンカー　270
地球資源探査衛星　343
地方的事実上の政府　195, 190
地理的近接性　239
地理的不利国　320
チャコ紛争　252
中央銀行　393, 395
中間線　324, 325
中国代表権問題　192
仲裁委員会　191, 202
仲裁裁判　390
中米司法裁判所設置に関する条約　152
中立義務　195
中立宣言　190
中立法規　142
駐留軍隊に関する地位協定（SOFA）　383, 385
調停手続　111
直接放送衛星　343
直線基線　261, 265
チラン海峡　273, 274
追跡権 → 継続追跡権
通過（transit）　339
通過通航（transit passage）　272, 276
通過通航権　264, 274, 266, 275, 276
通過通航権制度　274
月協定　337-339
定期航空業務　279, 280
提携国家（Associated State）　136
テート・レター　388
テリニ元帥の殺害　348
テロ活動　223
テロ集団　131, 143
テロリスト　131, 143
天然資源に対する永久的主権　211, 215, 317
天然の富と資源に対する永久的主権　21, 258
添付　238, 250
ドイツ・チェコ協定　92
ドイツに関する最終解決条約（いわゆる2国プラス4国条約）　203
同意の自由の原則　93
投資紛争解決国際センター　152
独自の完結した制度（self-contained regime）
特別外交使節　185
特別使節　347, 350
特別使節団条約　350, 369
特別法は一般法を破る　61, 64
独立国家共同体　20, 108, 137, 138, 189, 205
独立国家共同体（CIS）設立協定 → ミンスク協定
トバール主義　187, 188
dominium　234, 235
トランスカイ　170
トリー・キャニオン号事件　332
トリエステ自由市　245
トリエステ自由地域　156
トルーマン宣言　320
奴隷取引　311, 313
奴隷の取引の防止に関するブリュッセル一般議定書　313

ナ　行

内国民待遇　151
内水　260
ナイル川の利用に関するアラブ連合（エジプト）・スーダン条約　296
内政干渉　187, 190
内部法　56
内陸国　320
NATO地位協定　383, 384
ナミビア　292, 293
ナミビアの天然資源の保護に関する布告　293
南極あざらし保存条約　255
南極鉱物資源活動規制条約　256
南極条約　255
南極条約協議国会議　255
南極の海洋生物資源の保存に関する条約　255
南西アフリカ　289, 292
南西アフリカ人民機構（SWAPO）　294
南北戦争　190
ニース条約　141
ニエレレ理論　204, 205
二元論　118, 119
西イリアンの国連暫定管理機関　156

ニジェール川の利用に関する流域9ヵ国間協定 296
二重（多重）規範論 219
24時間規則 299,301
日米安全保障条約 104
日米安全保障条約（旧安保条約第3条）に基づく行政協定 383,384
日米相互協力及び安全保障条約第6条に基づく日米地位協定 383,385
日米・パナマ友好関係条約（ハル・アルファロ条約） 302
日韓大陸棚南部協定 325
日韓保護条約 134
日ソ領事条約 373
日中共同声明 61,207
日中領事協定 377
200海里漁業水域 317
ニュルンベルク国際軍事裁判所 47,94,154,350
認可状（exequatur）→領事の認可状
人間の安全保障 227
non-liquet 48

ハ 行

ハーグ武力紛争時文化財保護条約 142
ハーグ平和会議 15
ハーグ法典化会議 266,267
ハーバード条約法草案 72
廃棄物その他の物の投棄による海洋汚染の防止に関する条約→海洋投棄規制条約
ハイジャック 282
買収 91,92,111
排他的漁業水域 317
排他的経済水域（EEZ） 266,274,305,316-320,322,323,334,335
白紙の状態（tabula rasa） 199,200,212
pacta sunt servanda 31,45,55,88,96,102,118
pacta de contrahendo 78
バチカン市国 134,168,182
パッケージディール原則 68
発見 241
パトリモニアル海 317
パナマ運河 297,300,301
パナマ運河委員会 302
パナマ運河条約 302
パナマ運河の永久中立と運営に関する条約 302,303
ハバナ条約 277,278
バミューダ協定 280
パリ憲章 191
パリ国際航空条約 277
パリ条約 108,180,278
パリ宣言 14,99
バルセロナ条約 295
バルト3国（リトアニア，ラトビア，エストニア） 178
バルド（Bardo）条約 133
パレスチナ解放組織（PLO） 170
パレスチナ国家宣言 171
パレスチナ暫定自治宣言 171
萬国公法 3
万国国際法学会 8,16,57,60,66,183,195,210,212,267,277,313,393
万国郵便連合 14
犯罪人引渡条約 283
反トラスト法 222
バンドン10原則 21
万民法（jus gentium） 11,49,130
反乱団体（反徒） 142,195
PLO代表部事件 171
非核3原則 259,266
非核（兵器）地帯 259
引渡または訴追の原則（aut dedere aut punire） 350
非軍事地帯 259
庇護権 263
非国家アクター（主体） 5,24-26,70,131,141,143
庇護に関するハバナ条約 360
非自治地域 146,226,290,291
非自治地域情報委員会 291
非自動執行的条約（Non-Self-Executing Treaty） 122
批准 79,80
非商業用政府船舶 272
非植民地化委員会→植民地独立付与宣言履行特別委員会
非政府的団体（NGO） 129,131,160,340
非同盟 20
人および市民の権利宣言 12
批判法学 25,69,70
非法的（政治的，道義的）規範 3,21,65
非法律的合意 34,46,60,88

被保護国　15, 133, 134
秘密外交　81
フィリピン群島　246
フェス(Fès)条約　134
不干渉原則　65, 217, 221, 223, 225, 228
不干渉宣言　223
不完全承継　207
不完全批准　80, 89
複合国家(国家結合)　135
不審船　315
付随的合意　98-100, 102, 114
不戦条約　7, 18, 106
物上連合(Real Union, Union réelle)　135
不平等条約　15, 94
部分軌道弾道ミサイル(FOBS)　338
普遍人類法　130
普遍的国際機構との関係における国家代表に関する条約　114
普遍的国際機構の伝書使および封印袋の地位に関する条約案　362
不法から権利は生じない(ex injuria non oritur jus)　175, 177, 178, 240
付庸国　15, 133
フラグメンテーション→国際法のフラグメンテーション
フランス革命　12
フランス連合　136
ブリュッセル条約　391
武力行使禁止原則　192
文明国が認めた法の一般原則　48
分裂(または分断)国家　84, 181
米キューバ条約　246
併合　238, 243-245, 247
閉鎖海　305
閉鎖条約　76
米州機構憲章　224
米州人権委員会　152
米州人権条約　152
平壌宣言　61
ヘイ・ビュノー・ヴァリヤ条約　301, 302
ヘイ・ポンスフォート条約　300, 301
平和維持活動　20
平和5原則　21
平和の布告　17
平和(的)目的　306, 327, 338, 339, 340
ベルギー永世中立条約　106
ヘルシンキ最終議定書　191, 224

ヘルシンキ宣言　60
ペルソナ・グラータ　355
ペルソナ・ノン・グラータ　353, 356, 357, 364, 369
ベルリン会議一般議定書　239
ベルリン一般議定書　15, 241, 242
ベルリン最終議定書　182
ベルリン事件　106
ベルリン条約　186
便宜置籍船　308
変型　118, 120-122, 125
弁理公使の席次に関する規則(エクス・ラ・シャペル議定書)　353
防衛識別空域　282
法的信念(確信)または必要信念　36, 38, 39
法の一般原則　28
亡命政府　175, 188
法律行為　54, 56, 98
法律上の承認　185
保護国制度　133
保護する責任論　227
補償的不平等　219
戊辰戦争　190
北極海　305
北極地域　253
ポツダム宣言　60, 100
北方領土問題　246
ポルポト政府　188, 189
香港　260

マ　行

マーストリヒト条約→ヨーロッパ連合条約
マイニングコード(mining code)　331
マカオ　260
麻薬・向精神剤の不正取引防止条約　314
麻薬・向精神薬の不正取引防止国連条約　314
麻薬取引　314, 363, 364
麻薬または向精神剤の不正な取引　271
マルタ騎士団　175
満州国　172, 181, 182
ミサイル発射実験　306
未承認国家　181, 184, 195, 196
未承認政府　196
未成熟の権原　242
南オセチアとアブハジア　172

事項索引　421

南ローデシア　170, 184
ミニ（マイクロ）国家　21, 133
ミュンヘン協定　91, 244
民間航空の安全に対する不法な行為の防止に関する条約 → モントリオール条約
民事請求権の審議に関する決議　365
民主的コントロール　74, 79, 89, 121
ミンスク協定　137
民族委員会　144
民族解放闘争　146
民族解放団体　84, 146
民族（人民）自決権　21, 109, 131, 145, 248
民族自決主義　144, 247
無害航空権　280, 281
無害通航権　262-264, 267, 268, 270, 271, 273
　軍艦の——　269
無過失責任　342
無期限条約　104
無許可放送　313
無効原因　88
無差別戦争観　15, 17, 217, 221
無主地 (terra nullius)　15, 238, 243, 253
無主地先占の法理　243
無主物 (terra nullius)　304
黙示的権能 (implied power) 説　158, 220
黙示的（の）承認　186, 190, 355
モスクワ核実験禁止条約　84, 104
モントリオール条約　284
モントルー条約　274

ヤ 行

約束は守らなければならない → pacte sunt servanda
ヤルタ宣言　60
友好および相互協力条約　302
友好関係宣言　59, 215, 218, 223, 225, 248
ユーゴスラビアに関する宣言　191
ユーゴスラビア和平会議仲裁委員会　191, 253
ユース・コゲーンス → 強行規範
U2型機事件　281
ユエ (Hué) 条約　133
UNEF　115
ユトレヒト条約　371
ヨーロッパ安全保障協力会議（CSCE）の最終文書 → ヘルシンキ宣言

ヨーロッパ協調　99
ヨーロッパ共同体（EC）　140, 191, 201
ヨーロッパ共同体司法裁判所 → EC裁判所
ヨーロッパ経済共同体　114
ヨーロッパ公法　14-16
ヨーロッパ公法および協調の利益　180
ヨーロッパ国家免除条約　388, 391
ヨーロッパ人権委員会　152
ヨーロッパ人権条約　152
ヨーロッパ理事会　81
ヨーロッパ連合条約　125, 140, 141, 221
汚れたコンセッション　209
汚れた債務　209

ラ 行

ライン川汚染委員会　296
ライン連合　136
ラテラノ宗教会議　10
ラテラノ条約　134, 182
陸戦の法規慣例に関する条約　47
李承晩ライン　321
リスヴィック条約　371
リステイトメント　120, 122
立法条約　74, 75
リビアにおける国連裁判所　205
留保　85
留保に関する国際連盟の慣行　86
領域主権　234
領海条約　268, 269
領海条約草案　268
了解宣言　87
領海の基線　260
領海の幅　265, 266, 273
領海法　265, 266
領空侵犯　281
領空無限説　278
領事関係に関するウィーン条約（ウィーン領事条約）　67, 371
領事館の身体の不可侵　377, 378
領事機関　347, 372, 374, 376
領事機関の公館　377
領事機関の長　373
領事裁判条約 (capitulation)　94, 260, 371
領事裁判制度　107
領事条約　371
領事的庇護権　377
領事の認可状 (exequatur)　186, 373

領水　*260*
領有禁止の原則　*338*
歴史的水域理論　*261*
両ドイツ統一条約　*201*
領土不拡大原則　*246*
臨検　*310, 311, 313, 314, 320*
隣接性の原則　*250, 253, 254*
類推（アナロジー）　*52*
礼譲　*263, 365, 366*
歴史的権原　*239, 249, 266*
　——の強化　*249*
歴史的水域理論　*261*
歴史的湾　*261, 262, 265*
res inter alios acta の原則　*115*

連邦　*136, 141*
ローザンヌ平和条約　*371*
ロシア共和国　*193*
ローマ国際刑事裁判所（ICC）規程　*25*
ローマ条約→ヨーロッパ連合条約
ロンドン議定書　*105*
ロンドン協定　*153*

ワ 行

ワルシャワ条約　*105, 383*
ワルシャワ条約機構　*20*
湾　*261*
湾岸戦争　*227, 245*

人名索引

アイヒマン　259
アウグスチヌス　10
アクィナス（トマス）　10, 11
アブー・バクル　10
アラファト　170, 171
アレクサンドロ・ボルジア6世　241
アレチャガ（ヒメネス・デ）　101
アロット　26, 70
アロン　19
アンジロッチ　31, 53, 102, 118, 182
イェリネック　30, 34, 118
石本泰雄　119
ヴァッテル　13, 30, 36, 41, 62, 130, 144, 216-218, 221, 234, 264, 267, 387
ヴィラリー　60
ウィルソン　144, 188, 247
ヴィルヘルム2世　349
ヴェンツェル　30, 117
ヴォルフ　13, 30
エストラーダ　188
エリツィン　193
オースチン　30
オッペンハイム　134, 236
オナシス　308

カー　19
クアドリ　174
グッゲンハイム　38, 54, 184
グレゴワール神父　12
グロティウス　11, 12, 29, 130, 234, 264, 304, 358
クンツ　119
ゲーリング　92
ケルゼン　19, 31, 32, 38, 49, 101, 118, 225, 236
ゲンチリ　11
コーベット　27
コスケニエミ　26, 69, 70
ゴルバチョフ　20
コローヴィン　19

サヴィニー　36
サルヴィオリ　49
シアヌーク　193
ジェニー　36
ジデル　281
ジュアンネ　26
シュトルップ　32, 38, 39, 348
シュバルコフスキー　92
シュワルツェンバーガー　16, 22
スアレス　9
スイ　54
ズーチ　13
スクビツェウスキー　57
セル　32, 100, 149
セルデン　304

田畑茂二郎　119
ダマト　27
ツォルン　117
デュギー　19, 32, 149
ド・ヴィッシェ　23, 40
トゥンキン　22, 33, 34, 39, 42
トバール　187
トリーペル　16, 30, 31, 46, 75, 118, 182

ハイド　168
バインケルスフーク　13
パシュカーニス　19
ハッシャ大統領　92
ハッシリ3世　9
バドヴァン　40
ハドソン　68
ハフナー　69
バリー　27
バルドー　325
ヒットラー　244
ビトリア　11
ピノチェト　350
ビンチェン　27, 38
ビンディング　118
フーバー　242, 251

人名索引

プーフェンドルフ　13, 29, 130
フェアドロス　48, 75, 119, 236
フォーク　16, 22
フォーシュ　277
プフタ　36
フランス王サン・ルイ　10
フランク（トマス）　69
ヘーゲル　30, 117, 216
ベジャウイ　212
ベルグボーム　74
ベンタム　3
ボダン（ジャン）　216, 217
ポリティス　32, 149

マクドゥーガル　22, 34, 307
マクネア　102
マレク　173
箕作麟祥　3
ミロシェヴィッチ　172
ムハンマド（マホメット）　10

メドヴェジェフ　173
モーゲンソー　19
モンロー　180

ヤシーン　92
山本草二　119
横田喜三郎　119, 102

ラウターパハト　48, 51, 68, 101, 150, 184, 236
ラミゼス2世　9
リヴィエ　37
李承晩　321
リッペンドロップ　92
ルソー　32, 102
ルヒュール　48
レーニン　144
レセップス　298
ロリマー　180, 181

判例索引

アイスランド漁業管轄権事件：*ICJ Reports 1974*, p. 3 ……………………………………………*317*
アイム・アローン号事件：米英合同委員会の裁定，1935年，*RIAA*, Vol. 3, p. 1609 ………………*315*
アヴェナ等メキシコ国民事件（2004年3月31日）：*ICJ Reports 2004*, p. 12………………………*375*
ある種の国連経費：勧告的意見，*ICJ Reports 1962*, p. 168 …………………………………………*157*
アラバマ号事件（Affaire de l'Alabama）（1872年9月14日仲裁判決：*RAI*, Vol. Ⅱ, p. 713）…*15*
アルゼンチン・チリ境界事件：*RIAA*, Vol. 16, p. 107 ………………………………………………*243*
アンバティエロス事件：*RIAA*, Vol. 12, p. 83 ……………………………………………………………*50*
安保理決議276（1970）にもかかわらず南アフリカがナミビアに存在し続けることの諸国に対す
　る法的効果→ナミビアに関する勧告の意見：*ICJ Reports 1971*, p. 16 …………………*59, 107*
IMCO海事安全委員会の構成：*ICJ Reports 1960*, p. 150 …………………………………………*308*
ヴァン・ゲント・エン・ロース対オランダ国税庁事件（EC裁判所判決1963年2月5日）………*126*
ウィンブルドン号事件：PCIJ, Series A, No. 1 ……………………………………………*52, 220, 297*
英仏大陸棚事件仲裁判決（1977年）：*RIAA*, Vol. 18, p. 3 ……………………………………*75, 324*
王京香対王金山事件（1956年7月7日京都地裁第一審判決）………………………………………*197*
オーデル川国際河川委員会事件：PCIJ, Series A, No. 23, p. 25 ……………………………………*294*

核実験事件：*ICJ Reports 1973*, p. 99；*1974*, p. 253, p. 535 …………………………*53-55, 307*
漁業管轄権事件（*ICJ Reports 1973*, p. 19）…………………………………………………………*109*
漁業事件：*ICJ Reports 1951*, p. 116 ……………………………………………………………………*41*
クリッパートン島事件：*RIAA*, Vol. 2, p. 1105 ………………………………………………………*239*
原爆訴訟：東京地判1963（昭和38）年12月7日 ……………………………………………………*150*
光華寮事件：京都地判1977（昭和52）年9月16日；大阪高判1982（昭和57）年4月14日
　決；差戻後京都地判1986（昭和61）年2月4日；差戻後大阪高判1987（昭和62）年2月
　26日 …………………………………………………………………………………………*196, 207*
神戸英水兵事件：神戸地判1952（昭和27）年8月5日 ……………………………………………*382*
国連の職務中に蒙った損害に対する賠償：勧告的意見，*ICJ Reports 1949*, pp. 177-180？…*129, 133,*
　155
コスタ対ENEL事件（EC裁判所判決1964年7月14日）……………………………………………*126*
コルフ海峡事件：*ICJ Reports 1947*, p. 4；*1948*, p. 124；*1949*, p. 28 ……………*50, 217, 271, 273*
コロンビア・ベネズェラ国境事件：*RIAA*, Vol. 1, p. 223 …………………………………………*252*

在テヘラン米大使館等人質事件：*ICJ Reports 1980*, p. 3 ………………………………*75, 353, 360*
ジェノサイド条約に対する留保：勧告の意見，*ICJ Reports 1951*, p. 15……………………*75, 86, 101*
シベリア抑留捕虜補償請求事件最高裁判決1997（平成9）年3月13日 …………………………*123*
受刑者接見妨害国家賠償請求事件：最高裁判決2000（平成12）年9月7日 ……………………*124*
ジラード事件：前橋地判1958（昭和33）年11月19日 ……………………………………………*385*
スクーナー船エクスチェンジ号事件：米連邦最高裁判所判決1812年2月24日 …………………*387*
スタキッチ（Stakić）事件（ICTY, IT-97-24-T. 2003年7月31日）………………………………*95*
砂川事件：最高裁判1959（昭和34）年12月16日 …………………………………………………*125*
聖ナウム僧院事件：勧告の意見，PCIJ, Series B, No. 9 ……………………………………………*251*

大西洋漁業事件（1910年9月7日仲裁判決：*RIAA*, Vol. 11, p. 167） *262*
逮捕状事件（コンゴ民主共和国対ベルギー）（*ICJ Reports 2002*, p. 3） *351, 364*
チノコ利権契約事件仲裁判決（1923年）：*RIAA*, Vol. 1, p. 369 .... *184*
チャコ（Chaco）紛争（1935-37年）（ボリビア対パラグアイ）（アルゼンチン, ブラジル, チリ,
  米, ペルー, ウルグアイの共同仲介：Documents on International Affairs, 1936, pp. 538-554）
  .... *252*
チャミザル事件 Chamizal Arbitration（米対メキシコ）（*AJIL*, Vol. 5 (1911) pp. 782-833） ... *249*
中国民航機不法奪取引渡事件（張振海引渡事件）1990（平成2）年4月20日東京高裁判決, 同
  年4月24日最高裁判決 *283*
仲裁判決の解釈に関するエリザベス女王の1966年12月9日の裁定（*ILM*, Vol. 17, p. 634）...*243*
チュニジア対リビア大陸棚事件：*ICJ Reports 1982*, p. 18 .... *325*
テキサダ号事件：和歌山地判 1974（昭和49）年7月15日, 大阪高判 1976（昭和51）年11月
  19日 *265*
東芝機械ココム規制違反事件（東京地判 1988（昭和63）年3月22日） *82*
東部グリーンランドの法的地位事件：PCIJ, Series A/B, No. 53 .... *53, 90, 239, 242*
独墺関税同盟事件：PCIJ, Series A/B, No. 41 .... *52, 101*
トレイル溶鉱所事件：*RIAA*, Vol. 3, p. 1905 .... *258*

ナイジェリア中央銀行事件：*ILR*, Vol. 65, p. 131 .... *396*
ナミビアに関する勧告的意見：*ICJ Reports 1971*, pp. 16. 47） *59, 107*
南西アフリカの国際的地位：勧告的意見, *ICJ Reports 1950*, p. 128 .... *52, 292*
西サハラ事件：勧告的意見：*ICJ Reports 1975*, p. 43 .... *251*
二風谷事件（札幌地裁判決 1997（平成9）年3月27日） *147*
ノッテボーム事件：*ICJ Reports 1955*, p. 4 .... *213*
ノルウェー漁業事件：*ICJ Reports 1951*, p. 8 .... *249, 265*

パケット・ハバナ号事件（The Paquete Habana）：米連邦最高裁判所判決 1900年1月8日
  （175 U. S. Reports 677） *123, 125*
バルセロナ・トラクション事件：*ICJ Reports 1964*, p. 6 ; *1970*, p. 3 .... *47, 101, 161*
パルマス島事件：*RIAA*, Vol. 2, p. 829 .... *217, 234, 239, 242, 249, 250-52*
パルルマン・ベルジュ号事件（The Parlement Belge）：英控訴院判決 1880年2月22日（4 P.
  D. 129 (1880) 5 P. D. 197） *387*
パレスチナ占領地域における壁構築の法的効果に関する勧告的意見（2004年7月9日, *ICJ Re-
  ports 2004*, p. 136） *171*
PLO代表部事件（*ILM*, Vol. 27, No. 4） *171*
ビーグル海峡事件：仲裁裁判, *ILM*, Vol. 17 (1978), p. 634 .... *239*
庇護事件：*ICJ Reports 1950*, p. 274 .... *361*
ピノチェト事件 Judgment by the Appellate Committee of the House of Lords, 24 March
  1999 .... *350*
ファントム機墜落事件：横浜地判 1987（昭和62）年3月4日 *384*
仏・ギリシャ灯台事件（オットマン帝国灯台コンセッション事件）：*RIAA*, Vol. 12, p. 155 ...*210*
フランス銀行対ニューヨーク衡平信託銀行事件：ニューヨーク地方裁判所 1929年3月21日 ...*196*
ブルガリア, ルーマニア, ハンガリーとの平和諸条約の解釈：勧告的意見, *ICJ Reports 1950*,
  p. 71 .... *225*
ブルギナファソ・マリ国境紛争事件：*ICJ Reports 1986*, p. 565 .... *253*
フルンジヤ（Furundǧija）事件（ICTY, IT-95-17/1-T, 1998年12月10日） *95*
プレア・ビヘア寺院事件：*ICJ Reports 1961*, p. 30 ; *1962*, p. 26 .... *243*

判例索引　　427

ポーランド領上部シレジアにおける若干のドイツ権益に関する事件：PCIJ, Series A, No. 6, No. 7 ··*101*
北海大陸棚事件：*ICJ Reports 1969*, p. 43 ·······························*38, 43, 44, 67, 78, 322-324*
ホルジョウ工場事件：PCIJ, Series A, No. 9, No. 17 ··*101*
ホンジュラス・ニカラグァ境界紛争事件：*ICJ Reports 1988*, p. 9, p. 69 ······················*243*
ホンセカ湾事件：中米司法裁判所 1917 年 3 月 9 日 ··*262*

松山哲雄対中華民国事件：大審院昭和 3 年 (1928 年) 12 月 28 日 ···································*388*
マブロマチス事件：PCIJ, Series A, No. 2 (パレスチナ特許事件―管轄権), Series A, No. 5 (エルサレム特許事件―本案) ···*210*
マリア・ルース号事件 (Affaire de Maria-Luz) (1875 年 6 月 10 日仲裁裁判所判決：*RAI*, Vol. 1, p. 706) ··*313*
マンキエ・エクレオ事件：*ICJ Reports 1953*, p. 47 ···································*239, 242, 249, 252*
メイン湾海域境界確定事件：*ICJ Reports 1984*, p. 246 ··*325*
メデリン事件 (Medelin v. Texas)：米連邦最高裁判所判決 (552 U. S. 491 (2008).) ·········*122*

ヤウォリナ事件：勧告的意見, PCIJ, Series B, No. 8 ··*251*

ラグラン事件：*ICJ Reports 2001*, p. 466 ··*375*
ラヌー湖事件：*RIAA*, Vol. 12, pp. 314-317 ··*296*
ラン・オブ・カッチ仲裁判決 (Rann of Kutch Arbitration) (インド対パキスタン, 1968 年 2 月 19 日, 7 *ILM*, p. 633) ···*243*
リビア対マルタ大陸棚事件：*ICJ Reports 1985*, pp. 33-34 ·······································*318, 325*
リンピン・タイク・ティン・ラット対ビルマ連邦の不動産仮処分事件：東京地判, 1954 (昭和 29) 年 6 月 9 日 ···*196*
ロチュース号事件：PCIJ, Series A, No. 10 ···*38, 50, 52, 237, 308, 309*
ロッカビー事件：*ICJ 1998 Reports* p. 115) ··*64*

著者略歴
1937 年　京都市に生れる.
1961 年　京都大学法学部卒業.
　　　　東京大学大学院法学政治学研究科教授，神戸大学大学院法学研究科教授，関西大学法科大学院教授を経て，
現　在　関西大学名誉教授.

主要著書
『軍縮の国際法』1985 年，日本評論社
『国際法講義 II　人権・平和』1994 年，東京大学出版会
『戦争犯罪とは何か』1995 年，岩波書店
『現代国際法入門』(改訂版)（編）1996 年，法律文化社
『国連法』1998 年，東京大学出版会
『国際人道法』(新版再増補) 2003 年，有信堂

国際法講義 I　第 2 版　国家・国際社会

1992 年 12 月 25 日　初　版
2010 年 5 月 27 日　第 2 版第 1 刷

［検印廃止］

著　者　藤田久一
　　　　　ふじた　ひさかず

発行所　財団法人　東京大学出版会
代表者　長谷川寿一
　　　　113-8654　東京都文京区本郷 7-3-1 東大構内
　　　　http://www.utp.or.jp/
　　　　電話 03-3811-8814　Fax 03-3812-6958
　　　　振替 00160-6-59964

印刷所　大日本法令印刷株式会社
製本所　誠製本株式会社

© 2010 Hisakazu Fujita
ISBN 978-4-13-032358-1　Printed in Japan

R〈日本複写権センター委託出版物〉
本書の全部または一部を無断で複写複製（コピー）することは，著作権法上での例外を除き，禁じられています．本書からの複写を希望される場合は，日本複写権センター（03-3401-2382）にご連絡ください．

藤田久一著	国際法講義 II 人権・平和	A5	5000円
藤田久一著	国連法	A5	5600円
最上敏樹著	国際機構論 第2版	A5	3200円
廣瀬和子著	国際法社会学の理論	A5	5200円
森田章夫著	国際コントロールの理論と実行	A5	6000円
森肇志著	自衛権の基層	A5	6800円
和仁健太郎著	伝統的中立制度の法的性格	A5	7200円
岡部達味著	中国の対外戦略	A5	4600円
田中英夫編	英米法辞典	菊	15000円
田中英夫編	BASIC英米法辞典	菊	2800円

ここに表示された価格は本体価格です．御購入の際には消費税が加算されますので御了承下さい．